Berthold Litzmann
Clara Schumann. Ein Künstlerleben

SEVERUS Verlag

Litzmann, Berthold: Clara Schumann. Ein Künstlerleben. Mädchenjahre 1819–1840. 2019 Neuauflage der Ausgabe von 1902
ISBN: 978-3-96345-144-7

Korrektorat: Friederike Grube

Umschlaggestaltung: Annelie Lamers, SEVERUS Verlag
Umschlagmotiv: AdobeStock_181614278 - blaup

Bibliografische Information der Deutschen Nationalbibliothek: Die Deutsche Nationalbibliothek verzeichnet diese Publikation in der Deutschen Nationalbibliografie; detaillierte bibliografische Daten sind im Internet über https://dnb.de abrufbar.

Der SEVERUS Verlag ist ein Imprint der Bedey & Thoms Media GmbH, Hermannstal 119k, 22119 Hamburg

SEVERUS Verlag, 2019
http://www.severus-verlag.de
Gedruckt in Deutschland
Der SEVERUS Verlag übernimmt keine juristische Verantwortung oder irgendeine Haftung für evtl. fehlerhafte Angaben und deren Folgen.

Berthold Litzmann

Clara Schumann.
Ein Künstlerleben
Mädchenjahre 1819–1840

Editorische Notiz:
Der Text der vorliegenden Edition beruht auf der Ausgabe:
Berthold Litzmann: Clara Schumann. Ein Künstlerleben nach Tagebüchern und Briefen
(Band 1). Verlag von Breitkopf und Härtel, Leipzig, 1902. Die Orthographie wurde behut-
sam modernisiert, grammatikalische Eigenheiten bleiben gewahrt. Die Interpunktion folgt
der Druckvorlage. Der Inhalt ist im historischen Kontext zu lesen.

Inhalt

Vorwort

Dass ein Literarhistoriker statt eines Musikers es unternimmt, ein Lebensbild Clara Schumanns zu zeichnen, bedarf der Erklärung, vielleicht gar der Entschuldigung.

Eine kurze Darlegung der Vorgänge, welche dazu geführt haben, dass ich nach langem Zögern schließlich doch „der Not" und zugleich dem „eigenen Trieb" gehorchend mich an eine meinem eigentlichen Arbeitsgebiet so fern liegende Aufgabe wagte, sei mir daher gestattet.

Ungefähr ein Jahr nach dem Tode Clara Schumanns richtete ihre älteste Tochter, im Namen ihrer Geschwister, an mich die Anfrage, ob ich wohl geneigt sei, mit Hilfe des in ihren Händen befindlichen Materials an Briefen und Tagebüchern, die Biographie ihrer Mutter zu schreiben.

Trotzdem ich seit Kinderjahren wiederholt in meinem Elternhause das Glück genossen, den wunderbaren Zauber, den die Persönlichkeit Clara Schumanns auf alle, die sie im Leben kannten, ausübte, Wochen lang im täglichen Verkehr zu erfahren, und obwohl daher die Aufgabe, die mir hier winkte, vom künstlerischen, wie vom psychologischen Standpunkt ungemein verlockend war, glaubte ich doch damals nach reiflicher Überlegung eine ablehnende Antwort erteilen zu müssen, da ich mich technisch-musikalisch den besonderen Anforderungen, die die Biographie einer ausübenden Künstlerin stellt, nicht gewachsen fühlte.

Dagegen machte ich den Vorschlag, es möge doch die Hüterin dieses reichen Schatzes selbst sich an die Arbeit wagen und aus den Briefen und Tagebüchern ihrer Eltern etwas Ähnliches gestalten, wie S. Hensel das seiner Zeit in der „Familie Mendelssohn" für das Mendelssohn'sche Haus getan. Und für diesen Fall sagte ich Rat und Hilfe gern und freudig zu.

Leider stieß die Ausführung in dieser Form auf unüberwindliche Schwierigkeiten. Wohl aber gelang es den fortgesetzten Bemühungen Fräulein Marie Schumanns im Herbst 1898 in dem Biographen Anselm Feuerbachs Julius Allgeyer eine Persönlichkeit zu finden, die sowohl durch ihre langjährigen, in die Düsseldorfer Zeit zurückreichenden, freundschaftlichen Beziehungen zum Schumann'schen Hause, wie durch vielseitige künstlerische und vor allem musikalische Bildung, wie kaum ein anderer berufen erschien, das Leben Clara Schumanns zu schreiben. Mit jugendlichem Feuereifer und unendlicher Liebe ging der Siebzigjährige ans Werk.

Bereits nach Jahresfrist lag der erste Teil der Biographie, die Mädchenzeit umfassend, bis auf die beiden letzten Jahre im Manuskript vollendet vor.

Da starb Allgeyer im September 1900.

Und nun erging zum zweiten Mal an mich von den Schumann'schen Geschwistern die Bitte, der früher zugesagten Hilfe eingedenk die Allgeyer'sche Arbeit einer Schlussredaktion zu unterziehen, die nur im Entwurf vorliegenden Schlusskapitel dazu zu schreiben, und den ersten Band, der Allgeyers Namen und Gepräge tragen sollte, der Öffentlichkeit zu übergeben.

Dieser Bitte glaubte ich mich nicht entziehen zu dürfen, denn in der Tat schien ja das, was hier von mir erwartet wurde, kaum wesentlich über den Rahmen hinauszugehen, in dem ich meine Unterstützung seinerzeit versprochen hatte.

Als ich aber im Frühling 1901 mich nun an die Arbeit machte, ergaben sich sofort ungeahnte Schwierigkeiten. Ich musste mich sehr bald überzeugen, dass nicht nur für die letzten Kapitel noch alles zu tun war, sondern dass auch der druckfertige Text des Allgeyer'schen Manuskripts in so vielen und nicht unwichtigen Punkten eine Umgestaltung erforderte, dass es schließlich auf eine ziemlich tief eingreifende neue Bearbeitung hinauslief.

Unversehens und gegen die ursprüngliche Absicht wurde also der Herausgeber zum selbständigen Darsteller.

Diese Art der Entstehung ist auf den Stil des vorliegenden ersten Bandes nicht ohne Einfluss geblieben. Denn so energisch, besonders von der Mitte des ersten Kapitels an, zugegriffen und fast Seite für Seite durch Streichungen hier, durch Einschaltungen dort, das Gefüge der Arbeit meines Vorgängers gelockert wurde, so wurden doch auch zahlreiche Ausführungen in größeren und kleineren Zusammenhängen unverändert übernommen. Dadurch ist, wie nicht zu leugnen, in die ganze Darstellung etwas Zwiespältiges gekommen, das beim Lesen wohl von manchem bemerkt, aber hoffentlich nicht als direkt störend empfunden wird.

Meine Abweichungen von Allgeyer ergaben sich teils aus der Verschiedenartigkeit des schriftstellerischen Temperaments, teils daraus, dass ich in ungleich größerem Umfange als er die Tagebücher herangezogen und in ihrem charakteristischen Wortlaut unmittelbar verwendet habe.

Diese Tagebücher bieten in der Tat für den Biographen ein Material, wie es sich reichhaltiger, eigenartiger, schöner kaum denken lässt. Es sind insgesamt 47 Quartbände, die in fast lückenloser Folge Licht verbreiten über das innere und äußere Leben Clara Schumanns vom Tage ihrer Geburt bis zu dem Tag ihrer letzten Erkrankung, den 26. März 1896.

Auf der ersten Seite des ersten Bandes stehen von Friedrich Wiecks Hand die Worte „Mein Tagebuch, angefangen von meinem Vater, den 7. Mai 1827, und fortzusetzen von Clara Josephine Wieck." Freilich, sowie die ersten Bände, auch wenn von Clara fast immer in der ersten Person gesprochen wird, von Friedrich Wiecks Hand geschrieben sind, so ist auch während des größten Teiles ihrer Mädchenjahre, wo Clara nun teils mit dem Vater abwechselnd, teils ausschließlich die Feder führt, dies Tagebuch wesentlich das Spiegelbild der Anschauungen und Meinungen nicht der Tochter, sondern des Vaters. Erst vom Sommer 1838 ab, und mehr noch seit Claras Reise nach Paris, die auch äußerlich die Loslösung vom Vater bedeutete, tritt Claras Persönlichkeit, mehr und mehr anziehend und kräftig zugleich, in die Erscheinung und verlangt ihr Recht. Vom Tage ihrer Vermählung mit Schumann an beginnt dann zunächst wochenweise abwechselnd eine Berichterstattung beider Gatten, die aber, nachdem Schumann schon mehrfach bei starker eigener schöpferischer Tätigkeit sich durch Clara hatte vertreten lassen, mit der russischen Reise – 1844 – endgültig wieder Clara allein anheimfällt.

Neben den Tagebüchern kommen vor allem als Grundlage dieser Darstellung in Betracht die zahlreichen Briefe von und an Robert und

5

Clara Schumann – das Meiste daraus – wie vor allem Claras Briefe an Schumann – hier zum ersten Mal veröffentlicht.[1]

Es war aber nicht nur in dem Charakter dieses Quellenmaterials, sondern auch in der übereinstimmenden Auffassung aller Nächstbeteiligten von dem, was ein Lebensbild Clara Schumanns an erster Stelle zu leisten habe, begründet, dass namentlich auch in dem vorliegenden ersten Teil bei der Darstellung das Hauptgewicht auf die Veranschaulichung des Innenlebens dieser Frau gelegt werde, weil nur die völlige Erschließung der Eigenschaften ihres Herzens und Charakters die in ihrer Art einzige, mit nichts zu vergleichende Stellung erklärt, die Clara Schumann mehr als zwei Menschenalter hindurch im deutschen Kunstleben des verflossenen Jahrhunderts wie eine Königin eingenommen hat.

Nie ist aber vielleicht treffender der Kern ihres Wesens gefasst und wiedergegeben worden, als in den schönen Worten Julius Allgeyers, mit denen er im Entwurf seines Vorworts diese Saite berührt. Sie mögen daher auch hier den Abschluss bilden, zugleich zum Gedächtnis des trefflichen Mannes, der leider den Lohn seiner treuen Arbeit in der Vollendung nicht mehr ernten sollte:

„In welcher Eigenschaft und in welchem Verhältnis zur Außenwelt Clara Schumann uns in ihren Korrespondenzen entgegentritt, ob als Tochter, Schwester oder Freundin, Braut, Gattin oder Mutter, Künstlerin, Kollegin oder Lehrerin, immer und überall ist es die durch und durch lautere Menschenseele mit der unergründlichen Tiefe eines gütigen Frauengemüts, die uns fesselt und rührt. Diese Poesie des Herzens, wie man es nennen möchte, die aus ihrem ganzen Wesen spricht, war es nun auch, die aus ihrer Kunst in der verklärten Sprache des Klangs zur Seele, zum Gemüt, zum Herzen empfänglicher

---

[1]   Hinsichtlich der Art ihrer Verwendung ist zu bemerken, dass, was daraus zum Abdruck gelangte, buchstäblich genau nach den Originalen gegeben ist. Natürlich aber konnte schon aus räumlichen Gründen nur ein verhältnismäßig kleiner Bruchteil unverkürzt mitgeteilt werden. Doch sind die Stellen, wo etwas fehlt, allemal durch ... kenntlich gemacht.

Von den diesem Bande beigegebenen Porträts stammt das Titelbild, aus der Zeit des ersten Pariser Aufenthalts 1832, nach einer Zeichnung eines Vetters von Claras Stiefmutter E. Fechner. Das zweite ward 1838 in Wien von Staub gezeichnet im Auftrage des Verlegers Diabelli. Das Jugendbild Schumanns von Kriehuber stammt aus dem Winter 38/39, den Schumann in Wien verbrachte.

Menschen redete. ... Selbstverständlich wird angesichts der hervorragenden Stellung, die Clara Schumann im Musikleben unserer Zeit einnahm, die Künstlerin immer zuerst in Betracht kommen. ... Aber ganz und in Wahrheit ist die Aufgabe des Biographen nur gelöst, wenn es ihm dabei gelang, die Gestalt der großen Künstlerin aus ihrem innersten Wesen, aus der Totalität der Persönlichkeit zu erklären, und sie zugleich in ihrer vorbildlichen Bedeutung, als Beispiel hoher, reiner und echter Weiblichkeit hinzustellen."

Interlaken, am 1. September 1902.

Berthold Litzmann

Erstes Kapitel

Kindheit
1819–1834

„Ich wurde geboren den 13. September 1819 zu Leipzig in der hohen Lilie auf dem N. Neumarkt (wohin meine Eltern[2] Ostern 1818 gezogen waren) und erhielt den Namen Clara Josephine. Meine Paten waren der Actuarius Streubel, ein Freund meines Vaters, Madam Reichel, eine Freundin meiner Mutter, und Frau Cantorin Tromlitz aus Plauen, die Mutter meiner Mutter Mariane Tromlitz.

Mein Vater hatte ein Leihinstitut zu versehen und nebenbei einen kleinen Handel mit Pianosorten angefangen. Weil nun mein Vater zugleich mit der Mutter viel Unterricht gab, und Letztere selbst täglich ein bis zwei Stunden spielte, so wurde ich meist der Magd (Johanna Strobel) überlassen. Diese war eben nicht sprachselig, und daher mochte es wohl kommen, dass ich erst zwischen dem vierten und fünften Jahre einzelne Worte zu sprechen anfing und zu dieser Zeit auch ebenso wenig verstehen konnte. Klavierspielen hörte ich jedoch sehr viel, und mein Gehör bildete sich dadurch leichter für musikalische Töne als für die Sprache aus. Ich lernte aber zeitig laufen, so dass ich im dritten und vierten Jahre mit meinen Eltern spazieren gehen und stundenlange Wege zurücklegen konnte.

Da ich so wenig Sprechen hörte und selbst dazu so wenig Lust bezeigte, auch mehr in mich verschlossen war, unbekümmert was um mich sich zutrug, so klagten meine Eltern oft, besonders als ich anfing zu sprechen, dass ich schwer höre: Und dies hatte sich noch nicht ganz im achten Jahre verloren, ob es sich gleich besserte, je mehr ich selbst

---

2   Friedrich Wieck, geboren am 18. August 1785 in Pretzsch bei Torgau, ursprünglich Kandidat der Theologie, hatte sich am 23. Mai 1816 mit der am 15. Mai 1797 geborenen Mariane Tromlitz aus Plauen vermählt.

zu sprechen anfing und je mehr ich bemerkte, was um mich und mit mir geschah.

Ostern 1821 zogen meine Eltern in Kupfers Haus ins Salzgässchen und hier war es, wo ich meine Mutter verlieren sollte. – Dieselbe verließ nämlich meinen Vater 1824 den 12. Mai, um ihrer Scheidung wegen nach Plauen zu gehen."

Das ist der Eingangsakkord eines Künstlerlebens, das in seinem weiteren Verlaufe durch die Fülle reinen Wohllautes, die es spendete, für unzählige Menschen ein Freudenbringer seltener Art, ja mehr als das, fast zu einem Vorbild vollendeter und abgeklärter Harmonie der Kunst und des Lebens werden sollte. Es beginnt mit einer herben Dissonanz.

Die Hand des Vaters hat diese Zeilen auf die ersten Seiten ihres Tagebuches eingetragen. Seine Hand ist es auch gewesen, die das Leben, Denken und Fühlen des Kindes mit unendlicher Liebe und Treue, aber auch mit unendlicher Härte und schroffer Einseitigkeit gestaltet und beherrscht hat, ohne jede Rücksicht auf jene Regungen des Seelenlebens, die in der weiblichen Natur doch nun einmal den ersten Anspruch auf sorgsame Pflege und zarte Rücksicht haben.

Diese harte Hand verrät sich schon darin, dass er die Dissonanz seines ehelichen Lebens, unbekümmert darum, was er seinem Kinde dadurch nahm und antat, in die Blätter des für sie bestimmten Tagebuches hineingetragen, und dadurch, soviel an ihm lag, einer Entfremdung zwischen dem Kinde und seiner Mutter für spätere Zeiten vorgearbeitet hat.

Zweifellos passten Wieck und Claras Mutter nicht zusammen. Leidenschaftliche Zuneigung hatte einst beide zusammengeführt. Aber im ehelichen Leben ergab sich ein so völliger Mangel einer irgendwie tieferen seelischen Übereinstimmung, dass die Trennung, die auf dem Wege gegenseitiger Vereinbarung im sechsten Jahre der Ehe erfolgte, für beide Teile eine innere Notwendigkeit geworden war.

Zunächst freilich bedingte diese Scheidung noch nicht die sofortige Trennung Claras von der Mutter.

„Ich begleitete sie", heißt es weiter im Tagebuch, „mit Erlaubnis meines Vaters, und zugleich nahm sie den kleinen Victor, welcher den 22. Februar d. J. geboren war, mit. Mein Bruder Alwin, geboren den 27. August 1821, und Gustav, geboren den 31. Januar 1823, blieben bei dem Vater, und meine älteste Schwester Adelheid war kurz vor meiner Geburt bei den Großeltern in Plauen gestorben.

Mein Vater hatte mich unter der Bedingung mit meiner Mutter reisen lassen, dass ich an meinem fünften Geburtstag, den 13. September, wieder in Leipzig sein müsse, und nach vieler Mühe gelang es dem Vater ohne Gewalt zu gebrauchen (denn das Recht, mich vom fünften Jahre an zu besitzen, stand ihm zu), dass mich den 17. September Johanna Strobel, welche bei dem Vater geblieben war, von Altenburg abholte, bis wohin mich meine Mutter und Großmutter gebracht hatten."

An diesem Tage verlor Clara ihre Mutter wirklich, um sie erst nach 15 Jahren – vorübergehende Begegnungen in der Zwischenzeit nicht gerechnet – wiederzufinden in dem Augenblick, als sie ihren Vater verlor!

Nicht ohne schweren Kampf, wie schon aus den herben Ausdrücken im Tagebuche hervorgeht, hatte sich die Mutter von ihrem Kinde getrennt: Noch am 20. August hatte sie von Plauen aus an Wieck geschrieben: „Du bestehst darauf, die Clara jetzt zu haben, nun es sei, in Gottes Namen; ich habe alles versucht, Dich zu erweichen, Du sollst sie haben; jedoch meiner Mutterrechte begebe ich mich nicht, und ich verlange deswegen von Dir, dass Du mir meine Kinder nicht vorenthaltst, wenn ich sie sehen und sprechen will. Gibst Du mir das Versprechen, so kannst Du mir einen Ort angeben, wo ich sie hinbringen soll, wo Du sie aus meinen Händen in die Deinigen empfangen sollst, denn einem Fremden, er mag Dir noch so nahestehen, übergebe ich sie nicht, Dir selbst."

Wie wir schon hörten, ward ihr diese letzte Bitte nicht erfüllt, dagegen nochmals ihrem Wunsch, die Kinder hin und wieder zu sehen, kein Hindernis in den Weg gelegt.[3] „Den 18. September", heißt es weiter im Tagebuch, „fing nun so eigentlich mein Vater den Klavierunterricht mit

---

3   Ja, als bald darauf, nämlich im Jahre 1825, Claras Mutter, die sich inzwischen mit dem Musiklehrer Bargiel vermählt hatte, mit diesem und dem kleinen Viktor zusammen in Leipzig eintraf mit der Absicht, sich daselbst dauernd niederzulassen, scheint Wieck dem Verkehre Claras im Bargiel'schen Hause volle Freiheit gelassen zu haben. Charakteristisch ist aber das Begleitschreiben, das er der Tochter zur Einführung ins Haus der Mutter mit auf den Weg gab: „Madame! Ich schicke Ihnen hier das Teuerste, was ich im Leben noch habe, setze aber voraus, dass Sie Alles, womöglich, mit Stillschweigen übergehen, oder sich so einfach und ohne Falsch, ingleichen so unbestimmt ausdrücken, dass dieses unschuldige harmlose und so ganz natürlich erzogene Wesen nichts höre, worüber es in Zweifel

mir an; doch hatte ich schon einige Monate vor meiner Abreise mit der Mutter nach Plauen mehrere Übungen mit stillstehender Hand leicht gelernt und selbst leichte Akkompagnements nach dem Gehör zu Tänzen gespielt. Es konnte jedoch mit mir etwas Weiteres nicht vorgenommen werden, da ich weder selbst sprechen, noch andere verstehen konnte." Auch hier kann Wieck nicht unterlassen, bitter hinzuzufügen: „Während der vier Monate in Plauen hatte sich meine Mutter, wenigstens in dieser Hinsicht, nicht im Geringsten um mich verdient gemacht."

Die musikalische Begabung dankte Clara wohl mindestens ebenso sehr der Mutter wie dem Vater. Denn Marianne Tromlitz, die aus Wiecks Schülerin dessen Frau geworden war, stammte nicht nur aus einer sehr musikalischen Familie – ihr Großvater war der berühmte Flötenspieler, Flötenkomponist und Fabrikant Johann Georg Tromlitz – sondern war auch selbst, wie sie sowohl während ihrer Ehe mit Wieck, wie nachmals als Frau Bargiel bewiesen, eine sehr tüchtige Klavierspielerin. Die musikalische Ausbildung aber sollte sie einzig und allein ihrem Vater zu danken haben.

Friedrich Wieck, einer der hervorragendsten Klavier- und Gesangspädagogen Deutschlands, den nachmals die ausgezeichnetsten Musiker der Zeit, unter ihnen Robert Schumann und Hans von Bülow, dankbar als ihren Lehrer und Meister verehrten, hatte schon vor Claras Geburt bei sich beschlossen, dass das erwartete Kind, wenn es ein Mädchen wäre, eine große Künstlerin werden solle. Und in diesem Sinne hatte er auch dem Ankömmling, der durch sein Erscheinen die erste Erwartung erfüllte, mit voller Absicht als vordeutend den Namen Clara, die Strahlende, die Berühmte, gegeben. Ihre künstlerische Erziehung war von jetzt ab die Hauptaufgabe seines Lebens.

---

geraten könne. Übrigens werden Sie dem Kinde wenig Gebackenes geben und keine Unart nachsehen, wie desgleichen wohl in Plauen geschehen. – Wenn sie spielt, so lassen Sie nicht eilen. Der strengsten Befolgung meiner Wünsche sehe ich entgegen, wenn ich es nicht übel nehmen soll.

Hier, den 7. November 1825.   Friedrich Wieck."

Der Aufenthalt Bargiels in Leipzig währte indessen nur ein Jahr, alsdann übersiedelte die Familie nach Berlin. Während der Zeit ihrer Anwesenheit scheint Clara eine besonders zärtliche Zuneigung zu ihrem kleinen Bruder Viktor gefasst zu haben, und sein bald darauf in Berlin erfolgter Tod sollte ihr den ersten großen Schmerz im Leben bereiten.

„Den 27. Oktober d. J. fing mein Vater an, mich mit Therese Geher und Henriette Weick zusammen zu unterrichten." Ein Versuch, von dem dieser sich gute Folgen für die Hebung ihrer Schwerfälligkeit im Sprechen und im Erfassen des Gesprochenen versprach. In der Tat bildete sich aber nun ihr Sprachvermögen überraschend schnell aus und damit verbunden ein außerordentliches Gedächtnis besonders in musikalischer Richtung, so dass sie jedes kleine Stückchen, das sie einige Male gespielt, auswendig konnte und lange Zeit im Gedächtnis behielt. Dieser Unterricht dauerte bis Ostern 1825. Sie spielte während dieser Zeit nach Logiers System.[4] Gleichzeitig unterrichtete sie der Vater aber auch privatim nach seiner eigenen von ihm ersonnenen und erprobten Methode.[5] Nach derselben spielte sie vorerst ohne Noten, lernte diese aber dabei schreiben, wiewohl sie noch keine Schule besuchte und „nicht einmal einen Buchstaben wusste". Sie lernte nun zunächst stufenweise alle Tonleitern in Dur und Moll rasch nacheinander mit beiden Händen zusammen, sowie die Dreiklänge in jeder Lage und aus allen Tonarten spielen. Zugleich ließ sie der Vater nach dem Gehör eine Menge eigens von ihm für sie geschriebener kleiner Stücke einüben; denn die Ausbildung des Gehörs im Sinne seiner Verinnerlichung und im Gegensatz zur rein mechanischen Spiel- und Fingerfertigkeit bildete das Wesen seiner praktisch angewandten musikalischen Erziehungskunst kraft seines treffenden Spruchs:

Des Kunstgesetzes erstes Kapitel
Heißt: Technik als Mittel;
Technik als Zweck –
Fällt die ganze Kunst hinweg.

---

4 Durch die Logier'sche Methode sollten die mechanischen Schwierigkeiten erleichtert und organische Mängel, wie Steifheit und Ungelenkigkeiten der Finger, vermittelst des Chiroplasten besiegt werden; einer Vorrichtung an der Klaviatur, um den Schüler an die beste Haltung von Körper, Armen und Fingern zu gewöhnen.

5 Friedrich Wieck hat das Wesen und Ziel seiner Lehrmethode, überhaupt seine musikpädagogischen Grundsätze und Ansichten in einer für jeden Lehrer in der Musik auch heute noch beherzigenswerten Schrift „Klavier und Gesang. Didaktisches und Polemisches von Friedrich Wieck", Leipzig, Leuckart, ebenso seine Gedanken über Musik als Kunst in seinen „Musikalischen Bauernsprüchen und Aphorismen ernsten und heitern Inhalts" (ebendas. 1871) in einer kernhaften, an volkstümliche Spruchweisheit gemahnenden Sprache niedergelegt.

13

Nach Wiecks Ansicht wurde der Schüler auf diesem Wege am leichtesten über die Trockenheit der Anfangsstadien hinweggeführt, die der mühsamen Erlernung und dem Spielen nach Noten anhaftet.

Durch die Übungen auf Grund der väterlichen Unterrichtsmethode war Clara mit der Klaviatur schon im Voraus so vertraut gemacht, dass ihr dies in der Folge außerordentlichen Vorschub beim Notenlesen leistete; sie hatte nur selten nötig, beim Spielen nach den Tasten zu sehen, und konnte ruhig mit den Augen den Noten vorausfolgen.

Sie erlangte daher in kurzem eine für ihr Alter erstaunliche Fertigkeit im vom Blatt spielen. Auch das Taktgefühl machte ihr keinerlei Not, wiewohl sie die eigentliche Berechnung der Einteilung erst mit acht Jahren, zugleich mit dem Kopfrechnen in der Schule begreifen lernte. Letztere besuchte sie seit ihrem sechsten Jahre regelmäßig, aber nicht mehr als drei bis fünf Stunden des Tages, da der Vater ihr jetzt nicht nur täglich eine Stunde Unterricht selbst erteilte, sondern sie nun auch noch zwei weitere Stunden im Tag Klavier üben ließ.

Im Winter 1825–26 besuchte sie zum ersten Mal die großen Abonnements-Konzerte im Gewandhaus. „Ich hörte", heißt es im Tagebuch, „eine große Symphonie von Beethoven u.a., was mich heftig aufregte. Auch hörte ich große Gesangstücke vortragen, was mich sehr interessierte."

Um ihre weitere Ausbildung erwarb sich im folgenden Jahre (bis zum September 1827) nach dem Urteil des Vaters ein besonderes Verdienst dessen Schülerin Emilie Reichold aus Chemnitz, für die sich Wieck besonders interessierte und die auch im Herbst 1826 im Gewandhaus konzertierte. Sie spielte mit Clara vieles durch und studierte auch manches mit ihr ein, wobei sie freilich, wie das Tagebuch rügend bemerkt, durch den „Widerspruch" der Schülerin, „den ich geerbt zu haben scheine", „viel zu leiden" hatte.

Trotzdem Clara bereits Ende 1825 einige Tänze und größere Übungen ihres Vaters nach Noten gespielt hatte, begann sie doch eigentlich erst im folgenden Jahre (1826), alles nach Noten zu spielen.

„Ich lernte", berichtet das Tagebuch, „schnell hinter einander, so dass ich von vierhändigen Stücken meist die linke Partie spielte: Czerny Sonaten Op. 50, Nr. 1, 2 (linke Partie); Cramer Etüden L. 1, erste Übung; E. Müller, Caprice in 0.; Field Polonaise in Es.; Czerny

Dekameron à 4 m. Nr. 1–3, 6 (linke Partie). Czerny, Rondo mignon à 4 m. Nr. 3 (rechte Partie); Mozart 2 Sonaten; Weber, Aufforderung zum Tanz à 4 m. (linke Partie); Czerny, Variationen 125, 132 à 4 m. (rechte Partie); Moscheles, Rondo 145 (linke Partie); Schumann Variationen Op. 1; Leideldorf Bagatelles Op. 43 (linke Partie); Horr, 3 Walzer und den Berggeist von Spohr. Zugleich habe ich fast täglich auswendig Übungen meines Vaters und Tonleitern zu spielen, ingleichen vom Blatt mehrere Hefte von Diabellis Walzern à 4 m. usw., nicht weniger Lieder ans Arion, Heft 1–6 und von Anthes, Kreuzer u.a. teils bei dem Vater, teils selbst spielen und singen zugleich."

Ende des Jahres fing sie, nach vorangegangenen Übungen, die Ausdehnung der Hand zu befördern, zuerst an, Oktaven in linker und rechter Hand zu spielen. Mit 6 Jahren 10 Monaten (23. Juli 1826) spielte sie zum ersten Mal mit Begleitung Haslingers Konzertino à 4 m. (linke Partie) mit Quartettbegleitung.

Wenige Wochen später besuchte sie auch zum ersten Mal das Theater, sie sah Ludwig Devrient als „armen Poeten" in Kotzebues gleichnamigem Stück und als Elias Krumm, „was ich nicht verstand", bemerkt das Tagebuch; außerdem den Berggeist von Spohr, „was mich lange beschäftigte, ob ich's gleich auch nicht verstand".

Das Jahr 1827 brachte einen wesentlichen Fortschritt. „1827", berichtet das Tagebuch, „fing mein musikalischer Sinn an, sich immer mehr und schneller auszubilden, und mein musikalisches Gehör wusste die Tonarten bei dem bloßen Hören ziemlich sicher zu unterscheiden, auch in den ersten Elementen der Theorie war ich nicht fremd, wusste von allen Tonarten die Unter- und Oberdominanten-Akkorde geschwind zu finden, modulierte in alle Dur- und Moll-Akkorde durch den verminderten Septimenakkord auf dem Leitton der Dominante, wohin ich wollte und sollte. Aber mein Spiel wurde auch besser, mein Anschlag gut, fest und sicher, und die Kraft meiner Finger stieg so, dass ich bereits zwei Stunden hintereinander schwere Stücke mit ziemlicher Ausdauer spielen konnte, und mein Geschick für einen natürlichen und guten Vortrag lobte mein Vater manchmal, was mir immer gefallen hat". „Ich wurde aber", fährt das unerbittliche Tagebuch fort, „leicht eigensinnig daraus und in meinen Wünschen – unbändig – (so sagt mein Vater)!"

Die täglichen Übungen wurden jetzt auf drei Stunden ausgedehnt und die Hand besonders in neuen Trillerübungen geübt und gestärkt.

Im Mai begann sie mit dem Studium des ersten Konzertes mit Orchesterbegleitung, Hummels Konzert Op. 73 in G-Dur, das sie bereits Anfang Juli bewältigte. Gleichzeitig weiß das Tagebuch von kleinen Kompositionsversuchen zu berichten, „mein Vater sagt, sie seien meist rhythmisch richtig und der Bass leidlich, wenigstens verdopple ich nicht die große Terz als Leitton und vermeide bereits die Quinten und Oktaven, welche mir immer so schlecht klingen".

Auch den Unterschied zwischen den guten und schlechten Pianofortes hört sie jetzt heraus, liebt die Andreas Stein'schen Flügel besonders und klagt gewaltig, „wenn mein Vater mitunter einmal keinen hat". Doch lässt sie sich auch herab, auch alle anderen Flügel zu spielen von 6 und 6½ Oktaven, „was mich nicht geniert". Tafelklaviere werden dagegen, „weil sie gewöhnlich nicht Ton gering haben," nachdrücklich abgelehnt. „Wie mein Vater versichert, so habe ich jetzt bereits vielen und guten Ton auf den Flügeln, woran meine kleine dicke volle Hand und die Beweglichkeit meiner Finger (ohne den Ellenbogen zu gebrauchen) einen nicht geringen Anteil haben soll."

Im unmittelbaren Zusammenhang hiermit hat Friedrich Wieck dem Tagebuch seiner Tochter – sub specie aeterni – sein musikpädagogisches Programm einverleibt und eine ostensible Äußerung über das Talent und die Zukunft seines Kindes einem dritten – Andreas Stein in Wien – gegenüber hinzugefügt, die wohl den dreifachen Zweck hatte, seine Methode zu verteidigen, den Verdacht einer Überschätzung abzuwehren, und die Inhaberin des Tagebuchs durch das bedingt erteilte Lob zu weiterem künstlerischen Streben anzuspornen: „Mein Vater lässt mich nicht musikalisch zu Tode üben, sondern bildet mit Vorsicht mich für ein seelenvolles Spiel aus. Über diesen Punkt sprach sich mein Vater gegen seinen vieljährigen Freund Andreas Stein in Wien einmal so aus: Meine Tochter Clara wird nach meinem Dafürhalten eine gute Klavierspielerin werden, da sie jetzt schon einen guten Anschlag und Tongefühl und Geschick für schönen Vortrag zeigt und ein feines Gehör hat; übrigens von einem musikalischen Talente und starkem Gedächtnis unterstützt wird, und der Vater sie vielleicht auch, was Ton, Instrumente etc. anlangt, weiter ausbilden kann. Sie spielt bereits schwere Etüden rund und rein, alles mit musikalischer Art. Doch möchte ich sie nicht lassen sich musikalisch zu Tode üben (das ist nun einmal mein Ausdruck), denn fast alle unsere Virtuosen haben sich musikalisch zu Tode geübt und gespielt (besonders von Klavierspielern ist hier die Rede), d.h. sie haben eigentlich kein Gefühl und wohl gar keinen Sinn mehr dafür, sondern bloß Gefallen an ihrem eignen mechanischen Fingerspiel – können daher auch nicht gut andere spielen hören, sondern nur – sich selbst![6] Dieser objektiven Würdigung und Anerkennung des bisher Erreichten folgen freilich wenige Tage später einige charakterisierende Bemerkungen, die der Tagebuchinhaberin weniger gefallen mochten: „Mein Vater tadelt jetzt besonders an mir einen gewissen Neid – Vergnügungssucht – kindische Empfindlichkeit – und einen sonderbaren Hang, sich nie in der Gegenwart und am Gegenwärtigen zu freuen. Das Letztere bekümmert meinen Vater am mehresten, weil ich deswegen selten zufrieden erscheine, und immer ein „Aber" und ein „Wenn" in den Weg tritt.‟

Spricht aus manchem dieser Ansprüche an ein Kind von 8 Jahren eine herbe Strenge, die eigentlich ein reiferes Lebensalter voraussetzt, so verrät die wenige Monate später folgende Klage des Vaters „über meine eingetretenen Flegeljahre" zugleich einen die schroffe Pädagogik mildernden Humor, und die Bemerkung, „dass sie sich zu verlieren anfingen" liefert den Beweis, wie wenig wurzelhaft die gerügten Fehler im Wesen dieses Kindes waren.

---

6   Die Mär ist vielfach in der musikalischen Welt verbreitet, Clara sei von ihrem Vater am Klavier so lange festgehalten worden, als ihre physische Kräfte reichten. Der Ursprung dieser Legende führt auf Franz Liszt zurück, der im Übrigen zu den aufrichtigsten Bewunderern Claras gehörte. La Mara lässt ihn ohne Angabe seiner Quelle erzählen, man habe ihr zu Spielen und Erholungen wie sie sonst das Kindergemüt ergötzen, so wenig Muße gelassen, dass sie selbst die kurzen Augenblicke, wenn sie ihre Lieblinge, junge Kätzchen, einmal liebkoste, sich hinter des Vaters Rücken habe abstehlen müssen. Die bisherigen, aus den authentischsten Quellen geschöpften Ausführungen dürften wohl endgültig solche Sagen widerlegen. Wer Wiecks Schriften, wer seine von den glänzendsten Erfolgen begleitete, bis in sein 88. Lebensjahr ausgeübte Lehrtätigkeit kennt, weiß, dass eine derart quälerische Anstrengung eines Schülers einem der Grundprinzipien seiner Lehrweise Hohn spricht. Nur einem mit ganz frischen oder erhalten Kräften angestellten Studium legte er wirklichen Wert bei. Clara hat niemals mehr als drei Stunden des Tages üben dürfen. Diesem Umstande hatte sie es wohl auch zu danken, dass sie von dem Hauptleiden der modernen Musikerwelt, der Nervosität, zeitlebens verschont geblieben ist.

17

Dies war der geistige und musikalisch-technische Standpunkt, den Clara einnahm, als sie am 9. September 1827, vier Tage vor ihrem achten Geburtstage, in einer Konzertprobe, vor geladenen Zuhörern, das Es-Dur-Konzert von Mozart spielte. Die Begleitung bestand aus zwei Violinen, zwei Bratschen, einem Violoncello, einer Flöte und zwei Hörnern. Hören wir sie selbst, was sie an ihre Mutter Bargiel über dieses ihr neuestes Auftreten vor der Welt nach Berlin berichtet. –

Der Brief – der erste, den Clara überhaupt in ihrem Leben schrieb – ist merkwürdig durch seine frühreife Schrift, – eine Eigenschaft, die wohl mit der technischen Ausbildung der kleinen Hand zusammenhing, – und erfreulich durch seine trotz alledem lachende Kindlichkeit.

„Liebe Mutter.

Du hast noch nichts von mir gelesen, da ich nun ein wenig schreiben kann, will ich Dir ein kleines Briefchen schreiben, worüber Du Dich freuen wirst. Zu meinen 8ten Geburtstag bin ich auch beschenkt worden, von meiner guten Bertha und von meinen guten Vater, von meinen guten Vater hab ich ein wunderschönes Kleid bekommen, und von meiner Bertha hab ich ein Aschkuchen, ein Pflaumkuchen und ein rechten schönen Strickbeutel bekommen. Auch spielte ich ein Conzert aus Es dur von Mozart, was Du auch gespielt hast. Mit Orchesterbegleitung, wo Herr Mathäi, Lange, Belka, und viele andere noch mitspielten. Es ging recht gut und ich hab gar nicht gestockt. Nur meine Kadenz wollte nicht gleich gehen, wo ich eine chromatische Tonleiter 3 Mal spielen musste, Angst hatte ich gar nicht, das Klatschen hat mich aber verdrossen. Emilie Reichhold und M. Kupfer haben auch gespielt. Ein Tag vorher über meinen Geburtstag bin ich mit meinen Vater nach Malgern gefahren. Sei so gut und sage der Großmutter einen Gruß und die Brüder lassen Dich auch grüßen. Du wirst nun doch auch an mich schreiben?
Ich bin

Deine gehorsame Tochter Clara Wieck.
Leipzig d. 14 Sept. 1827.

Liebe Mutter,

*ich werde Dich bald besuchen und da will ich recht viel vierhändig mit
Dir spielen. Auch habe ich schon viele Opern durchgesungen und gespielt,
z.B. den Oberon, die Schweizerfamilie, den Schlosser, die Zauberflöte,
welche ich auch in Theater gesehen habe. Mein guter Vater hat mir auch
einen schönen Flügel bei H. Stein in Wien bestellt, weil ich fleißig bin und
die Lieder von Spohr zugleich singen und spielen kann, und das Konzert
ohne Fehler gegangen ist.*

Lebewohl. C.

Im Februar 1828 weiß das Tagebuch wieder von einer größeren musikalischen Abendunterhaltung zu berichten, die Friedrich Wieck veranstaltete, bei der Clara u.a. vier Polonaisen von Schubert mit dem
Vater zusammen vortrug. Bald darauf kam auch der ersehnte Flügel
„von sechs Oktaven" aus Wien und gleichzeitig erhielt sie eine Phys-
harmonika von drei Oktaven[7]: „Worauf ich viel fantasieren kann",
heißt es im Tagebuch.

Mehr und mehr trat sie jetzt an die Öffentlichkeit, wenn auch
zunächst nicht im Konzertsaal. So berichtet das Tagebuch am 31.
März von einer Gesellschaft bei Dr. Carus, wo sie ein Trio von Hum-
mel Op. 96 spielte, mit dem Zusatz „Ich habe weniger gefehlt als die
Herrn Begleiter". Namentlich aber die Ostermesse gab der jungen
Künstlerin vielfach Gelegenheit, sich auswärtigen Kunstfreunden und
Kollegen zu produzieren. Und während sie selbst als echtes Kind die
Messfreuden genießt und gewissenhaft bucht, dass sie „die Wachsfi-
guren, das Elendtier, den Taschenspieler Weiße aus Paris, die Berei-
ter und das Panorama von Gibraltar" gesehen, fährt sie fort: „Vielen
Leuten habe ich in dieser Messe vorgespielt und vorgesungen, u.a.
die Variationen von F. Schmidt Op.56, Moscheles Rondo 30 und die
Forelle von Fr. Schubert".

Bei jener musikalischen Abendunterhaltung im Carus'schen Hause
aber hat vielleicht die erste Begegnung mit Robert Schumann stattgefunden, der wenige Tage zuvor am 25. März[8] in Leipzig eingetroffen

7   Ein Instrument, das grade damals durch Anton Häckel wieder in Aufnahme gebracht war.
8   Vgl. Jugendbriefe S.18.

war und infolge seiner nahen Beziehungen zum Carus'schen Hause wohl unter den Gästen vermutet werden darf. Bekanntlich kam Robert Schumann nach Leipzig mit der Absicht Jurisprudenz zu studieren. Indessen sollten seine längst zu Tag getretenen ungewöhnlichen musikalischen Anlagen daneben nicht ungepflegt bleiben. Er trat daher, und zwar, wie es scheint, durch Vermittelung grade des Carus'schen Hauses alsbald in Beziehungen zu Friedrich Wieck. Sowohl das lebhafte, im höchsten Grad anregende Wesen des Mannes, als die außerordentlichen Leistungen seiner neunjährigen Tochter, bestimmten ihn, Wiecks Schüler im Klavierspiel zu werden. Nicht lange und er war der tägliche Genosse und erklärte Liebling im Wieck'schen Hause, und besonders Claras Freund; denn neue Rätsel zu erfinden, schöne Märchen zu erzählen oder durch schauerliche Spukgeschichten gruseln zu machen, verstand niemand so wie er.

Am 3. Juli desselben Jahres vermählte sich Friedrich Wieck zum zweiten Mal mit Clementine Fechner, einer Tochter des Pastors Samuel Traugott Fechner in Großfärichen in der Niederlausitz. Clara und ihre beiden Brüder Alwin und Gustav wohnten der Trauung bei.

Drei Tage nach diesem Ereignis trat Clara in Begleitung ihres Vaters und ihrer neuen Mutter eine Reise nach Dresden an, wo sie viele Freunde hatten. „Über Dresden bin ich erstaunt", berichtet das Tagebuch, „auch über die schöne Gegend; aber in Simons Garten bei der kleinen Ida und Thekla, bei dem Schäfchen und unter den Kirsch-, Stachelbeer- und Johannisbeersträuchern hat es mir noch besser gefallen, und ich habe mir viel zu Gute getan, bis wir den 15. wieder abreisten." Dass daneben auch die Künstlerin zu entsprechendem Gehör kam und in Dresdener musikalischen Kreisen bekannt wurde, dafür sorgte schon der Vater, der sie u.a. in der Blindenanstalt spielen ließ. Es war das wohl eine Vorbereitung für das erste öffentliche Auftreten Claras, das am 20. Oktober im Gewandhaus stattfand, in einem Konzert, das ein Fräulein Ernestine Perthaler aus Graz in Steiermark gab. Clara spielte zusammen mit Emilie Reichold in Kalkbrenners Variationen Op. 94 den Diskant. „Es ging sehr gut, und ich habe nicht gefehlt, fand auch vielen Beifall" heißt es im Tagebuch.

Übrigens ereignete sich dabei noch ein kleines Abenteuer, dessen auch das Tagebuch kurz erwähnt, und das nachmals Clara Schumann mit viel Humor zu erzählen wusste. Ein Hauptreiz bei diesem ersten öffentlichen Auftreten war für das Kind die schöne „Gewandhauskutsche", in der die Mitwirkenden feierlich abgeholt zu werden pflegten. Als daher am Abend des großen Tages gemeldet wird: „Der Wagen für Fräulein Clara ist da", schreitet sie in sehr gehobener Stimmung mit dem Diener herab. Aber welche Enttäuschung, als sie statt der schönen wohlbekannten Glaskutsche ein omnibus-ähnliches Gefährt unten ihrer harrend findet, das sie noch dazu mit andern ihr gänzlich fremden festlich gekleideten jungen Mädchen teilen muss. Der Diener setzt sie hinein, fort geht's. Aber wer beschreibt ihr Erstaunen und Missbehagen, als nach wenigen Straßen weiter der Wagen abermals hält, nach einigem Warten sich die Tür öffnet, und ein neuer geschmückter Gast sich zu ihnen gesellt, und als das auch in den folgenden Straßen sich noch mehrfach wiederholt. War dies schon befremdend, so steigert sich das Unbehagen zur Angst, als sie bemerkt, dass der Wagen offenbar in ganz anderer Richtung fährt, als ihr Ziel ist. Schließlich fasst sie sich ein Herz und fragt schüchtern die neben ihr sitzende Dame: „Aber hier geht's ja gar nicht ins Gewandhaus?" „Ins Gewandhaus? Ne, wir fahren nach Eutritzsch." Nun fängt sie, ergeben in ihr Schicksal, still für sich zu weinen an. – Da auf einmal lautes Rufen hinter ihnen – der Wagen hält, Clara wird herausgehoben, da kommt die richtige Glaskutsche auch schon heran, die sie nun wirklich „ins Gewandhaus" fährt. Es handelte sich mit einem Worte um eine ländliche Ballfestlichkeit, an der unter anderen auch die Tochter des Hausmanns, die gleichfalls Clara hieß, geladen war, und zu der die Teilnehmerinnen aus ihren Häusern in diesem Gefährte abgeholt wurden. Es war also das falsche Fräulein Clara entführt worden. Aber natürlich hatten diese Prüfungen, erst die Enttäuschung und dann die Angst, die jugendliche Debütantin aus ihrer kindlichen Zuversichtlichkeit grausam aufgeschreckt, in größter Aufregung und unter Tränen betritt sie den Schauplatz, wo der Vater sie schon unruhig erwartet. Wenn je aber Friedrich Wieck pädagogisches Talent besessen hat, so war es in diesem Augenblick. Er sieht, was auf dem Spiel steht, wenn es nicht gelingt, Clara vor ihrem Auftreten zu beruhigen. Und als ob nichts geschehen wäre, tritt er ihr mit einer Zuckertüte und den Worten entgegen: „Das hatte ich ganz vergessen Dir zu sagen, Clärchen, dass man allemal verwechselt wird, wenn man zum ersten Male öffentlich spielt".

Aber auf den „vielen Beifall" folgte ein schriller Missklang: Neun Tage nach jenem Konzert macht sich die Unzufriedenheit des väterlichen Lehrmeisters mit seiner Schülerin im Tagebuch in drastischer Weise Luft: „Mein Vater, der längst schon vergebens auf eine Sinnesänderung von meiner Seite gehofft hatte, bemerkte heute nochmals, dass ich immer noch so faul, nachlässig, unordentlich, eigensinnig, unfolgsam etc. sei, dass ich dies namentlich auch im Klavierspiel und im Studieren desselben sei und weil ich Hünten neue Variationen Op. 26 in seiner Gegenwart so schlecht spielte und nicht einmal den ersten Teil der ersten Variation wiederholte, so zerriss er das Exemplar vor meinen Augen und von heute an will er mir keine Stunde mehr geben und ich darf nichts weiter spielen als die Tonleitern, Cramer Etüden L. 1 und Ezerny Trillerübungen." So heftig danach das häusliche Gewitter war, so schnell verzog es sich. Schon am 5. November ward der Unterricht wieder aufgenommen, „nachdem ich fest versprochen mich zu ändern".

Das Jahr schloss mit der Komposition eines Walzers für die alte wortkarge Magd, die Hüterin ihrer ersten Jugendjahre, die sich sicher an dieser musikalischen Begrüßung sehr erbaut haben wird.

An einem Februar-Abend 1829 hörte Claras Vater im Gewandhauskonzert, dass Paganini angekommen sei und am folgenden Morgen nach Berlin weiterreisen werde. Schnell entschlossen machte er im Verein mit einigen andern den Versuch, den seltnen Gast „den größten Virtuosen unserer Zeit" für ein Konzert in Leipzig zu gewinnen, zunächst mit gutem Erfolg, der aber schließlich durch Eigenwilligkeit und Engherzigkeit der Konzertdirektion vereitelt wurde. Und „so reiste Paganini", erzählt das Tagebuch, „wieder ab und wir guckten ihm mit langen Gesichtern, aber sehnsüchtigen Augen nach und müssen nun nach Berlin reisen, wenn wir ihn hören wollen". Letzteres tat denn auch Friedrich Wieck, und der Eindruck, den er dort von Paganinis Kunst in zwei Proben und einem Konzert empfing, war gradezu überwältigend. „Nie" hatte er, schrieb er in Claras Tagebuch, „einen Sänger gehört, welcher ihn so gerührt hätte, als ein Adagio von Paganini. Nie ist wohl ein Künstler geboren worden, welcher in so vielen Genre gleich groß und unerreichbar wäre." Groß war daher die Freude, als es endlich im Oktober des Jahres gelang, Paganini wirklich für ein Konzert in Leipzig zu gewinnen.

„Am 30. September abends", lautet die Eintragung ins Tagebuch, „ist Paganini angekommen, und nun werde ich also den größten aller Künstler auch hören".

Am 5. Oktober fand das erste Konzert statt; am Vormittag des vorangehenden Tages besuchte Wieck in Begleitung seiner Tochter den Meister, der ihn nicht nur sofort wiedererkannte, sondern auch die kindliche Kollegin sehr gütig aufnahm. „Ich musste ihm auf einem alten schlechten Pianoforte mit schwarzer Klaviatur (was ein Student zurückgelassen hatte) die von mir komponierte Polonaise in Es vorspielen, was ihn sehr erfreute und meinem Vater mit den Worten andeutete: ich habe Beruf zur Kunst, weil ich Empfindung hätte. Er erlaubte uns sogleich, in alle seine Proben zu gehen, was wir auch getan haben."

Die Tage, die nun folgten, waren die bewegtesten und inhaltreichsten ihres bisherigen Lebens. Am 5., 9., 12. und 16. Oktober fanden die Konzerte statt, an jedem Abend saß Clara mit ihrem Vater voller Andacht und Begeisterung unter den dichtgedrängten Zuhörern, zweimal oben auf der Bühne als Gast des Künstlers, der ihr auch auf den Proben sehr freundlich entgegen kam, ihr z.B. einen Stuhl hinsetzen ließ und bei sich bietender Gelegenheit die junge Kollegin auch auswärtigen Kritikern, wie Rellstab und Elsholz aus Berlin, vorstellte, während Clara durch diese Bevorzugung in die Lage versetzt wurde, ältere ihr bekannte Musiker ihrerseits wieder dem Meister „vorzustellen". An einem Nachmittag fand sich auch Gelegenheit, noch einmal vor Paganini zu spielen, diesmal aber nicht auf dem alten Instrument, sondern auf einem neuen, das Wieck während des ersten Konzerts an die Stelle des andern hatte setzen lassen, dadurch Paganini eine Aufmerksamkeit und sich selbst und seiner Tochter einen Dienst erweisend. Mit ihrem Vater spielte sie ein noch nicht vollendetes Rondo zu vier Händen über vier Themata aus Paganinis Konzerten von dem Freund ihres Vaters, Krägen[9], und das vierhändige Rondo von Hünten über Elisabetta. „Er lobte mich", berichtet das Tagebuch, „sagte mir aber, dass ich ja nicht zu unruhig und mit zu viel Bewegung des Körpers spielen möchte." Über die persönlichen Eindrücke seines Spiels sagt das Tagebuch sehr

---

9   Vgl Sächs. Hofpianist, gestorben 1879 in Dresden

wenig, nur am ersten Abend einige allgemeine Bemerkungen wie bei dem Cantabile mit Doppelgriffen von Paganini und Rondo Scherzoso von Kreutzer „über alle Beschreibung schön vorgetragen" u.a.; später werden nur die Programme mitgeteilt. Aber wie tief und gewaltig der Eindruck dieser ersten Begegnung mit einem großen Künstler gewesen, geht doch aus jeder Zeile hervor. Zum Abschied erhielt sie von ihm in ihr Stammbuch ein Blatt mit vier Takten aus seinem Scherzo und die Harmonisierung der chromatischen Tonleiter in der Gegenbewegung „al merito singulare di Madamigella Clara Wieck". Bei der Abreise „des größten Künstlers, der je in Leipzig gewesen" beschenkte die neunjährige kleine Madamigella den kleinen vierjähriges Sohn Paganinis mit einer weißen und einer blauen Weintraube, und bekam zum Lohn vom Meister einen Händedruck, während die Väter sich küssten.

Immer näher und immer lauter schallte schon in den letzten Monaten des Jahres 1829 der Lärm der großen Welt da draußen in dies Kinderleben hinein; der Gedanke an Künstlerruhm als Lebenszweck begann, wenn auch noch in kindlichen Formen, immer greifbarere Gestalt anzunehmen. Auch an taktlosen Warnungen fehlte es nicht. Ein geistlicher Verwandter, dem sie vorspielte, bemerkte salbungsvoll: „Du kannst viel, meine Tochter! Vergiss nie, dass die größte Kunst die Tugend ist". „Ich will mir dies recht oft sagen", bemerkt das Tagebuch dazu. Aber einstweilen steuerte sie noch ohne ernste Sorgen und Zweifel in die Welt hinaus, die nun auf lange Zeit hinaus für sie das Lebenselement werden sollte. Die erste Andeutung darüber enthält der Schluss der Tagebuchaufzeichnungen von 1829. „Der Vater hat mir nun versprochen, mit mir gegen Ostern 1830 nach Dresden zu reisen, wo ich in Privatzirkeln spielen soll".[10]

Am 6. März ward die Reise angetreten. Der Aufenthalt gestaltete sich von vornherein so befriedigend, dass er sich auf volle vier Wochen ausdehnte. Am meisten nahm sich ihrer die Familie des Hofrats Carus an, deren Einfluss und Verwendung Clara wohl zumeist die Aufnahme in die Hof- und Adelskreise von Dresden zu verdanken hatte; so spielte sie zweimal bei der Prinzessin Louise, darunter einmal in Gegenwart des nachmaligen Königs Johann und seiner Gemahlin. Ein andermal fantasierte sie bei eben dieser Prinzessin über ein ihr aufgegebenes

---

10   Über das Repertoire vgl. den Anhang.

Thema aus der Stummen von Portici. In einem Briefe an seine Frau[11] schrieb Wieck in diesen Tagen:

„Wir finden hier eine ungeahnte günstige Aufnahme. Claras musikalische Ausbildung nicht allein, auch ihr Virtuosentum findet hier jeder sehr anerkennenswert. Die Leute wissen nicht, wen sie mehr bewundern sollen, das Kind oder den Lehrer.

Ich bin ängstlich, dass die Ehren und Auszeichnungen auf Clara einen schlimmen Einfluss ausüben könnten. Merke ich etwas Nachteiliges, so reise ich sogleich ab, damit sie wieder in ihre bürgerliche Ordnung kommt, denn ich bin zu stolz auf ihre Anspruchslosigkeit und vertausche dieselbe um keine Ehre der Welt. Man findet sie sehr liebenswürdig; sie ist vorerst noch die alte einfache natürliche, entwickelt oft tiefen Verstand und reiche Fantasie, ist wild, dabei aber nobel und verständig. Sie ist bei dem Spiel unglaublich dreist, und je größer die Gesellschaft, umso besser spielt sie."

„Gestern ladet sie der Graf Kospoth ein", heißt es in einem andern Brief, „nächsten Montag mit seiner Frau, welche zu den ersten Klavierspielerinnen Deutschlands gehört, vierhändig zu spielen.

Sie antwortet: ‚Können will ich wohl, aber kann denn Ihre Frau auch spielen?' ‚Jawohl', erwidert er. –‚Nun so führen Sie mich zu ihr, ich will ihre Bekanntschaft machen.' ... Gestern spielten wir vierhändig in einer großen Gesellschaft; obgleich der Flügel sich ungewöhnlich schwer spielen ließ, brachte sie so gut als eben möglich die Variationen von Herz durch. Nach dem Schluss klatschte die ganze Gesellschaft. Sie stand ruhig und ernst auf und sagte: ‚Da klatscht Ihr nun und ich weiß doch, dass ich sehr schlecht gespielt habe'; ja sie weinte sogar. Das ist das einzige Mal, wo sie bis jetzt geweint hat."

Um manche freundliche Erinnerung, auch um eine Anzahl kleiner Schmuckgegenstände reicher, die sie zum Geschenk erhalten hatte, kehrte Clara von ihrer ersten Kunstreise ins Elternhaus zurück.

In ihrem musikalischen Studium begann nunmehr ein Lehrkurs in der Theorie bei Kantor Weinlich[12], und zum ersten Mal begegnen wir in ihrem Tagesprogramm J. S. Bach mit seinen Fugen. Nachdem sie bis

---

11   Gedruckt bei Kohut, Fr. Wieck, S. 55.
12   Chr. Theodor Weinlich war Kantor an der Thomasschule in Leipzig. Zu seinen Schülern zählte auch Richard Wagner. Er starb 1842.

Anfang September die Grammatik der Theorie erledigt hatte, begann Weinlich mit ihr Kontrapunkt. Sie komponierte sofort ihr erstes vierstimmiges Lied „Schwäne kommen gezogen" und zwei- und vierstimmige Choräle.

Bis zu diesem Punkte waren die Dinge gediehen, als Robert Schumann die beiden nach der Reichsstraße hin gelegenen Zimmer der Wieck'schen Wohnung als Mieter bezog.[13] Er war seines juridischen Studiums wegen inzwischen drei Semester in Heidelberg gewesen. Der Jurisprudenz im Innersten abgeneigt, hatte er sich dazu nur entschlossen, um den Wünschen seiner Mutter zu willfahren, die eine Gewähr für das Glück seiner Zukunft nur in einem Brotstudium zu erblicken vermochte. Schließlich aber brach beim Sohne doch die Erkenntnis durch, dass seine wirkliche Lebensaufgabe die des Musikers sei. Schumanns Briefe an seine Mutter werfen auf diese Krise ein helles Licht.[14] Auf seinen Vorschlag wurde bekanntlich die Entscheidung vom Rat und Urteil Wiecks abhängig gemacht.

Die Antwort Wiecks auf die Anfrage von Schumanns Mutter[15], ebenso charakteristisch für ihn, wie von hohem Interesse um der Verurteilung willen, die der jugendliche Schumann darin erfährt, lautete:

Leipzig d. 9. August 1830.

Meine verehrteste Frau!

Ich eile, Ihnen Ihr Geehrtestes vom 7. d. zu beantworten, ohne Sie weiter vorher meiner innigsten Teilnahme zu versichern. Meine Antwort kann aber nur ganz kurz sein, weil ich von Geschäften vieler Art gedrängt bin und weil ich das mehrste doch mit Ihrem Herrn Sohne mündlich besprechen müsste, um zu einem genügenden Resultat zu gelangen. Mein Vorschlag vor allen Dingen wäre also: Ihr Herr Sohn verlässt Heidelberg – das warme, seine Fantasie noch mehr erhitzende – und kehrt wieder in unser kaltes plattes Leipzig ein, aus vielen und hinreichenden Gründen, mit denen ich Ihrem Herrn Sohn gegenüber zu bestehen hoffe.

---

13 H Wiecks Behausung lag nach der Grimmaschen Gasse in Nr. 36.
14 Auf S. 113–124 der Jugendbriefe Robert Schumanns (Breitkopf u. Härtel).
15 Dieser Brief der Mutter ist in der Biografie Robert Schumanns von J. v. Wasielewsky S.60–61 abgedruckt.

Einstweilen so viel: Ich mache mich anheischig, Ihren Herrn Sohn, den Robert, bei seinem Talent und seiner Fantasie binnen 3 Jahren zu einem der größten jetzt lebenden Klavierspieler zu bilden, der geistreicher und wärmer wie Moscheles und großartiger als Hummel spielen soll. Den Beweis dafür führe ich mit meiner eignen 11jährigen Tochter, die ich eben anfange der Welt vorzustellen. Und was die Komposition anlangte, so würde unser Kantor Weinlich vor der Hand gewiss ausreichen. Aber –

1) Robert meint sehr irrig „dass das ganze Klavierspiel in reiner Mechanik bestünde"; welch einseitiges Urteil! Ich möchte fast daraus schließen, dass er in Heidelberg gar keinen geistreichen Spieler gehört habe, oder dass er daselbst im Spiel nicht weiter gekommen sei. Wie er von Leipzig fortging, wusste er besser, was zu einem guten Klavierspieler gehöre, und meine 11jährige Clara wird ihn eines andern überzeugen. Aber das ist wahr, für Robert liegt die größte Schwierigkeit in der ruhigen, kalten, besonnenen und anhaltenden Besiegung der Mechanik, als der erste Urstoff alles Klavierspiels. Ich gestehe offen, dass wenn es mir in meinen Lektionen, welche ich ihm gab, gelang, nach harten Kämpfen und großem Widerspruch von seiner Seite und unerhörten Streichen, welche uns beiden (als rein vernünftigen Wesen,) seine zügellose Fantasie spielte, ihn von der Wichtigkeit eines reinlichen, präzisen, egalen, deutlichen u. rhythmisch bezeichnenden u. endlich eleganten Spieles zu überzeugen, es doch für die nächste Lektion oft wenig Früchte getragen hatte – u. fing ich an mit meiner gewohnten Liebe zu ihm, das alte Thema wieder vorzunehmen u. auf den Unterschied der bei mir einstudierten Musik etc. etc. wieder zu kommen u. ernstlich auf meinem Satz zu beharren, (mir war es ja nur um Robert u. um das höchste in der Kunst zu tun), so ließ er sich 8–14 Tage u. noch länger entschuldigen, dass u. warum er nicht kommen könne etc. etc. u. so hat er sich fort entschuldigt – mit wenig Ausnahmen – bis er fort ging in die Stadt u. in solche Verhältnisse, welche wahrlich nicht geeignet sind, eine solche zügellose Fantasie, verbunden mit so viel schwankendem Sinne – zu bezwingen.

Wird unser liebenswürdiger Robert jetzt anders, besonnener – fester – kräftiger und darf ich's sagen – kälter u. männlicher sein? Aus seinen Briefen scheint dies eben nicht hervor zu gehen.

2) Würde ich den Robert einmal gar nicht anders übernehmen (nämlich wenn er bloß in u. für die Kunst leben will), als dass er ein Jahr lang fast alle Tage eine Stunde bei mir habe.

Warum? bitte ich einstweilen unbedingtes Vertrauen in mich zu setzen. Wie kann ich aber dies, da ich jetzt zugleich ein Geschäft in Dresden habe, zu Weihnachten eines dergl. in Berlin anlege u. binnen einem Jahre mit meiner Tochter noch nach Berlin, Wien u. wahrscheinlich auch nach Paris eine Kunstreise mache? Was soll Roberts sogenannter Fantasie-Mensch dazu sagen, wenn der mir die Lektionen, (vor der Hand mit den kalten Themas) abstehlen soll, um 3–6 Wochen lang, sich allein überlassen, nicht aus dem Gleise zu kommen? – Verehrteste Frau, das wissen wir beide nicht – das muss Robert am besten wissen – er muss nur allein sagen, ob er wirklich etwas wollen kann. –

3) Ohne mich in etwas Weiteres vor der Hand einzulassen, erkläre ich, dass der Klaviervirtuos (wenn er nicht der allerberühmteste Komponist u. sein Name schon seit Jahren gefeiert ist), nur sein Brot verdienen kann, wenn er Unterricht gibt – dann aber auch sehr gut und sehr reichlich. Es fehlt überall an guten, geistreichen, allseitig gebildeten Lehrern, u. es ist bekannt, dass man in Paris, Wien, Petersburg, Berlin etc. etc. 2-4 Thr. u. in London 6–8 Thr. für die Stunde bezahlt. Zur Lehrerin erziehe ich denn nun auch vor allem meine Tochter, obgleich diese, als Mädchen, den Vorzug vor allen Klavierspielerinnen der Welt bereits hat, dass sie frei fantasieren kann – u. doch lasse ich mich durch nichts täuschen. Nun würde Robert, als Lehrer des Klavierspiels, an solchen Orten sehr angenehm leben, da er doch nebenbei auch Interessen zu verzehren hat. Denn ich will doch nicht fürchten, dass derselbe sein Kapital verzehren wird.

Nun aber frage ich, würde Robert sich dazu entschließen u. bereits schon hier anfangen Stunden zu geben, weil man sich dazu Jahre lang ausbilden muss? Robert weiß doch noch, was ich von einem guten Klavierlehrer verlange? Dies können wir wiederum nicht wissen; kann nicht sagen, ob's Robert noch weiß.

4) Kann Robert sich entschließen, die trocken kalte Theorie, mit allem, was daran hängt, 2 Jahre bei Weinlich zu studieren? Mit dem Klavierunterricht verbinde ich immer eine Kenntnis der Akkordenlehre, was praktisch geübt wird u. wobei ich schönen u. richtigen Anschlag etc. etc. mit einem Worte, alles das lehre, was man in keiner Klavierschule findet und finden kann. –

Hat sich Robert entschließen können, nur die wenige Theorie dabei zu erlernen, während doch wohl die Stunden interessant genug waren? Ich muss „Nein" sagen. *Wird sich Robert jetzt entschließen können, gleich meiner Clara alle Tage einige Stunden 3 u. 4-stimmige Sätze auf der Tafel zu arbeiten, wobei die Fantasie fast gänzlich schweigen muss? Wenigstens so eine, wie sich unser Robert zu erfreuen hat.*

5) Tut Robert dies alles aber nicht, wie ich gesagt habe, so frage ich: Welche Rolle wird er spielen u. welche Auswege wird seine Fantasie alsdann nehmen? –

Aus der Offenheit, mit der ich hier einiges erwähnt, wenn auch nicht vollständig abgehandelt habe, mögen Sie gütigst ersehen, dass ich Ihr beiderseitiges Vertrauen zu schätzen weiß u. dasselbe späterhin zu verdienen wissen werde, wenn Ihr Herr Sohn wieder nach Leipzig kommt, wo Ihr Herr Sohn u. Dr. Carus mit mir alles vollständiger besprechen und beraten können werden.

Ihr Herr Sohn mag entschuldigen, wenn ich auf seinen Brief an mich nicht geantwortet habe. Meine Geschäfte u. die Ausbildung meiner Tochter mögen alle solche Nachlässigkeiten von meiner Seite entschuldigen, sowie die Eile, mit der ich diesen Brief geschrieben.

Verehrteste Freundin, grämen Sie sich nicht – erzwingen lässt sich gar wenig in solchen Dingen: wir wollen das unsrige als Eltern tun – das Übrige tut Gott. Hat Robert den Mut und die Kraft mir gegenüber meine Zweifel zu lösen, u. er löst sie praktisch nur sechs Monate (wodurch im entgegengesetzten Falle ja noch nicht alles verloren wäre), so lassen Sie ihn in Frieden wandeln und geben Sie ihm Ihren Segen. Einstweilen erwarten Sie nun einmal erst Antwort auf diese wenigen Zeilen, welche mit Verehrung schließt

Ihr ergebenster Fr. Wieck.

Schumann, durch seine Mutter alsbald in Besitz dieses Briefes gesetzt, schwankte keine Sekunde, zu was er sich entschließen solle.

Umgehend erfolgte an Wieck und an die Mutter seine Erklärung.[16]

Besonders schön tritt in dem Schreiben an die letztere seine gehobene Stimmung hervor, nun endlich ganz Künstler sein zu dürfen. Getragen von diesem Bewusstsein, betrat er Leipzig wieder, um nicht

---

16   Der Brief an die Mutter, datiert Heidelberg d. 22. Aug. 1830, befindet sich in den Jugendbriefen, S. 120.

nur aufs Neue Wiecks Schüler, sondern zugleich Hausgenosse des verehrten Lehrers zu werden.

Mit welchen Plänen sich Wieck für Claras allernächste Zukunft trug, hat er uns bereits in seinem Schreiben an Schumanns Mutter verraten, und er war Manns genug, um sein Wort in Tat umzusetzen. Die Einleitung dazu bildete das Konzert im Gewandhaus, in dem Clara zum ersten Mal als Konzertgeberin auftrat, das schon für den Anfang September geplant, in zwölfter Stunde aber wegen der Unruhen hatte verschoben werden müssen, nunmehr am 8. November stattfand. „Am 8. November", berichtet das Tagebuch, „gab ich im Gewandhause hier mein erstes selbständiges Konzert. Ich spielte zur Zufriedenheit des Vaters und des Publikums.[17] Meine Komplimente wollten außer dem ersten nicht recht glücken, denn sie wurden sehr geschwind."

Zwei Tage darauf war in der Leipziger Zeitung zu lesen: „Am 8. November gab die elfjährige Pianistin Clara Wieck in Leipzig ein Konzert. Die ausgezeichneten, sowohl in ihrem Spiele, als in ihren Kompositionen bemerkbaren Leistungen der jungen Künstlerin rissen zu allgemeiner Bewunderung hin und errungen ihr den größten Beifall."

Das Reinerträgnis des Konzertes bestand in rund 30 Talern, „dem Vater", heißt es im Tagebuch, „habe ich für seine Mühe 20 Taler gegeben und es tut mir leid, dass er nicht mehr nehmen wollte, aber die meinigen werde ich von nun an mehrere Male im Kuchengarten frei halten."

Mutig gemacht, reiste Wieck zu Weihnachten mit Clara nach Dresden, um auch dort ein Konzert zu veranstalten. Er hatte anfangs mit mancherlei Gegnerschaft zu kämpfen. Trotzdem kam es am 10. Januar zum ersten Konzert mit der Königlichen Kapelle im Hotel de Pologne, am 25. zu einem Solospiel im Theater vor und nach der Aufführung von „Doktor und Apotheker" in Anwesenheit des Hofes, und am 27. zu einem zweiten Konzert im Hotel de Pologne, mit stetig zunehmendem Beifall und Zulauf. Bei ihrem letzten Auftreten in der „Conversation" wurde sie gleich beim Erscheinen mit Applaus begrüßt. Auch in der Dresdener Gesellschaft wurden neue einflussreiche Freunde gewonnen und Verbindungen angeknüpft.

---

17 Sie spielte das Rondo brillant, Op. 101, mit Orchester von Kalkbrenner, Variations brillantes, Op. 23, von Herz, sodann in einem Quatuor concertant für 4 Klaviere, Op. 230, von Czerny), und zum Schluss ihre eigenen Variationen über ein Originalthema.

Mit ironischem Behagen verzeichnet Wieck diesen Erfolgen gegenüber einige, ihm zugetragene, vom Neid in Umlauf gesetzte üble Nachreden über Clara, sowie ihn selbst; sie könne weder lesen noch schreiben, müsse täglich 12 Stunden üben und sei nicht 11, sondern 16 Jahre alt; aber es könne wohl etwas aus ihr werden, wenn sie jemand andern als ihren Vater zum Lehrer hätte.

Nach Leipzig zurückgekehrt, nahm Clara alsbald wieder ihre theoretischen Studien auf, einschließlich eines Unterrichtkurses in der Instrumentierungskunst und im Partiturlesen. Außerdem übte sie sich im Violinspiel, um einige Kenntnis dieses Instrumentes zu erlangen, als notwendig zum Komponieren für Orchester. Ferner studierte sie Czernys Anleitung zur Kunst des Fantasierens, die sie rasch erfasste, sodass sie täglich über ein aufgegebenes Thema mit Leichtigkeit fantasierte. Selbstverständlich fand sie inmitten dieser verzweigten Studien nur spärliche Muße zum eigentlichen Komponieren. Indessen erschien in diesem Jahr von ihr bei Hofmeister in Leipzig – offiziell ihr erstes Kompositionswerk – ein Heft mit vier Polonaisen für Klavier im Stich.[18]

Unter den Bevorzugten, denen sie ein Exemplar zueignete, befand sich auch „Herr Schumann, der seit Michael 1830 bei uns wohnt und Musik studiert."

Was ihr über ihre Studien hinaus im Tag an Zeit übrig blieb, war der Bewegung in freier Luft gewidmet, worauf der Vater allzeit den höchsten Wert gelegt und woran er mit strenger Regelmäßigkeit festgehalten hatte.

Dieser Sommer ward für sie bedeutungsvoll durch die erste eingehendere Beschäftigung mit Chopin.

„Chopin-Variationen Op. 2", schreibt sie im Tagebuch, „welche ich in acht Tagen einstudierte, ist das schwerste Musikstück, was ich bis jetzt gesehen und gespielt habe. Diese originelle geistreiche Komposition ist noch so wenig erkannt, dass sie fast alle Klavierspieler und Lehrer für unverständlich und unspielbar halten. In meinem nächsten Konzert, das ich gebe, hier oder in Berlin, oder anderswo, werde ich sie zum ersten Mal öffentlich vortragen."

---

18 Eine für Clara nicht ungünstige, aber ihren Vater wegen der Veröffentlichung heftig tadelnde Anzeige von Rellstab erschien im 24. Stück der Iris von 1831.

Schon diese Worte deuten auf weitere große Pläne, einer von langer Hand von Wieck vorbereiteten großen Konzertreise, für die er sich bereits in Dresden die Empfehlungen von hohen und höchsten Personen zu verschaffen gewusst hatte, und als deren Endziel er sich Paris dachte. Daher Clara in diesem Sommer besonders eifrig Französisch treiben musste. Die Erkrankung Claras an den Masern im August und der Ausbruch der Cholera in Berlin, das als erstes Reiseziel gedacht war, im September vermochten wohl den Termin und den Weg zu verrücken, aber nicht die Reise selbst, die vielmehr am 25. September angetreten wurde und sie am 26. zunächst nach Weimar führte.

Mittags 12 Uhr des folgenden Tages standen die beiden Reisenden erwartungsvoll vor dem Haus am Jungfrauenplan, um Goethe zu sehen und hatten die Freude, dass ihr ehrfurchtsvoller Gruß freundlich erwidert wurde. Sonst aber waren die ersten Weimarer Eindrücke alles eher als günstig. Der Oberhofmarschall von Spiegel, offenbar über die künstlerische Bedeutung von Vater und Tochter nicht unterrichtet, lehnte hochmütig und unfreundlich jede Mitwirkung, ihnen die Wege zu ebnen ab, und versagte vor allem die Erlaubnis, auf dem Theater zu spielen. Genast, der Oberregisseur, dem sie ihren Besuch zu einer bestimmten Stunde angekündigt hatten, ließ sich verleugnen. Daraufhin gab Wieck den Besuch bei dem nächsten Kollegen Hummel, als von vornherein aussichtslos auf. „Es herrscht hier Bildung", bemerkt Wieck bitter, „aber großer Egoismus und Einseitigkeit, so ein gewisser steifer Hofstolz und Etikette; in der Kunst Einseitigkeit, aber vorzüglich im Klavierspiel; die neueste Klaviermusik ist nicht einmal dem Namen nach bekannt." Ganz so schlimm, wie es dem ergrimmten Klavierpädagogen schien, war es aber in Wirklichkeit doch nicht. Im Gegenteil.

Denn unmittelbar nach diesen Enttäuschungen lernte er in dem Geh.-Rat Schmidt einen „musikalischen Ehrenmann" kennen, der sich als enthusiastischer Verehrer und Kenner Beethovens offenbarte, der mit feinstem Verständnis Chopins Variationen aufnahm und seinerseits nun alles aufbot, der neuen Kunst, die in der Person der kleinen Clara an die Tore der Musenstadt pochte, die Wege zu bahnen. So lernten die Reisenden nicht nur im Laufe der nächsten Tage eine Reihe von vorurteilslosen, kunstverständigen Leuten, vor allen Chordirektor Heeser, Amtmann Petersilie, Professor Töpfer, Oberbaudirektor Coudray, Medizinalrat Froriep kennen, sondern Clara fand auch Gelegenheit, in größern Privatgesellschaften bei Schmidt, der Majorin Germar und dem Medizinalrat Froriep durch ihre Persönlichkeit und ihr Spiel lebhaftes Interesse zur erwecken und zur enthusiastischen Bewunderung zu steigern. Die nächste und schönste Folge davon war, dass Goethe, durch Coudray auf sie aufmerksam gemacht, die Reisenden auffordern ließ, ihn zu besuchen.

„Den 1. Oktober mittags 12 Uhr", berichtet das Tagebuch, „hatten wir Audienz bei dem 83jährigen Minister Exzellenz von Goethe. Wir fanden ihn lesend, und der Bediente führte uns ein ohne weitere Anmeldung, nachdem er uns den Tag vorher zu dieser Zeit hatte bestellen lassen. Er empfing uns sehr freundlich; Clara musste sich zu ihm auf das Sofa setzen. Bald darauf kam seine Schwiegertochter mit ihren beiden sehr geistreich aussehenden Kindern von 10–12 Jahren. Clara wurde nun aufgefordert zu spielen und da der Stuhl vor dem Klavier zu niedrig war, holte Goethe selbst aus dem Vorzimmer ein Kissen und legte es ihr zurecht. Sie spielte La Violetta von Herz. Während des Spiels kam noch mehr Besuch, und sie spielte dann noch Bravour-Variationen von Herz, Op. 20. – Goethe fällte über die Kompositionen und das Spiel der Clara ein sehr richtiges Urteil, nannte die Komposition heiter und französisch pikant und rühmte Claras Eindringen in diesen Charakter." Mit dieser letzten Äußerung scheint ein anderer, im Tagebuch nachgetragener Ausspruch Goethes im Widerspruch zu stehen, der aber für Clara jedenfalls schmeichelhaft war: „Über Claras Darstellung vergisst man die Komposition." Der beste Beweis für das Interesse, das Goethe an Clara genommen, war aber die Aufforderung, den Besuch am 9. Oktober zu wiederholen. „Clara spielte das Duo mit Herrn Götze, Hünten Rondo à 4 m. mit mir, ihre Variationen … Er sprach mehrmals mit uns aufs freundlichste. Einmal sagte er zu Clara: ‚Das Mädchen hat mehr Kraft als sechs Knaben zusammen."

Am 11. Oktober schickte Goethe sodann durch Coudray für Clara sein Brustbild in Bronze und ein Blatt mit den Worten:

> *„Zu freundlichem Erinnern des 9. Oktober 1831.*
> *Weimar. J. W. Goethe."*

Ein zweites Blatt für den Vater lautete:

„Für meisterlich musikalische Unterhaltung verpflichtet.
Weimar, d. 9. Oktober. J. W. Goethe.“

Das Brustbild befand sich in einer Kapsel; darum ein Papier geschlagen, mit der Überschrift von Goethes Hand:

„Der kunstreichen Clara Wieck“

In denselben Tagen schrieb Goethe an Zelter[19]: „Auch erschien gestern bei mir ein merkwürdiges Phänomen: Ein Vater brachte seine flügelspielende Tochter zu mir, welche nach Paris gehend, neuere Pariser Kompositionen vortrug; auch mir war die Art neu, sie verlangt eine große Fertigkeit des Vortrags, ist aber immer heiter; man folgt gern und lässt sich's gefallen. Da Du dergleichen gewiss kennst, so kläre mich darüber auf.“

Nachdem Clara nun selbst in Goethes Haus gespielt, gab sich bald in allen Kreisen der Stadt der Wunsch nach ihrem öffentlichen Auftreten kund. Es konnte denn auch für den 7. Oktober ein Konzert im Stadthause angesetzt werden. Bürgermeister Schwabe hatte das Lokal unentgeltlich zur Verfügung gestellt. Tags vorher erlebten Wieck und Clara aber noch eine ganz besondere Genugtuung. Derselbe Oberhofmarschall von Spiegel, der sie so sehr ungnädig abgefertigt hatte, erschien bei ihnen, um sie für abends zu Hof zu entbieten. Der Großherzog setzte sich zu Clara an das Instrument und ließ sich und den Anwesenden bis gegen 10 Uhr von der kleinen Meisterin vormusizieren. Der ungeteilte Beifall aller lohnte ihr. Besonders erregte ihr Fantasieren Bewunderung. Das Konzert im Stadthause verlief vor einer glänzenden Versammlung von 500 Zuhörern. Auf dem Podium hatte sich unmittelbar um Clara ein besonderer Kreis von Damen gebildet. Niemand wusste sich eines ähnlichen Erfolges zu erinnern. Der an Jubel grenzende Beifall konnte als ein wahrer Triumph gelten,

---

19   Briefwechsel zwischen Goethe und Zelter. Nr. 821.

den sie über ihre Widersacher, die einheimischen Größen Hummel, Eberwein, Lobe usw., davontrug, deren Nichtanwesenheit allgemein bemerkt wurde.

Freilich auch die guten Freunde machten gelegentlich zu schaffen. Höchst belustigend erzählt Wieck im Tagebuch von zwei Szenen mit der Geh.-Rätin Schmidt, die ihm die bittersten Vorwürfe macht, dass er Clara nicht genügende Freiheit zu kindlichen Spielen und dem Verkehr mit Altersgenossen lasse. Die Dame wird immer leidenschaftlicher, Wieck, in seinen väterlichen Gefühlen und durch den Zweifel an seiner pädagogischen Weisheit aufs Empfindlichste gereizt, verbittet sich schließlich jede Einmischung in seine mit gutem Gewissen seit Jahren gehandhabte Erziehungsmethode. Und die Dame trumpft damit auf, zur Strafe bekomme er nun auch keinen einzigen, der von ihrem Mann für ihn besorgten Empfehlungsbriefe. „So schieden wir erzürnt voneinander", schließt das Tagebuch, „und also sie behielt die Empfehlungsbriefe und ich – die Clara Wieck mit Paganinis und Goethes Stammbuchblättern. Und so geleite uns Gott weiter. Alles wie Gott will."

Nachdem sie Clara „geliebt von allen und unter Tränen verabschiedet" noch einige zwanzig Stammbuchblätter geschrieben, erfolgte am 12. Oktober die Abreise von Weimar nach Erfurt.

Nicht allzu oft sollten sich jedoch im weitern Verlauf der Reise die schönen Tage von Weimar wiederholen; ja es ereignete sich wohl, dass selbst dem eisernen, willensstarken Manne, der Clara zur Seite stand, unter den Widerwärtigkeiten seiner beschwerlichen Aufgabe und im Kampfe gegen Indifferenz und Intrige, gelegentlich einmal der Atem versagte.

Für den musikalischen Zustand der Stadt Erfurt war es gewiss in hohem Grade bezeichnend, dass der einzige Instrumentenhändler des Ortes mit Namen Suppus, in seinem Magazin weder ein Instrument zu verkaufen, noch zu vermieten hatte.

Nach einer Abendgesellschaft, in der Clara sich hatte hören lassen, und in der es während ihres Vortrags sehr unruhig zuging, schreibt Wieck ins Tagebuch: „Für Claras Spiel ist dieses Publikum und seine Instrumente doch wirklich zu schlecht." Der Versuch, ein Konzert zu geben, wäre, wenn nicht aussichtslos, doch weder lohnend noch ehrenvoll gewesen. Indessen entschied sich Wieck, einige Tage zu bleiben, um seine weitschichtige Korrespondenz zu erledigen, und zugleich sich und Clara Ruhe zu gönnen. Bei dieser Gelegenheit lernte er in dem Professor Mensing einen feinsinnigen Musikfreund kennen, der ihm bei Übersendung einer Anzahl von Empfehlungsbriefen u.a. schrieb: „Ich nehme das lebhafteste Interesse an Ihrem lieblichen Kinde. Die Erziehung desselben macht Ihnen in jeder Hinsicht viel Ehre, und ich bin überzeugt, dass sie die erste Pianistin bereits ist und dass sie alle Spieler auch bald hinter sich lassen wird; ich glaube sogar, sie ist dazu bestimmt, das Erhabene in der Kunst selbst zu fördern."

Gewiss merkwürdige prophetische Worte zu einer Zeit, in der das musikalische Leben durch das herrschende Virtuosentum fast allgemein an einer auf bloßen äußerlichen Effekt abzielenden Oberflächlichkeit litt. Es gehörte ein feiner musikalischer Sinn dazu, um aus dem Bravourspiel Claras, was es damals noch war, doch schon die berufene zukünftige Interpretin des Erhabenen in ihrer Kunst herauszuhören. Von Mensing aufgemuntert, auf seiner Weiterreise Kassel zu berühren, beschloss Wieck, seinem Rate zu folgen. „So hab ich mich denn fest entschlossen", schreibt er im Tagebuche, „zu meinem alten Spohr meine Clara zu führen, und er soll sagen, ob ich's recht gemacht." Zu diesem Zweck schrieb er an Spohr, nachdem er sich über Claras Vergangenheit des Weitern ausgelassen, von Erfurt aus:

„Ich schmeichle mir, Ihnen noch von Leipzig ans bekannt zu sein und sage nur noch, dass ich mich bei meinen gesammelten Erfahrungen über junge Talente, nicht unterstehen würde, um Ihre gütige Protektion zu bitten, wenn ich Ihnen in Clara nichts weiter vorstellen könnte, als ein gewöhnliches Wunderkind, dem mühsam und gewaltsam einige Konzertstücke eingelernt wurden.

Ich kann sagen, dass ich Clara gleichmäßig musikalisch in der großartigen Field'schen Schule, der die sogenannte Wienerische Spielart mir sehr untergeordnet scheint, herausgebildet habe, ohne eben die jetzige pikante und frivole französische Manier vernachlässigt zu haben. Über den seltenen Beifall, den Clara in oben genannten Städten und zuletzt in Weimar gefunden, will ich die Kenner sprechen lassen und ich versichere Ihnen nur noch, dass es mir nach dem Urteile aller der vielen Menschenfreunde, welche Clara näher kennen lernten, außerdem gelungen zu sein scheint, ihre Persönlichkeit und kindliche Unschuld von aller Überbildung und Übertreibung befreit erhalten zu haben."

Die nächste Stadt, in welcher die Reisenden verweilten, war Gotha. Wieck, durch die Erfahrungen in Erfurt belehrt, gewann auch hier als-bald die Ansicht, dass, wenn man ernstlichen Erfolg haben und sich nicht „in der kläglichsten Weise verkannt, gekränkt und unbeachtet sehen wolle", man große Orte aufsuchen müsse und Mittelstädte nur, wenn ein kleiner, aber gebildeter Hof wie in Weimar einen Rückhalt biete.

Indessen wurden sie angegangen, in einer geschlossenen Gesell-schaft eine musikalische Unterhaltung zu geben. Groß war das Entzü-cken und der Beifall der Anwesenden über Claras Spiel, ebenso groß aber auch während desselben die herrschende Unruhe. Als mitten in einer Kadenz eine Dame sich in der geräuschvollsten Weise den Tee servieren ließ, kam Clara aus dem Konzept und fand sich erst nach einiger Unterbrechung wieder zurecht. Nach des Vaters Urteil spielte und fantasierte sie gleichwohl an diesem Abend herrlicher als je, weil sie nach langer Entbehrung zum ersten Mal wieder an einem guten Flügel saß, den der Vater aus Leipzig hatte kommen lassen.[20] War es doch vorgekommen, dass sie noch auf Instrumenten mit schwarzer Klaviatur und schmalen Obertasten hatte spielen müssen.

Von einer beabsichtigten Fahrt nach Eisenach sah Wieck ab, nach-dem ihm von dort, wie zur Abschreckung, geschrieben wurde, das Konzert von Pixis, das seine Tochter spielen wolle, werde auch von einem Eisenacher Klaviervirtuosen gespielt.

Wieck antwortete in seiner kaum misszuverstehenden Art: „Fin-det man es nicht interessant, dieses Konzert auch von meiner Toch-ter zu hören und ihre Darstellung einem Vergleich zu unterwerfen, so ist sie in der Lage, statt desselben ein anderes Konzert von Field oder Moscheles spielen zu können, die man in Eisenach vielleicht noch nicht gehört hat. Auch spielt sie das größte Fantasie-Bravour-stück von Chopin, worin das ganze Leben und Treiben Don Juans mit den genialsten Zügen und auf die originellste Weise dargestellt ist. Ein Werk, das im Geiste des Komponisten zu Gehör zu bringen bis

---

20   Wieck verfolgte auf solchen Reisen zugleich seine geschäftlichen Interessen als Instrumentenhändler.

jetzt für unmöglich galt. Meine Clara würde dann wohl auch in Eisenach auf dieselbe Anerkennung haben rechnen dürfen, wie sie ihr in Dresden, Leipzig, Altenburg, Weimar und an andern Orten in Form wahrer Triumphe zuteilwurde." –

Statt nach Eisenach begab Wieck sich, einer Einladung folgend, mit Clara nach Arnstadt. Hier aber machten sie alsbald die Erfahrung, dass sie keine Fremden und Unbekannten waren. Kaum angelangt erhielten sie vonseiten der am Orte lebenden Fürstlichkeiten die Aufforderung, ein Konzert zu veranstalten. Die ganze fürstliche Familie, der Großherzog von Weimar und der Fürst von Reuß, die zum Besuche anwesend waren, fanden sich dazu ein. Auch unter den Arnstädtern selbst begegneten sie einer großen Empfänglichkeit für Kunst und einer sehr freundschaftlichen und liebenswürdigen Teilnahme.

Am Tag vor ihrer Abreise nach Gotha, wohin sie von Arnstadt aus noch einmal zurückgekehrt waren, erschien in der Gothaischen politischen Zeitung (Nr. 203) ein äußerst schmeichelhafter Artikel über Claras Leistungen, sehr zu Wiecks Ärger „post festum", in dem der dringende Wunsch ausgesprochen wurde, dass das „seltene Kind, welches bis jetzt nur in einem geschlossenen Zirkel sich hören ließ, auch das hiesige kunstsinnige größere Publikum durch seine Virtuosität entzücken möchte". „Clara Wieck", heißt es am Schluss, „kommt den bekannten Pianistinnen Belleville und Blahetka in Kunstfertigkeit nicht allein gleich und übertrifft diese vielleicht noch – denn sie führt die schwersten Tonstücke, deren meisterhafte Darstellung man bis jetzt teilweise für unmöglich hielt, mit der bewunderungswürdigsten Leichtigkeit und Eleganz und zugleich auf eine großartige Weise aus – sondern sie überrascht auch höchst angenehm durch eigene zarte und gefällige, oft originelle Kompositionen ... Bei alledem ist Clara Wieck durchaus keine Treibhauspflanze, nichts ist an ihr forciert; ihre außerordentliche Virtuosität ist vielmehr das frühzeitige Entfalten der Schwingen des in ihr wohnenden großen musikalischen Genius."

Am 3. November erfolgte der Einzug in Kassel. Über ihren Besuch bei Spohr berichtet Wieck: „Clara spielte ihm in seinem Musiksaale, wo er seine Winterquartette gibt und ein leidlicher Streicher von 6½ Oktaven steht, ihre Variationen Nr. 2 vor, die er sehr lobte, besonders als originell, aber meinte, dass im Finale zwei Takte fehlten, welche

Clara nun hinein gelegt. Alsdann holte er seine Frau und Tochter, und Clara spielte nun noch ihr Scherzo aus C. Auch dazu wünschte Spohr noch einen letzten Teil. Nun trug sie die Variationen Op. 2 von Chopin vor, was alle mit höchstem Erstaunen anhörten. Spohr lobte die Komposition als außerordentlich fantasiereich und originell. Claras Spiel aber fand er so großartig und gebunden und dabei so bravourmäßig und solid, dass er kaum die einzelnen Variationen aushören konnte, ohne mit seiner Frau darüber zu sprechen. Es ist aber schwer, Claras Talent von allen Seiten geltend zu machen, und ich bin allemal in Verlegenheit, ob ich sie etwas von sich, von Herz, von Field, von Pixis vorspielen, oder sie nur fantasieren lassen soll. Auf den ersten Eindruck kommt viel an und wie schwer ist der Standpunkt des Musikfreundes, seine Laune, seine augenblickliche Stimmung zu ermessen, um mit einem Stück gleich den vorteilhaftesten Eindruck zu machen."

Abends wurden sie in die Cäcilia geführt, eine Singakademie unter der Direktion von Spohr. Hauptmann spielte am Klavier aus der Partitur. Clara trug neben anderem ihr Scherzo aus C mit dem auf Spohrs Wunsch hinzukomponierten letzten Teile vor und erntete allgemeinen Beifall. Besonders Spohr, der ihr umwendete, bewunderte von neuem ihr großartiges gebundenes Spiel und meinte, unter ihren Händen werde das Instrument ein anderes. Moritz Hauptmann schrieb[21] in jenen Tagen an seinen Freund Hauser in München: „Es ist jetzt auch hier eine kleine Klavierspielerin, Clara Wieck aus Leipzig. Das Mädchen spielt sehr schön, ist 12 Jahr und außer dem Spielen ganz kindlich."

Dank Spohrs unermüdlichen Bemühungen kam es endlich dazu, dass sich Clara bei Gelegenheit des ersten Hofkonzertes hören lassen konnte. Spohr selbst führte sie ans Klavier. Wie sehr der Kurprinz von ihrem Spiele entzückt war, ging daraus hervor, dass er ihrem Vater nach dem Konzert in eigener Person für Clara das Opernhaus zusicherte, und seine Freude äußerte, sie alsdann nochmals zu hören. Um 10 Uhr ging es zur Tafel, wobei sie mit an der prinzlichen Tafel speisten. Hierauf war Ball im neuen, vor kurzem erst fertig gewordenen großen, überaus prachtvollen Ballsaale. Auch Clara blieb bis 2 Uhr. Wieck knüpft ans Ganze die Betrachtung: „Für uns war dieses Hofkonzert sehr ehrenvoll und wer weiß, ob uns das nochmals widerfährt.

---

21   Briefe von Moritz Hauptmann, S. 83. Leipzig, Breitkopf u. Härtel.

Doch gehen alle solche Begegnisse, Gott sei gedankt, spurlos an Clara vorüber." Am 29. November fand bei vollem Hause und unter Anwesenheit des ganzen Hofes das erste Konzert im Opernhanse statt.[22]

Ein zweites scheiterte an den Revolten, die am 7. Dezember in Kassel ausbrachen. Dagegen fand trotz der fortdauernden Unruhen am 13. Dezember im Stadtbausaal eine musikalische Akademie statt, mit einem für die Zeitumstände kaum zu erwartenden Erfolge. Als es endlich von Kassel scheiden hieß, gab Spohr Clara noch folgenden schwerwiegenden Geleitsbrief auf den Weg: „Aufgefordert vom Vater der jungen Virtuosin Clara Wieck schreibe ich gerne in folgenden Zeilen mein Anerkenntnis ihres außerordentlichen Talentes nieder. Wenn es auch in neuerer Zeit keine ganz seltene Erscheinung ist, dass ein Kind ihres Alters bereits eine ausgezeichnete mechanische Fertigkeit auf dem Pianoforte erworben hat, so ist es doch wahrscheinlich noch nicht dagewesen, dass damit, wie bei ihr, ein so gediegener Vortrag, die richtige Akzentuation, größte Deutlichkeit sowie die feinsten Schattierungen des Anschlags in sich vereinigt, verbunden gewesen wäre. Auch ist ihre Fertigkeit von der Art, dass sie das Schwerste, was für das Instrument geschrieben ist, mit einer Sicherheit und Leichtigkeit überwindet, wie man dies nur bei den größten jetzt lebenden Virtuosen antrifft. Dass ferner das, wodurch sich ihr Spiel vor dem der gewöhnlichen frühreifen Virtuosen auszeichnet, nicht bloß Ergebnis einer strengen und musterhaften Schule ist, sondern auch aus ihrem Innern hervorgeht, dafür geben ihre Kompositionsversuche Zeugnis, die daher auch, wie die junge Virtuosin selbst, zu den höchst merkwürdigen Erscheinungen im Gebiete der Kunst gehören."

Das nächste Reiseziel war Frankfurt a. Main. Die Aufnahme, die Wieck und Clara vonseiten der dortigen Musikgrößen erfahren, war kalt und ablehnend. Aloys Schmitt gab in Beziehung auf Claras Repertoire zu verstehen, wenn sie nicht Sachen von Mozart und Beethoven spiele, falle sie in Frankfurt durch. Schnyder von Wartensee, anfangs nicht weniger kühl, wurde teilnehmender, nachdem er Clara hatte spielen hören. Im Cäcilienverein, wo sich Gelegenheit bieten sollte, durch ihr Spiel bekannter zu werden, nahm der Dirigent Schelble nicht die geringste Notiz von ihnen. Freundlich und hilfreich kamen ihnen

---

22   Für das Hofkonzert übersandte der Kurprinz Clara 15, für das Spiel im Theater 8 Dukaten.

nur Kapellmeister Guhr und Ferdinand Ries entgegen. Eröffnete Aussichten für ein Konzert schwanden wieder; kein Mensch nahm sich weiter ihrer an, oder verlangte Clara spielen zu hören, sodass Wieck in die bittere Klage ausbricht: „Welche Schwierigkeiten hat das Konzertgeben! Wenn ich in den nächsten Orten ebenso kleinliche und ungefällige Menschen finde, soll es das letzte eigene Konzert sein. Es herrscht ein kläglicher Zunftgeist hier und wir haben viele Neider. Auf diese Art ist Dreschen freilich besser als Konzertgeben."

Inzwischen war Neujahr 1832 angebrochen, und mit ihm traf ein fröhlicher Gruß aus der Heimat ein, ein Brief von Robert Schumann. Der meisterlose Schüler hatte begreiflicherweise seinen verehrten Lehrer und seine musikreiche kleine Freundin voller Teilnahme im Geiste auf ihren Wanderungen bisher begleitet und schreibt unterm 11. Januar an Wieck[23]:

„ – Fürs erste nehmen Sie meinen schönen Glückwunsch zum Glück, das Clara macht. – Es ist so wahr, dass, so leicht auch die Welt vergisst, sie das Außergewöhnliche doch selten übersieht, wenn ich sie auch mit der Kuhherde vergleichen möchte, die aufsieht, wenn es blitzt und dann ruhig weiter grast; solche Blitze waren Schubert, Paganini, Chopin und – nun Clara.

Sie glauben kaum, wie ich mich nach ihr und Ihnen zurücksehne." –

An Clara selbst aber schreibt er:

„Liebe verehrte Clara!

Aber wie konnt ich doch gestern ein leichtes Lächeln nicht unterdrücken, als ich in der Didaskalia las: Variationen von Herz usw. gespielt von Fräulein Clara W.; ach entschuldigen Sie, verehrungswürdiges Fräulein – und doch gibt es einen Vortitel, der schöner ist als alle – nämlich keinen. Wer würde sagen: Herr Paganini oder gar Herr Goethe? Ich weiß, Sie sind ein denkender Kopf und verstehen Ihren alten mondsüchtigen Charadeaufgeber – also liebe Clara! Ich denke oft an Sie, nicht wie der Bruder an seine Schwester, oder der Freund an die Freundin, sondern etwa wie ein Pilger an das ferne Altarbild; ich war während Ihrer Abwesenheit in Arabien, um alle Märchen zu erzählen, die Ihnen gefallen könnten – sechs neue Doppelgängergeschichten, 101 Charaden, 8 spaß-

---

23   Abgedruckt in den Jugendbriefen, S. 161.

hafte Rätsel und dann die entsetzlich schönen Räubergeschichten und die vom weißen Geist – hu, huh! wie's mich schüttelt! – Alwin ist ein recht artiger Junge geworden; sein neuer blauer Rock und die Ledermütze, die meiner gleicht, stehen ihm ungemein schön; von Gustav lässt sich wenig Erstaunliches sagen; er ist jedoch so erstaunlich gewachsen, dass Sie sich verwundern werden, denn er hat ziemlich meine Größe. Clemens nun ist der drolligste, liebenswürdigste, eigensinnigste Junge, spricht nach Noten und hat eine sehr sonore Stimme: auch er ist sehr gewachsen, mit Alwin geht jedoch einmal noch die Violine durch. Um vom Vetter Pfund[24] zu berichten, so ist (mich ausgenommen) gewiss in L. kein Mensch, der sich so nach Frankfurt sehnt als er. – Haben Sie denn recht komponiert? und was? Im Traume hör ich manchmal Musik – so komponieren Sie. – Bei Dorn[25] bin ich bis zur dreistimmigen Fuge; außerdem ist eine Sonate in H-Moll und ein Heft Papillons fertig; das letzte erscheint binnen 14 Tagen, im Drucke nämlich ... Das Wetter ist heute herrlich. – Wie schmecken denn die Äpfel in Frankfurt? Und wie befindet sich das dreimal gestrichene F in der Springvariation von Chopin? Das Papier geht zu Ende – Alles geht zu Ende, nur nicht die Freundschaft, mit welcher ich bin Fräulein C. W.s wärmster Verehrer

R. Schumann."

Endlich am 25. Januar ging das lange geplante Frankfurter Konzert vom Stapel. Die übliche Gesangsnummer darin zu übernehmen hatte keine von den Frankfurter Sängerinnen sich bereitfinden lassen. Erst am Konzerttage selbst hatte die Gesanglehrerin Gleichauf mit ihrer Schülerin Fräulein Rauch die Güte noch einzuspringen. Letztere sang Claras Lied auf das Tiedgesche Gedicht „Der Traum". Wieck widmete dem Tage folgenden Nachruf:

„Gott sei Dank, es ist überstanden! Welch ein teilnahmsloses Publikum, wie kalt, wie seelenlos – nicht zu erwärmen, und Clara – ich muss es sagen – spielte herrlich, wie noch nie. Sie war sehr aufgelegt, gut bei Kräften und spielte con amore. Sie errang wohl Beifall, das ist wahr, aber keinen begeisterten, wie bisher. Den meisten Applaus

---

24   Der später berühmte Paukist.

25   Schumanns Lehrer im Kontrapunkt.

spendete ihr das Orchester, sowohl in der Probe wie in der Aufführung, durch Aufschlagen der Violinbogen, was sehr ermunternd wirkt und sich gut macht."

In allem das Gegenteil zu Frankfurt bildete Darmstadt, wohin die beiden Reisenden nun der Weg führte. Ein einziges Schreiben von Wieck hatte genügt, um alle Wege zu ebnen; jegliche Anstalt zu ihrer Aufnahme und Claras Auftreten war schon getroffen; am 3. Februar kamen sie an, am 4. war Probe und am 5. die Aufführung. Hier aber klagt der Vater über Clara, sie habe, wenn auch einzelnes gut, doch im Ganzen kalt, zerstreut, ohne Interesse und ohne feinere Schattierungen gespielt, und unbegreiflicherweise habe sie in den Tuttis, in denen das Orchester geschwankt und nicht richtig eingesetzt habe, nicht ein einziges Mal nachgeholfen. Gleichwohl sei der Beifall sehr groß gewesen, und fast jede einzelne Variation beklatscht worden.

Es erfolgte nun nach kurzer Rast in Mainz am 11. Februar die Abreise nach Paris. Nach vier Tagen und Nächten voller Beschwernisse trafen sie am 15. Februar daselbst ein.

„Gott, welche Reise, welche Strapazen in diesen vier Nächten bis nach Paris! Und hier welche Beschwerlichkeit, dass wir nicht Französisch sprechen!"

Das ganze Unbehagen des überwachten Reisenden, der zwischen halb ausgepackten Koffern im fremden Lande sich auf sich selbst besinnt, spricht aus diesen Worten. Und trotzdem Wiecks Schwager Eduard Fechner nach Kräften vorgesorgt und ihnen im Hotel de Bergère, Rue de Bergère, Faubourg Montmartre, ein Quartier besorgt hatte, fanden sie hier „alle anders als wir uns gedacht".

Es war sicher ein großes Wagnis, nur mit einigen, wenn auch noch so guten Empfehlungen ausgerüstet, sich mit einem halbwüchsigen Kinde auf einen Boden zu wagen, den er selbst nicht aus eigener Anschauung kannte, und in eine Umgebung, in der vielleicht Ehre und Reichtümer zu finden waren, aber ebenso sicher auch Gefahren mancherlei Art lauerten. Und doch kann man es von Friedrich Wiecks Standpunkt aus verstehen, dass er schon auf dieser ersten Reise dahin drängte, Clara in Paris einzuführen. Nicht nur war Paris die Heimat oder doch die Wohnstätte von Chopin, Herz, Pixis, Kalkbrenner, d.h. derjenigen Komponisten, an deren Werken Clara bisher vornehmlich die Proben ihrer Kunst abgelegt hatte, bei denen sie also wohl auch von vornherein auf freundliches Entgegenkommen rechnen durfte, sondern das damalige Paris war überhaupt der Brennpunkt des musikalischen Lebens der Welt. Hier fand sich die ehrgeizige, zukunftsfrohe musikalische Jugend mit den großen Sternen zusammen. Hier herrschte ein Tauschverkehr von musikalischen Anregungen, wie damals schwerlich irgendwo sonst; und ein Aufenthalt in Paris bedeutete daher für die Zukunft eines großen Musikers nicht nur eine Art höheren Diploms musikalischer Bildung, sondern mindestens ebenso sehr die Anknüpfung persönlicher Beziehungen mit allen namhaften Größen der internationalen musikalischen Welt. Und so sehr auch die jungen Männer und Jünglinge, die sich hier gebend und nehmend aus aller Herren Länder zusammenfanden, die Meyerbeer, Chopin, Mendelssohn, Liszt, Hiller im Wollen und im Können schon über die spezifische Pariser Musikrichtung hinaus sein mochten, so sehr in manchem namentlich die herrschende französische Gesangstechnik und Klavierspieltechnik als künstlich und veraltet empfunden wurde, als Ganzes wirkte das musikalische Paris doch auf jeden anregend und anspornend.

Das empfanden auch unsere Reisenden, nachdem das erste Unbehagen überwunden und die ersten persönlichen Beziehungen mit Einheimischen und Fremden geknüpft waren. Eine Fülle von neuen Eindrücken stürmte in der verhältnismäßig kurzen Zeit ihres Aufenthaltes vom 15. Februar bis zum 16. April auf sie ein, vielleicht zu stürmisch für ein Kind, das seiner künstlerischen Fertigkeit zum Trotz doch noch ganz Kind geblieben war und nach dem Wunsch ihres Vaters auch bleiben sollte; aber zugleich wurde sie dadurch doch auch von vornherein auf einen freieren Standpunkt der Beurteilung der verschiedenartigsten künstlerischen Individualitäten und Richtungen gestellt, der für die innere Durchbildung sicher nicht ohne Bedeutung war.

Es lag in der Natur der Sache, dass an dieser großen Weltbörse das kleine stille Mädchen aus „Leipsic", von dem viele nicht ahnten, in welchem Lande es läge, mehr an der Peripherie als Zuschauerin und Zuhörerin sich bewegte, denn wie bisher auf deutschem Boden als Mittelpunkt. Wo Mendelssohn und Chopin, Liszt und Hiller in vollster Jugenddkraft im Vordergrunde standen und wirkten, war für Clara Wieck einstweilen nur in den Zwischenpausen Gehör zu erlangen. Und dies Gehör erzwang sie sich zunächst durch die stille feine Liebenswürdigkeit ihres kindlichen Wesens, das in den musikalischen Salons ein rein menschliches Interesse an der kleinen Künstlerin erregte, aus dem dann allerdings überall, wo auch die Künstlerin zu Worte kam, eine steigende Bewunderung vor dem großen künstlerischen Ernst und der Reife der Elfjährigen sich entwickelte.

Mehr noch wie vielleicht der Vater, der darüber im Tagebuch sich drastisch Luft macht, litt Clara unter der Steifheit, Eintönigkeit und Länge der meist erst um 10 Uhr beginnenden und über Mitternacht sich ausdehnenden Abendgesellschaften, in denen in rascher Folge eine Unmenge guter und schlechter Musik von guten und mittelmäßigen Künstlern gespendet zu werden pflegte, ohne dass das Publikum in der Regel weder für das Eine noch das Andere besonderes Verständnis verraten hätte. Das Hauptinteresse von Vater und Tochter galt natürlich Chopin; sie trafen wiederholt mit ihm zusammen, ohne dass jedoch wie es scheint nähere persönliche Beziehungen sich ergeben hätten. „Chopin", äußerte Wieck nach der Rückkehr Schumann gegenüber, „sei ein hübscher Kerl, aber durch Paris liederlich und gleichgültig gegen sich und seine Kunst geworden" Beim Abbé Bertin hörten sie ihn sein Konzert in E-Moll vortragen, „ganz Fieldisch" schrieb Wieck darüber im Tagebuch, „wüsste ich nicht, von wem es wäre, so würde ich es für eine Arbeit von Schumann halten; vor einem gemischten Publikum ist es nicht zu spielen, denn die Passagen sind neu, ungeheuer schwer und nicht nach der gewöhnlichen Art brillant." Am selben Abend (14. März) wurde von Mendelssohn das Oktett gespielt. An diesen oder einen ähnlichen Abend, wo sie mit Mendelssohn, Chopin und Hiller zusammen war, knüpfte sich für Clara die Erinnerung an eine übermütig ausgelassene Szene im Künstlerzimmer, wo diese drei sich mit Bockspringen belustigten. Ernsthafter ging es natürlich zu bei den Begegnungen mit den eigentlichen Matadoren der Pariser musikalischen Welt, unter denen besonders Meyerbeer sich freundlich und verständnisvoll über Claras Kunst geäußert zu haben scheint, während Kalkbrenner, Pixis und Herz, die nächsten „Kollegen", mehr in einer wohlwollenden Zurückhaltung verharrten. Besondere Freude erregte die Wiederbegegnung mit Paganini, der auch seinerseits die Leipziger Freunde mit alter Liebenswürdigkeit begrüßte. Der Plan, Clara in einem seiner Konzerte austreten zu lassen, musste aber leider wegen seiner Erkrankung aufgegeben werden. Sehr angenehm empfanden Vater und Tochter das Entgegenkommen Érards, der Clara seine Flügel zur Verfügung stellte, was umso dankbarer von ihr begrüßt wurde, als das landläufige Instrumentenmaterial auch in den vornehmsten Häusern weit hinter den bescheidensten Erwartungen zurückblieb. Dergestalt, dass Wieck anfangs ernstlich mit sich zu Rate ging, ob er nicht Clara eine andere Spielweise lehren müsse, da mit seiner Methode aus diesen „zähen Knochen", wie er sie nannte, keine Schattierung und kein Ausdruck herauszubringen war. So hörten sie in einem Konzert, das Chopin bei Kalkbrenner gab, in drei „ziemlich kleinen Stuben, in denen 3–400 Menschen sich drängten", ersteren seine Variationen Op. 2 spielen „sodass sie kaum zu erkennen waren auf diesem zähen und halsstarrigen Flügel von Kalkbrenner, worauf das Spiel nichts als ein Würgen ist". Überhaupt konnte Wieck sich mit der Pariser Technik weder im Gesang noch im Klavierspiel befreunden, während er die Leistungen des Orchesters im Ensemble wie im Solospiel durchweg anerkannte und sowohl in der Schönheit des Klanges wie in der exakten Durchführung bewunderte, und nur gelegentlich eine Neigung zur Kleinlichkeit rügte.

Von Pianisten fand eigentlich außer Kalkbrenner nur Felix als Beethovenspieler unbedingte Gnade vor seinen Augen. Etwas, was die Reisenden besonders in Verwunderung setzte, war die Vorliebe der Pariser für Beethoven: „Die Franzosen affektieren jetzt den Beethoven über alles zu lieben", schreibt Wieck im Tagebuch, „alles ist und schreit hier nur – Beethoven." Sowohl in den Konzerten des Conservatoire wie in den musikalischen Privatzirkeln war regelmäßig Beethoven und häufig mit mehreren Werken vertreten. Dass trotzdem Wieck von dem Kunstverständnis und Geschmack der Pariser Gesellschaft ziemlich geringschätzig urteilte wird begreiflich, wenn man die Schilderungen liest, wie es an solchen musikalischen Abenden zuzugehen pflegte, aus denen zunächst ein Beispiel aus einem Briefe[26] Wiecks an seine Frau herausgegriffen werden mag:

„Mich solltest Du in den Soireen (von Fechner vorher aufs Pedantischste dressiert mit gelben Handschuhen und weißem Halstuch, den

---

26   Abgedruckt bei Kohut, a.a.D., S. 59.

Hut fortwährend in der Hand haltend, halb deutsch und halb französisch und halb verzweifelnd, von abends 10 Uhr bis nachts 2 Uhr herumschwenken sehen, stets die Ohren spitzend, damit ich nichts verhören will. Kind, Du erkenntest Deinen Friedrich nicht wieder, denn einen interessanteren Lohnbedienten hast Du nie gesehen. Ebenso meine breiten Stiefel und Schuhe (sie sind ungefähr so gebaut wie die Fähre, mit der man früher bei Wurzen über die Mulde fuhr), mit dem blauen Frack, mit dem Samtkragen und kleinen gelben Knöpfen, schwarzen Beinkleidern, die knapp anliegen. Ich sehe darin ungefähr wie eine junge Eiche im Rosenthal aus. Wir haben Kalkbrenner gehört; das ist der größte; er kommt meinem Ideal am nächsten. Hier teile ich Dir einiges von unserm Gespräch mit, nachdem Clara mehrere eigene Kompositionen auf seinem schweren Flügel, der kaum zu erdrücken war, vorgetragen hatte.

KALKBRENNER: *C'est le plus grand talent!* Er küsst sie. Denke Dir einen schönen, sehr eitlen Mann, seine Frau, eine echte Französin, jung und sehr reich, sitzt dabei am Kamin und fächelt sich mit einem neuen, modernen, französischen Fächer und sagt dann: „Aber schade, in Deutschland muss sie als Spielerin untergehen."

Ich: „Sie wird nicht untergehen, denn ich gebe sie nicht aus den Händen!"

KALKBRENNER: „Verzeihen Sie, mein Herr, in Deutschland spielen sie alle nach einer Manier, d.h. nach der Wiener Hopp und Hummel'schen Krabbelmanier, so CZERNY, CIBLINI, PIXIS, HILLER, mit einem Worte, alle, welche aus Deutschland hierher kommen."

Ich: „Ich muss sehr bitten, bei mir die erste Ausnahme zu machen, denn ich bin der größte Feind dieser Manier; ich kenne die Field'sche Spielart genau und habe meine Tochter und meine Schüler nur nach diesem Grundsatz unterrichtet."

„So ging unser Gespräch noch länger fort, und die Zeit wird ihn belehren, wer Recht hat!"

Als eine Ergänzung sei noch aus dem Tagebuch hinzugefügt die drastische Schilderung einer großen Soiree, die am 2. März bei der Prinzessin Vandamore stattfand.

„Große Soiree bei Prinzessin Vandamore. Die war merkwürdig. Welch ein Lokal! Das war ein Audienzsaal mit altmodischen schweren

Stoffen geziert, und zugleich enthielt er mit seinen Nebenzimmern eine förmliche Niederlage von Porzellan, alten großen Vasen, Tassen, Figuren, ausgestopften Vögeln usw. Hier fanden wir zu Zuhörern nur Prinzen, Gesandte und Minister. Clara machte den Anfang auf einem alten, englischen, klapprigen Flügel, wo jede Taste ruckte und zuckte. Doch Clara machte es möglich und spielte so gut, dass selbst Kalkbrenner, der mit da war, sehr oft Bravo rief, und die ganze große Gesellschaft Beifall spendete. Darauf sang eine Italienerin (nicht etwa eine Sängerin von Beruf) mit so viel Ausdruck, Deklamation, Leben, überhaupt mit so viel Schule, es war freilich die neueste, frivole, kokette Schule, mit allen ihren Tugenden und Lastern, ewigen Ritardandis und Kadenzen, dass man sie nur zu den Sängerinnen ersten Ranges zählen konnte.

Sie sang nachher noch allerlei kleine italienische und englische Kanzonetten und akkompanierte sich selbst mit so außergewöhnlicher Fertigkeit und solchem Geschmack, wie ich nie gehört habe. Alsdann sangen zwei berühmte und gelehrte Ärzte ein Duett fast mit derselben Fertigkeit. Kalkbrenner akkompanierte immer mit sehr schönem Ton und großer Eleganz.

Als wir in den Saal eintraten, lag ein Spanier fast ausgestreckt in Nationaltracht auf zwei Stühlen inmitten der Damen. Der war Gitarrenspieler, aber was für einer! Wie dieser spielte, habe ich nie geahnt. Er machte unbegreifliche Sachen und spielte wahrhaft mit südlicher Glut. Dass dieser junge schöne Mann in seiner Tracht, mit seiner, ich möchte sagen unverschämten, Nonchalance und diesem Talent, was er unter fortwährendem Kokettieren besonders bei den Damen geltend zu machen suchte, ungeheures Glück mit seinem Vortrag machte, versteht sich von selbst. Ich fand nun nicht für gut, Clara noch einmal spielen zu lassen, zum Ende, wo schon viele fortgingen, sondern entschuldigte mich bei Kalkbrenner wegen des Instruments. Unter solchen Umständen muss man seine Eitelkeit zu beherrschen wissen und sich vor dem Zuviel in Acht nehmen, was die Italienerin und der Spanier nicht so recht verstanden." Es war dies selbstverständlich dieselbe „Creme der Gesellschaft", die sich für die berühmten Konzerte des Konservatoriums schon Jahre zuvor ihre Plätze sicherte, um sich – für Beethoven zu begeistern.

Dass beiden, trotz der Fülle interessanter Eindrücke und Begegnungen, die ihnen hier zuströmten, in diesem Treiben alles eher als behaglich zu Sinne war, wird man begreifen; wie sie denn eigentlich nur in einem Hause, dem der Madame Bonfils, wo es weniger steif zuging und wo wirklich nur musikalische Menschen verkehrten, sich wohl fühlten. Gleichwohl war die Teilnahme an der großen Geselligkeit notwendig, um den Hauptzweck der Reise zu erreichen: die Aufmerksamkeit der maßgebenden Persönlichkeiten auf Clara zu lenken und für ein Konzert den Boden vorzubereiten. Tatsächlich hatte denn auch schon ehe Clara öffentlich aufgetreten der „Constitutionel" in sehr anerkennender Weise von der jungen Künstlerin Notiz genommen, sodass nunmehr ein selbständiges Konzert kein allzu großes Wagnis mehr schien. Als eine Vorbereitung dazu mochte ihr Spiel in einer *Soiree musicale* gelten, die der in Paris lebende Franz Stöpel, der eifrige und berüchtigte Verfechter der Logier'schen Methode in seiner École de musique am 19. März veranstaltete, bei der aber „kein außerordentliches Publikum" nach Wiecks Ausdruck da war. Umso größere Hoffnungen setzten sie auf das eigentliche Konzert, das für den 9. April in Aussicht genommen, zu dem ein Saal im Hotel de Ville gemietet und gedruckte Einladungszirkulare an Freunde und Gönner Ende März versandt wurden. Da brach plötzlich die Cholera aus und in ihrem Gefolge Straßenunruhen. Mit einem Schlage war die Situation verändert. Die Reisenden fassten den Entschluss zu schleuniger Abreise sofort nach dem Konzert, und dieses selbst ward nun, da die Furcht vor der Ansteckung alles aus Paris fortscheuchte, schließlich in einer ungleich bescheideneren Umgebung, nämlich wieder in dem Saal der Stöpel'schen Schule, und vor ungleich kleinerem Auditorium als man gewünscht hattem, am festgesetzten Tage gegeben, unter Mitwirkung der Schröder-Devrient. Clara spielte zum ersten Male – der Pariser Sitte entsprechend – alles auswendig und fantasierte auch zum ersten Male öffentlich. Der materielle Ertrag war, wie unter diesen Umständen nicht anders zu erwarten, sehr bescheiden, umso entschiedener der künstlerische Erfolg.

Am 13. April verließen sie Paris und langten über Metz, Saarbrücken, wo sie mehrtägige Quarantäne halten mussten, Frankfurt, wo eine Erkrankung Claras sie zu bleiben nötigte, Hanau und Fulda schließlich am 1. Mai 1832 mittags 11½ Uhr wohlbehalten in Leipzig wieder an. „Eine Viertelstunde darauf putzt Clara die Messer in der Küche", meldet das Tagebuch.

Es ist wie ein Bild ans dem Märchen. Die goldene Kutsche und die goldenen Kleider sind verschwunden und am Herd steht Aschenbrödel, das Kind, und träumt von Vergangenheit und Zukunft.

Und der Prinz?

In seinen tagebuchartigen Aufzeichnungen, dem „Leipziger Lebensbuch", schreibt Robert Schumann unter dem 2. Mai: „Gestern früh kam Clara mit Wieck an; Gustav und Alwin meldeten mir's im Augenblick." Am 3.: „Nun hab' ich ihn wieder. War's aber Zerstreuung oder Abspannung, er schien mir in jeder Hinsicht schwächer als früher, nur die Arroganz, das Feuer und das rollende Auge dasselbe. Clara ist hübscher und größer, kräftiger und gewandter geworden und hat einen französischen Akzent beim Deutschreden, den ihr Leipzig bald wieder austreiben wird. Sie spielte die neuen Kapricen[27], mir kam's vor wie ein Husar[28]. Ihre kindliche Originalität zeigt sich in allem, so gefällt ihr der dritte Papillon am besten."[29]

4. Mai: „Die Freunde trafen sich auf dem Brand.[30] Wieck sehr artig, Clara kindisch einfältig. Sehr spät gingen wir nach Haus. Clara und ich Arm in Arm. Die spielt jetzt wie ein Kavallerist. Die Kapricen sind keine, sondern Impromptus oder Wieck'sche *moments musicals*."

7. Mai. „Mit Clara, Pfundt und den Kindern ging ich in die Menagerie; was ist doch für eine Grazie, Natur und Gewandtheit in so einem Panthertier; da studiere! Clara war albern und ängstlich."

9. Mai. „Daheim gespielt und komponiert an den Intermezzis. Ich will sie Clara widmen.

16. Mai. Clara spielt das Field'sche Konzert himmlisch; die Papillons aber unsicher und unverständig.

23. Mai. Clara und die Papillons, die sie noch nicht ganz beherrscht; aufgefasst sind sie glücklich und in meinem Sinne; nur Zartheit vermiss ich, so seelenvoll und gesund schwärmerisch der Vortrag ist. – Auf dem Brand, Clara war ausgelassen.

---

27 Capricen von Clara bei Stöpel in Paris gedruckt; später bei Hofmeister in Leipzig.
28 Wohl infolge der Gewöhnung an die schwer spielbaren Pariser Instrumente.
29 R. Schumanns Op. 2.
30 Leipziger Wirtschaftslokal.

25. Mai. Clara spielte mir die zweite Fuge von Bach vor, deutlich und klar und im (unleserliche Stelle) Farbenspiel. Überhaupt die Fuge, in der man lebendiges Kolorit anbringen kann, ist kein Kunststück mehr, sondern ein Kunstwerk. Der Alte zankt über ihre wenige Eitelkeit. Etwas Wahres ist daran. Abends mit ihnen und Rosalie[31] in die Wasserschenke. Dort sprachen wir über vieles und recht lebhaft vom Herzen weg. – Clara wusste nicht, ob eine Ente eine Gans sei oder eine Ente wäre. Da haben wir viel gelacht ... Dir aber, mein freundlicher Schutzgeist, sag' ich meinen kindlichen Dank für diesen Frühling.

26. Mai. Clara spielte den Schlusssatz aus dem Moscheles'schen Es-Konzert, aber liederlich – dann kommt's wieder wie zarte Regenbogenstreifen dazwischen – sodann die großen Bravourvariationen von Herz, besser als früher – und dann die Papillons. – Clara hatte sie richtig und feurig gefasst und mit wenig Ausnahmen so gegeben. Wieck machte den Cicerone, zeigte Harlekin und tiefere Bedeutung der Maske.

,Nun, Madame', sagte er zu Rosalien, ,ist Clara nicht eine gute Stellvertreterin Ihres Robert?'

27. Mai. Während Clara das Field'sche Konzert zum Entzücken spielte, trat ein Engel herein, die Carus[32]; später kam Rosalie. So wie heute habe ich Clara nie spielen hören – da war alles meisterlich und alles schön. Auch die Papillons spielte sie fast noch schöner als gestern.

28. Mai. Abends war Soiree im Salon *de monsieur* Wieck. – Zur Bach'schen Fuge, die Clara spielen musste, waren die Rechten nicht da. – Die Papillons schienen mir die Gesellschaft nicht *au fait* gesetzt zu haben, denn sie sahen sich einfältig an und konnten die raschen Wechsel nicht fassen. Clara spielte auch weniger gut als am Sonnabend und musste geistig und physisch müde sein. Gegen elf Uhr spielte sie noch einmal, jedoch noch liederlicher, aber auch lebendiger! Clara war sehr liebenswürdig und aufgeweckt, aber dieser einfältige aufpassende Pfund!

29. Mai. Abends riss ich mit Clara sechs Bach'sche Fugen ab, vierhändig *à vista prima*. Der holländischen Maid[33] gab ich einen leisen

---

31 Frau von Schumanns Bruder Karl.
32 Agnes Carus, Frau eines Professors der Medizin. Vorzügliche Liedersängerin, die Schumann schon 1827 zu Produktionen begeisterte.
33 Agnes Carus.

schönen Kuss und als ich nach Hause kam, gegen neun Uhr, setzt' ich mich ans Klavier und mir war's, als kämen lauter Blumen und Götter aus den Fingern hervor, so strömte der Gedanke mich fort. Das war der Gedanke C F G C[34].

1. Juni. Clara zeigt jetzt großen Eigensinn gegen ihre Stiefmutter, die gewiss die achtenswerteste Frau ist. Der Alte verwies Clara. Er wird jedoch nach und nach unter den Pantoffel Claras kommen, die schon wie eine Leonore befiehlt – aber sie kann auch bitten wie ein Kind und schmeicheln.

4. Juni. Clara war eigensinnig und weinerlich; ein Tadel, recht stolz und überlegen ausgesprochen, würde von gutem Einfluss auf ihre Launen sein und gewiss eine Eitelkeit bewirken, die, zum Stolz herangereift, dem Künstler so sehr von Nöten ist."

In denselben Tagen schreibt er an Wieck[35]: „Jeder Tag, an dem ich Sie oder Clara nicht sprechen kann, macht eine Lücke in meinem Leipziger Lebensbuch."

Von seiner Straßburger Zeit spricht Goethe einmal als jenen „wunderbaren ahnungsvollen und glücklichen Tagen." Solche ahnungsvolle Dämmerung eines kommenden, aus weiter Ferne auf leisen Sohlen heranschwebenden Glücks scheint auch über diese Frühlingstage und Wochen gebreitet.

Noch ist nichts ausgesprochen, nichts weder hüben noch drüben klar bewusst. Brüderlich, schwesterlich suchen und finden sich zwei werdende Menschen; und im unklaren Frühlingsdrang zielloser Sehnsucht, die heute mit Kinderhänden jauchzend nach den Sternen greift und morgen in den engen Schranken des täglichen Lebens mit den jungen Flügeln ängstlich schlägt und in der bangen Unruhe sich und andere verletzt, verschmelzen sich Wonnen und Schmerzen des zur Jungfrau heranreifenden Kindes mit den Wonnen und Qualen des seine Schwingen entfaltenden künstlerischen Genius.

Es war für Clara eine vielbewegte, pflicht- und arbeitsreiche Zeit, die nach einer kurzen Erholungspause, die ihr der Vater gewährte, folgte. Neben den Klavierstunden ihres Bruders Alwin, die ihr schon Mitte Mai der Vater übertrug, neben Kontrapunktunterricht, den sie

---

34 Die ersten Taste der Impromptus, Op. 5.
35 Jugendbriefe, S. 180.

seit Ende Mai bei dem Musikdirektor Dorn zweimal wöchentlich erhielt, neben ihren eigenen täglichen Studien, forderte auch bald die Öffentlichkeit wieder ihr Recht.

Am 9. und am 31. Juli gab sie zwei Konzerte im Gewandhaus, die trotz der drückenden Hitze großen Zulauf und starken Beifall fanden. Besonderes Aufsehen erregte, dass sie alles auswendig spielte, und es fehlte nicht an klugen Leuten, die erklärten, nur so sei es ihr möglich, so schwere Stücke zu spielen, weil sie nun auf die Tasten sehen könne! In Herloßsohns „Komet" aber stand im August ein längerer Aufsatz „Reminiszenzen aus Clara Wiecks letzten Konzerten in Leipzig", in dem es unter anderem heißt:

„Clara Wieck hat binnen drei Wochen ein Concert von Pixis, die Don Juan-Variationen von Chopin, die Bravourvariationen von Herz, Op. 20, die Sentinella von Hummel, Op. 51, Duo von Beriot und Herz, die Polonaise aus dem Es-Dur-Concert von Moscheles und Herz Op. 48 öffentlich gespielt. Mehr oder weniger errang sie sich in jeder dieser Leistungen einen verdienten Beifall und wenn ihrem Spiele nicht allein mechanische Kunstfertigkeit zu Grunde liegt, sondern ihr eigener Genius selbstgetriebene Blüthen darüber streut, so verdient dies und die Eigenthümlichkeit, Alles frei aus dem Gedächtniß zu spielen, um so mehr Anerkennung und Bewunderung." „Der Ton der Belleville", heißt es an einer anderen Stelle, „schmeichelt dem Ohre, ohne mehr in Anspruch zu nehmen, der der Clara senkt sich ins Herz und spricht zum Gemüth. Jene ist dichtend, diese das Gedicht." Dieser mit R. W. unterzeichnete Aufsatz stammte aus der Feder – Robert Schumanns[36].

Schmeichelhafter möchte vielleicht noch scheinen ein gelegentliches Urteil Rellstabs in der „Iris" (Nr. 41), der meinte, über eine bestimmte technisch-musikalische Frage könne man nicht theoretisch entscheiden, sondern müsse „auf die Autorität berühmter Klavierspieler von Clementi bis Clara Wieck fort provozieren." Und doch passierte es dieser berühmten Klavierspielerin von 13 Jahren, dass sie an ihrem Geburtstag in einer Kindergesellschaft bei einem Ratespiel in einem kleinen Scherzo, das sie spielen sollte, „mehrere Mal stecken blieb!" Sie freilich meinte, das sei kein Wunder: „So viele kleine Mädchen zu Zuhörerinnen – und an meinem Geburtstage Klavier spielen müssen!"

---

36   Gesammelte Schriften über Musik und Musiker, I, 4. Aufl., von F. G. Jansen, 1891, S.6.

Noch größere Anforderungen stellte der Winter. Schon im ersten Abonnementskonzert am 30. September trat Clara wieder auf und spielte unter anderem Moscheles G-Moll-Konzert. Die persönliche Bekanntschaft mit dem Komponisten und durch sie auf beiden Seiten die angenehmsten Eindrücke in künstlerischer wie rein menschlicher Beziehung brachte im Oktober Moscheles Aufenthalt in Leipzig. Weniger bedeutsam erschien auf den ersten Blick eine kleine im November angetretene Konzertreise, die sie nach Altenburg, Zwickau und Schneeberg führte. Und doch war der 18. November, wo das „große Konzert" im Gewandhaussaale zu Zwickau stattfand, sowohl für die damaligen Zwickauer Musikfreunde, wie für die Zukunft von eigentümlicher Bedeutung; denn nicht nur erregte an diesem Abend Clara in den Bravourvariationen von Herz den im eigentlichsten Sinne des Wortes stürmischen Beifall des Publikums, das sich während des Spiels zwischen die Orchesterpulte drängte, sondern es erschien bei eben dieser Gelegenheit auch Robert Schumanns Name zum ersten Male mit ihrem zusammen vor der Öffentlichkeit. Im zweiten Teil des Konzertes wurde der erste Satz einer ersten Symphonie[37] gespielt, ohne dass jedoch das Wort vom Propheten im Vaterlande dabei widerlegt worden wäre. Sie ging eindruckslos an den Zwickauern vorüber. Aber auch sonst ward diese Reise, auf der Schumann Wiecks bis Schneeberg zu seinen Verwandten begleitete, eigentümlich bedeutsam.

„Clara wird Dir viel zu denken geben", hatte Schumann am 6. November an seine Mutter geschrieben[38]. Bereits war diese durch Erzählungen und Briefe des Sohnes hinreichend vorbereitet und gespannt auf das 13jährige Wunder, das bei diesem Aufenthalt in Zwickau nun zum ersten Male in persönliche Berührung mit der Mutter und den Brüdern ihres Freundes kam. Und da begab sich eines Tages etwas Merkwürdiges. Mit der Mutter steht Clara am Fenster. Drunten geht Robert vorbei und grüßt freundlich zu den Beiden hinauf. In einem plötzlich überwallenden Gefühl zieht jene die kindliche Gestalt an sich und sagt ihr leise: „Du musst einmal meinen Robert heiraten!" Noch war es nur ein Klang, dieses Wort, aber doch machte es auf Clara einen tiefen unauslöschlichen Eindruck.

37   Die übrigens nie erschien.
38   Jugendbriefe, S.194.

Kaum nach Leipzig zurückgekehrt, erkrankte Clara am Scharlachfieber, von dessen Folgen sie sich erst nach Neujahr 1833 vollständig erholte. Über die Zeiten der Rekonvaleszenz half sie sich durch Erlernung der ihr noch unbekannten Kunst des Nähens hinweg, an deren Ausübung sie großes Gefallen fand.

Aus diesen Tagen stammt auch das erste Schreiben Claras an Schumann, der bei den Seinigen zu Besuch in Zwickau weilte und ihr bei seiner Abreise das Versprechen abgenommen hatte, ihm über die Vorgänge in Leipzig während seiner Abwesenheit Bericht zu erstatten.

„Leipzig, d. 17. Dezember 1832.

Mein lieber Herr Schumann!

Ha, Ha! höre ich Sie sprechen, da sehen wir es doch! Die, die denkt nicht mehr an ihr Versprechen. O, sie denkt wohl noch daran. Lesen Sie jetzt und hören Sie, warum ich nicht eher geschrieben habe. An demselben Tage, einige Tage nach unserer Rückkehr, als ich in dem Konzert des Molique[39] spielen sollte, bekam ich das Scharlachfriesel und musste bis vor einigen Tagen in dem langweiligen Bette bleiben. Doch war es nur ein leichter Anfall und ich kann jetzt schon wieder mehrere Stunden des Tages aufbleiben und habe auch schon wieder Klavier gespielt. Allein im Gewandhause konnte ich also nicht spielen. Die Arie von Mozart musste Herr Wenzel begleiten, nachdem es Herr Knorr abgeschlagen hatte. Derselbe hat bedeutend viel Angst gehabt und hat zu zärtlich und furchtsam eingesetzt; übrigens ist er glücklich durchgekommen.

Dem Hermstedt[40] und Molique habe ich noch vorgespielt; indessen sie haben sich nicht wieder sehen lassen aus Furcht vor Ansteckung. Sie, mein lieber Herr Schumann, mögen sich aber nicht abhalten lassen herzukommen, denn mit dem Neuen Jahr ist wohl alles vorüber; ich spiele ja schon den 8. Januar im Gewandhaus und gleich darauf wieder das Septett von Hummel, wozu schon alles vorbereitet ist. Ich wette, hier wäre Ihnen die Zeit jetzt nicht lang geworden, wie es wohl in Zwickau der Fall sein wird; ein Konzert jagte das andere; die Grabau singt göttlich –

---

39 Berühmter Violinvirtuose jener Zeit.
40 Klaviervirtuose und Hofkapellmeister in Sondershausen.

Ach, wie viel hätte ich Ihnen noch Neues zu melden. Aber ich werde mich bedanken, denn sonst bleiben Sie in Zwickau sitzen; ich kenne Sie ja schon. Ich wollte Sie bloß neugierig machen, damit Sie sich nach Leipzig sehnen sollen. Doch etwas will ich Ihnen aus Mitleiden, weil Ihnen die Zeit doch gar zu lang werden muss, noch mitteilen.

Am Sonnabend war der Vater in der Euterpe.

Hören Sie, Herr Wagner[41] hat Sie überflügelt; es wurde eine Sinfonie von ihm aufgeführt, die aufs Haar wie die A-Dur-Sinfonie von Beethoven ausgesehen haben soll. Der Vater sagte: die Sinfonie von F. Schneider[42] welche im Gewandhause gemacht wurde, sei zu vergleichen einem Frachtwagen, der zwei Tage bis Wurzen führe und hübsch im Geleise bliebe und ein alter langweiliger Fuhrmann mit einer großen Zippelmütze murmelte immer zu den Pferden: Ho, ho, ho, hotte, hotte. Aber Wagner führe in einem Einspänner über Stock und Stein und läge aller Minuten im Chausseegraben, wäre aber dem ohngeachtet in einem Tage nach Wurzen gekommen, obgleich er braun und blau gesehen habe.

Der berühmte junge Bahrdt spielte in dieser Euterpe auch die Bravour-Variationen von Herz auf einem Stutzflügel in 5 unheilschwangeren Adagios. Das nähere müssen Sie sich vom Vater beschreiben und vormachen lassen. – Obgleich der Vater sehr zweifelhaft über mein ferneres Auftreten nunmehr den Kopf geschüttelt – so werde ich aber doch wieder zu spielen versuchen. – Hier hat mir der Vater bei dem Briefe geholfen[43].

Herr D. Carus lässt den heißgeliebten Fridolin[44] tausendmal grüßen (Sie werden diesen heißgeliebten Fridolin schon kennen und er möchte doch bald die Lieder und die Sinfonie schicken.

Na! Sie sind ein schöner Mensch, lassen gar Ihre Wäsche im Wagen liegen! Haben Sie sie denn durch den Kutscher in Empfang genommen?

---

41   Richard Wagner.

42   Hofkapellmeister in Dessau; berühmter und äußerst fruchtbarer Komponist. Schrieb 23 Sinfonien.

43   Schumann schrieb dem Vater hierauf unterm 10. Januar 1833 aus Zwickau: „Die Sinfonistengleichnisse in Claras Brief haben viel Lachen in Zwickau gemacht, namentlich die naive Paranthese: ‚Hier hat mir der Vater geholfen.' Mir war es ordentlich, als sagte Clara mir was heimlich ins Ohr."

44   Dies war der Name, den Schumann in seinem Leipziger Freundeskreise führte.

Ich freue mich sehr auf Weihnachten, und das Stückchen Stolle, was ich Ihnen aufheben werde, wartet jetzt schon auf Sie, damit es von Ihnen gegessen werden möchte, obgleich es noch nicht gebacken ist.

Nun grüßen Sie alle von mir recht herzlich und schreiben Sie mir bald wieder, aber ja hübsch deutlich[45].

Mit der Hoffnung, Sie bald bei uns zu sehen, schließe ich meinen Brief und bleibe

Ihre Freundin Clara Wieck.

Schon zu Beginn des Jahres 1833 hatte Wiecks häusliches Glück ein schwerer Schlag getroffen. Klemens, Claras jüngster Bruder und ihr und aller Liebling, war am 5. Februar, nach kaum vierstündiger Krankheit, wenig über drei Jahre alt, in den Armen des Vaters verschieden.

Um sich und den Seinigen eine Zerstreuung zu verschaffen, reiste er mit seiner ganzen Familie nach Dresden, zugleich um seine beiden älteren Söhne, Alwin und Gustav, im dortigen Freimaurerinstitut unterzubringen. Indessen gab Clara während dieses Aufenthaltes doch ein Konzert; auch spielte sie in einer großen Soiree beim Grafen Bandissin. Für Clara ergaben sich daraus dauernd die freundschaftlichsten Beziehungen zu dessen Haus.

Nach ihrer Rückkehr pflegte Clara neben dem Klavierstudium ernstlicher als bis dahin den Gesang als besonderes musikalisches Bildungsmittel Der Vater selbst erteilte ihr täglichen Unterricht darin.

Claras besonderer Gunst erfreuten sich damals die Lieder von Carl Maria v. Weber, die sie ihr tägliches Brot nannte. Mit gewohntem Eifer betrieb sie daneben ihre theoretischen Studien und Kompositionsversuche. Sie vollendete im Laufe des Sommers außer einer Anzahl kleinerer Kompositionen für Klavier, ihr Rondo in H-Moll, sowie „An Alexis"; ferner den Chor der Doppelgänger, nebst einigen Caprisen. Ja, sie übte schließlich ihre Kräfte mutig an einem großen Konzerte, von dem sie den ersten Satz konzipierte, und begann außerdem noch eine Ouvertüre. Weisen diese Kompositionen, außer dem Zeitcharakter und der Anlehnung an andere, zum Teil noch einen kindlichen Ton auf, zeugen sie doch von einem ungemeinen Streben, Fleiß und Wis-

---

45 Schumann schrieb eine sehr schwer zu lesende Handschrift.

sen, und unter den gehäuften technischen Schwierigkeiten klingt doch da und dort schon der erwachende tiefere musikalische Sinn heraus.

Wären wir in den Berichten über das Jahr 1833 einzig auf Wiecks Aufzeichnungen angewiesen, müsste man es im Vergleich zu den unmittelbar vorhergegangenen Jahren als ein inhalt- und ergebnisärmeres bezeichnen. Nach anderen Quellen trifft jedoch in Wirklichkeit das Gegenteil zu, wenn auch weniger in Bezug auf äußere Erfolge als in der Richtung auf Claras allgemeine Weiterentwicklung.

Die Einseitigkeit in Wiecks Berichterstattung lag im Wesen und Charakter des Mannes begründet. Es fehlte ihm zwar keineswegs an Gehör für die zarteren und feineren Schwingungen des Gemütslebens grade eines Kindes und allein die Gabe des Humors, die ihm so reichlich zu Gebote stand, beweist, dass er auch nach der seelischen Seite zum Menschenerzieher berufen war. Aber sein rastlos tätiger Geist war doch vorherrschend auf die praktische Auffassung des Lebens angelegt. Das wichtigste Interesse, gegen das zunächst jedes andere zurücktrat, bildete für ihn die Sorge, das äußere Dasein auf festen Grundlagen zu sichern. Es hing dies mit seiner eigenen Vergangenheit eng zusammen. Er hatte sich aus tiefster Not und Armut zu einer geachteten Lebensstellung heraufgearbeitet und den Besitz lieben gelernt; nicht sowohl um seiner selbst willen, denn als mächtigstes Mittel, um nach seiner Weise nach außen wirken zu können. Noch in seinem 88. Jahre schrieb er an seinen Enkel Felix Schumann: „In tiefster Armut habe ich Gott das Gelübde getan, wenn er mich von Nahrungssorgen befreite oder wohl gar in den Stand der Wohlhabenheit führte, würde ich mein ganzes Leben der Erziehung der Menschheit und vorzüglich der A u s b i l d u n g a r m e r u n d g u t g e s i t t e t e r m u s i k a l i s c h e r T a l e n t e w i d m e n."

Auch Claras musikalische Ausbildung betrieb er neben der Befriedigung seines musikpädagogischen Ehrgeizes aus der praktischen Erwägung, ihr ein glänzendes Los nach außen hin zu bereiten. Gewiss mit allem Fug und Recht; wenn nur dieses Trachten das Bild des sonst so trefflichen Mannes nicht gelegentlich bis zur Unkenntlichkeit entstellt hätte. Zur energischen Wahrung dieses seines Standpunktes gab ihm um diese Zeit die Direktion des Gewandhauses begründete Veranlassung. Sie machte eines Defizits wegen den Versuch, ein für Clara vereinbartes Honorar um die Hälfte zu kürzen. Kurz gebunden entgegnete Wieck, „da das Haus bei einem dreimaligen Auftreten meiner Tochter stets überfüllt war, kann sie eine Mitschuld an diesem Defizit nicht treffen. Zu irgend einem wohltätigen Zweck wird Clara stets bereit sein, umsonst zu spielen, jedoch Abzug vom Honorar, wenn man einmal um Geld spielt, kann ich nicht ertragen; möge man dies gütigst für meine schwache Seite erklären."

Auf das Anerbieten der Direktion, Clara sollte von nun an je zweimal im Winter gegen ein festes Honorar von 25 Talern spielen, erwidert Wieck: „Bestimmte Verpflichtungen auf Zeit einzugehen, bin ich nicht in der Lage. Ich kann Claras allseitige Ausbildung nur auf Unkosten ihrer Geschwister vollenden, wenn sie mir nicht durch ihr Talent den Winter hindurch mit 3–400 Talern meine Aufgabe ermöglicht; dazu bedarf ich aber für die nötigen Konzertreisen uneingeschränkte Freiheit in der Wahl der Zeit. Dass die Direktion einigen Wert auf die Leistungen Claras legt, ist mir eine Freude, und ich werde nicht ermangeln, wenn es die Umstände zulassen, mich gefällig zu erweisen, unterdrücke auch meine Künstlereitelkeit und verzichte auf mein Recht, wenn sich die Direktion bewogen finden sollte, mir, meiner Frau und Clara den freien Eintritt in die Konzerte zu gestatten, auch an Tagen, wo letztere nicht auftritt."

Bald darauf gab Clara im Gewandhaus ein eigenes Konzert. In seinem Schreiben an die Direktion des Gewandhauses spricht Wieck von „Claras allseitiger Ausbildung", lässt aber im Unklaren, was er unter dieser Bezeichnung alles zusammenfasst. Die Frage liegt nahe, wie es bei einer so häufigen wochen-, ja monatelangen Abwesenheit mit Claras außermusikalischen Ausbildung gehalten worden sein möge. Es darf auffallen, dass der Vater, als ein Mann von akademischer Bildung, dieses Thema in seinen Aufzeichnungen niemals berührt. Nur der Pflege des französischen und englischen Sprachstudiums ist wiederholt darin gedacht; hatte dieses doch Wichtigkeit für ihn, seiner auf das Ausland gerichteten zukünftigen Reisepläne wegen. Es könnte erscheinen, als sei er dem ausschließlich auf Wissen abzielenden Schulwesen nicht sonderlich hold gewesen und als habe er dem Können und einer tüchtigen Verstandes-, Charakter- und Herzenskultivierung einen höheren Wert in der Erziehung der Jugend beigelegt. Die Folge davon war freilich, dass Clara in spätern Jahren manchmal beklagte, dass über ihrer einseitigen musikalischen Erziehung manches vernachlässigt worden sei, was sie als Mangel empfinde und nicht mehr habe nachholen können. Indessen sie durfte sich trösten. Das reiche, nicht allein musikalisch, sondern allgemein geistig rege Leben, in dem sie von frühester Kindheit gestanden und die fortwährende Berührung mit bedeutenden Menschen kam auch ihrem übrigen Geistesleben zu Gute. In mancher Richtung dürfte ihre geistige Entwicklung sogar über ihre Jahre hinausgereicht, jedenfalls die damalige Durchschnittskultur deutscher Mädchen überragt haben; nicht an positiver Schulweisheit, aber sicher an reicherer Weltanschauung, vielseitigerer Erfahrung und unmittelbarer Schulung durchs wirkliche Leben.

Diese gewisse Reife des Lebens verriet sich bei Clara schon in der Wahl ihrer Freundinnen. Obenan standen unter diesen die beiden Töchter des Nationalökonomen Friedrich List, der, vor kurzem aus Amerika zurückgekehrt, sich in Leipzig als amerikanischer Konsul niedergelassen hatte. Clara fühlte sich besonders von der um ein Jahr älteren Emilie List angezogen; ein Herzensbund, der sich durch ihr ganzes Leben hindurch bewähren sollte. Auch Emilie List war schon im Kindesalter der damaligen Enge deutscher Zustände entrückt, und bei der außerordentlichen Wirksamkeit ihres Vaters in ferne Länder und fremde Weltteile verpflanzt worden. So hatte sich ihr Geist schon früh und vielseitig an Verhältnissen großen Stils bilden und entwickeln können. Ihr liebes, etwas ernstes Wesen, wie Wieck es schildert, ließ ihm diesen Umgang für Clara besonders erwünscht erscheinen. Aber schon in dieser Zeit steht im Mittelpunkt von Claras Interesse zweifellos als Künstler und als Mensch Robert Schumann, der im März nach Leipzig zurückgekehrt war und eine Sommerwohnung in Riedels Garten bezogen hatte.

Vom Werden und Wachsen dieser geistigen Lebensgemeinschaft zwischen dem 23jährigen Jüngling und dem 14jährigen Mädchen geben die in dieser Zeit gewechselten Briefe beredte Runde. Am 22. Mai schreibt Robert:

„Liebe Clara!

Guten Morgen! Sie haben in Ihrer nüchternen Stadt wohl kaum einen Begriff von einem in Rudolphs Garten und wie da alles singt, summt, saust, jubiliert vom Finken bis zu mir herauf. Geht's denn an solchen

Tagen nicht etwa nach Connewitz? Und wann? Und wie unglücklich
sind die Leute daran, die hinaus fahren müssen! Oder probieren Sie mit
der Wienerin[46]*? Und wann? Letztere hat mich zu sehr entzückt. Bitte*
aber über alles dieses nur eine mündliche Antwort. –
Schöne Gedanken mach' ich mir nun an solchen Morgen manche, z.B.
dass dies warme Leben so fortdauern soll, einen ganzen Juni, Juli hin-
durch – oder dass der alte Mensch ein Schmetterling und die Welt seine
Blume ist, auf der er sich wiegt (der Gedanke ist mir zu fantastisch) –
oder, dass dieselbe Sonne, die in meiner Stube, auch in Beckers Stube in
Schneeberg scheint, oder, dass ich es überhaupt gern habe, wenn ein Son-
nenstrahl auf den Flügel hüpft, gleichsam um mit dem Ton zu spielen,
der auch weiter nichts als klingendes Licht ist. Gründe sind freilich nicht
jedem bei der Hand.
Erkennen Sie aber aus allem diesen nicht einen gewissen

Rob. Schumann??

Bitte mir Ihre Variationen mitzuschicken, auch die über die Tyrolienne.
Am 22. Mai 33.“

Eine ungemein reizvolle Ergänzung zu diesem Frühlingsgruß bildet
ein Brief Roberts an die Mutter vom 28. Juni.[47]

Er knüpft mit seinen Äußerungen über sie an die Mitteilung an,
dass er mit Kalkbrenner, „dem feinsten, liebenswürdigsten (nur eitlen)
Franzosen“ oft verkehrt habe und fährt alsdann fort: „Jetzt, nachdem
ich die bedeutendsten Virtuosen (Hummel ausgenommen) kenne,
weiß ich erst, was ich selbst früher geleistet habe, nämlich viel. Man
glaubt, von berühmten Männern das Neueste zu hören und findet
oft nur seine alten lieblichen Irrtümer in glänzende gehüllt. Namen –
glaube mir, da ist die Hälfte des Sieges. Dennoch reiche ich vor allen
männlichen Virtuosen zwei Mädchen die Palme: der Belleville[48] und
der Clara. Nun, die Letztere, die wie immer innig an mir hängt, ist die
alte – wild und schwärmerisch – rennt und springt und spielt wie ein

---

46 Eine Klavierspielerin Eder, die damals Konzerte in Leipzig gab.
47 Jugendbriefe, S. 208ff.
48 Emilie Belleville, in München geboren und gestorben (1808–1888), war Schülerin von
    Czerny.

Kind und spricht wieder einmal die tiefsinnigsten Dinge. Es macht Freude, wie sich ihre Herzens- und Geistesanlagen jetzt immer schneller, aber gleichsam Blatt für Blatt entwickeln. Als wir neulich zusammen von Connewitz heimgingen (wir machen fast täglich zwei- und dreistündige Märsche), hörte ich, wie sie für sich sagte: O wie glücklich bin ich! wie glücklich! Wer hört das nicht gern! – Auf demselben Weg stehen sehr unnütze Steine mitten im Fußsteg. Wie es nun trifft, dass ich oft im Gespräch mit andern mehr auf als nieder sehe, geht sie immer hinter mir und zupft an jedem Stein leise am Rock, dass ich ja nicht falle. Einstweilen fällt sie selbst darüber."

Noch einiges aus den Briefen der beiden. Am 13. Juli schreibt der am kalten Fieber inzwischen Erkrankte:

„Liebe und gute Clara!

Ob und wie Sie leben will ich wissen – weiter steht im Briefe nichts. Kaum wünschte ich, dass Sie sich meiner noch erinnern, da ich alle Tage sichtbar mehr einfalle und zur dürren Bohnenstange ohne Blätter in die Höhe schieße. Der Doktor hat sogar verboten, mich zu stark zu sehnen, nach Ihnen nämlich, weil es zu stark angriffe. Heute machte ich aber alle Verbände von den Wunden und lachte dem Doktor geradezu ins Gesicht, als er mich vom Schreiben abhalten wollte; ja ich drohte, ihn mit dem Fieber anzufallen und anzustecken, wenn er mich nicht ruhig willfahren ließe. Nun tat er's.

Dies wollte ich Ihnen aber alles nicht sagen, sondern etwas durchaus anderes – nämlich eine Bitte, die Sie zu gewähren haben. Da jetzt durchaus keine Funkenkette uns aneinander zieht oder erinnert, so habe ich einen sympathetischen Vorschlag gefasst – diesen: ich spiele morgen Punkt 11 Uhr das Adagio aus Chopins Variationen und werde dabei sehr stark an Sie denken, ja ausschließlich an Sie. Nun die Bitte, dass Sie dasselbe tun möchten, dass wir uns geistig sehen und treffen. Der Punkt würde wahrscheinlich über dem Thomaspförtchen sein, als wo sich unsere Doppelgänger[49] begegneten. Wäre Vollmond, so schlüge ich diesen als

---

49   Diese und die folgenden Anspielungen auf „Doppelgänger" beziehen sich auf einen Scherz Schumanns, der den Wieckschen Kindern – angeregt durch E. Th. Hoffmanns Erzählung – viel von seinem geheimnisvollen Doppelgänger zu erzählen liebte; ein Scherz, den dann Clara für sich aufgriff.

Briefspiegel vor. Ich hoffe sehr auf eine Antwort. Tun Sie es nicht und es
springt morgen in der zwölften Stunde eine Saite, so bitt ich's.
Ich bin's auch von ganzem Herzen
Am 13. Juli 33.   *Robert Schumann."*

Clara an Robert (am selben Tage).

„Lieber Herr Schumann!

Mit vieler Mühe habe ich endlich Ihren Brief mit Hülfe der Mutter aus-
studieren können und setze mich sogleich, um Ihnen zu antworten. Ich
bedaure Sie sehr, da Sie sich vom kalten Fieber so abschütteln lassen müs-
sen, doch noch mehr tu ich dies, da ich vernommen habe, dass Sie kein
bayerisches Bier trinken dürfen, welches Verbot Ihnen gewiss sehr schwer
wird zu befolgen. Sie wollen wissen, ob ich lebe? nun das könnten Sie
doch schon wissen, da ich Ihnen schon so viele Komplimente geschickt
habe! ob sie ausgerichtet worden sind, das weiß ich freilich nicht, doch
hoffe ich es. Wie ich lebe, das können Sie sich doch auch denken! wie
kann ich denn gut leben, wenn Sie uns gar nicht mehr besuchen! Was Ihre
Bitte anbetrifft, so werde ich sie erfüllen und mich morgen um 11 Uhr
über dem Thomaspförtchen einfinden. Meinen Doppelgängerchor habe
ich vollendet, indem ich noch dritten Teil dazu gemacht habe. Einen län-
gern Brief kann ich Ihnen zu meinem großen Leidwesen nicht schreiben,
weil ich so viel zu tun habe. Um ein Wiederschreiben bitte ich Sie. Eine
baldige Genesung wünscht Ihnen von Herzen
                                     Clara Wieck.

Um den 2. Heft der Papillons bitte ich Sie recht sehr.
Als ich Ihren Brief erhielt, dachte ich, nun willst Du auch einmal recht
schlecht schreiben, und tat dieses auch, wie Sie sehen werden.
Sollten Sie etwa diesen Brief ohne Siegel erhalten, so schreiben Sie mir
dieses gefälligst."

Claras nächstes Schreiben handelt von ihrem Op. 3, der Romanze, die
sie Schumann dedizierte:

„Hier, den 1. August 1833.

Lieber Herr Schumann!

*So sehr wie ich es bereue, Ihnen beifolgende Kleinigkeit dediziert zu
haben, und so sehr wie ich wünschte, diese Variationen nicht gedruckt zu
sehen, so ist das Übel doch nun einmal geschehen, und ist folglich nicht zu
ändern. Deshalb bitte ich um Verzeihung wegen des Beifolgenden. Ihre so
geistreiche Bearbeitung dieses kleinen musikalischen Gedankens soll die
Meinige schlechte wieder gut machen*[50]*, und somit ersuche ich Sie denn
um dieselbe, da ich dessen nähere Bekanntschaft kaum erwarten kann.
Sie werden übrigens auf dem Titel dieser meiner Romanze bemerken,
dass mein Doppelgänger nicht vergessen ist, ohne dass ich ihn bestellt
habe. Sollte dies vielleicht ahnden lassen, dass meine Doppelgängerkom-
positionen mehr versprechen werden?*

*Nun machen Sie sich bald heraus, damit Sie uns doch besuchen können,
besonders da Krägen morgen kommt. Ich hoffe, die Gegenwart Krägens
wird Sie von Ihrem Fieber heilen.*

Es grüßt Sie freundschaftlichst Clara Wieck

Krägen ist eben angekommen."

Schumann erwidert[51]:

„Leipzig, am 2. August 33.

Liebe Clara!

*Für Menschen, die nicht schmeicheln können, gibt es wohl kaum eine
sauerere Arbeit, als erstens einen Dedikationsbrief zu schreiben, zweitens
einen zu beantworten. Man ist da ganz von Bescheidenheit, Bereuen,
Dankeszollen usw. außer sich und zerknirscht.*

*Anderen als Ihnen würd' ich daher ganz fröhlich erwidern müssen: Wie
verdiene ich diese Auszeichnung? Haben Sie bedacht? Oder ich würde
Bilder gebrauchen und schreiben, dass der Mond unsichtbar für den
Menschen wäre, ließe nicht die Sonne ihre Strahlen zuweilen auf ihn fal-*

---

50 Schumann hatte das Thema aus Claras Romanze seinen Impromptus, Op. 5, zu Grund gelegt.
51 Jugendbriefe, S. 216f.

len – oder sagen: Siehe! wie sich der edlere Weinstock die niedrige Ulme *aufzieht, dass die frucht- und blütenlose an seinem Geist trinke. – Ihnen aber geb ich nichts, als einen herzlichen Dank und, wären Sie gegenwärtig (selbst ohne Erlaubnis des Vaters) einen Händedruck; dann würde ich etwa die Hoffnung aussprechen, dass die Vereinigung unserer Namen auf dem Titel eine unserer Ansichten und Ideen für spätere Zeiten sein möchte. Mehr biete ich Armer nichts. –*

Meine Arbeit wird wohl, wie viele andere, eine Ruine bleiben, da sie seit langer Zeit nur im Ausgestrichenen vorgerückt ist. Etwas anderes folgt. Fragen Sie Krägen, dem ich einen guten Morgen wünsche, ob er wohl Patenstelle am Werke vertreten will, d.h. ob ich es ihm dedizieren darf.

Da der Himmel heute ein gar zu finster Gesicht macht, so tut es mir Leid, heute zur Abendmusik nicht kommen zu dürfen. Auch habe ich mich jetzt so dicht eingesponnen, dass nur kleine Flügelspitzen aus der Puppe gucken, die leicht beschädigt werden könnten. Doch hoffe ich gewiss, Sie vor Ihrer Abreise noch einmal zu sehen.

Robert Schumann."

Die Reise, auf die hier angespielt wird, ward am 7. August angetreten und führte Vater und Tochter nach Chemnitz, Schneeberg und Karlsbad. Sowohl in Chemnitz wie in Karlsbad gab Clara Konzerte. Auf dem Karlsbader Theaterzettel ward sie vom dortigen Theaterdirektor eingeführt als C. W., „welche sich auf ihrer Kunstreise von Paris nach Petersburg hier befindet".

In den Chemnitzer Aufenthalt fiel des Vaters 48. Geburtstag. Eine große Freude bereitete ihm zu dem Tage Robert Schumann durch Übersendung seiner Impromptüs (Op. 5) über ein Thema aus Claras Romanze, Op. 3. Sie waren soeben im Druck erschienen und Wieck zugeeignet.

Im September spielte Clara im Gewandhause zur Feier der Eröffnung des neu ausgemalten Saales. Allein das Publikum fand diesmal mancherlei an ihrer Leistung auszusetzen, so dass der Vater es nicht in Claras Interesse fand, sie noch einmal da spielen zu lassen. Es werde Zeit, meint er, dass einmal andere spielen; den Menschen immer gute Speise, etwas Neues und Unerhörtes vorsetzen, mache sie ungenügsam und übermütig, man müsse das Publikum durch Mittelmäßigkeiten erst wieder zur Demut führen.

Am 10. Januar 1834 ward Clara, nun 14½ Jahre geworden, gemeinsam mit ihrer Freundin Emilie List eingesegnet. Friedrich Wieck schrieb zwei Tage darauf, als sie zur ersten Kommunion ging, in ihr Tagebuch:

„Meine Tochter!

Du sollst nun selbstständig werden; das ist von der höchsten Bedeutung. Ich habe Dir und Deiner Ausbildung fast 10 Jahre meines Lebens gewidmet; bedenke, welche Verpflichtungen Du hast. Bilde denn [Deinen] Sinn für ein nobles und uneigennütziges Wirken, für Wohltun und eine wahre Humanität immer mehr und bei jeder Gelegenheit aus und halte die Ausübung der Tugend für die – wahre Religion. Lasse Dich, wenn Du bitter verkannt, verleumdet und beneidet wirst, nicht irre machen in Deinen Grundsätzen. Ach, das ist ein schwerer Kampf und doch – besteht darin die wahre Tugend. – Ich bleibe Dein ratender und helfender Freund

Friedrich Wieck."

Ehe die Kindergestalt aber für immer vom Schauplatz abtritt, ist es vielleicht nicht ohne Reiz, sich noch einmal die Züge dieser eigenartigen Erscheinung, auf der das Auge so mancher Zeitgenossen mit Bewunderung, Teilnahme, Liebe und Sorge ruht, in einem Bilde zu vergegenwärtigen, das charakterisierend das geistige Wesen wiederzugeben sucht, das körperlich die gleichzeitige Zeichnung Fechners[52] veranschaulicht.

In der von Schumanns Freund Lyser herausgegebenen „Cäcilia"[53] von 1833 ist Clara Wieck ein eigener Artikel gewidmet, der die Eindrücke aus der Pariser Zeit wiedergibt, nach einer Bemerkung im Tagebuch vom 26. Januar 1833 „wahrscheinlich aus einem Briefe von Heine aus Paris geschöpft". Von einer direkten Übertragung kann wohl keine Rede sein, aber dass Heinesche Beobachtungen dabei benutzt wor-

---

52 Das Titelbild dieses Bandes.
53 Cäcilia. Ein Taschenbuch für Freunde der Tonkunst Herausgegeben von Lyser. Erster Jahrgang. Hamburg 1833. Bei Hoffmann und Campe. S. 253–258.

den sind, ist schon glaublich; und auch aus diesem Grunde verdienen die folgenden Worte daraus, die im übrigen Lysers Gepräge tragen, hier ihre Stelle, denn sie fassen das, was wir bisher von diesem Leben innerlich und äußerlich mit erfahren, anschaulich und bedeutungsvoll im Rückblick auf die Vergangenheit und im Ausblick auf die Zukunft zusammen: „Erscheinungen, wie Clara, liegen so ganz außer dem Bereiche des Gewöhnlichen, dass sie unsere Aufmerksamkeit gewaltsam fesseln – so dass wir nicht ablassen können, die Bahnen und Verschlingungen, welche wir teils vor uns sehen, teils nur ahnen, zu verfolgen, um, womöglich, uns ein vollständiges, getreues Bild von dem Gegenstande zu entwerfen, den wir lieben müssen, weil wir uns ihm verwandt und dennoch wieder so ferne fühlen. Denn auch im gewöhnlichen Leben, so wenig der flüchtige Beobachter dies eingestehe dürfte, gestaltet sich hier alles anders, wie wir es an uns und unseren Alltagsumgebungen gewohnt sind – z.B. könnte man Clara, wie sie sich zu Hause gibt – unbefangen und kindlich gegen den Vater und ihre Umgebungen, beim ersten Blick für ein ganz liebenswürdiges dreizehnjähriges Mädchen – und weiter nichts halten – aber beobachtet man sie genauer – da zeigt sich alles anders! Das feine, hübsche Gesichtchen mit den etwas fremdartig geschnittenen Augen, der freundliche Mund mit dem sentimentalen Zug, der dann und wann etwas spöttisch oder schmerzlich – besonders, wenn sie antwortet, sich verzieht, dazu das Graziös-Nachlässige in ihren Bewegungen – nicht studiert, aber weit über ihre Jahre hinausgehend ! Das alles – ich gesteh es offen! – als ich es sah, erregte in mir ein ganz eigentümliches Gefühl, das ich nicht besser zu bezeichnen weiß, als durch: „ein Echo des spöttisch-schmerzlichen Lächelns der Clara". – Es ist, als wisse das Kind eine lange, aus Lust und Schmerz gewobene Geschichte zu erzählen, und dennoch – was weiß sie? – Musik. –

Über die Grenze der sogenannten Wunderkinder ist Clara längst hinaus, und daher in dieser Hinsicht wohl jede Besorgnis, dass sie die großen Erwartungen, welche das Publikum von ihr hegt, nicht erfüllen dürfte – grundlos. Sie wird sie übertreffen, wenn ein freundliches Geschick über ihr Leben waltet, und sie sich treu bleibt, nicht fröhnend der Laune des großen Haufens und fader Halbkenner.

Dieses Letztere ruf' ich Dir warnend zu, Clara! Die Natur sei ferner Deine Führerin auf dem Pfade der Kunst."

Zweites Kapitel

„Am 21. April", heißt es im Tagebuch 1834, „kam meine Freundin
Ernestine von Fricken hier an, um bei meinem Vater Klavier zu lernen." Die Freundschaft war jungen Datums. Erst wenige Wochen vorher bei einem Konzert, das Clara in Plauen gab, hatten sie sich kennen
gelernt. Ernestine war mit ihrem Vater, dem Hauptmann und Ritter-
gutsbesitzer Freiherrn v. Fricken, von ihrem Wohnsitz Asch zu jenem
Konzert gekommen und bei dieser Gelegenheit war mit Wieck ver-
einbart worden, dass Fräulein von Fricken als Schülerin und Pensio-
närin demnächst in sein Haus eintreten sollte. Beide jungen Mädchen
scheinen sich schnell aneinander angeschlossen zu haben, was bei der
Gemeinsamkeit der musikalischen Interessen und der liebenswürdigen feinen Natur, die Ernestine von allen, die mit ihr in Berührung
kamen, nachgerühmt wird, kein Wunder nimmt. Sie war drei Jahr[54]
älter als Clara und dadurch jener in der Sicherheit des äußeren Auftretens, wenn auch keineswegs an innerer Reife überlegen. Doch sollte
der kaum geschlossene Freundschaftsbund unerwartet eine Unterbrechung erleiden, da Clara bald nach Ernestinens Übersiedelung
nach Leipzig von ihrem Vater nach Dresden zu längerem Aufenthalt
gebracht wurde, um dort bei dem Musikdirektor Reißiger theoretische
Studien zu machen und bei dem Chordirektor Mieksch Gesangstun-
den zu nehmen. Vielleicht lag bei diesem ganz plötzlich gefassten Entschluss des Vaters auf seiner Seite noch die Nebenabsicht zu Grunde,
Clara für einige Zeit dem täglichen Verkehr mit Schumann, der in aller
Harmlosigkeit sich zusehends freundschaftlich-inniger gestaltete, zu
entrücken und eine aufkeimende Neigung, von der er für die Zukunft

---

54   Geboren 7. September 1816.

sich nichts Gutes versprach, so im Keim zu unterdrücken. Wenn dem so ist, so war gerade dieser Schritt, wie die Folge zeigen wird, von seinem Standpunkte aus die unglücklichste Maßregel, die er treffen konnte, so sehr ihm die Ereignisse zunächst Recht zu geben schienen. Denn die Abwesenheit Claras, die sie von Schumann bis zum September – mit einer kurzen Unterbrechung – trennte, ward schließlich für die beiden der erste Anlass und Prüfstein, sich über ihre Gefühle für einander klar zu werden. Und gerade die Persönlichkeit, die Clara den ersten und den herbsten Schmerz in ihrem Liebesleben antat, – die Freundin Ernestine von Fricken – war dazu ausersehen, den Grund zu legen zu jenem unerschütterlichen Bau untrennbarer Lebensgemeinschaft, der allen Stürmen des kommenden Lebens Trotz bot.

„Ich muss Dir doch erzählen", schreibt Clara vier Jahre später[55] dem Geliebten über diese Zeit, „wie ein duslich Kind ich damals noch war. Als Ernestine zu uns kam, sagt ich ihr: Aber wenn Du erst wirst den Schumann kennen lernen, der ist mir der Liebste unter all unsern Bekanntschaften. – Doch sie wollte gar nichts wissen, denn sie meinte, sie kenne einen Herrn in Asch, der wäre ihr viel lieber. Darüber war ich nun ganz erbittert; doch es währte nicht lange, sie gewann Dich immer lieber und bald kam es so weit, dass ich sie jedes Mal rufen musste, wann Du kamst. Das tat ich denn auch sehr gern, denn ich war nur froh, dass sie Dich lieb hatte, das wollt ich und ich war befriedigt. Du sprachst immer nur mit ihr, wenn sie kam und mit mir triebst Du bloß allerlei Kurzweil. Das schmerzte mich nun doch nicht wenig, ich tröstete mich aber und meinte, das käme bloß daher, weil Du mich ja immer hattest und Ernestine auch erwachsener war als ich. Ganz eigene Gefühle bewegten mein Herz (so jung es auch war, so warm schlug es doch schon), wenn wir spazieren gingen und Du mit Ernestine sprachst und zuweilen einen Läppisch mit mir machtest. Vater schickte mich deswegen nach Dresden, wo ich wieder mehr Hoffnung bekam; ich dachte damals schon auch, es wäre doch hübsch, wenn das einmal dein Mann würde."

Ein wenig von jener sehnsüchtigen gereizt-unruhigen Stimmung verrät auch der Brief, den sie wenige Wochen nach ihrer Abreise mitten aus ihren eifrigen musikalischen Studien heraus – sie instrumen-

---

55   2. März 1838 in Wien.

tierte bei Reißiger die Fantasie von Mozart – an den Freund an seinem Geburtstag schrieb:

„Dresden, am 8. Juni 1834.

Lieber Herr Schumann!

Heute, Sonntag, den 8. Juni, an dem Tage, wo der liebe Gott einen so musikalischen Funken vom Himmel fallen ließ und also Sie geboren wurden, sitze ich hier und schreibe an Sie, obgleich ich heute zweimal weggebeten bin.

Das erste, was ich schreibe, ist, dass ich meine Wünsche anbringe, nämlich, dass Sie nicht immer von allem das Gegenteil tun möchten – weniger bayrisches Bier trinken – nicht sitzen bleiben, wenn andere fortgehen – aus Tag nicht Nacht machen und umgekehrt – Ihren Freundinnen beweisen, dass Sie an sie denken, fleißig komponieren – mehr in die Zeitung schreiben, weil es die Leser wünschen[56]*. Den festen Entschluss fassen, nach Dresden zu kommen usw.*

Ist das aber erlaubt, Herr Schumann, so wenig Aufmerksamkeit für eine Freundin zu haben und ihr nicht einmal zu schreiben? Jedes Mal bei Ankunft der Post hoffte ich ein Briefchen von einem gewissen Herrn Schwärmerer zu bekommen, aber ach! ich war getäuscht. Ich tröstete mich damit, dass Sie doch wenigstens hierher kämen, aber eben schreibt mir der Vater, dass Sie nicht kommen würden, da Knorr[57] *krank ist. Emilie kommt auch nicht mit*[58]*, da sie ins Bad reist – das ist doch Unglück über Unglück. Nun, man muss sich in alles schicken. Auf Ihr neues Rondo freue ich mich sehr, da wird es wohl wieder etwas zu tun geben. Hier in Dresden hat man sich, und besonders Sophie Kaskel (ein hübsches Mädchen), ganz in Ihre Impromptüs verliebt und studiert sehr fleißig daran. Sie war, so wie Becker*[59] *und Krägen, ganz traurig, dass Sie nicht hierher kommen, es ist aber auch ganz unverzeihlich von Ihnen.*

---

56 Die von Schumann begründete und von ihm redigierte „Neue Zeitschrift für Musik" war am 3. April 1834 ins Leben getreten.
57 Knorr war Mitarbeiter an der Zeitschrift.
58 Wieck besuchte Clara in der zweiten Hälfte Juni in Dresden.
59 Ernst Adolph Becker, intimer Freund Schumanns und des Wieckschen Hauses, damals in Freiberg „Bergschreiber".

An meiner Türe ist ein Zettel geklebt, worauf steht „Feierlichst erwähl-
ter Mitarbeiter der neuen musikalischen Zeitung Clarus Wieck." Nächs-
tens kommen 6 Bogen von mir, da gibt es etwas zu bezahlen.
Wie ich höre, hat Ihnen Gustav geschrieben? Nun, das wird gutes Zeug
sein. Sie wollen ihm auch wieder schreiben? Nun, da darf ich mir doch
auch ein originelles, aber nicht originell geschriebenes (d.h. undeutlich)
Briefchen ausbitten, nicht wahr, Herr Schumann? Dieser geistreiche, ori-
ginelle und witzige Brief empfiehlt Ihnen in aller Langsamkeit (Eiligkeit
lieben Sie nicht)

Ihre Freundin Clara Wieck

Clara Wieck
Doppelgänger[60]

Ein Wiedersehen, zu dem die Taufe von Claras Stiefschwesterchen
Cäcilie am 25. Juli den Anlass bot, bei der Schumann und Ernestine
Patenstelle vertraten, diente nicht dazu, die stillen Besorgnisse Claras
zu zerstreuen. Das Tagebuch weiß über den bis zum 7. August währenden Besuch nur zu berichten: „Ich lernte Herrn Bank und Schlesier
kennen. Ersterer ist ein höchst gebildeter Musiker und Gesangskom-
ponist und Lehrer, der mir meinen Aufenthalt sehr angenehm macht".
Und nach der Rückkehr: „Ich richtete mich sehr rasch wieder ein, ging
zu Reißiger, und nun ging alles wieder seinen alten Gang."
    Schumanns Leipziger Lebensbuch[61] erwähnt kurz: „Taufe bei
Wiecks. Clara von Dresden zurück. – Geht traurig wieder fort." Die
bei dieser Gelegenheit und bei der späteren endgültigen Rückkehr am
4. September empfangenen Eindrücke fasst Clara später in dem schon
oben erwähnten Briefe an Robert zusammen in die Worte: „Als ich
aber nach Leipzig zurückkam, ward ich aus meinem Himmel gerissen!
Ernestine war sehr kleinsilbig gegen mich, misstrauisch, was sie wahrhaftig bei mir nicht Ursache hatte, die Mutter sagte mir von einem

---

60   Schumanns aufgeregte, fast gewaltsam humoristische Erwiderung auf diesen Brief ist in
      den Jugendbriefen S.245–249 abgedruckt.
61   Dessen Eintragungen für die Jahre 1833 und folgende stammen übrigens erst aus dem
      Jahre 1838.

wunderschönen Brief, den Du ihr am Tauftag der Cäcilie geschrieben, und zuletzt hörte ich, Ihr seiet verlobt."

Das Gerücht entsprach nur zu sehr den Tatsachen.

Bei ihrer Rückkehr fand Clara Ernestinens Vater anwesend, den die Absicht hergeführt hatte, seine Tochter nach Asch zurückzuholen und zwar namentlich infolgedessen, was über die Beziehungen Schumanns zu seiner Tochter zu seinen Ohren gekommen war. Schon Ende Juli, während Claras Besuch im Elternhause, hatte sich Herr v. Fricken mit der Bitte um Aufklärung, was Wahres an der Sache sei, an Wieck gewandt, und dieser am 1. August[62] ihm bestätigt, dass allerdings „eine große Zuneigung" zwischen beiden bestehe, aber ausdrücklich betont, „dieses Vertrautsein ist aber nicht unedler Art". Das liege namentlich an Schumanns Persönlichkeit: „Wie viel müsste ich schreiben, um diesen etwas launigen, störrischen, aber noblen, herrlichen, schwärmerischen, hochbegabten, bis ins Tiefste geistig ausgebildeten genialen Tonsetzer und Schriftsteller näher zu beschreiben." Ebenso wenig sei an Ernestinens leidenschaftlicher Zuneigung zu zweifeln, die dann mit drastischen Beispielen belegt, aber auch als durchaus harmlos und mit sichtlichem Wohlwollen geschildert wird[63]. Weniger freundlich lautete freilich der Abschiedsgruß, den Wieck, als Ernestine Anfang September mit ihrem Vater abgereist war, ihr in Claras Tagebuch schrieb: „Wir haben sie durchaus nicht vermisst, indem sie in den letzten 6 Wochen unserm Hause ganz fremd wurde und ihre Liebenswürdigkeit und Offenherzigkeit ganz und gar verloren hatte. Auch hatte sie alles wieder verlernt, was ihr mit so vieler Mühe gelehrt worden war: Sie glich einer Pflanze, welche, so lange sie begossen und auf einem Fleck stehen bleibt, sich mit Müh und Not erhält, jedoch versetzt man sie, so welkt und stirbt sie nach und nach ab, denn sie hat nicht mehr die gewohnte Pflege und Ruhe. Die Sonne brannte zu scharf auf sie, d.h. Herr Schumann."

Und Schumann?

Am 2. Juli hatte er in einem an seine Mutter gerichteten Briefe[64] nach einer lebendig unruhigen Schilderung seines Lebens und Trei-

---

62   Abgedruckt bei Kohut, Friedrich Wieck, S. 95f.

63   Eine Stelle aus einem Briefe des Herrn v. Fricken an Ernestine vom 23. August 1834 hat Wasielewsky in der Deutschen Revue 1897, S. 42, mitgeteilt.

64   Vollständig in den Jugendbriefen, S. 239–244.

bens, die mit den Worten schloss: „Kurz, Leben ist viel in unserm
Leben", fortgefahren: „Dazu sind noch in unseren Kreis zwei herrliche weibliche Wesen gekommen, die eine (wie ich Dir schon früher
schrieb), die sechszehnjährige Tochter des amerikanischen Konsuls
List, Emilie, eine Engländerin durch und durch, mit scharfem, leuch-
tendem Auge, dunkelm Haar, festem Schritt, voll Geist, Haltung und
Leben – die andere, Ernestine, Tochter eines reichen böhmischen
Barons v. Frieken, ihre Mutter eine Gräfin Zettwitz, ein herrlich reines, kindliches Gemüt, zart und sinnig, mit der innigsten Liebe an mir
und allem Künstlerischen hängend, außerordentlich musikalisch –
kurz ganz so, wie ich mir etwa meine Frau wünsche – und ich sage Dir,
meiner guten Mutter, ins Ohr: richtete die Zukunft an mich die Frage:
Wen würdest du wählen? – ich würde fest antworten: diese. Aber wie
weit liegt das, und wie verzichte ich schon jetzt auf die Aussicht einer
engeren Verbindung, so leicht sie mir vielleicht werden würde! – Ist
Dir meine Offenheit unlieb? Nein, – sonst müsst ich es ja selbst Dir
sein. – Clara ist in Dresden und entwickelt sich immer genialer; ihre
Briefe, die sie (auch mir) schreibt, sind merkwürdig geistvoll. Wieck
will in einigen Wochen nach Dresden und ich gern mit – ich habe
noch nicht zugesagt, teils aus Rücksicht für Dich, da ich Dir eher versprochen habe, teils der Zeitung wegen, die nicht fortgehen könnte,
wenn Knorr bis dahin nicht aufkäme."

Die räumliche Entfernung von Ernestinen schien einstweilen die
Leidenschaft nur zu steigern und die beiden fester mit einander zu ver-
knüpfen. Beim Abschied gab er ihr einen Ring. Und ohne dass jetzt
oder später bestimmt zwischen ihnen, geschweige denn den Eltern
gegenüber, von einer förmlichen Verlobung die Rede gewesen wäre,
betrachtete er sich doch als gebunden und glaubte sich mehr als je
beglückt durch die Aussicht auf ihren dauernden Besitz. Eigentümlich berührt es freilich, dass er in demselben Brief[65] an seine Mutter,
der ihr Ernestinens Besuch auf der Durchreise nach Asch ankündigte
und dass er bei ihr heimlich vor dem Vater von Ernestinen Abschied
nehmen wolle, von „diesem Sommerroman" spricht, der „wohl der
merkwürdigste seines Lebens sei". Dass aber seine Mutter, wenn auch

---

65   Vom 5. September 1834. Jugendbriefe, S. 256.

vielleicht nicht ohne inneres Widerstreben, auch in Ernestine die künftige Tochter begrüßt hatte, geht aus seinem Dank für „Deine liebevolle Beratung in den vergangenen Abschiedstagen", den er am 17. Oktober[66] der Mutter ausspricht, hervor, ebenso wie aus der Art, in der er dort Ernestinens gedenkt: „Ernestine schreibt wöchentlich und sehr viel. Wie die mich liebt – es ist ein Himmelsglück. Das komische Mädchen bildet sich ein, Du könntest sie nicht leiden."

Einzelne Streiflichter auf seinen damaligen Gemütszustand und die weitere Entwickelung des Verhältnisses fallen aus den an die gemeinsame Freundin Henriette Voigt gerichteten Briefen. Schumann hatte diese kluge, interessante und selbst sehr musikalische Frau, deren Haus einen Mittelpunkt für das Leipziger gesellschaftliche Musikleben bildete, im Januar 1834 kennen gelernt[67] und ihre Beziehungen zu seinem Freunde Ludwig Schunke wie die Freundschaft, die sich zwischen ihr und Ernestine entwickelte, hatten auch ihn ihr schnell nahe gebracht. Sie war die Vertraute seines Liebesbundes und ihr gegenüber sprach er sich gern rückhaltlos aus[68]. „Ernestine", schrieb er ihr am 7. November[69], „hat mir ganz selig geschrieben. Sie hat durch die Mutter den Vater erforscht und er gibt sie mir. – – Henriette, er gibt sie mir ... fühlen Sie, was das heißt – und dennoch dieser qualvolle Zustand, als fürchtete ich, dieses Kleinod annehmen zu dürfen, weil ich es in unseligen Händen weiß. Wollten Sie einen Namen für meinen Schmerz wissen, so könnte ich Ihnen keinen nennen – ich glaube es ist der Schmerz selbst, ich könnte es nicht richtiger ausdrücken – ach! und vielleicht ist es auch die Liebe selbst und die Sehnsucht nach Ernestinen."

Schon Ende Oktober hatte ihn seine Ungeduld nach Asch getrieben. Am 4. Dezember reiste er mit seiner Schwägerin Therese von Zwickau ans, wo er seit Anfang November sich aufhielt, zum zweiten Mal nach Asch, ohne dass jedoch auch dieses Wiedersehen, wie es scheint, eine Aussprache mit den Eltern, geschweige denn eine förmliche Verlobung zur Folge gehabt hätte, wenn auch Schumann jetzt

---

66 Jugendbriefe, S. 256.
67 Vgl. Robert Schumanns Briefwechsel mit Henriette Voigt geb. Kuntze, mitgeteilt von Julius Gensel. Leipzig 1892.
68 Am 31. August 1834 schreibt Henriette Voigt an ihren Mann: „Um 6 Uhr kam Ernestine mit Schumann (die nun Verlobte sind, was ich aber allein weiß) ..." Gensel, a.a.O., S. 7.
69 Jugendbriefe, S. 261. – Gensel, a.a.O., S. 13.

und auch in den nächsten Monaten in vertrauten Briefen Ernestine wiederholt als seine „Braut" bezeichnet hat. Überhaupt gewinnt man den Eindruck, wenn man Schumanns Äußerungen aus dieser Zeit und später, sowie Ernestinens Mitteilungen, die sie zwei Jahre darauf Clara auf ihre Bitte gemacht hat[70], liest, dass offenbar bei beiden Liebenden in der Auffassung ihres Verhältnisses, in der Beurteilung der Tragweite ihrer eigenen Handlungen und des Verhaltens ihrer nächsten Angehörigen dazu, die Fantasie eine große und verhängnisvolle Rolle gespielt hat, schon während sich die Dinge begaben, mehr noch natürlich später in der Erinnerung. Das tritt vor allen Dingen in den Briefen Ernestinens hervor, in denen mit der Chronologie ganz willkürlich – offenbar aber im guten Glauben – umgesprungen wird[71]. Aber auch Schumanns Äußerungen zu verschiedenen Zeiten sind nicht ganz frei von Widersprüchen, die sich jedoch leicht erklären aus seiner damaligen überreizten Gemütsverfassung, in der er Ideal und Leben, Erfülltes und Erhofftes nur zu oft mit einander zu verwechseln geneigt war. Tatsächlich haben wohl schon in den ersten Monaten des Jahres 1835 seine Beziehungen zu Ernestine sich zu lockern begonnen, und zwar teils infolge der ihn und namentlich auch seine Mutter sehr verstimmenden Erfahrung, dass Ernestine ihm über ihre Familienverhältnisse, dass sie ein illegitimes Kind, Herr v. Fricken nur ihr Adoptivvater sei, falsche oder unklare Angaben gemacht; teils aber, und sicher in höherem Grade, auch infolge der Erkenntnis, der er sich nicht länger verschließen konnte, dass Ernestine nicht das Wesen sei, für das er sie in jugendlicher Exaltation zuerst gehalten. Man braucht nur ihre an Clara gerichteten Briefe zu lesen, um es nachzufühlen, wie wenig dies gutherzig-liebenswürdige, aber feinerer Geistes- und Herzensbildung entbehrende Geschöpf dazu fähig war, einen so reichen und vornehmen Geist wie Schumann auf die Dauer zu fesseln, ja wie gerade ihre schriftliche Aussprache, von stilistischen und grammatischen Fehlern wimmelnd, für Schumann zur Tortur werden musste. Um ihn aber vollends aus dem Bannkreise dieses Sommernachtstraumes zu lösen

---

70 Abgedruckt bei Ad. Kohut, Fr. Wieck, S. 97–105.
71 Vgl. a.a.O., S. 101 oben, wo nach Ernestinens Worten ihre 1834 begonnenen Beziehungen zu Schumann sich bis zum Jahre 1838 hätten hinziehen müssen, also mehr als zwei Jahre über die Zeit hinaus, in der sie diese Mitteilungen machte!

und zu befreien, bedurfte es noch besonderer guter Geister Eingreifen, deren Zauberkraft jedoch einstweilen noch lahmgelegt war.

„Den 25. reiste Herr Schumann nach Zwickau, das heißt nach Asch", schrieb Clara im Oktober in ihr Tagebuch.

Es sollte längere Zeit vergehen, bis sie einander wiedersahen. Nach langem Hin- und Herschwanken entschloss sich Wieck im November noch zu einer längeren Konzertreise für den Winter, die, am 11. November in Begleitung von Carl Banck angetreten, über Magdeburg, Schönebeck und Halberstadt, und mit Ausnahme des letzteren von großem Erfolge gekrönt, am 18. Dezember Clara und ihre Begleiter zu längerem Aufenthalt nach Braunschweig führte.

Das musikalische Hauptereignis bestand in vier Konzerten, daran schlossen sich eine Menge kleinerer, sowohl öffentlicher wie privater Musikaufführungen an. Die Gebrüder Karl und Theodor Müller – jener Konzertmeister, letzterer h. Kammermusiker – beide Mitglieder des älteren, einst weltberühmten Müllerschen Streichquartetts, pflegten aus reiner Bewunderung für Clara häufig mitzuwirken. Dabei fand sie reichliche Gelegenheit, nicht allein von ihrer Kenntnis der klassischen Musikliteratur, sondern auch von der Kunst ihres Vortrags bei deren Wiedergabe Zeugnis abzulegen.

Clara war selbstverständlich von den Vorschlägen des Vaters abhängig und gewohnt, sich Beschlüssen zu unterordnen. Der Standpunkt, den er dabei einnahm, war freilich kein rein künstlerischer. Er findet, wenn nicht seine Entschuldigung, doch seine Erklärung im musikalischen Bildungsgrad jener Zeit, die für die Kunst des Vortrags im Sinne der virtuosen Leistung als solcher einzig Sinn und Interesse hatte. Verständnis für die Werke des schöpferischen Genius, in deren Auslegung und Darstellung der Vortragende unter Verleugnung der eigenen Person untergehen muss, war überaus selten. Wohl war Wieck Künstler genug, um die Größe eines Beethoven oder Bach zu begreifen, allein nach seinem Dafürhalten setzte ihr Genuss eine Kennerschaft voraus, auf die sich stützen zu wollen für den Vortragenden immer mit der Gefahr verknüpft war, unter empfindlichen Einbußen vor einem leeren oder stummen Hause zu spielen, was mit seiner praktischen Denkart wenig stimmte. Dagegen auf neutralem Boden, in Privatkreisen, vor einem Auditorium von Kennern seinen guten Geschmack zu betätigen war er stets bereit, und es befriedigte seinen Stolz, der Welt zeigen zu können, wie sehr seine Clara auch auf dem klassischen Musikgebiete im besten Sinne heimisch war.

Eine aufregende, anstrengende, erfolgreiche Reise folgte; besonders in Hannover, wohin sie am 17. Januar aufgebrochen waren, feierte Clara vor allem auch am vizeköniglichen Hofe große Triumphe, dann in Bremen, vor allem aber in Hamburg, wenn gerade letzteres auch viel Ärger und Verdruss bereitete. Wie dem väterlichen Impresario, der sich mit geldgierigen Unternehmern, widerwilligen und neidischen Kollegen, gleichgültigen oder missgünstigen Rezensenten und einem wohlwollenden aber gedanken- und urteilslosen Publikum tagaus tagein herumschlagen musste, dabei zu Mute war, veranschaulicht drastisch das Verzeichnis der 17 Fragen, „welche in jeder Stadt 700mal, namentlich von der wissbegierigen Hälfte des menschlichen Geschlechts an uns getan werden", die er um diese Zeit zwei durch Zufall leer gebliebenen Blättern des Tagebuches einverleibt hat.

1. Wann hat Ihre Tochter augefangen?

Antw.: Eigentlich gar nicht. Es würde zu weitläufig sein, die Richtigkeit dieser Antwort näher zu beleuchten.

2. Wie alt ist Ihre Tochter denn eigentlich?

Antw.: Das steht unter ihrem Bilde, was Anno 1835 zu Hannover erschienen.

3. Tun Ihrer Tochter nicht die Finger weh?

Antw.: Sie vergessen, dass Sie Clara Wieck vor sich haben.

4. Sie strengen dieselbe doch nicht zu viel an?

Antw.: Meiner Clara Persönlichkeit gibt Ihnen die beste Antwort darauf.

5. Würde sie aber nicht noch munterer sein, wenn sie weniger spielte?

Antw.: Das kann ich so eigentlich nicht wissen. Meine anderen Töchter sollen aber nichts lernen – um mir keine Vorwürfe zu machen oder machen zu lassen.

6. Spielt Ihre Tochter nichts von Hummel, Kalkbrenner, Beethoven etc.?

Antw.: Ja – aber nur in vertraulichen Zirkeln und – vom Blatt; hier nicht, – wo sie als erste jetzt lebende Pianistin glänzen soll.

7.   Sie möchten aber doch von diesen wenn es auch nur ein Stückchen wäre, noch spielen lassen.

Antw.: Das haben Sie viel näher, wenn Sie einheimische Spielerinnen darum bitten. Clara ist nur hergekommen, um Ihnen das hören zu lassen, was sie außerdem nicht hören können.

8.   Singt Ihre Tochter auch?

Autw.: Ja, aber nur Lieder und vor wenigen und nur fürs Haus.

9.   Ich möchte Ihnen aber doch raten, das nicht zu tun – sollte es nicht zu viel werden?

Antw.: Könnte leicht zu viel werden; doch ich sorge ja, wie ich schon erwähnt habe.

10.   Wollten Sie dieselbe nicht etwas singen lassen?

Antw.: Die Antwort darauf haben Sie sich eben selbst gegeben.

11.   Sie müssen doch große Freude haben, da Ihnen der Himmel so eine Tochter geschenkt hat?

Antw.: Ja, es schneite einmal – da fiel mir eine ungezogene Schneeflocke in die Arme und siehe – das war diese Clara, gerade so, wie sie vor Ihnen steht.

12.   Haben Sie noch mehrere so musikalische Kinder?

Antw.: Sie haben eben so viel Talent, aber nichts gelernt.

13.   Wieso?

Antw.: Weil ich nur ein Leben zu verschenken habe.

14.   Das ist aber schade!

Antw.: Wie Sie es nehmen wollen.

15.   Wie wird Clara erst nach einigen Jahren spielen?

Antw.: Ich werde dafür sorgen, dass sie nichts verlernen und die Kenner alsdann immer noch befriedigen soll.

16.   Wie viele Stunden spielt Clara am Tage?

Antw.: Des Nachts spielt sie gar nicht und am Tage – sehr wenig.

17.   Spielt Ihre Tochter gern?

Antw.: Da hört Alles auf – also auch die Antwort.

Und Clara selbst? In Hamburg klagt der Vater einmal (am 4. April): „Clara spielt mit Widerwillen und will eigentlich gar nichts mehr tun. Was ist ein Virtuose ohne Eitelkeit!" Und infolge dieser Müdigkeit, die übrigens dem Vater ebenso in den Gliedern lag wie der Tochter, ward denn auch die Reise nicht, wie ursprünglich beabsichtigt war, weiter fortgesetzt, sondern am 10. April die Rückreise über Berlin angetreten. Berlin sollte freilich auch eine künstlerische Station bilden; aber die Erfahrungen, die der überreizte und übermüdete Impresario dort machte, brachten ihn dermaßen in Harnisch, dass er schnell den märkischen Sand von den Füßen schüttelte und den Berlinern, die durch die Vossische Zeitung schon auf ein bevorstehendes Konzert hingewiesen waren, das Nachsehen ließ: „Amen – Gott mit uns!" heißts im Tagebuch. „Nach Berlin gehen wir nicht. Gott helfe mir heraus. Amen, Amen – Gott sei gelobt![72]

Was in Claras Seele in dieser Zeit vorging, und was sicher den Widerwillen gegen die Konzerthetze bis zur Unerträglichkeit steigerte, davon scheinen die nächsten Angehörigen nichts geahnt zu haben. Die Verlobung Schumanns mit Ernestine von Fricken hatte sie, so jung sie war, aufs tiefste erschüttert. Es war eine Hoffnung zu Grunde gegangen, von deren Verwachsensein mit ihrem Dasein sie sich erst jetzt mit bittern Schmerzen überzeugen musste, als es galt, sie mit den Wurzeln auszureißen. Das aber zu tun war sie fest entschlossen, und aus dieser Stimmung von kindlichem Trotz und der fiebernden Erregung über erstes Leid, das sie wie ein Dieb in der Nacht überfallen hatte, erklärt sich die nervöse Aufgeregtheit und überreizte Munterkeit eines von Hannover aus an die Stiefmutter gerichteten Briefes[73], in dem sie erklärt, dass sie sich in den jungen Cellisten Müller in Braunschweig verliebt habe. Sie w o l l t e vergessen.

Im April trafen Wiecks wieder in Leipzig ein. Einer der ersten Besucher war Schumann.

Wie deutlich besinne ich mich noch", schrieb Clara nachmals[74], „auf den ersten Nachmittag nach unserer Zurückkunft von Hamburg, wo Du in das Zimmer tratest und mich kaum flüchtig grüßtest; da ging ich zur Auguste, die damals bei uns war, und sagte unter Tränen: Ach, ich liebe doch keinen so wie Den, und er hat mich nicht einmal angesehen!"

Aber sie täuschte sich; mochte der Gruß auch flüchtig gewesen sein, der Eindruck, den ihr verändertes Wesen auf ihn machte, war es nicht.

---

72 Wieck liebte die Preußen überhaupt nicht. „Gott, was ist schrecklicher", schreibt er einmal im Tagebuch, „als ein mittelmäßiger Künstler und noch dazu aus Preußen!"

73 Abgedruckt bei Kohut, a.a.O., S. 337, mit falscher Jahreszahl 1836 statt 1833.

74 Brief an Schumann vom 13. Januar 1839 aus Nürnberg.

„Ich weiß noch", schrieb auch er später[75], „wie ich Dich das erste Mal
Nachmittag 12 Uhr sah; Du schienst mir höher, fremdartiger, – Du
warst kein Kind mehr, mit dem ich hätte spielen und lachen mögen –
Du sprachst so verständig und in Deinen Augen sah ich einen heimlich tiefen Strahl von Liebe. Was nun geworden ist, weißt Du", fährt er
fort, „Ernestinen löste ich von mir los und musste es."

Diese Äußerung findet sich in einem in mehr als einer Beziehung für
Schumanns Beurteilung bedeutungsvollen und merkwürdigen Briefe
aus dem Jahre 1838, in dem er sich selbst und der Geliebten mit herber
Ehrlichkeit Rechenschaft zu geben sucht über jene seelischen Vorgänge,
mit deren äußeren Erscheinungsformen wir durch das auf den letzten
Seiten Berichtete bekannt geworden sind, für deren innere Erklärung
aber, wenigstens was Schumanns Verhalten betrifft, einstweilen noch
der Schlüssel fehlte. Als „einen Schlüssel zu allen meinen Handlungen,
zu meinem ganzen sonderbaren Wesen" hat er selbst diese Beichte, die
er der Geliebten ablegte, bezeichnet. Daher ist an diesem Wendepunkt,
wo wir ihn aus dem Banne des Sommernachtstraumes sich frei machen
und sich selbst wiedergegeben sehen, wohl am füglichsten der Platz,
dies Dokument einzuschalten, das nach rückwärts und vorwärts neues
Licht verbreitet. Er selbst schickte ihm als eine Art Motto Worte voran,
die er „treulich am Schluss eines trefflichen Buches gelesen: Ein Tor ist,
wer sich auf sein Herz verlässt, aber richtet nicht."

„Leipzig, den 11. Februar 1838.

*Mein holdes, geliebtes Mädchen, nun setze Dich zu mir, lege Deinen
Kopf ein wenig auf die rechte Seite, wo Du so lieb aussiehst, und lasse Dir
manches erzählen.*

*So glücklich bin ich seit einiger Zeit, wie fast nie vorher. Es muss Dir ein
schönes Bewusstsein [sein], einen Menschen, den Jahre lang die fürch-
terlichsten Gedanken zernagt, der mit einer Meisterschaft die schwarzen Seiten aller Dinge herauszufinden wusste, vor der er jetzt selbst
erschrickt, der das Leben wie einen Heller hätte wegwerfen mögen, dass
Du diesen dem hellen frohen Tag wiedergegeben hast. Mein Innerstes will*

---

75   Brief an Clara vom 11. Februar 1838.

ich Dir offenbaren, wie ich es noch niemandem gezeigt habe. Du musst
alles wissen, Du mein Liebstes neben Gott.

Mein eigentliches Leben fängt erst da an, wo ich über mich und mein
Talent klar geworden, mich für die Kunst entschieden, meinen Kräften
eine wirkliche Richtung gegeben hatte. Also vom Jahre 1830 an. Du
warst damals ein kleines eignes Mädchen mit einem Trotzkopf, einem
Paar schöner Augen, und Kirschen waren Dein Höchstes. Sonst hatte ich
niemanden als meine Rosalie[76]. *Ein paar Jahre vergingen. Schon damals*
um 1833 fing sich ein Trübsinn einzustellen an, von dem ich mich wohl
hütete mir Rechenschaft abzulegen; es waren die Täuschungen, die jeder
Künstler an sich erfährt, wenn nicht alles so schnell geht, wie er sich's
träumte. Anerkennung fand ich nur wenig; dazu kam der Verlust meiner
rechten Hand zum Spielen[77]. *Zwischen allen diesen dunkeln Gedanken*
und Bildern hüpfte mir nun und allein Deines entgegen: Du bist es, ohne
es zu wollen und zu wissen, die mich sogar eigentlich schon seit langen
Jahren von allem Umgang mit weiblichen Wesen abgehalten. Wohl däm-
merte mir schon damals der Gedanke auf, ob denn Du vielleicht gar mein
Weib werden könntest: aber es lag noch alles in zu weiter Zukunft; wie
dem sei, ich liebte Dich von jeher so herzlich, wie es unser Alter mit sich
brachte. Viel anderer Natur war die Liebe zu meiner unvergesslichen
Rosalie; wir waren gleichaltrig: sie war mir mehr als Schwester, aber
von einer Liebe konnte nicht die Rede sein. Sie sorgte für mich, sprach
stets zu meinem Besten, munterte mich auf, kurz, hielt große Stücke auf
mich. Und so ruhten denn meine Gedanken am liebsten auch auf ihrem
Bilde aus. Dies war im Sommer 1833. Dennoch fühlte ich mich nur sel-
ten glücklich; es fehlte mir etwas; die Melancholie, durch den Tod eines
lieben Bruders noch mehr über mich herrschend, nahm auch noch immer
zu. Und so sah es in meinem Herzen aus, als ich den Tod von Rosalien
erfuhr. – Nur wenige Worte hierüber, – – in der Nacht vom 17ten zum
18ten Oktober 1833 kam mir auf einmal der fürchterlichste Gedanke,
den je ein Mensch haben kann, – der fürchterlichste, mit dem der Him-
mel strafen kann – der, ,den Verstand zu verlieren' – er bemächtigte sich
meiner aber mit so einer Heftigkeit das; aller Trost, alles Gebet wie Hohn
und Spott dagegen verstummte. –

---

76   Frau von Schumanns Bruder Karl.

77   Infolge von Lähmung des Mittelfingers.

Diese Angst aber trieb mich von Ort zu Ort – der Atem verging mir beim Gedanken, „wenn es [? unleserlich] würde, dass du nicht mehr denken könntest" – Clara, der kennt keine Leiden, keine Krankheit, keine Verzweiflung, der einmal so vernichtet war – damals lief ich denn auch in einer ewigen fürchterlichen Aufregung zu einem Arzt – sagte ihm alles, dass mir die Sinne oft vergingen, dass ich nicht wüsste, wohin vor Angst, ja dass ich nicht dafür einstehen könnte, dass ich in so einem Zustand der äußersten Hülflosigkeit Hand an mein Leben lege. Entsetze Dich nicht, mein Engel Du vom Himmel; aber höre nun, der Arzt tröstete mich liebreich und sagte endlich lächelnd, „Medizin hülfe hier nichts; suchen Sie sich eine Frau, die kuriert Sie gleich." Es wurde mir leichter; ich dachte, das ginge wohl; Du kümmertest Dich dazumal wenig um mich, warst auch aufs dem Scheidewege vom Kind zum Mädchen – Da nun kam Ernestine – ein Mädchen, so gut, wie die Welt je eines getragen – Die, dachte ich, ist es; die wird dich retten. Ich wollte mich mit aller Gewalt an ein weibliches Wesen anklammern. Es wurde mir auch wohler – sie liebte mich, das sah ich – Du weißt alles – die Trennung, dass wir uns geschrieben haben, uns Du genannt usw. Es war im Winter 1834. Als sie nun aber fort war, und ich zu sinnen anfing, wie das wohl enden könne, als ich ihre Armut erfuhr, ich selbst, so fleißig ich auch war, nur wenig vor mir brachte, so fing es mich an wie Fesseln zu drücken – ich sah kein Ziel, keine Hülfe – noch dazu hörte ich von unglücklichen Familienverwicklungen, in denen Ernestine stand und was ich ihr allerdings übelnahm, dass sie mir es so lange verschwiegen hatte. Dies alles zusammengenommen – verdammt mich – ich muss es gestehen, ich wurde kälter; meine Künstlerlaufbahn schien mir verrückt; das Bild, an das ich mich zu retten klammerte, verfolgte mich nun in meine Träume wie ein Gespenst; ich sollte fürs tägliche Brot wie ein Handwerker nun arbeiten; Ernestine konnte sich nichts verdienen; ich sprach noch mit meiner Mutter darüber und wir kamen überein, dass dies nach vielen Sorgen nur wieder zu neuen führen würde."

Noch eine Äußerung aus späterer Zeit mag hier angereiht sein, die erst in diesem Zusammenhang in ihrer inneren Wahrhaftigkeit überzeugend ausleuchtet: „Du bist meine älteste Liebe. Ernestine musste kommen, damit wir vereint würden."

82

Noch aber war es bis zu diesem Ziel ein weiter Weg, und auf diesem das einstweilen noch ungelöste Verhältnis zu Ernestinen, wie sich bald zeigen sollte, das am leichtesten zu überwindende Hemmnis. Zu einer Aussprache über die Vergangenheit und Zukunft kam es zunächst zwischen Clara und Schumann nicht; erstere musste ja Schumann noch für gebunden halten, wenn auch sein sichtlich neu erwachtes Interesse an ihr sie beglückte, und Schumann, durch die bitteren Erfahrungen des vergangenen Jahres gewitzigt, wagte nicht, die Stimme in feinem Innern zu deuten, die neues, höheres Lebensglück verhieß. „Schon im August", berichtet er nachmals[78] Clara, „schrieb ich ihr: meine Empfindung für Dich war indes damals eine unnennbar gemischte; ich wollte mich überreden, ich liebte Dich allein wie eine Freundin – dann als Künstlerin – was hab ich damals gelitten in meinem Herzen: ich zweifelte, ob es gut und echt sein könne, weil es sich binnen einem Jahr von einem andern abgewendet hatte."

Das „tägliche Beisammensein mit Clara", das er für diesen Sommer im Leipziger Lebensbuch hervorhebt, erfuhr Ende Juli eine Unterbrechung durch eine Konzertreise Claras nach Halle und im August durch einen Besuch Schumanns in Zwickau. Gerade diese Trennungen aber waren es wohl, die vor allen Dingen bei Schumann den Glauben an die Echtheit und Dauer seiner Gefühle für Clara und die Überzeugung von der Notwendigkeit einer endgültigen Lösung mit Ernestine festigten.

Von Zwickau aus schrieb er am 28. August jenen Brief, der beginnend: „Mitten unter all den Herbstfesten und sonstigen Freudenhimmeln guckt immer ein Engelskopf hindurch, der dem einer mir sehr wohl bekannten Clara aufs Haar gleicht" und schließend mit den Worten: „Sie wissen, wie lieb ich Sie habe"[79] mühsam verhaltene Leidenschaft ziemlich deutlich verrät.

Claras übermütige Antwort verrät nicht minder deutlich ihre freudige Überraschung.

---

78 In dem Briefe vom 11. Februar 1838. Diese Stelle ist Anlass zu dem Missverständnis geworden, dass Schumann schon im August seine Beziehungen zu Ernestine gelöst habe, das in den Jugendbriefen S. 256 in der Fußnote zum Ausdruck kommt.

79 Abgedruckt in den Jugendbriefen, S. 266. Der Eingang fast wörtlich benutzt für den Anfang des ersten Schwärmbriefs. Ges. Schriften I, S. 159.

„Leipzig, am 1. September 1835.

Eben wand ich mich wie ein Wurm durch Ihre Sonate[80] welche zwei Herren ans Hannover gern hören wollten, als ein Brief an mich kam, und woher, dachte ich? Da las ich Zwickau. Sehr überrascht war ich, denn als Sie hier weggingen, gaben Sie mir nicht viel Hoffnung zu solch einem Brief. Zwei Stunden lang hab ich ihn studiert, und doch sind noch einige trotzige Wörter da, welche durchaus nicht in meinen Kopf wollen.

Wie es mir ergangen ist, wussten Sie doch nicht[81], denn das Rosenthal ist ganz in Verfall gekommen, da ich, seitdem Sie weg sind, sehr wenig hinausgekommen bin. Die Ursache davon ist mein großer Fleiß. Sie werden lächeln, doch es ist wahr. 1. Habe ich meine Partitur beendigt; 2. die Stimmen alle selbst ausgeschrieben, und das in zwei Tagen; 3. schrieb ich die Variationen in F von mir zum Druck ins Reine, sowie auch meinen Danse de Fantomes (Doppelgängerchor) und Une nuit de Sabbat (Hexenchor). Das Konzert habe ich angefangen zu instrumentieren, abgeschrieben hab' ich es aber noch nicht. Das Tutti habe ich ein wenig geändert.

Sie haben eine sehr schöne Himmelskarte ausgebreitet, doch beneide ich Sie nicht darum denn nächstens würde dieser Neid am Ende auch auf Sie übergehen, da ich auch eine vielversprechende im Hintergrund habe: 1. kommt Moscheles und bleibt einige Tage hier, gibt auch vielleicht Konzert; 2. ist Mendelssohn gestern hier angekommen und 3., raten Sie, kommt, O Freude! Ihr Ideal – Franzilla Pixis[82]! Nun, zieht das nicht?

---

80 Grande sonate pour le Pianoforte, Nr.1, Op. 11, in Fis-Moll. Clara zugeeignet von Florestan und Eusebius. – Schon im Jahre 1831 führt Schumann in einem Artikel über Chopin Florestan, Eusebius und Raro redend ein und 1833 lässt er sie im „Komet" als D a v i d s - b ü n d l e r austreten. Tatsächlich existierten sie nur in dem Kopfe Schumanns. Durch die Scheidung seiner Person in diese drei Fantasiegestalten schuf er sich als Kritiker den Vorteil, verschiedene Ansichten und Anschauungen über Kunst und Künstler und ein und dasselbe Werk zum Ausdruck zu bringen. (G. Jansens Schrift „Die Davidsbündler".)

81 Schumann hatte a.a.O. geschrieben: „Wie es Ihnen ergangen sein mag, ich weiß es nicht, aber ich weiß es: – Früh Rosenthal, Nachmittag Rosenthal, abends Kintschy. Wie würden Sie uns beneiden, ... wenn wir unsere Himmelskarten dagegen ausbreiteten: Früh auf einem Berge im Sonnenblau gebadet, nachmittags in einem Tale geschlafen, abends Berg auf, Berg ab geflogen", usw.

82 Franzilla Pixis-Göhringer, Adoptivtochter von P. Pixis, später Opernsängerin in München.

Beide Grazien, welche Sie mir mit so viel Poesie geschildert, lass ich herzlich grüßen, besonders Therese. Sie trugen mir Grüße an Ihre aus- erwählten Untertanen auf[83], doch ausrichten konnt' ich sie nicht, da sie, wie es getreue Untertanen zu tun pflegen, mit ihrem Beherrscher gegan- gen sind, um mit ihm Freud und Leid zu teilen. Dem Beherrscher, wel- chen Sie wohl kennen werden, schicke ich durch Sie viele Grüße von mir, sowie auch von der Davidsbündlerschen Florestanschen Sonate, welche sich sehr darauf freut, noch am Ende ihrer Zaubertöne einige Erleichte- rung, „anstatt Fis-Dur H-Moll", zu erhalten.

Ihre Clara Wieck.

Ihre Mutter bitte ich vielmals von uns allen zu grüßen"

Schumann kehrte einige Tage hierauf wieder nach Leipzig zurück. Aus Claras Schreiben erfuhren wir schon, dass Mendelssohn inzwischen eingetroffen war, um seine Stelle als Direktor der Gewandhauskon- zerte anzutreten. Sie hatte ihm bereits Schumanns Fis-Moll-Sonate vorspielen müssen. Rasch entwickelte sich nun zwischen den beiden fast gleichaltrigen Musikern ein inniges Freundschaftsverhältnis, das besonders von Schumann hochgehalten und mit rührender Anhäng- lichkeit gepflegt wurde.

Als der 13. September die jungen Freunde des Wieckschen Hauses zur Frist von Claras 16. Geburtstag an seinem Tische vereinigte, durfte selbverständlich Mendelssohn nicht dabei fehlen.

Clara hatte von den „Davidsbündlern"[84] eine goldene Uhr zum Geschenk erhalten, Ortlepp lieferte ein schwungvolles Gedicht, der Champagner floss und Clara verstieg sich sogar zum Versuch einer Tisch- und Dankrede, bewährte sich aber nach aufgehobener Tafel besser in ihrer gewohnten Vortragskunst. Sie spielte mit Mendelssohn zusammen sein Capriccio für zwei Instrumente, trug sodann auswen- dig die Cis-Dur-Fuge von Bach und auf Mendelssohns besonderes Verlangen das Scherzo aus Schumanns Fis-Moll-Sonate vor. Von Herz etwas anzuhören weigerte er sich mit Nachdruck, spielte dagegen

---

83   Die Davidsbündler.

84   Unter diesem Namen wurden allmählich Schumanns nächste Freunde, und besonders die
      Mitarbeiter an seiner Zeitschrift zusammengefasst.

selbst eine Bachsche Fuge und einiges andere, wobei er mit großem Geschick die Spielweise Liszts und Chopins imitierte. Beim Abschied schenkte er Clara sein Capriccio[85].

Bald darauf berührte Chopin auf der Heimreise Leipzig. Er kam von Karlsbad, wohin er gefahren war, um seine Eltern zu sehen. Da er nur einen Tag blieb und Clara nicht zu Hause traf, wartete er eine volle Stunde bis zu ihrer Rückkehr, um sie zu begrüßen und spielen zu hören. Sie trug ihm Schumanns Fis-Moll-Sonate, den letzten Satz aus seinem eigenen Konzert und zwei seiner Etüden vor. Er überschüttete sie mit Lobsprüchen und lieh seinem Danke durch die Überreichung eines seiner neuesten Werke Ausdruck. Auf Claras Bitten trug auch er ihr etwas, und zwar eines seiner Notturni vor, mit dem feinsten Pianissimo, aber nach ihrem Urteil mit allzu großer Willkür. Er war schon so tief leidend und schwächlich, dass er ein Forte nur durch krampfhafte Bewegung des ganzen Körpers hervorbringen konnte. Seinem Wesen nach erschien er Clara durch und durch als galanter Franzose. Beim Scheiden sprach er die Hoffnung und Absicht aus, im nächsten Winter wiederzukommen. Selbstverständlich lernten sich bei dieser Gelegenheit auch Schumann und Chopin persönlich kennen[86].

Inzwischen rückte der Tag heran, an dem sich das Schicksal ihres eigenen großen Konzertwerkes mit Orchester entscheiden sollte. Am 9. November bestand es im Gewandhaus zum ersten Mal die Probe vor der Öffentlichkeit. Außer diesem spielte sie ein Capriccio brillant[87] von Mendelssohn mit Orchester, Variationen von Herz über den Griechenchor aus der Belagerung von Korinth und zum Schluss mit Mendelssohn und Rackemann aus Bremen zusammen das Konzert für drei Klaviere von Bach. Schon vier Tage vor dem Konzert brachte das Leipziger Tageblatt einen zweifellos aus Schumanns Feder

---

85 Op. 5 in Fis-Moll.

86 Der erste von den vier Schwärmbriefen enthält in der Neuen Zeitschrift für Musik 1835 Nr. 32 vom 20. Oktober (S.127, vgl. Ges. Schriften I, S. 162 Anm.) am Schluss den Nachsatz: „Chopin war hier. Florestan stürzte zu ihm. Ich sah sie Arm in Arm mehr schweben als gehen." Eusebius.

87 In H-Moll. „Denke Dir, Fanny", schrieb Mendelssohn am 13. Nov., „bei Wiecks Konzert hörte ich meinem H-Moll-Capriccio zum ersten Male zu (Clara spielte es, wie ein Teufelchen) und es hat mir sehr gut gefallen." Hensel, Die Familie Mendelssohn, I, S. 421.

stammenden Aufsatz[88], in dem das Publikum auf das Ungewöhnliche der Genüsse, die seiner harrten, hingewiesen wurde: zunächst auf die „junge Meisterin" selbst, die „zu den Wenigen gehört, welchen jene höhere Sprache der Kunst angeboren ist", dann auf ihr Werk, „das uns den Blick in ihre tiefste Seele erschließt". Von dem Konzerte Bachs aber, der damit zum ersten Male im Gewandhaus erschien, hieß es: „Es muss den Bewohnern Leipzigs eine interessante und merkwürdige Erscheinung sein, wenn der Geist ihres ehemaligen Mitbürgers, des alten Bach, in seiner ganzen tiefernsten, gutmütig-kapriziösen, sauertöpfischen Liebenswürdigkeit einmal in ihre Mitte tritt, grüßend, mahnend und wie in derbem Ton fragend: „Wie steht es jetzt in Eurer Kunstwelt? Seht, das war ich!"

Die Klavierspielerin fand eine geradezu enthusiastische Aufnahme. Dagegen blieb der Erfolg der eigenen Komposition, so freundlich er war, und obwohl der „Komet" sie als „in durchaus großartigem Stil geschrieben" bezeichnete, den Wechsel der zartesten gesangreichsten Melodien mit den feurigsten, fantastischsten Passagen und die poetische Einheit, die das Ganze beherrsche, rühmte, doch wohl ein wenig hinter den Erwartungen zurück.

Im vierten seiner „Schwärmbriefe an Chiara"[89] aber fasste Schumann als Eusebius die Eindrücke von Zilias [Claras) Konzert fragmentarisch-ekstatisch und doch zugleich kritisch in die Worte:

„... Das erste, was wir hörten, flog wie ein junger Phönix vor uns auf, der nach oben flatterte. Weiße sehnende Rosen und perlende Lilienkelche neigten hinüber, und drüben nickten Orangenblüten und Myrten und dazwischen streckten Erlen und Trauerweiden ihre melancholischen Schatten aus: mitten drin aber wogte ein strahlendes Mädchenantlitz und suchte sich Blumen zum Kranz. Ich sah oft Kähne kühn über den Wellen schweben, und nur ein Meistergriff am Steuer, ein straff gezogenes Segel fehlte, dass sie so siegend und schnell als sicher die Wogen durchschnitten: so hört' ich hier Gedanken, die oft nicht die rechten Dolmetscher gewählt hatten, um in ihrer ganzen

---

88   Leipziger Tageblatt vom 5. Nov. 1835, von Jansen sicher mit Recht in die Gesammelten
       Schriften aufgenommen. Vgl. a.a.O., I,S. 157f. u. 335.

89   Neue Zeitschrift für Musik vom 8. Dezember 1835, Nr. 46 (III, S. 182. Vgl. Ges. Schriften
       I, S.168.

Schöne zu glänzen, aber der feurige Geist, der sie trieb, und die Sehnsucht, die sie steuerte, strömte sie endlich sicher zum Ziel. Nun zog ein junger Sarazenenheld heran wie eine Oriflamme, mit Lanze und Schwert und tournierte, dass es eine Lust war, und zuletzt hüpfte ein französischer Elegant herbei und die Herzen hingen an …"

Am 20. Oktober war der erste der vier von Eusebius an „Chiara" gerichteten „Schwärmbriefe" in der Neuen Zeitschrift für Musik[90] erschienen, der bedeutungsvoll mit den Worten schloss: „Für heute genug. Vergiss nicht, manchmal auf dem Kalender den 13. August nachzusehen, wo eine Aurora Deinen Namen mit meinem verbindet."[91] –

In eben diesen Wochen und Tagen kam es auch zu einer Aussprache zwischen Clara und Schumann. Im Leipziger Lebensbuch findet sich hinter Chopins Namen die Eintragung „Claras Augen und ihre Liebe" und dann „Der erste Kuss im November". Die wachsende Leidenschaft trug schließlich den Sieg über ihn davon, und obwohl er seine Beziehungen zu Ernestine noch nicht gelöst hatte, gestand er eines Abends[92], als Clara ihm die Treppe ihres elterlichen Hauses hinableuchtete, ihr seine Liebe und erlangte von der Überraschten – „als Du mir den ersten Kuss gabst", schrieb sie nachmals, „da glaubt' ich mich einer Ohnmacht nahe, vor meinen Augen wurde es schwarz, das Licht, das Dir leuchten sollte, hielt ich kaum" – das Gegenbekenntnis; freilich nur um den Preis einer kleinen Täuschung, indem er ihr, die natürlich über Ernestine beruhigt sein wollte, sagte, jene sei bereits mit einem anderen wieder verlobt.

Bedeutungsvoll wurde vor allem ein Zusammensein in Zwickau im Dezember. Am 26. November war Clara zu einer kleinen Konzertreise nach Zwickau, Plauen, Glauchau und Chemnitz gereist. Am 4.

---

90   Neue Zeitschrift für Musik, III, Nr. 32, S. 126ff.

91   Die drei aufeinanderfolgenden Tage Clara, Aurora, Eusebius. Ein merkwürdiger Zufall fügte es, dass dieser 13. August nachmals wirklich für Schumann und Clara bedeutungsvoll wurde! Vgl. unten S. 109f. In Schumanns Exemplar der Zeitschrift steht von seiner Hand dazu mit Bleistift am Rande der Vermerk: „Welche wunderbare Ahnung".

92   In seinen während der Zeit des Brautstandes für Clara gemachten Aufzeichnungen seines „Bräutigamsbuches" hat Schumann auch die „Schweren Abschiede" verzeichnet, und als ersten „Im November 1835 nach dem ersten Kuss auf der Treppe im Wieck'schen Haus, als Clara nach Zwickau reiste". Danach scheint es fast, als ob die Erklärung am Vorabend der Zwickauer Reise, also am 25. November, erfolgt sei.

Dezember traf Schumann in seiner Vaterstadt mit Wiecks zusammen. Am 6. Dezember fand das Konzert statt. Das Tagebuch enthält nichts darüber, wie sie an jenem Abend spielte. Drei Jahre später schreibt Schumann: „Morgen werdens drei Jahre, dass ich Dich in Zwickau des Abends küsste. Ich vergess es nie, dieses Küssen. Du warst gar zu hold an jenem Abend. Und dann konntest Du mich im Konzert gar nicht ansehen, Du Clara, Du in Deinem blauen Kleide. Noch wie heute weiß ich es."

Das Leipziger Lebensbuch meldet zu diesen Tagen: „Vereinigung. Von der Mutter Abschied genommen. Mit Ernestine gebrochen." Es ist wohl anzunehmen, dass nicht nur Claras Liebe, sondern auch die Aussprache mit der geliebten Mutter, die er zum letzten Mal lebend sehen sollte, in ihm die Kraft zu dem Entschluss geweckt haben, Ernestine ihr Wort zurückzugeben und offen und ehrlich eine Verbindung zu lösen, bei der das Herz nicht mehr mitsprach. Doch scheint nach Ernestinens und seinen eigenen späteren Äußerungen die endgültige Trennung erst im Januar des folgenden Jahres erfolgt zu sein. Die Art, wie jene Schumann freigab, macht übrigens ihrem Herzen und ihrem Charakter nur Ehre. „Ich fühle wohl und kann es mir nicht verbergen", schrieb Schumann drei Jahre später (23. Oktober 1838) aus Wien an Clara, „dass hier ein Unrecht geschehen ist, aber das Unglück wäre größer und ungeheuer gewesen, wenn es zu einer Verbindung zwischen ihr und mir einmal gekommen wäre. Früher oder später wäre meine alte Liebe und Anhänglichkeit an Dich doch wieder erwacht und dann welcher Jammer; wir wären alle drei auf das Entsetzlichste unglücklich geworden. So ist sie denn das Opfer der Verhältnisse und ich verschweige mir meine Schuld daran keineswegs. Aber, Clara, was wir noch gut machen können, wollen wir tun. Ernestine ... weiß recht gut, dass sie Dich erst aus meinem Herzen verdrängt hat, das Dich liebte, ehe ich Ernestine kannte ... E. schrieb mir oft: „Ich glaubte immer, dass Du nur Clara lieben könntest und glaube es auch noch" – sie hat heller gesehen als ich."

Einen wirklichen Dienst aber erwies sie den Liebenden drei Jahre später[93], als Claras Vater ihr Verlöbnis mit Schumann gegen diesen

---

93   Vgl. Ernestinens Brief an Wieck vom 3. Oktober 1838, abgedruckt bei Kohut, Fr. Wieck, S. 104f., mit falscher Datierung 1836. Dass der Brief aus dem Jahre 1838 stammt, geht nicht

ausspielen wollte, und sie ohne das geringste Besinnen durch ihr völliges Ableugnen anderer als freundschaftlich-musikalischer Beziehungen Wieck diese Waffe, von deren Wirkung er sich viel versprach, entwand. Ein freundschaftliches Verhältnis blieb auch in der Folge, namentlich nach einer mündlichen Aussprache zwischen Schumann und Ernestine in Leipzig bestehen. Schumann und Clara nahmen an den weiteren Schicksalen Ernestinens herzlichen Anteil. Mit besonderer Freude begrüßten beide ihre im November 1838 erfolgte Vermählung. In der Blütezeit seiner Liebe für sie hatte Schumann ihr ein Allegro, Op. 8, gewidmet und durch den Carnaval[94], auf die Buchstaben ihres Geburtsortes ASCH geschrieben, ihr noch eine besonders zarte Huldigung dargebracht. Ein öffentliches Zeichen dauernder freundschaftlicher Gesinnung widmete er ihr, der nach kurzer Zeit Witwe geworden, 1841 in dem ihr zugeschriebenen Liederheft, Op. 31.

nur aus der Anspielung auf ihre bevorstehende anderweitige Vermählung, sondern auch aus den Briefen Claras und Schumanns aus dem Anfang Oktober 1838 hervor. Allerdings lag eine derartige Ableugnung auch in ihrem eigenen Interesse mit Rücksicht auf ihre bevorstehende Vermählung

94   *Carnaval. Scènes mignonnes sur 4 Notes* Op. 9.

Drittes Kapitel

VERLIEREN – SICH FINDEN

1836. 1837

Unter glücklichen Vorzeichen hatte das Jahr 1835 geschlossen. Nach ihrer Rückkehr nach Leipzig verzeichnet Schumanns Lebensbuch „Selige Stunden in ihren Armen des Abends in Wieck's Hause" Doch sollten eben diese Stunden ihnen zum Verhängnis werden. Schumann betrachtete merkwürdigerweise die Situation sehr optimistisch. Das Einzige, was ihn abhielt, Wieck offen mit einer Erklärung seiner Liebe für Clara hervorzutreten, war offenbar nur der Umstand, dass die endgültige offizielle Lösung seiner Beziehungen zu Ernestine noch nicht erfolgt war. An Wiecks Einwilligung zweifelte er nicht einen Augenblick, und auch andere teilten diese Meinung. „Von einem Irrtum muss ich Dir sagen", schreibt er an Clara später, im Frühling 1838[95], „den freilich auch viele andere und wohl auch Du selbst mit mir geteilt, dass mich nämlich Dein Vater schon vor vielen Jahren als Mann für Dich erziehen wollen und ausgelesen. Vielleicht hat er nie daran gedacht. Aber er zog mich so vor allen vor, ließ uns namentlich im Sommer 1835, wo er noch viel hätte verhindern können und wo er die in uns immer wachsende Liebe merken musste, so lange gewähren, dass ich es auch da noch glaubte."

Freilich war das ein Irrtum, Wiecks Pläne gingen in ganz anderer Richtung, und wenn er bisher, Schumann gebunden glaubend, kein Arg in dem herzlichen Verkehr der beiden gefunden, so scheuchte ihn jetzt Claras und auch wohl Schumanns verändertes Wesen aus seiner Ruhe auf, und schnell entschlossen wandte er zum zweiten Mal das früher schon erprobte Mittel einer Trennung an. Am 14. Januar schickte er Clara abermals zu längerem Aufenthalt nach Dresden, das aber nur als die erste Etappe einer größeren Kunstreise gedacht war.

---

95   In dem langen Briefe an Clara vom 14. April bis 25. April 1838.

Allerdings fand Clara hier im Freundeskreise der Kastels, Reißigers, Krägens, bei Hofe, in der großen Geselligkeit bei Festen im Hause des Intendanten v. Lüttichau, des Grafen Baudissin u.a., im Theater, wo Sabine Heinefetter gastierte, mancherlei Zerstreuung und Unterhaltung. Und auch die beiden Konzerte, die sie Ende Januar und Mitte Februar unter enthusiastischem Beifall gab – „es war drückend voll ... das Publikum hat sich die Hände wund geklatscht", schreibt über das zweite Lyser an Schumann – mochten wohl geeignet erscheinen, ihre Aufmerksamkeit und Interesse ganz in Anspruch zu nehmen. Aber all diese Erlebnisse waren doch von verschwindender Bedeutung im Verhältnis zu Vorgängen, die sich gleichzeitig in ihr und um sie abspielten.

Bezeichnend für die große seelische Erregung, in der sie sich befand, ist, dass vor dem ersten Konzert am 30. Januar „Clara von Gottesgnaden", wie Wieck in sein Tagebuch schrieb, zum ersten Mal Angst hatte und „einige musikalische Tränen" vergoss, an denen aber vielleicht mehr die Sorge der Liebenden als der Künstlerin Anteil hatten. Wenn auch wahrscheinlich ein offener Bruch zwischen ihrem Vater und Schumann noch nicht erfolgt war, so hatte dieser doch offenbar schon seine Missbilligung ihrer Neigung ausgesprochen und eine Fortsetzung ihres vertraulichen Verkehrs in Briefen untersagt. Darauf lässt schließen die als „Nachtrag" zu den Aufzeichnungen vom Januar gegebene Eintragung Claras in ihr Tagebuch: „Den 21. erhielt ich von Schumann seine neuesten Paganini-Etüden nebst ein paar Worten. Ich freute mich sehr über seine Aufmerksamkeit".

Gleichwohl aber müssen beide Gelegenheit gefunden haben, hinter Wiecks Rücken sich Nachricht zu geben. Am 4. Februar starb Schumanns Mutter, ein schwerer, unersetzlicher Verlust für ihn, aber auch für Clara, die diesen Schlag nicht nur im Augenblick in der Seele des Geliebten mit empfand, sondern die dadurch auch für die Zukunft einer treuen mütterlichen Beraterin, deren sie mehr als je bedurfte, beraubt wurde. Schumann scheint merkwürdigerweise nicht sofort nach Zwickau zur Bestattung gefahren zu sein – vielleicht durch Redaktionsgeschäfte gefesselt. Wohl aber benutzte er zwischen dem 7. und 11. Februar eine vorübergehende Abwesenheit Wiecks von Dresden, von der ihn Clara benachrichtigt haben muss, um mit seinem Freunde und Stubengenossen Ulex nach Dresden zu fahren, um Clara ungestört zu sehen und zu sprechen, wobei Claras Freundin Sophie Kastel, wie es scheint, behülflich war. Beide Liebende erneuten in diesen schweren Stunden der Trauer und der Herzensbedrängnis den Treueschwur, nicht voneinander zu lassen, was auch kommen möge. „Heute vor zwei Jahren", schrieb Schumann am 11. Februar 1838 an Clara, „nahm ich Abschied in Dresden von Dir: ‚bleib mir treu', sagte ich – Du neigtest wehmütig ein wenig mit dem Kopf und Du hast Dein Wort gehalten."[96] Ein Nachklang dieser Augenblicke ist der am 13. Februar von Zwickau aus an Clara gerichtete Brief[97], der einzige, der sich von den in dieser Zeit gewechselten erhalten hat, in dem das Glücksgefühl des Liebenden und Geliebten doch alle Trauer mächtig übertönt.

„Auf der Zwickauer Post abends nach 10 Uhr.
13. Februar 36.

Der Schlaf stand mir in den Augen. Schon seit zwei Stunden warte ich auf die Eilpost. Die Wege sind so zerstört, dass ich vielleicht erst um 2 Uhr fortkomme. – Wie Du vor mir stehst, meine geliebte, geliebte Clara, ach so nah dünkt es mir, als ob ich Dich fassen könnte. Sonst konnte ich alles zierlich in Worte bringen, wie stark ich jemanden zugetan; jetzt kann ich's nicht mehr. Und wüsstest Du's nicht, so würde ich Dir es nicht sagen können. Liebe Du mich nur auch recht, hörst Du, – ich verlange viel, denn ich gebe viel.

Mein heutiger Tag war von mancherlei bewegt – ein offnes Testament meiner Mutter, Erzählungen von ihrem Sterben. Hinter allem Dunkeln steht aber immer Dein blühend Bild und ich trag alles leichter.

Auch darf ich Dir wohl sagen, dass meine Zukunft jetzt um vieles sicherer steht. Zwar darf ich nicht die Hände in den Schoß legen und muss noch viel schaffen, um das zu erringen, was Du kennst, wenn Du zufällig an dem Spiegel vorbeigehst – indes wirst auch Du eine Künstlerin bleiben wollen und keine Gräfin Rossi, d.h. Du wirst mittragen, mitarbeiten, Freud und Leid mit mir teilen wollen. Schreibe mir darüber.

---

96   Im Bräutigamsbuch (s. oben) ist dies der dritte „schwere Abschied": „Im Februar 1837 (verschrieben statt 1836) Abschied an der Post in Dresden. Clara im roten Hütchen. Lange Trennung."

97   Zum Teil gedruckt in den Jugendbriefen, S. 267.

In Leipzig wird mein Erstes sein, meine äußern Angelegenheiten in Ordnung zu bringen; mit den innern bin ich im Reinen; vielleicht dass der Vater nicht die Hand zurückzieht, wenn ich ihn um seinen Segen bitte. Freilich gibt es da noch viel zu denken, auszugleichen. Indes vertrau ich auf unsern guten Geist. Wir sind vom Schicksal schon für einander bestimmt; schon lange wusst ich das, aber mein Hoffen war nicht so kühn, Dir es früher zu sagen und von Dir verstanden zu werden.

Was ich Dir heute kurz und abgerissen schreibe, will ich später Dir deutlicher erklären. Am Ende kannst Du mich gar nicht lesen, – nun dann wisse nur, dass ich Dich recht unsäglich liebe.

Es wird dunkel in der Stube. Passagiere schlafen neben mir. Draußen stöberts und schneits. Ich aber will mich recht tief in eine Ecke bergen, mit dem Kopf in das Kissen und nichts denken als Dich. – Lebe wohl, meine Clara.

Den Robert."

Wie trügerisch diese Hoffnungen waren, sollte sich nur zu bald erweisen. Noch hatte der Brief seine Adresse nicht erreicht, als eine Katastrophe über die Liebenden hereinbrach, die auf Jahre hinaus ihre Glücksträume vernichtete.

Unmittelbar nach seiner Rückkehr nach Dresden erfuhr Wieck – durch wen, wissen wir nicht – von Schumanns Anwesenheit und von seinem, durch die Freunde begünstigten Verkehr mit Clara: „NB!" lautet der Eintrag von seiner Hand am 14. Februar im Tagebuch, „Reißigers Charakterlosigkeit. – Seine Frau. – Schumann und Ulex vertraten während meiner Abwesenheit Vaterstelle. – Sophie weiß Clara in guten Händen, nimmt die Boi(?) um und lässt sich an Cl. Platz im Theater nieder. Sophie, die geschwätzige und überaus kluge, macht die verschwiegene und sieht mich nach meiner Rückkehr als einen an, der gar nichts zu wissen braucht. Ja und Nein ziehe ich mit Gewalt aus ihr heraus. – –"

Dieser Zornausbruch gibt nur eine schwache Vorstellung von den Szenen, die sich abspielten, von den Beleidigungen, Anklagen und Drohungen, denen sich Clara wehrlos ausgesetzt sah. In der Tat gelang es dem zornmütigen Manne, sie durch die Drohung, er werde Schumann erschießen, wenn dieser es noch einmal wage, mit ihr in

Verkehr zu treten, völlig einzuschüchtern und sie zur Herausgabe der von Schumann an sie gerichteten Briefe und dem Versprechen, jeden Verkehr mit ihm abzubrechen, zu bewegen[98].

Kurz danach, am 23. Februar verließ Wieck mit Clara Dresden in höchster Entrüstung über schlechte Einnahmen, das „lumpige Publikum" und die „hungrigen Behörden": „Hier spielt man für die Freibillets, für die Unkosten, für die Armen und für die Polizei; nebenbei für die Kunst."

Schumann war von den Vorgängen durch ein in den schroffsten und beleidigendsten Ausdrücken abgefasstes Schreiben Wiecks in Kenntnis gesetzt worden, das jedem gesellschaftlichen geschweige denn freundschaftlichen Verkehr mit dem Wieckschen Hause ein Ende machte. Von der Ratlosigkeit und Verzweiflung, in der er sich ohne jede Nachricht von Claras Gesinnung befand, ist Zeugnis jener merkwürdige Brief[99], den er um diese Zeit nach Breslau richtete, in dem er mit Recht das nächste Reiseziel vermutete. Der Adressat Professor August Kahlert war der Mitarbeiter seiner Zeitschrift, ihm aber sonst persönlich gar nicht bekannt. Trotzdem glaubte er den Versuch machen zu dürfen, durch dessen Vermittelung wieder mit Clara eine Verbindung herzustellen, obwohl er sich sagen musste, dass auch im günstigsten Falle auf diesem Wege wenig zu erreichen war, und auf der andern Seite, wenn der Angesprochene sich des in ihn gesetzten Vertrauens nicht würdig erwies, großer Schaden gestiftet werden konnte. Von Leipzig schrieb er am 1. März an Kahlert:[100]

„Mein verehrtester Herr!

Für heute gebe ich Ihnen nichts Musikalisches zu entziffern und lege Ihnen (um ohne Umstände gleich auf die Sache einzugehen) vor allem die dringende Bitte ans Herz, dass, wenn Sie nicht auf einige Minuten im Leben einen Boten zwischen zwei getrennten Seelen abgeben wollten,

---

98   Die Rückgabe der Briefe an Schumann unter Zurückerbittung der eigenen erfolgte, wie aus einer Notiz in Schumanns Lebensbuch hervorgeht, erst im Juni 1836, mit einem – natürlich von Wieck veranlassten und redigierten – Briefe Claras.

99   Abgedruckt in den Briefen. Neue Folge, herausg. von Jansen. Leipzig 1886. S. 52f.

100   Briefe. Neue Folge. S. 52f.

Sie wenigstens nicht zum Verräter an ihnen werden möchten. Ihr Wort darauf im Voraus!

Clara Wieck liebt und wird wieder geliebt. Sie werden es leicht an ihrem leisen, wie überirdischen Tun und Wesen gewahren. Erlassen Sie mir, vor der Hand, den Namen des Anderen zu nennen. Die Glücklichen handelten jedoch, sahen, sprachen und versprachen sich ohne des Vaters Wissen. Dieser merkt es, will mit Äxten dreinschlagen, untersagt bei Todesstrafe jede Verbindung – nun es ist schon tausendmal dagewesen. Das schlimmste aber war, dass er fortreiste. Von Dresden lauten die letzten Nachrichten Genaues wissen wir aber nicht; ich vermute und bin beinahe überzeugt, dass sie im Augenblick sich in Breslau aufhalten. Wieck wird Sie jedenfalls gleich besuchen und Sie einladen, Clara zu hören. Jetzt meine sehnlichste Bitte, dass Sie mich von Allem, was Clara angeht, ihrer Gemütsstimmung, ihrem Leben, so viel Sie direkt oder indirekt erfahren können, rasch in Kenntnis setzen möchten, sowie dass Sie, was ich Ihnen als teuerstes Geheimnis anvertraut, als solches wahren möchten, und von diesem meinem Briefe weder dem Alten, noch Clara, noch überhaupt jemandem mitteilen. – Spricht Wieck über mich, so wird es vielleicht nicht auf eine für mich schmeichelhafte Weise geschehen. Lassen Sie sich dadurch nicht irre machen. Sie werden ihn kennen lernen, es ist ein Ehrenmann, aber ein Rappelkopf – –

Noch bemerke ich Ihnen, dass es Ihnen ein Leichtes sein wird, sich bei Clara in Gunst und Vertrauen zu setzen, da sie früher von mir, der ich die Liebenden mehr als begünstigte, gehört, dass ich mit Ihnen im Briefwechsel stehe. Sie wird glücklich sein, Sie zu sehen und Sie darauf anzusehen.

Ihre Hand, Unbekannter, in dessen Gesinnung ich so viel Edelmut setze, dass er mich nicht täuschen wird. Schreiben Sie bald. Ein Herz, ein Leben hängt daran, ja mein eignes; denn ich bin's selbst, für den ich bitte.

Robert Schumann.“

„Clara ist in Breslau“, schrieb er tags darauf an seine Schwägerin Therese[101]. „Meine Sterne stehen sonderbar verschoben. Gott führe zu einem glücklichen Ende!“ – Und einen Monat später an dieselbe[102]:

---

101 Briefe. Neue Folge. S. 53.
102 Briefe. Neue Folge. S. 57.

„Über Wiecks und Clara sprechen wir mündlich; ich bin in einer kritischen Lage, aus der mich herauszuziehen Ruhe und klarer Blick fehlt. Doch steht es so, dass ich entweder nie mit ihr mehr sprechen kann oder dass sie ganz mein Eigen wird. Du sollst Alles wissen, wenn du kommst, und wirst mein Bestes fördern."

Am Weihnachtsabend 1835 hatte Schumann Clara weiße Perlen geschenkt und die Stiefmutter hatte dazu gescherzt: „Perlen bedeuten Tränen". Aber das Wort sollte in der Folge nur zu wahr werden. Fest entschlossen, Schumann die Treue zu bewahren, aber eingeschüchtert durch die Drohung des Vaters, ohne jede Möglichkeit, Nachricht an den Geliebten gelangen zu lassen oder von ihm zu erhalten, täglich Ohrenzeugin der stärksten Verunglimpfungen und Verdächtigungen Schumanns, in denen Wieck sich zu ergehen pflegte, dabei durch künstlerische Pflichten stark in Anspruch genommen, und zu alledem den Jahren nach doch fast noch ein Kind, ohne Halt und Aussprache mit Vertrauten, hatte sie eine Probe der Festigkeit und des Charakters zu bestehen, bei der vielleicht manche Andere unterlegen wäre. Von Dresden waren sie über Görlitz nach Breslau gereist, wo sie vom 28. Februar bis zum 3. April sich aufhielten und, trotz Wiecks drastischen Klagen über das „halbe Polen" und Donnern über schlechte Einnahmen, sich großer Erfolge zu erfreuen hatten. Wie es in Claras Innern dabei aussah, verrät das Tagebuch, in dem bald sie, bald der Vater die Feder führen, natürlich nicht. Aber zwischen den Zeilen ist doch mancherlei zu lesen. So wenn Wieck am 8. März schilt, Clara habe „jede Spur von Eitelkeit verloren und sollte bei ihrer Gemütsstimmnng lieber aufhören, Virtuosin zu sein." Und dass ihr Zustand ihm doch Sorge macht, geht ebenfalls aus einem – allerdings wieder fallen gelassenen – Plan hervor, mit Clara von Breslau aus nach Baden-Baden zu gehen und auszuruhen. „Clara vom Spiel" und er selbst von seiner „Lohnbedientenrolle". Kahlert spielte sie einmal Schumanns Sonate vor, die ihm „sehr gefiel", aber zu einer Aussprache wird es, bei ihrer großen Scheu und ihrem Misstrauen gegen Kahlerts Diskretion schwerlich gekommen sein.

Auch die, nach einer kurzen Rast in Dresden, am 8. April erfolgte Rückkehr nach Leipzig brachte in die verworrene Lage keine Klärung. Ja das Zusammensein in derselben Stadt, ohne die Möglichkeit einer Aussprache, das Gezwungene und Peinliche, das darin lag, dass sie jeden Augenblick am dritten Orte einander begegnen konnten und sich doch aus Rücksicht auf den andern fremd benehmen mussten oder glaubten benehmen zu müssen, diente dazu, unmerklich wirklich zwischen ihnen ein Gefühl der Entfremdung aufkommen zu lassen, dessen Wachstum allerdings, wie wir noch sehen werden, von dritter Seite durch Einflüsterungen und Verdächtigungen der Treue geflissentlich künstlich gefördert wurde. Eine Begegnung auf der Straße, ein Versuch Schumanns, Clara zu sprechen, ein Händedruck, der nicht erwidert wird, scheinbare Kühle auf der einen Seite, ließen in beiden Empfindungen von Enttäuschung und Keime von Verstimmungen zurück, die von an der Trennung Interessierten geschickt benutzt werden konnten.

Ehe wir aber diese Entwicklung der Herzensgeschichte weiter verfolgen, ist es notwendig, bei der Entwicklung der Künstlerin einen Augenblick zu verweilen und uns das Bild jener Clara Wieck zu vergegenwärtigen, die am Konzertflügel in jenen bedeutungsvollen Jahren, Frühlingsstürme im Herzen, in ihrer Kunst den Halt und den Trost fand, den ihr die nächsten Angehörigen nicht geben wollten oder konnten.

Das Repertoire Claras hatte sich in den letzten Jahren sehr erweitert. Zu den Bravourstücken aus früherer Zeit waren neue gekommen, aber daneben tauchten auch schon in den Konzertprogrammen, ihnen charakteristisches Gepräge gebend, klassische Kompositionen auf[103]. Am 15. Dezember 1835 hatte sie im Leipziger Gewandhauskonzert die Fantasie mit Chor von Beethoven gespielt und, wie wir

---

103 Wir geben hier einen Auszug aus den Programmen der Jahre 1836–39: H e r z, Op. 20, 23, 36, 76. – P i x i s, Großes Konzert und Glöckchenrondo, beides mit Orchesterbegl., letzteres außerdem mit den drei obligaten Glöckchen. – T h a l b e r g, Caprice, Op.15; Fantasie über ein Thema aus Don Juan. – H e n s e l, Variationen über eine Arie aus Donizettis Liebestrank; Andante und Allegro (*Poème d'amour*); Etüden; Lied ohne Worte. – C l a r a W i e c k, Konzert mit Orchester; Capriccio (Hexentanz); Bravourvariationen über ein Thema ans Bellinis Piraten; Scherzo; *Soirées musicales*. – C h o p i n, Op. 2, Konzert E-Moll mit Orchester; Notturnos: Fis-Dur, H-Dur, Es-Dur; Mazurken: B-Moll, B-Dur, Fis-Moll; Etüden. – L i s z t, Divertissement über die Kavatine von Paccini; Transkriptionen der Lieder: Ständchen, Erlkönig und Lob der Tränen. – M e n d e l s - s o h n, Capriccio mit Orchester, H-Moll, Op. 22; Capriccio, A-Moll, Op. 33; Lieder ohne Worte. – B a c h, Präludien u. Fugen: Cis-Dur, Cis-Moll, Fis-Dur, D-Dur. – B e e t h o - v e n, Sonate F-Moll; Sonate m. Violine, Op. 47; Trio, Op. 97.

schon hörten, am 9. November desselben Jahres in einem eigenen Konzert unter Mitwirkung von Felix Mendelssohn und Rackemann das D-Moll-Konzert von Bach für drei Klaviere zu Gehör gebracht.

Es darf nicht auffallen, dass in Claras Konzertprogrammen aus dieser Zeit der Name Schumanns gänzlich fehlt. Wieck, der den Musiker Schumann damals noch von der Person des ihm unliebsamen Freiers durchaus zu trennen verstand, hielt nur seine Musik für das Konzertpublikum, mit dem er zu rechnen hatte, für zu schwer verständlich. Gerne dagegen ließ er Clara gewähren, wenn sie in intimeren musikalischen Kreisen für Schumann Propaganda zu machen suchte. Er tat dies schon aus kluger Berechnung, um sie in der Stimmung zu erhalten, deren sie für ihr öffentliches Spiel bedurfte. Sie hatte auf diese Weise, wo sich Gelegenheit geboten, von Schumannschen Kompositionen die Fis-Moll-Sonate, die Toccata, den Carnaval, die Impromptüs u.a.m. vorgetragen, beglückt oder betrübt, je nachdem sie auf Empfänglichkeit oder mangelndes Verständnis für das eigenartig Neue in dieser Musik stieß.

Kaum nach Leipzig zurückgekehrt, erhielt Clara Mendelssohns Besuch. Sie spielte ihm bei diesem Anlass zu seiner großen Zufriedenheit sein neuestes Scherzo, und er ihr zwei neue Kapricen von seiner Komposition vor.

Unter seinem bekannten, alles um sich elektrisierenden Wesen hatte das Leipziger Musikleben inzwischen die reichsten Anregungen erfahren. Sein Einfluss machte sich ebenso sehr wie nach der öffentlichen auch nach der privaten Richtung hin spürbar. Durch die von ihm ausgewirkte Berufung seines Freundes Ferdinand David zum Konzertmeister am Gewandhaus war nun neben dem Klavier auch der Violine eine hervorragende Rolle zugefallen und vor allem der Pflege der höheren Kammermusik breiter Raum geschaffen.

Den geselligen Mittelpunkt für diese Bestrebungen bildete das Voigtsche Haus. Wir wissen, auch Schumann war kein Fremder in demselben. Dass er mit Mendelssohn und David vielen und vertrauten Verkehr pflegte, bestätigt sein Leipziger Lebensbuch. Zu Begegnungen zwischen ihm und Clara ist es in diesem Kreise offenbar nie gekommen. Wohl weil eine gewisse Rivalität zwischen dem Wieckschen und Voigtschen Hause bestand.

Aus dem Jahre 1836 ist noch zweier Clara geltender Besuche zu gedenken, Spohrs und Chopins. Spohr spielte sie ihre neuesten vier Charakterstücke vor. Sein Urteil war so ermutigend, sein Lob so rückhaltslos, dass ihre Lust zu komponieren nicht wenig angeregt und gesteigert wurde.

Chopins Besuch erfreute und betrübte sie in einem. Sie fand ihn leidender als je. Er hörte sie ihr Op. 5 und 6, sowie ihr Konzert, Op. 7, vortragen.

Mit ihrem Op. 5 unterm Arm, über das er sich besonders entzückt und enthusiastisch geäußert hatte, schied er gerührt, unter Hinterlassung eines Stammbuchblattes. Wer sich dieses Op. 5 näher ansieht, wird aus dem kecken Anfang und dem schönen elegischen Mittelsatz sich gerne überzeugen, dass das Lob Chopins keineswegs nur aus Galanterie entsprang.

Außer Clara hatte Chopin diesmal niemand in Leipzig gesehen, als Schumann, der unterm 14. September 1836 über diese Begegnung an den Kapellmeister Dorn in Riga schreibt:

„Eben als ich vorgestern Ihren Brief erhalte und antworten will, wer tritt herein? – Chopin. Das war große Freude. Einen schönen Tag lebten wir, den ich gestern noch nachfeierte[104]. –

– – Wie er am Klavier sitzt, ist rührend anzusehen. Sie würden ihn sehr lieben. Clara ist aber größere V i r t u o s i n und gibt seinen Kompositionen fast noch mehr Bedeutung als er selbst. Denken Sie sich das Vollendete, eine Meisterschaft, die von sich selbst gar nichts zu wissen scheint."

Claras Geburtstagsfeier verlief diesmal zum ersten Mal ohne Schumanns Anwesenheit. Der Vater reiste ohnedem an diesem Tage mit ihr nach Naumburg, wo er für den 16. ein Konzert angesagt hatte.

Der Tag hätte für Clara leicht ein schwerer Schicksalstag werden können. Sie wurde auf dem Wege zum Konzertsaal umgeworfen. Dass ihre Konzerttoilette dabei schwer zu Schaden kam, war schlimm genug; aber sie erlitt auch starke Kontusionen an Kopf und Gliedern. Dem ohngeachtet und trotz des großen Schrecks, löste sie mit voller Geistesgegenwart ihre Aufgabe und sang sogar zwei Lieder. Aber die linke Hand schwoll ihr in der Folge mächtig an, und mehrere Tage litt

---

104   Claras 17. Geburtstag.

sie heftige Schmerzen. Wieck knüpfte an dieses Ereignis die emphatischen Worte: „Die Hauptstädte durchzogen wir und – in Naumburg hing das Schwert des Damokles über dem teuren Haupt!"

Eine kurze Konzertreise im November nach Freiberg abgerechnet, verbrachte Clara nun ihre Zeit in Leipzig (bis Februar 1837), vorwiegend an ihren Bravourvariationen arbeitend, die für ihre nächste Konzertfahrt berechnet waren.

Am 7. Februar 1837 wurde diese angetreten. Als erste Etappe war Berlin in Aussicht genommen. Dies eröffnete Clara die freudige Aussicht auf das öftere Zusammensein mit ihrer Mutter Bargiel. Es mag für diese keine geringe Überraschung gewesen sein, als Wieck eines Tages mit der inzwischen zur vollen Jungfrau herangewachsenen Clara an der Hand bei ihr eintrat mit den Worten: „Hier Madame, bringe ich Ihnen Ihre Tochter!"

Die ersten Tage vergingen mit Besuchen und Aufwartungen bei Ludwig Berger, Stadtrat Behrens, Bettina von Arnim, Graf von Redern, Spontini u.a.m. Überaus freundlich und entgegenkommend wurden sie von den beiden letztgenannten aufgenommen. Freier Eintritt in die kgl Theater erschien als selbstverständlich.

Von Bettina schreibt das Tagebuch: „Höchst geistreiche, feurige Frau – – was Musik betrifft lauter falsche Urteile. Sie strömt über von Humor." „Es ist eine Schande", meinte sie zu Clara, „dass ein 17jähriges Mädchen schon so viel kann."

Die Mühsamkeit der Vorbereitungen für die Konzerte, die Schwierigkeiten mit der Polizei entlocken Wieck manchen beweglichen Stoßseufzer und kräftigen Fluch: „Fünfmal muss eine Anzeige Zensur passieren. Großes Konzert ist hier gar nicht zu geben, denn das würde ein halbes Menschenleben kosten." Mehr Ärger bereiteten noch der Brotneid der Kollegen und die böse Presse. Erstere glänzten in Claras Konzerten durch Abwesenheit, und letztere wusste durch Rellstabs Feder, die bald das Programm „monoton" fand, bald von „halbleeren Sälen" sprach, Vater und Tochter die Freude an den tatsächlichen großen und stets sich steigernden Erfolgen auf diesem bisher für Clara nicht freundlichen Boden zu trüben und zu dämpfen. Allen Kabalen zum Trotz eroberte aber Clara die musikalischen Kreise Berlins im Sturm und erntete sowohl bei ihrem Auftreten im Opernhause am

16. Februar, wie in den verschiedenen Konzerten, in denen sie teils als Veranstalterin, teils als Mitwirkende spielte, reichsten Beifall und große Sympathie. Nur Bettina fand sie schließlich doch nicht nach ihrem Geschmack und erklärte, Clara sei „eine der unausstehlichsten Künstlerinnen, die ihr je vorgekommen. Mit welcher Prätension sie sich an das Klavier setzte und nun ohne Noten! Wie bescheiden sei dagegen Doehler, der sich doch Noten vorgelegt hätte!"

Übrigens benutzte Clara auch diese durch Geselligkeit und Konzerte stark in Anspruch genommene Zeit zu ihrer weiteren Ausbildung, indem sie bei dem angesehenen Musiktheoretiker Dehn Kontrapunktstunden nahm.

Wieck aber schied auch diesmal, aller künstlerischen und materiellen Erfolge ungeachtet, wieder im Zorn von der Preußenhauptstadt: „Übermorgen", schrieb er am 22. März ins Tagebuch, „soll der Tag sein, wo wir mit heißer Sehnsucht nach besseren Menschen und gerettet aus diesem furchtbaren Sündenpfuhl den Wagen besteigen. Ich erschrecke, was ich getan und ausgeführt habe – achtmal zu spielen unter solchen Kämpfen mit lügenhafter Bosheit und Hinterlist, mit entsetzlicher Gemeinheit und einer Schamlosigkeit, die über Alles geht." Vergessen waren in diesem Augenblick die mannigfachen Beweise von Verständnis und Hochschätzung, die ihnen doch auch in diesem „Sündenpfuhl" zu teil geworden waren, vor allem die sehr freundliche Aufnahme bei Hofe und die Aufmerksamkeiten, mit denen der sonst so spröde und kalte Spontini zusammen mit seiner Frau Clara überhäuft hatten und die, wie aus dem Umstande, dass er sich einmal zwei Stunden lang von ihr vorspielen ließ und darunter ihre Variationen auf besonderen Wunsch zum dritten Mal, hervorgeht, in ihrer Wertschätzung als Künstlerin ihren Grund hatte. Bei ihm lernte Clara übrigens auch Ranpach kennen und fand ihn sehr unterhaltend.

Man hätte denken sollen, dass bei Wiecks gereizter Stimmung gegen Berlin Hamburg, das nächste Reiseziel, wo sie am 27. März anlangten, es verhältnismäßig leicht hätte haben müssen, sich seine Anerkennung zu erwerben. Aber es fand ebenso wenig Gnade vor seinen Augen und die Ausdrücke seines Missvergnügens im Tagebuch weisen sogar noch eine entschiedene Verschärfung zum schlechthin Unparlamentarischen auf. Und doch durfte er mit der Aufnahme, die seine

Tochter in der Öffentlichkeit – sie spielte am 1. April im philharmonischen Konzert, am 8. April in einem eigenen Konzert und am 12. April im Theater – wie in Privatkreisen fand, wohl zufrieden sein. Es ging hier wie überall, der liebenswürdige Mensch und große Künstler, der sich in ihrer Person vereinigt zeigte, überwand Gleichgültigkeit und Kabalen und entwaffnete den Gegner schneller und gründlicher als alle Grobheiten des väterlichen Impresario. Ein Aufenthalt in Bremen folgte, der aber, getrübt durch die dort grassierende Influenza und durch die Nachwirkungen des Zusammenbruchs verschiedener großer Geschäftshäuser, von den Reisenden die je länger desto mehr nur die Strapazen der Gesellgkeit zu empfinden begannen, nach zehntägigem Aufenthalt (17. bis 27. April) vorzeitig abgebrochen wurde, nachdem Clara am 22. April in einem Konzert, am 26. April in einer Soiree aufgetreten war. Nach kurzer Rast in Hannover und Braunschweig langten die Reisenden am 3. Mai in Leipzig wieder an: „Herr Banck und Mutter kamen uns nach Lützschena entgegen", meldet das Tagebuch.

Wieder war Clara mit Schumann am selben Ort vereint und doch durch die Verhältnisse, so schien es wenigstens, weiter von ihm getrennt als je. Seit den Februartagen des Jahres 1836 hatten sie kein Wort, weder schriftlich noch mündlich mit einander gewechselt.

Auch bei zufälligen oder – soweit Schumann in Frage kam – absichtlichen Begegnungen war wohl ein Blick, auch ein Händedruck gewechselt worden, ohne dass es jedoch zu einem Gespräch, geschweige denn zu einer Aussprache über Vergangenes und Zukünftiges gekommen wäre. „Nur zweimal", klagte Schumann später, habe er in all dieser Zeit Clara spielen hören und oft habe er im Sommer 1836 an ihrer Türe gestanden und gelauscht. Im Mai desselben Jahres hatte er ihr die ihr dedizierte Sonate in Fis-Moll, „Pianoforte-Sonate, Clara zugeeignet von Florestan und Eusebius", geschickt. Wenn er aber gehofft hatte, dass dies in irgendeiner Weise Clara zu einer Rückäußerung, die ihre Gefühle verriete, veranlassen würde, so fand er sich bitter enttäuscht. Im Lebensbuch notiert er für den Juni: „Brief von Clara und Auswechselung der Briefe". Es ist nicht unmöglich, dass dies Wiecks Antwort auf die Übersendung der Sonate gewesen ist. Im Tagebuch Claras sind hinter den Worten, die die Tatsache der Dedikation unterm 11. Juni berichten, drei Zeilen durchstrichen. Man muss sich vergegenwärtigen, was für Schumanns inneres Leben die Fis-Moll-Sonate bedeutete – „einen einzigen Herzensschrei nach Dir", hat er sie später einmal genannt, „in dem Dein Thema in allen möglichen Gestalten zum Vorschein kommt" –, um es zu begreifen, wie tief es ihn kränken musste, dass jegliches Echo auf dies aus seiner Leidenschaft für Clara geborene Werk ausblieb. Zumal, wenn man weiß, dass von Wieckscher Seite alles aufgeboten wurde, um den Glauben in ihm zu erwecken, dass Clara gar nicht mehr an ihn denke. Schon gleich nach der Rückkehr aus Breslau hatte ihm ein „Freund", Carl Banck, der im Wieckschen Hause aus- und einging, seine „Verwunderung" über „Claras Leichtsinn" ausgesprochen, „die gar nicht mehr an die Sache denke". „Ich stand wie ohnmächtig und zerschlagen", berichtet er später, ja in der ersten Aufwallung habe er erwidert, wenn das wirklich sei, so sei er froh von ihr los zu sein, da sie dann ein Mädchen sei, das nichts tauge; dann aber hinzugefügt: „Übrigens wird sie Euch am allerwenigsten merken lassen, wie es ihr im Herzen aussieht."

Aber weder diese Zwischenträgereien noch die Enttäuschungen der folgenden Monate hatten ernstlich seinen Glauben an Claras Treue, geschweige denn seine Liebe zu ihr ins Wanken bringen können, wenn es auch nicht an Stunden fehlte, wo er in tiefer seelischer Niedergeschlagenheit, in einer jener Anwandlungen von „tödlicher Herzensangst", über die er klagt, in denen er nicht aus noch ein wusste, bei der völligen Aussichtslosigkeit glaubte von sich aus verzichten zu müssen. So erklärt sich die Stelle in einem Briefe[105] an die Schwägerin Therese vom 15. November 1836: „Clara liebt mich noch so warm wie sonst, doch habe ich völlig resigniert." Zu Beginn des Jahres 1837 begann dann allerdings diese trübe Stimmung der Resignation mehr und mehr über ihn dauernd die Herrschaft zu gewinnen und ihn, wenn auch in bittern Qualen, den Entschluss einer völligen Trennung fassen zu lassen. „Die dunkelste Zeit", schreibt er im Januar 1838[106] an Clara, „wo ich gar nichts mehr von Dir wusste und Dich mit Gewalt vergessen wollte, war ungefähr jetzt vor einem Jahr bis Februar. Wir müssen um jene Zeit uns fremd gewesen sein. Ich hatte resigniert. Aber dann brach der alte Schmerz wieder auf – dann rang ich die Hände – da sagte ich

---

105   Briefe. Neue Folge. S. 71.
106   Brief vom 31. Dezember 1837 und 1. Januar 1838.

oft des Nachts zu Gott – „nur das Eine lass geduldig vorüber gehen, ohne dass ich wahnsinnig werde", ich dachte einmal deine Verlobung in den Zeitungen zu finden – da zog es mich am Nacken zu Boden, dass ich laut schrie, – dann wollte ich mich heilen, mich mit Gewalt in eine Frau verlieben, die mich auch schon halb in ihren Netzen hatte."

Im Banne nicht dieser Frau, wohl aber jener entsagenden, verzweifelten Stimmung blieb er auch bis tief ins Frühjahr, ja bis in den Anfang des Sommers hinein. „Im März vorigen Jahres", schreibt er 1838 an Clara, „packte mich die Erinnerung, dass ich Dich verloren, einmal wieder mit aller Macht." Ja noch im Juni tauchte einmal, wenn auch nur flüchtig, der Gedanke auf, sich durch eine anderweitige Bewerbung an Clara „für ihre Gleichgültigkeit" zu rächen.

„Wir müssen um jene Zeit uns fremd gewesen sein", schreibt Schumann, und nicht mit Unrecht. Denn auch in Claras Stellung zu Schumann ist um diese Zeit, wenigstens nach den wenigen Äußerungen, die wir von ihr haben, zu schließen, eine gewisse Entfremdung, richtiger eine Neigung, Kritik an ihm zu üben, nicht zu verkennen, die, wenn sie sich dauernd festsetzte, wohl verhängnisvoll für beider Schicksal werden konnte. Fragen wir aber, wie diese Wandlung in ihrem Innern zu erklären, so stoßen wir dabei außer der andauernden Trennung von Schumann auch noch auf eine Persönlichkeit, die sich eine Zeitlang offenbar berufen geglaubt hat, die Familienpolitik Vater Wiecks und seiner Frau mit allen Mitteln zu fördern und Misstrauen und Eifersucht zwischen Clara und Schumann zu säen. Derselbe Carl Banck, der bereits im Frühling 1836 Schumann gegen Clara einzunehmen versucht hatte, der seit Ende Mai Claras Gesangslehrer und von dem Ehepaar Wieck offenbar als Ablenker von Schumann begünstigt und herangezogen wurde, ist es gewesen, der seine Vertrauensstellung bei Clara benutzte, um sie gegen Schumann einzunehmen. Mit berechtigter Entrüstung über dies falsche Spiel schrieb Clara später, als sie von Schumann jene Szene aus dem Frühling 1836 erfahren: „So missbrauchte er meine Freundschaft. Das war der Dank für meine wahrhaft freundschaftlichen Briefe, die ich ihm aus Berlin schrieb? Ich muss staunen über dies schlechte Herz! er wollte Dich betrügen und verleumdete mich! Allerdings ist es wahr, dass ich von Dir immer gleichgiltig sprach, nachdem ich gesehen, wie er höhnisch gelacht, wie mir die Tränen in die Augen

traten, wenn er von Dir mit so wenig Achtung sprach." „Allerdings",
fügt sie hinzu, „habe ich oftmals mit etwas Unwillen von Dir gesprochen, wenn Du so selten in die Zeitung schriebst, um meinem Herzen
Luft zu machen, ich tat es sogar, um glauben zu machen, ich hätte Dich
vergessen. Doch war es nicht so, ich vergaß Dich nie."

Was aber jene gewisse Gereiztheit gegen Schumann, die auch in
ihrem Tagebuch im Winter 1836/37 gelegentlich zum Ausdruck
kommt, anlangt, so war sie allerdings wohl oft mehr Maske, um ihre
wahren Gefühle zu verhüllen und ihre Umgebung nichts merken zu
lassen. Gerade weil sie Schumann liebte, ärgerte und verdross sie jede
Gelegenheit, die auch nur scheinbar andern das Recht gab, geringschätzig über ihn zu urteilen. Das gilt vor allem von der Unzufriedenheit darüber, dass Schumann „so selten in die Zeitung schrieb".
Das war ein wunder Punkt, der auch nachmals während der heimlichen Brautzeit Clara oft zu leisen Vorwürfen, in Frageform gekleideten Ansornungen veranlasst hat, die ihrerseits eben wieder auf die
beständig in dieser Richtung zielenden geringschätzigen Äußerungen
Wiecks, die Clara täglich zu hören bekam, zurückzuführen sind. Wirklichen Grund zur Verstimmung aber wähnte sie zu haben in zwei Fällen, aus denen sie eine beabsichtigte Kränkung von Schumanns Seite
annehmen zu müssen glaubte; eine Deutung, in der sie natürlich von
den Hausgenossen und Freunden nur zu sehr bestärkt wurde.

Anfang 1837 war Claras Klavierkonzert (Op. 7) bei Hofmeister
erschienen; sie rechnete bestimmt darauf, dass Schumann es sich
nicht werde nehmen lassen, es in seiner Zeitschrift zu besprechen.
Statt dessen erschien am 17. Februar allerdings eine Besprechung
aber nicht von Schumann, sondern von C. F. Becker, der sich dazu
noch sehr ungeschickt aus der Affäre zog, indem er äußerte, von einer
eigentlichen Rezension solle gar nicht die Rede sein, „weil wir es mit
dem Werke einer Dame zu tun haben". Zweifellos war es von Schumann nur taktvoll, dass er angesichts seines notorischen gespannten
Verhältnisses zu Wieck die Anzeige von einem anderen schreiben ließ.
Anderseits glaubte Clara, überreizt wie sie war, durch die beständigen
Sticheleien Wiecks über Schumanns Bequemlichkeit und Gleichgültigkeit bis aufs Blut gepeinigt und in ihrem künstlerischen Selbstgefühl durch Beckers banale Redensarten empfindlich gekränkt, dem

Freunde sein Schweigen umso mehr zum Vorwurf machen zu dürfen, als in einer der nächsten Nummern (24. Februar) eine enthusiastische Kritik von ihm über seines Freundes William Sterndale-Bennett neuestes Konzert erschien. Denn Schumanns günstiges Urteil über diesen war von jeher ein Streitpunkt zwischen ihm und Wiecks gewesen, und schon dass Schumann mit einem eigenen Aufsatz über denselben Bennett die erste Nummer des neuen Jahres eröffnet hatte, war von Clara, wie aus ihrem Tagebuche erhellt, als zum Teil „aus Widerspruch gegen uns" eingegeben beurteilt worden.

Noch empfindlicher aber glaubte sie sich gekränkt durch einen Aufsatz, der am 19. Mai in der Neuen Zeitschrift erschien: „Bericht an Jeanquirit in Augsburg über den letzten kunsthistorischen Ball beim Redakteur."[107] Nicht deswegen, weil hier unter dem leicht erkennbaren Anagramm „de Knapp" der getreue Freund des Wieckschen Hauses, Carl Banck, in der lächerlichsten Weise bloßgestellt wurde, sondern weil sie in der Gestalt der Pianistin Ambrosia, einer allerdings sehr bösartigen Karikatur, sich selbst getroffen fühlte.

Eine Deutung, die, so falsch sie sicher war, Clara auch später noch lange trotz Schumanns ernsten Beteuerungen und schlagenden Beweisen des Gegenteils mit großer Hartnäckigkeit festgehalten hat. Den Banck aber hatte Schumann allerdings treffen wollen, und empfindlich. Und zwar spielten hier offenbar, außer seiner allgemeinen Wertschätzung Bancks als Schriftsteller und als Charakter, für die in späteren Briefen sich noch manche Beläge finden werden, die Gerüchte, welche damals über eine Neigung Claras für jenen umgingen, eine entscheidende Rolle. Dass diese Gerüchte, trotz Wiecks und Bancks eigener Meinung, völlig grundlos waren, dass es Clara nie in den Sinn gekommen war, sich ernster für Banck zu interessieren, konnte er ja nicht wissen. Aber wenn auch von dieser Seite ihm nie eine Gefahr drohte, so war es doch im Hinblick auf die von jenem planmäßig getriebene Tätigkeit als Friedensstörer und Misstrauenserreger eine günstige Fügung, dass Banck sich kurz nach Claras Rückkehr veranlasst fand, Leipzig zu verlassen. Infolge jener merkwürdigen Ironie des Schicksals, die Vater Wieck in seiner Bekämpfung von Claras verderblicher Liebe für Schumann regelmäßig die falschen Waffen verwenden ließ, fand er gerade

---

107 Vgl. Gesammelte Schriften. 4. Aufl. II, S.21–26.

im Mai 1837 sich veranlasst, dem jungen Hausfreund freundschaftliche aber deutliche Vorstellungen zu machen, dass er die Seelenruhe seiner Tochter gefährde. Der Mohr hatte seine Schuldigkeit, die Liebenden einander gründlich zu entfremden, getan und konnte nun gehen. Mit welchen weiter gehenden Plänen nun auch Banck sich getragen haben mochte, angesichts der unzweideutigen Meinungsäußerung des Vaters hielt er es für das Geratenste, das Feld zu räumen. Und so war er eines Tages aus Leipzig verschwunden, zum Erstaunen aller Nichteingeweihten, zu denen in diesem Falle auch Clara gehörte, die sich diesen scheinbar unmotivierten plötzlichen Ausbruch gar nicht erklären konnte.

„Banck hat doch die Schuld, dass wir so lange getrennt waren", schreibt Schumann später und sicher mit Recht. Doch darf dabei nicht ganz außer Acht gelassen werden, dass ein wenig zur Trübung von Claras Urteil über Schumanns Charakter Mitteilungen Ernestine von Frickens beigetragen haben, die jene ihr auf ihren Wunsch im September 1836 über die Geschichte ihrer Beziehungen zu Schumann gemacht hatte, und die, ohne dass dabei eine böse Absicht obgewaltet hätte, durch die weder innerlich noch äußerlich den Tatsachen ganz entsprechende Darstellung wohl geeignet sein konnten, Zweifel an Schumanns Charakterfestigkeit und Treue in ihr zu erregen.

Wie wenig das Ernestinens Absicht gewesen, beweist am deutlichsten die Tatsache, dass unmittelbar, nachdem jene im August 1837 kurz hintereinander sowohl mit Clara wie mit Schumann[108] zusammengetroffen und sich ausgesprochen hatte, die beiden so lange Getrennten die erste Gelegenheit benutzten, sich einander der unveränderten Liebe und Treue zu versichern.

Am 11. Juni war Clara mit ihren Eltern nach Dresden gefahren und genoss, als diese nach 14 Tagen wieder nach Leipzig zurückkehrten, allein bei Major Serre auf dessen unweit Dresden gelegenen Gute Maxen zurückgeblieben, dort in dem fröhlichen gesellig-musikalischen Treiben, das im Serreschen Hause an der Tagesordnung war, eine Erholung von den Strapazen des Winters, die ihr wirklich wohltat. Die Aufzeichnungen des Tagebuchs aus dieser Zeit atmen zum ersten Mal seit langer Zeit wieder eine sich gleich bleibende Heiterkeit, als ob sie eine Ahnung hätte, dass das Glück schon bereit stehe, um an ihre Tür zu pochen. Über-

---

108   Vgl. Schumanns Brief an Clara vom 17. März 1838.

mütig scherzt sie über den guten Freund Krägen, der täglich mit Wagenladungen von Opernouvertüren zum Vierhändig spielen herausgefahren kommt oder über einen stummen Verehrer aus Kopenhagen, der unter der übermütigen spottlustigen Jugend einen harten Stand hat. Hier wird auch zum ersten Mal wieder Schumanns Name genannt, aber in ganz anderem Ton als bei den letzten Erwähnungen. Wieck hat von der Klavierspielerin Miss Laidlaw geschrieben, dieselbe habe, ohne zu ahnen, dass Schumann, den sie verehrt, der Verfasser sei, in dessen Gegenwart die Fis-Moll-Sonate „verrücktes Zeug" genannt und erklärt, sie wisse gar nicht, von welch obskuren Leuten Clara Wieck spiele, als da wären Henselt, Liszt, Eusebius und Florestan. „Ich kann mir die stille Miene des letzteren lebhaft vorstellen", bemerkt dazu vergnügt das Tagebuch.

Aus dieser Feiertagsstimmung aber ward sie am 2. August unangenehm aufgeschreckt durch die Botschaft des Vaters, dass er für den 13. August ein Konzert von ihr angekündigt habe. „Ich mag wollen oder nicht, ich muss", schrieb sie betrübt resigniert. Sie ahnte nicht, dass auch diesmal wieder Vater Wieck, ganz gegen seinen Willen, ihr selbst den Weg zur Erfüllung ihres geheimsten und heißesten Herzenswunsches zu bahnen im Begriff war. Es handelte sich um eine Morgenunterhaltung im Börsensaal, in der Clara sich nach zweijähriger Pause wieder dem Leipziger Publikum vorstellen sollte. Und zu diesem Publikum gehörte auch Robert Schumann. Auf dem Programm stand die Fis-Moll-Sonate von Florestan und Eusebius. Und wenn er vor einem Jahr schmerzlich den Widerhall dieses Herzensschreies nach der Geliebten vermisst hatte, so ward er für all die qualvolle Entbehrung jetzt in herrlichster Weise entschädigt. Denn jetzt kam ihm die Antwort zurück in der gleichen Sprache: seine Töne wurden unter ihren Händen zu etwas Neuem, was neue Liebe, neues Leben verkündete. Im ersten Augenblick freilich machte ihn, der gerade in den letzten Wochen mit dem Entschluss gerungen, es koste was es wolle, Clara wieder zu erobern, die Wahl dieses Musikstückes stutzig. „Ich dachte", schrieb er nachmals, „Du könntest mich nicht mehr lieben, wo Dir das möglich war, wo ein Mann gezittert hätte." Sie aber war wirklich an dem Tage tapfer wie ein Mann; und wenn sie in der Zwischenzeit durch Mangel an Selbstvertrauen sich und dem Geliebten die Prüfung vielleicht schwerer und qualvoller gemacht hatte, als nötig war, jetzt machte sie alles wieder gut.

„Hast Du Dir nicht gedacht", schrieb sie später, „dass ich das spielte, weil ich kein anderes Mittel wusste, Dir mein Inneres ein wenig zu zeigen? Heimlich durft' ich es nicht, also tat ich es öffentlich. Meinst Du, mein Herz hätte nicht dabei gezittert?" Wohl hatte Schumann Recht, wenn er sie „ein starkes Mädchen" nannte.

In demselben Brief aus späterer Zeit, in dem Clara so ihre Gefühle an jenem 13. August schildert, schreibt sie: „an diesem Tag war ich unaussprechlich unglücklich, wie zerfallen mit der Welt; wir gingen noch spazieren, doch ich sah keine Bäume, keine Blumen und keine Wiesen, ich sah nur Dich – und sah Dich doch nicht, durfte Dich nicht sehen."

Nur zu begreiflich ist diese Gemütsstimmung, da Clara unmittelbar vor dem Konzert noch einen Schritt getan hatte, über dessen Folgenschwere sie sich wohl klar war. Am 10. August hatte sie in ihr Tagebuch geschrieben: „Ankunft meines lieben Freundes Becker aus Freiberg." Ernst Adolf Becker, damals Bergschreiber, d.h. Untersuchungsrichter beim Bergamt in Freiberg[109], dem Wieckschen Hause nahe befreundet und nicht minder Schumanns Freund, ein leidenschaftlicher Musikenthusiast, mit dem noch kurz vorher Clara im Serreschen Kreise wiederholt zusammengetroffen war, war zu ihrem Konzert aus Freiberg herübergekommen. Ihm gegenüber, dessen Freundestreue für den Geliebten sie unbedingt vertrauen konnte, hatte sich Clara endlich ein Herz gefasst, sich über Schumann und ihre Beziehungen zu ihm offen auszusprechen. Ihn, der sie aus vollster Überzeugung über Schumanns unwandelbare Treue und Liebe beruhigen konnte, hatte sie beauftragt, Schumann um die Rückgabe seiner an sie gerichteten Briefe zu bitten, die sie ja im Juni 1836 im Auftrage ihres Vaters ihm hatte zurücksenden müssen. Wenn Schumann über die Gründe bei der Wahl der Fis-Moll-Sonate noch hatte zweifeln können, so war diese Bitte, die ihm Becker übermittelte und die die Wunde, die ihm die Rücksendung vor einem Jahr geschlagen, schloss, ein Beweis der Treue und der Liebe, der nun auch ihn seine bis dahin bewahrte Zurückhaltung aufgeben ließ. Die alten Briefe, ließ er ihr durch Becker sagen, könne sie nicht mehr haben, wohl aber neue! Und dieser mündlichen Botschaft war hinzugefügt der erste neue, der, von einem Blumenstrauß begleitet[110]

---

109 Vgl. Briefe. Neue Folge. S.388.
110 Einen Zweig bewahrte sie nachmals in dem von Schumann ihr gestifteten Gedenkbuch.

vom Tage des Konzertes datiert, den im Februar 1836 zerrissenen Faden wieder anknüpfte, diesmal fest und unlöslich fürs ganze Leben. Dass auch da noch Zweifel in seiner Brust kämpften, verraten allerdings die auf der Außenseite geschriebenen Worte: „Nach langen Tagen des Schweigens voll Schmerz, Hoffnung und Verzweiflung mögen diese Zeilen mit alter Liebe aufgenommen werden. Wäre das Letztere nicht mehr, so bitte ich mir diesen Brief unerbrochen zurückzuschicken."

Der Brief selbst aber lautete:

„Am 13. August 1837.

Sind Sie noch treu und fest? So unerschütterlich ich an Sie glaube, so wird doch auch der stärkste Mut an sich irre, wenn man gar nichts von dem hört, was einem das Liebste auf der Welt. Und das sind Sie mir. Tausendmal habe ich mir alles überlegt und alles sagt mir: Es muss werden, wenn wir wollen und handeln. Schreiben Sie mir nur ein einfaches Ja, ob Sie Ihrem Vater gerade an Ihrem Geburtstage (zum 13. September) einen Brief von mir selbst geben wollen. Er ist jetzt gut gegen mich gesinnt und wird mich nicht verstoßen, wenn Sie noch für mich bitten.

Dies schreib ich gerade am Tage Aurora. Wäre es, dass uns nur eine Morgenröte noch trennte. Vor allem halten Sie fest daran: e s m u s s w e r d e n, w e n n w i r w o l l e n u n d h a n d e l n.

Von diesem Briefe sagen Sie gegen niemanden; es könnte sonst alles verdorben werden.

Vergessen Sie also das „Ja" nicht". Ich muss erst diese Versicherung haben, ehe ich an etwas Weiteres denken kann.

Alles dies meine ich aus voller Seele so, wie es dasteht, und unterschreibe es mit meinem Namen

Robert Schumann."

„Ach, mein Gott, das Gefühl, wie mir Becker den ersten Brief brachte!", schreibt Clara im Juli des folgenden Jahres[111]. „Er war kalt, ernst und doch so schön, so recht mit Ernst, er beglückte mich unaussprechlich,

---

111   An Schumann aus Maxen und Dresden vom 8. bis 11. Juli 1838.

und doch schmerzte mich zugleich die Aufschrift, dass ich den Brief unerbrochen zurückschicken sollte, wenn ich nicht mehr dieselbe sei wie vor zwei Jahren. Du warst doch ein wenig hart und zweifeltest gar sehr an meiner Liebe, was ich nie getan, selbst nicht als scheinbar Ursache dazu da war."

Und dann setzte sich das „starke Mädchen" hin und schrieb die Antwort, in der übermütiger Humor und tiefer Ernst so wundervoll zusammenklingen:

„Leipzig, den 15. August 1837.[112]

Nur ein einfaches „Ja" verlangen Sie? So ein kleines Wörtchen – so wichtig! doch – sollte nicht ein Herz so voll unaussprechlicher Liebe, wie das meine, dies kleine Wörtchen von ganzer Seele aussprechen können? ich tue es und mein Innerstes flüstert es Ihnen ewig zu.

Die Schmerzen meines Herzens, die vielen Tränen, konnt' ich das schildern – o nein! – Vielleicht will es das Schicksal, dass wir uns bald einmal sprechen und dann – Ihr Vorhaben scheint mir riskiert, doch ein liebend Herz achtet der Gefahren nicht viel. Also abermals sage ich „Ja!" Sollte Gott meinen achtzehnten Geburtstag zu einem Kummertag machen? o nein, das wäre doch zu grausam. Auch ich fühlte längst „e s m u s s w e r d e n", nichts in der Welt soll mich irre machen, und dem Vater werd ich zeigen, dass ein jugendliches [Herz] auch standhaft sein kann.
s e h r e i l i g.   *Ihre Clara."*

Am selben Tage meldet das Tagebuch: „Früh schrieb Schumann an Vater ein Briefchen voll Gemüt, worin er sich für den gehabten Genuss bedankt." Damit war auch, so schien es wenigstens, die Anknüpfung zwischen Schumann und Wieck wieder gefunden.

Einen eigentümlichen Reiz gewährt in diesen Tagen neuen Frühlings das Tagebuch, zwischen dessen Zeilen es klingt und singt von

---

112 Vermutlich ist hier in der Datierung ein Versehen untergelaufen. Robert und Clara feierten später immer den 14. August – den Tag Eusebius – als ihren Verlobungstag. „Am Tag Eusebius, den 14. August 1837 verlobten wir uns", schreibt Schumann im „Bräutigamsbuch", und ebenda hat auch Clara später eingetragen: „Den 14. August verlobten wir uns."

verhaltenem Jubel: Da kommt am 16. ein Herr Ritter v. Ritterstein, um Clara spielen zu hören; aber nichts von Schumann, „da er das von ihm viel besser zu hören dachte". Und am 20.: „kommt Ritter von Rittersberg (sic) demütig wieder, um etwas von Schumann zu hören, da dieser ihn an mich gewiesen hat." Beziehungsvoll heißt es am 18.: „Abreise des Herrn Becker nach acht schön verlebten Tagen. Er schien ungern zu scheiden"[113]. Am 24. wird berichtet, Schumann habe dem Vater eine Rezension von Brendel über ihr Konzert geschickt, am 25.: „Rezension[114] über die neuesten Lieder von Mendelssohn von Schumann – ein Meisterstück! Und am 31. August heißt es, über Schneiders „Weltgericht" habe die hiesige „hochwohllöbliche Davidsbündler-Autorität" geurteilt „die Musik ist hübsch, aber trostlos".

Inzwischen aber fehlte es auch nicht an Mitteln und Wegen zu heimlicher Aussprache, wenn auch einstweilen nur brieflicher. Wie sehr indessen gerade Clara ein wirkliches Wiedersehen und Sprechen herbeisehnte, geht aus dem folgenden Schreiben hervor.

„Den 19. August.

Lieber Robert! (In großer Eile.)*

Nur ein paar Worte schick ich Ihnen durch meine treue und verschwiegene Nanny[115]. Gestern hört ich, die Cholera sei hier und nun musst ich schreiben, meine Besorgnis stieg mit jeder Minute. – Schonen Sie sich ja – um meinetwillen – bedenken Sie, was ist mein Leben ohne Sie? ... ...

---

113 Er nahm als Gedenkblatt eine Abschrift des Fantasiestücks „Des Abends" mit, darauf die Worte standen: „Am 18. August 1837.

Seinem lieben Becker
Robert Schumann.
Bescheiden, doch mit Liebe unterschreibt sich
Clara Wieck."

Vgl. Jansen, Ungedruckte Briefe Robert Schumanns. Grenzboten1898, S.97.

114 In Schumanns Zeitschrift, Nr. 15, vom 22. August 1837. Die Besprechung von Claras Konzert dort, die am 1. September erschien „Konzert von Clara Wieck Am 13. August (Aus einem Briefe eines Fremden an die Redaktion)", unterzeichnet: B. B. stammte von Becker. Vgl. auch Jansen, Ungedruckte Briefe, A.a.O.

115 Dienerin im Wieckschen Hause.

*Auch noch ein Rat, sprechen Sie nicht mit Vater eher von dem, was uns
betrifft, als bis Sie zu meinem Geburtstag schreiben. Er ist sehr gut auf
Sie, doch muss alles mit Ruhe geschehen. Meine Sehnsucht Sie zu sehen,
zu sprechen ist unbeschreiblich – findet sich Gelegenheit, tue ich es Ihnen
kund. Heute Morgen war ich fest entschlossen, ich wollte zu Ihnen, mein
Geist war schon vorausgeeilt, doch plötzlich hielt es mich fest – ich sah
Ihr Fenster, eine Träne quoll aus meinen Augen, ach wie war sie so heiß
und schwermütig, das Herz voll Gefühlen ging ich zu Haus.*

*Glücklich macht mich jetzt der feste Glaube an Ihre Liebe – mein Herz,
mein Alles schicke ich Ihnen durch den Ring.*

*Haben Sie mir etwas zu sagen, so sagen Sie es meiner Nanny; so wahr
ich Sie liebe, so wahr ist sie verschwiegen.*

*Meine Unruhe sehen Sie aus dieser Schrift. – Bald hoff ich sehen wir
uns. Seien Sie um Gotteswillen ganz verschwiegen. Auf ewig*

Ihre Clara."

Aus einem Briefe Schumanns an E. A. Becker[116] vom 26. August, der
überströmt von Glücksgefühl und Hoffnungsfreudigkeit – „was für
eine Seligkeit ist, an jemand fest zu glauben, auf ihn zu bauen. Der Alte
ist liebenswürdig gegen mich und macht mir eher Muth" – erfahren
wir, dass er Claras Drängen auf ein Wiedersehen einstweilen noch
nicht nachzugehen geneigt ist. Er scheute offenbar davor zurück,
vor der für Claras Geburtstag in Aussicht genommenen förmlichen
Bewerbung irgend einen Schritt zu tun, der missdeutet werden konnte.

Clara an Robert.

„Leipzig, den 2. September 1837.

*L. R. Viel hab ich Sie zu fragen und doch nicht eine Minute des Allein-
seins. Darum möge Nanny mir zur Feder dienen – tut sie doch gar gern
alles, wenn es für mich ist.*

Mein Herz ist zu voll – so voll, dass ich nichts weiter sagen kann als

Ihre Clara."

---

116 Briefe. Neue Folge. S.82f.

Clara an Robert.

„Leipzig, am 8. September 1837.

L. R. Hiermit schick ich Ihnen den Brief wieder, der auf Vater jedenfalls nur einen günstigen Eindruck machen kann. Doch eines gefällt mir bei der Sache nicht – Ihre Abwesenheit. Bleiben Sie hier, so antwortet Ihnen sicherlich der Vater sehr bald, besonders wenn Sie ihn dringend um baldige Antwort bitten. Bitte, bitte, bleiben Sie. Über Näheres sprechen wir uns, so alles glücklich geht. ... ...
Ach, wie werd ich zittern, wenn Vater den Brief liest!! – ich baue auf seine Liebe zu Ihnen und mir ... ...

Clara."

Ehe aber dieser verhängnisschwere Brief, der Schumanns Werbung enthielt, überreicht wurde, fand doch noch am 9. September[117] eine persönliche Begegnung und Aussprache der beiden statt.

Sie trafen sich nach Verabredung, als Clara in Begleitung der treuen Nanny von einem Besuch bei Lists heimkehrte. Beide standen aber dabei unter dem Druck einer gewissen Befangenheit. „Beim ersten Wiedersehen", schreibt Clara nachmals[118], „warst Du so steif, so kalt; ich wär auch gern herzlicher gewesen, doch ich war zu sehr erregt; kaum dass ich mich halten konnte ... Der Mond schien so schön auf Dein Gesicht, wenn Du den Hut abnahmst und mit der Hand über die Stirn strichst; ich hatte das schönste Gefühl, das ich je gehabt, ich hatte mein Liebstes wiedergefunden."

Endlich war der ersehnte und gefürchtete 13. September[119] her-

---

117 Nach den gleichzeitigen Briefen Claras hat die Begegnung am 9. September stattgefunden. Schumann schreibt allerdings am 8. September 1838: „Heute vorm Jahre, Sonnabend abends gaben wir uns zum ersten mal wieder die Hand"

118 Aus Wien an Schumann. Brief vom 18. bis 30 Januar 1838.

119 Am 12. September schrieb Schumann jenen „Florestan und Eusebius" unterzeichneten Aufsatz „Soiree für Pianoforte von Clara Wieck", beginnend mit den Worten: „Auch ein weiblicher Kopf soll unser Museum schmücken, und überhaupt, wie könnte ich den heutigen Tag als Vorfeier des morgenden, der einer geliebten Künstlerin das Leben gab, besser begehen, als dass ich mich gerade in eine ihrer Schöpfungen versenkte mit einigem Anteil", der in Nr. 22 am 15. September erschien.

angekommen und mit ihm die Überreichung des von Schumann an Wieck gerichteten offiziellen Bewerbungsschreibens, mit Einlagen an Claras Stiefmutter und diese selbst[120].

Der Brief an Wieck lautete:

„Es ist so einfach, was ich Ihnen zu sagen habe – und doch werden mir manchmal die rechten Worte fehlen. Eine zitternde Hand vermag die Feder nicht ruhig zu führen. Wenn ich daher in Form und Ausdruck hie und da fehle, so sehen Sie mir dies nach.

Es ist heut Claras Geburtstag – der Tag, an dem das Liebste, was die Welt für Sie wie für mich hat, zum ersten Male das Licht der Welt erblickt, – der Tag, an dem ich von jeher auch über mich nachgedacht, da Sie so tief in mein Leben eingegriffen. Gestehe ich es, so dachte ich noch nie so beruhigt an meine Zukunft als gerade heute. Sichergestellt gegen Mangel, soweit dies menschliche Einsicht voraussagen kann, schöne Pläne im Kopf, ein junges, allem Edlen begeistertes Herz, Hände zum Arbeiten, im Bewusstsein eines herrlichen Wirkungskreises und noch in der Hoffnung, alles zu leisten, was von meinen Kräften erwartet werden kann, geehrt und geliebt von vielen – ich dächte, es wäre genug! Ach, der schmerzlichen Antwort, die ich mir darauf geben muss! Was ist das alles gegen den Schmerz, gerade von der getrennt zu sein, der dies ganze Streben gilt, und die mich treu und innig wieder liebt! Sie kennen diese Einzige, Sie glücklicher Vater, nur zu wohl. Fragen Sie ihr Auge, ob ich nicht wahr gesprochen!

Achtzehn Monate lang haben Sie mich geprüft, schwer wie ein Schicksal für sich. Wie dürfte ich Ihnen zürnen! Ich hatte Sie tief gekränkt, aber büßen haben Sie es mich auch lassen. – Jetzt prüfen Sie mich noch einmal so lang. Vielleicht, wenn Sie nicht das Unmögliche fordern, vielleicht halten meine Kräfte mit Ihren Wünschen Schritt; vielleicht gewinne ich mir Ihr Vertrauen wieder. Sie wissen, in hohen Dingen dauere ich aus. Finden Sie mich dann bewährt, treu und männlich, so segnen Sie dies Seelenbündnis, dem zum höchsten Glück nichts fehlt als die elterliche Weihe. Es ist nicht die Aufregung des Augenblicks, keine Leidenschaft, nichts Äußeres was mich an Clara hält, mit allen Fasern meines Daseins,

---

120 Vgl. Jansen, Ungedruckte Briefe von Robert Schumann. Grenzboten 1898. S. 77ff. (nach Beckers Abschrift). Seitdem mit einigen Varianten nach den Originalen bei Joß, Der Musikpädagoge Fr. Wieck und seine Familie. Dresden 1902.

es ist die tiefste Überzeugung, dass selten ein Bündnis unter so günstiger Übereinstimmung aller Verhältnisse ins Leben treten könne, es ist dies verehrungswürdige hohe Mädchen selbst, das überall Glück verbreitet und für unseres bürgt. Sind auch Sie zu dieser Überzeugung gekommen, so geben Sie mir gewiss das Versprechen, dass Sie vorläufig nichts über Claras Zukunft entscheiden wollen, wie ich Ihnen auf mein Wort versichere, gegen Ihren Wunsch nicht mit Clara zu reden. Nur das Eine gestatten Sie uns, wenn Sie auf längeren Reisen sind, uns einander Nachricht geben zu dürfen.

So wäre mir diese Lebensfrage vom Herzen; es schlägt im Augenblick so ruhig, denn es ist sich bewusst, dass es nur Glück und Frieden unter den Menschen will. Vertrauensvoll lege ich meine Zukunft in Ihre Hand. Meinem Stand, meinem Talente, meinem Charakter sind Sie eine schonende und vollständige Antwort schuldig. Am liebsten sprechen wir uns! Feierliche Augenblicke bis dahin, wo ich eine Entscheidung erfahre – feierlich, wie die Pause zwischen Blitz und Schlag im Gewitter, wo man nicht weiß, ob es vernichtend oder segnend vorüberziehen wird.

Mit dem tiefsten Ausdruck, dessen ein geängstigtes, liebendes Herz fähig ist, flehe ich Sie an: Sein Sie segnend, einem Ihrer ältesten Freunde wieder Freund und dem besten Kinde der beste Vater!

Robert Schumann."

Einlage an Frau Wieck.

„Ihnen vor allem, meine gütige Frau, lege ich unser künftiges Geschick ans Herz – an kein stiefmütterliches, glaub ich. Ihr klarer Blick, Ihr wohlwollender Sinn, Ihre hohe Achtung und Liebe für Clara werden Sie das Beste finden lassen. Dass der Geburtstag eines Wesens, welches so Unzählige schon beglückt, ein Tag des Jammers werde – verhüten Sie das große Unglück, das uns allen da bevorsteht!

Ihr ergebenster

Robert Schumann."

An Clara.

„Sie aber, liebe, liebe Clara, möchten nach dieser schmerzvollen Tren-
nung alles, was ich Ihren Eltern geschrieben, in Liebe unterstützen und
da fortfahren, wo meine nicht mehr ausreicht.

Ihr R. S."

Über die Aufnahme berichtet das Tagebuch in vielsagendem Lakonis-
mus: „An meinem Geburtstag kam unter Anderem ein Brief von Schumann. Darüber schreiben würde Bogen ausfüllen." Zwei Jahre[121] später
schrieb Clara darüber an Robert: „Du glaubst nicht, was ich damals
an meinem 18. Geburtstag litt. Nicht nur, dass mir der Vater Deinen
Brief nicht einmal zeigte, sondern er gab mir auch den nicht, den Du
an mich gerichtet hattest; die Stegmayer kam zu uns, und mit der
schloss sich Vater und Mutter ein, um Deine Briefe zu lesen – das war
zu kränkend, zu unzart, und wenn es auch Vater nicht fühlte, so musste
die Mutter wohl dieses Gefühl haben; ich kann Dir nicht sagen, wie
mir war. Den ganzen Tag flossen meine Tränen; ich wusste, es lagen
ein paar Zeilen von Dir dabei und musste dulden, dass man mich mit
solcher Tyrannei behandelte an meinem Geburtstag! Das war mein
unglücklichster. Einige Tage darauf konnte ich mich noch immer nicht
beruhigen, immer standen mir die Tränen in den Augen, und da kam
denn dem Vater ein wenig Mitleid an, und er fragte mich, was mir
fehle, worauf ich dann sogleich die Wahrheit der Sache sagte. Darauf
nahm der Vater Deine Briefe aus seinem Sekretär und legte sie mir hin
und sagte: „ich wollte sie Dir eigentlich nicht zu lesen geben, doch da
ich sehe, wie unvernünftig Du bist, so lies sie." ich war zu stolz und las
sie nicht. – Die Kränkung konnte damit doch nicht gut gemacht werden. Als das Gewitter kam, am Abend, da hab ich auch viel geweint,
ich hatte so Bange um Dich. Dein Bild war noch mein Trost."

Es kam zwar diesmal nicht, wie vor 1½ Jahren, zu einer kränkenden
Absage, die, im Gegensatz zu dem damaligen heimlichen Treiben, diesmal durch die offene Werbung ausgeschlossen war, aber ebenso wenig
zu einer Klärung der Situation. „Wiecks Antwort", schrieb Schumann

---

121   Am 8. Juni 1839.

tags darauf an Becker[122], „war so verwirrt, so zweifelhaft ablehnend und zugebend, dass ich nun gar nicht weiß, was ich anfangen soll. ... Ich bin schwer niedergedrückt und vermag nichts zu denken." Näheres erschließen die in diesen Tagen zwischen den beiden Hauptbeteiligten selbst gewechselten Briefe.

Schumann an Clara.

Am 18. September 1837.

„Die Unterhaltung mit Ihrem Vater war fürchterlich. Diese Kälte, dieser böse Willen, diese Verworrenheit, diese Widersprüche –er hat eine neue Art zu vernichten, er stößt einem das Messer mit dem Griff in das Herz. ... ...

Was denn nun, meine liebe Clara? Ich weiß nicht, was ich anfangen soll. Gar nicht. Mein Verstand geht hier zu Nichte und mit dem Gefühl ist ja vollends nichts anzufangen bei Ihrem Vater. Was denn nun, was denn nun?

Vor Allem waffnen Sie sich, und lassen Sie sich nicht einmal verkaufen ... ...

Ich traue Ihnen, ach von ganzem Herzen und das erhält mich auch aufrecht – aber Sie werden sehr stark sein müssen, mehr als Sie ahnen. Hat Ihr Vater doch selbst die fürchterlichen Worte zu mir gesagt: „ihn erschüttere nichts." Fürchten Sie Alles von ihm; er wird Sie zwingen durch Gewalt, kann er es nicht durch List. Fürchten Sie Alles!

Ich bin heute so tot, so erniedrigt, dass ich kaum einen schönen guten Gedanken fassen kann; selbst Ihr Bild ist mir zerflossen, dass ich mir kaum Ihr Auge denken kann. Kleinmütig, dass ich Sie aufgäbe, bin ich nicht worden; aber so erbittert, so gekränkt in meinen heiligsten Gefühlen, so über einen Leisten geschlagen mit dem gewöhnlichsten. Hätte ich nur ein Wort von Ihnen. Sie müssen mir sagen, was ich tun soll. Es wird sonst alles Spott und Hohn in mir und ich gehe auf und davon. Sie nicht einmal sehen zu dürfen! Wir könnten es, sagte er, aber an einem dritten Ort, in aller Gegenwart, recht zum Spektakel für alle. Wie das alles so erkältend ist, so nagend! Auch schreiben dürften wir uns, wenn Sie reisen! Das war

122   Vgl. Briefe. Neue Folge. S. 84f.

alles, was er bewilligte. ... ...
Vergebens suche ich nach einer Entschuldigung für Ihren Vater, den ich
doch immer für einen edlen menschlichen Mann gehalten.

Vergebens suche ich in seiner Weigerung einen schöneren, tieferen
Grund, etwa den, dass er fürchte, Sie würden als Künstlerin einbüßen
durch ein frühzeitiges Versprechen an einen Mann, dass Sie überhaupt
noch zu jung wären u. dergl. Nichts von dem – glauben Sie mir, er wirft
Sie dem ersten Besten zu, der Geld und Titel genug hat. Sein höchstes
dann ist Konzertgeben und Reisen; darüber lässt er Sie bluten, zerstört
mich in meiner Kraft, mitten im Drang Schönes zu tun auf der Welt;
darüber lacht er Ihrer Tränen aller.

Ihr Ring sieht mich jetzt so lieb an, als ob er sagen wollte, schmäle doch
nicht so auf den Vater deiner Clara – dreimal sagten Sie neulich fest,
fest; ich horchte auf, es kam so recht aus der Tiefe Ihrer Seele. – Clara,
ich bin so etwas worden durch jenen Tag – wenn ich heute schwach bin
und Ihrem Vater wehe getan [habe], so sind Sie mir nicht böse! Und doch
habe ich Recht.

Aber die Augen frisch auf das Ziel gerichtet. Sie müssen durch Ihre Güte
jetzt alles vermögen, und dringen Sie so nicht durch, durch Ihre Stärke.
Ich kann fast gar nichts als schweigen, mit jeder neuen Bitte an Ihren
Vater müsste ich ja eine neue Kränkung erwarten. Strengen Sie sich jetzt
an, was zu tun ist. Ich folge wie ein Kind ... Ach wie geht mir's doch im
Kopfe herum; ich möchte lachen vor Todesschmerz. Der Zustand kann
nicht lange so dauern – dies hält meine Natur nicht aus ... ...

Tröste mich, lieber Gott, dass er mich nicht in Verzweiflung untergehen
lässt. Ich bin ausgerissen an der Wurzel meines Lebens."

Gefasstere Stimmung atmet die am Nachmittag desselben Tages
geschriebene Fortsetzung:

„Verloren ist nichts, glaube ich; aber gewonnen haben wir auch wenig
genug. Meine Briefe ärgern mich jetzt. In acht bis zehn Wochen wäre es
besser gewesen. Es liegt jetzt viel daran, dass wir ruhig und vorsichtig
fortschreiten, das sehe ich. Am Ende muss er sich doch einmal in den
Gedanken fügen, Sie zu verlieren. Sein Trotz scheitert an unserer Liebe;
es muss werden, meine Clara ...

Benehmen Sie nur Ihrem Vater seine vielen schiefen Ansichten. Als ich ihn fragte, ob er denn nicht glaube, dass wir die seligsten Menschen von der Welt würden, so gab er mir das zu – und dennoch war nicht weiter zu kommen. Weiter sagte er, wir brauchten viel mehr, als wir dächten, und nannte eine enorme Summe. Wir haben gerade so viel, wie hundert der angesehensten Familien hier. Lassen Sie sich das nicht ausstreiten. Dann sagte er, „Sie würden dann oft im Stillen weinen, wenn wir nicht große Assembleen gäben usw." Clara ist das wahr? Und nicht zum Lachen? Etwas Begründetes konnte er und kann er nicht vorbringen. Unser gutes Recht, die Vernunft, *die auf unsrer Seite ist, schützt uns ... ... Treibt er uns aufs Äußerste, d.h. erkennt er uns nach anderthalb oder zwei Jahren noch nicht an, so müssen wir unser gutes Recht suchen ...* Dann traut uns die Obrigkeit. *Verhüte der Himmel, dass es einmal so weit kommen könne ... Lassen Sie mir bald ein paar Worte zukommen – besänftigend und gut. Viel klarer und schöner als diesen Morgen, wo ich den andern Brief schrieb, stehen Sie jetzt vor mir und Ihr dreimaliges ‚fest' klingt mir wie vom blauen Himmel herunter.*

Und ehe ich heute Abschied von Dir nehme, mein geliebtes Mädchen, so schwöre es mir noch einmal bei Deiner Seligkeit, dass Du Mut hast, die Prüfungen, die uns auferlegt sind, mutig zu bestehen, wie ich es auch im Augenblick tue, indem ich die beiden Finger meiner rechten Hand zum Schwur aufhebe. Ich lasse nicht von Dir. Verlasse Dich auf mich!

Und so helfe Gott und so bleibe ich ewig Dein

Robert.

Auf Ihr Ehrenwort, dass ich diesen unverzüglich zurückerhalte."

Clara an Robert.

„Leipzig 37." (Roberts Handschrift: „Am 26. September gelesen unter tausend Freuden.")

„Zweifeln Sie noch an mir? Ich verzeih es Ihnen, bin ich doch ein schwaches Mädchen! ja schwach: aber eine starke Seele hab ich – ein Herz, das fest und unveränderlich ist. Dies sei Ihnen genug, um jeden Zweifel zu unterdrücken.

Bis jetzt war ich immer sehr unglücklich, doch schreiben Sie mir ein Wort
der Beruhigung unter diese Zeilen und ich werde sorglos in die weite Welt
hinausgehen. Vater hab ich versprochen heiter zu sein und noch einige Jahre
der Kunst und der Welt zu leben. So manches werden Sie von mir hören,
mancher Zweifel wird sich bei Ihnen regen, wenn Sie dies oder jenes erfah-
ren, doch dann denken Sie – Alles das tut sie ja für mich! Könnten Sie jemals
wanken? nun, – so hätten Sie ein Herz gebrochen, das nur einmal liebte.

Clara."

(Außen:) „Öffnen Sie, dann aber schicken Sie mir diese Zeilen zurück.
Tun Sie es um meiner Ruhe willen."

Robert an Clara.

Leipzig 1837.

„So himmlische Worte gibt man nicht zurück. Bei mir ist es ja auch sicher.
Und nun kein Wort mehr vom Vergangenen und das Auge ruhig und fest
auf das eine Ziel unseres Lebens gerichtet! Mir aber vertraue, meine geliebte
Clara, und diese tiefste Überzeugung meiner Stärke stärke auch Dich in allen
Prüfungen. Meine letzte Bitte, ehe Du von mir gehst, – wie Du mich im Stil-
len wohl manchmal genannt, gib mir jetzt das inniger verknüpfende Du. Bist
ja meine heißgeliebte Braut und später einmal – diesen Kuss noch – Adieu.

Dein Robert."

Robert an Clara.

Leipzig 1837.   *Heute am 3. Oktober.*

„ … Soll ich Dir und Deinem Vater auf der Reise manchmal schreiben?
Ich weiß kaum mehr, wie ich mich zu benehmen habe.
Du wirst noch manches von diesem harten Manne dulden müssen. Des-
halb fühle Dich aber nie unglücklich; sei heiter, Du hast mein Herz und
mein Wort – auch ich bins – und weiß, dass Du mir treu bleibst.

Halte Banck immer von Dir fern. Er trübt das reinste Wasser. –
Es könnte kommen, dass wir einmal eine Zeit lang gar nichts voneinander hörten – dass unsere Briefe von Deinem Vater aufgefangen würden – dass man mich vielleicht sogar bei Dir anschwärzt. Dass man Dir dann sagte, ich hätte Dich vergessen usw. – glaube niemals daran. Die Welt ist böse, wir wollen aber rein hervorgehen. – Wenn ich alle zwei Monate auf einen Brief von Dir rechnen könnte, diese Gewissheit würde mich sehr beruhigen. – Ist das zu viel verlangt?
In drei Stunden soll ich Dich sehen: Ich habe so eine Angst. Es ist das letzte Mal – vielleicht für ewig.
Mache Dir keine Gedanken, dass wir uns gegen den Willen Deines Vaters schreiben und sehen: er benimmt sich danach. Gestehe niemals etwas davon; ohne kleine Lügen ist es noch bei keinem Paar abgegangen. Wir sind keine Kinder mehr und dürfen uns nicht alles gefallen lassen.
Also heute Abend soll ich meine Clara sehen."

Clara an Robert.

(Am 4. Oktober 1837 abends erhalten.)123

„Lieber Robert, die Briefe hab ich gelesen. Der Schmerz über die Kränkungen vom Vater, das Glück, e i n s o e d l e s H e r z als das Deine zu besitzen – mit einem Worte alle meine Gefühle drohen mich zu erdrücken. Für mich leide ich nicht, nur für Dich.
Ich bin so bewegt heute, dass ich keinen Gedanken fassen kann. Auch mir hat der Schmerz die Wurzel meines Lebens angegriffen, doch bist Du ruhig, so bin ich glücklich. – Doch nun eine Antwort, die mir schwer wird; ich kann Dir nicht heimlich schreiben ... Finde ich einmal ganz sichere Gelegenheit, so benutze ich sie gewiss, doch fest versprechen kann ich es d u r c h a u s n i c h t. Die Tränen treten mir in das Auge, dass ich Dir das schreiben muss. – Schreibe nur an mich und Vater ganz ungeniert (und recht oft) als Freund – Freund? ach welch kaltes Wort! Sind wir uns doch beide einander mehr und das ist genug!

---

123 Schumanns Handschrift.

Ich bin gefasst auf alles, auf das Schlimmste ... Jetzt bin ich stark geworden durch Dich – D e i n H e r z , D e i n e d l e r S t o l z hat auch mir ein Selbstgefühl gegeben.

Ach, wie ist doch gestern Abend schnell verflossen, so viel wie ich Dir noch zu sagen hätte. Ich schwebe immer zwischen Weinen und Lachen. Die Hand zittert, das Herz schlägt so allgewaltig, nur jede Minute Dir entgegen. Was soll ich noch sagen? Der Allmächtige, der Gütige möge Dir unaufhörlich zuflüstern, was ich so innig und nicht auszusprechen vermag.

Willst Du mich noch einmal sprechen, so ist heute Abend zwischen halb sieben und halb acht Uhr Gelegenheit wie gewöhnlich in Reichels Garten."

Clara an Robert.

Leipzig 1837.   Erhalten Sonnabend abends, d. 11. Oktober[124],
                              den Tag vor der Abreise.)

„ ... Überhaupt muss ich jetzt wieder viel hören, was ein zartfühlend Herz verwundet, tief schmerzt Mutter meint, Du seist falsch –Falsch? Ach Gott, sollte Deine Clara ihren Robert nicht besser kennen?

Schreib nur immer direkt an Vater, nicht durch die Mutter. Vertraue ihr ja nicht, wenn Du sie etwa besuchst. Es tut mir leid, dass ich es sagen muss, aber glaub mir, sie meint es nicht so, wie sie spricht; ich hab es jetzt oft erfahren.

Solltest Du mich hintergehen können? Könntest Du Dir dies jemals verzeihen, meine unbeschreibliche Liebe so belohnt zu haben? Fühl ich mich doch so mutig, alles zu ertragen, hab ich doch vom Vater heut alles angehört, ohne auch nur eine Minute an Dir zu zweifeln – mein Glaube steht unerschütterlich! – Wer weiß, welch glänzende Aussichten sich mir noch darbieten werden, doch alledem entsage ich mit Freuden, denn was helfen mir alle Reichtümer mit einem gebrochenen Herzen? Mich kann nur Liebe beglücken. Nur für Dich lebe ich, alles will ich Dir geben ...

---

124   Schumanns Handschrift.

Nun muss ich mich trennen von dem was mir das Liebste. Leb denn
wohl – keine Minute, wo ich nicht Deiner gedenke.

Deine t r e u e *Clara."*

(Auf der Rückseite des Briefes von Schumanns Hand:) „Ich bin tot und selig zugleich – Dein Brief gestern, der Zorn über Deinen Vater, der Abschied, die ganze vergangene Zeit, Deine Güte, Deine Hoheit, so reich bin ich. Aber verließest Du mich einmal, nun so breche alles zusammen. Verlasse Du mich nur nicht. (Schluss nicht zu entziffern.)

R o b e r t a n C l a r a.

Am 9. Oktober.

„Dein ‚guten Abend' gestern[125], *Dein Blick, als wir uns vor der Türe sahen, ich will es nie vergessen. Also diese Clara, dachte ich, dieselbe ist dein – ist dein, und du kannst nicht zu ihr, ihr nicht einmal die Hand drücken. Ob im ganzen Saal jemand war, der sich meinen Seelenzustand nur denken konnte? Kaum Du. Ich war tot und selig zugleich, müde zum Umsinken und fast jeder Tropfen Blutes eine Fieberwelle! Wie soll das werden? Vetter Pfund*[126] *brachte mir noch einen ‚herzinnigen' Gruß von Dir – darauf schlief ich sanfter als die vorigen Nächte. Aber glaub mir – ich bin recht krank, recht sehr krank; ein Schlag und ich falle um.*

Was raubt mir auf einmal die Kraft zur Arbeit? Fantasiere ich am Klavier, so werden's Choräle, schreib ich, so geschieht's ohne Gedanken – nur einen möchte ich überall mit großen Buchstaben und Akkorden hinmalen

---

125 Clara spielte am 8. Oktober im Gewandhause.
126 Pfundt, ein Vetter Wiecks. Berühmter Paukenschläger.

125

Clara.

Am 11. Oktober.

„Ich mag nicht weiter denken und schreiben; aber wie Du weintest an meinem Herzen, da – Clara, Himmel und Hölle hast Du mir gestern gezeigt. Ob ich Dich denn liebe – und Du mich? Verlass mich nicht, Du einziges Mädchen. Ich klammere mich an Dir fest; gibst Du nach, so ist es um mich geschehen."

Schumann erwähnt in seinem Briefe vom 9. Oktober des Konzertes im Gewandhaus vom Tage vorher, in welchem Clara vor ihrer Abreise noch auftrat. Mendelssohn selbst führte sie an ihr Instrument. Sie spielte mit einem für Leipzig unerhörten Beifall und musste das Finale aus Henfelts Variationen wiederholen. Die Zuhörer wollten sich gar nicht zur Ruhe geben, was umso mehr sagen will, als das verwöhnte Leipziger Publikum nicht leicht in Enthusiasmus geriet. Gewiss war es nicht zum wenigsten das Bewusstsein von der Nähe des Geliebten, was sie in ihrem Spiele begeisterte und die Zuhörer mit ergriff.

Die Abreise erfolgte am 15. Oktober. Es war der Antritt zu einer Konzertfahrt, die die Liebenden abermals für sieben Monate trennte. Am 16. Oktober, dem Tag nach der Wegreise, schrieb

Robert an Clara.

„Ich küsse Dich für Deinen letzten Brief – wie der mich gestärkt und gehoben! Wie sollst Du einmal glücklich bei mir sein. Gestern Abend um 9 Uhr dachte ich an Dich – Dein Gedanke mit der bestimmten Stunde ist schön. Zum ersten Mal seit vielen Wochen habe ich recht lang geweint – und mir war's, als müsstest Du das fühlen – ein unsäglich schönes Gefühl der Nähe hatte ich.

Den Eindruck, den Dein letzter Brief auf mich gemacht[127], will ich Dir mit Worten nicht beschreiben, aber mit Taten."

---

127 Dieser Brief fehlt.

126

Viertes Kapitel

Mitten in die Erregungen der letzten September- und ersten Oktober-
wochen waren, wie wir aus den Briefen der beiden Liebenden ersahen,
die Vorbereitungen für eine neue große Konzertreise gefallen, die Clara
in Gemeinschaft mit dem Vater für lange Monate aus Leipzig entführen
und in mehr als einer Beziehung für ihre künstlerische und menschliche Charakterbildung bedeutungsvoller werden sollte, als alle vorhergegangenen. War doch das Ziel der Reise Wien, die Geburtsstätte
der deutschen Tonkunst, die die Welt zu erobern im Begriff stand. Und
Clara betrat diesen, durch große Erinnerungen und Überlieferungen
geweihten und immer noch von einer künstlerischen Atmosphäre
ohnegleichen belebten und bewegten Schauplatz in einem Augenblick,
wo sie ihren 18 Jahren zum Trotz durch den tapfer aufgenommenen
Kampf für ihre Liebe zu einer inneren Selbständigkeit gelangt, zu einer
Persönlichkeit gereift war, die sie ganz von selbst zu den Gewalten, die
bisher allein ihr Leben bestimmt hatten, ein neues Verhältnis gewinnen ließ, zu ihrem Vater und zu ihrer Kunst. Beide aber waren gerade
in einem Leben wie dem ihrigen nicht voneinander zu trennen. Umso
schmerzlicher musste sie es empfinden, dass gerade in diesem Augenblick, wo ihre Kunst durch ihre Liebe für sie einen neuen Inhalt, eine
neue Seele bekam, ihr innerstes Wesen in schneidenden Gegensatz
und Kampf geriet zu dem, dem sie ihre Kunst dankte, ihrem Vater. Sie
fühlte, wie mit der Notwendigkeit eines Naturprozesses sie sich mehr
und mehr von ihm löste und wie die schroffen Gegensätze ihrer beider-
seitigen Lebensanschauung auch nicht ohne Einfluss blieben auf das
Pietätsverhältnis der Schülerin zu ihrem Meister. Noch trat sie vor die
Öffentlichkeit unter seinem Namen, als sein Geschöpf, innerlich aber

gehörte sie bereits mit Leib und Seele dem Manne, dessen Namen zu verunglimpfen ihr Vater nicht müde ward. Und während sie als Friedrich Wiecks Tochter die höchsten Triumphe feierte, fühlte sie sich nur als Schumanns Braut. Aber in demselben Augenblick war sie sich deutlich bewusst, was sie an Dank jenem schuldete, der sie zu dem gemacht, was sie war, zu der Künstlerin, die jetzt den Wettkampf mit den Größten im freudigen Bewusstsein sicheren Könnens um eigenen Wertes, das auch vorübergehende Anwandlungen des Kleinmuts nicht zu erschüttern vermochten, aufnahm und siegreich durchführte. Dieser Zeitpunkt scheint daher vielleicht am geeignetsten, um ehe neue Liebe und neues Leben wieder ihr Recht fordern, den künstlerischen Entwickelungsgang, den Clara bis jetzt an der Hand ihres Vaters durchlaufen und die Stellung, zu der sie sich dadurch unter ihren Zeitgenossen durchgerungen und nicht minder die allgemeine musikalische Konstellation, wie sie sich für die Technik und Auffassung der Aufgaben des Klavierspiels im Laufe der Zeit gestaltet hatten, sich zu veranschaulichen.

Ursprünglich ein Saiteninstrument mit Tastatur, gestattete das Klavier bloß die Produktion von Tönen dünnen, spitzen Klanges und kurzer Zeitdauer. Mit der Erfindung des „Hammerklavieres" zu Anfang des 18. Jahrhunderts tritt aber für die Entwickelung der Mechanik des Instruments und im Zusammenhange damit für die Ausgestaltung des Klavierstiles der bedeutsamste Umschwung ein, denn der Gewinn an erhöhter Schallfülle und -dauer beginnt auf die Spielweise, Schattierung, Anschlagskunst, kurz auf die gesamte Technik mächtigst einzuwirken. Es war nun ein Organ gewonnen, welches den Intentionen verschiedenster Kompositionsweisen dienstbar werden konnte.

War man früher fast ausschließlich auf die Pflege des brillanten Figurenspieles hingewiesen und beschränkt, so konnte man nun bei der Möglichkeit längerer Tondauer und reicherer Nuancierung einerseits auf eine innigere Tonverbindung, auf das singende Legato, andererseits auf ein volleres, klanggesättigtes Akkordspiel (namentlich seit Erfindung und Einführung des Pedals) ausgehen. Jetzt konnte sich der schaffende musikalische Genius auf dem „Pianoforte" ungehindert entfalten.

Bach vermochte seine reiche polyphone Tonwelt von der Orgel auf das Klavier zu übertragen, Mozart und Haydn konnten die freie Ungebundenheit und Feinheit, die sie in der Kammermusik (Quartett) entfalteten, auf ihm zur Darstellung bringen, bis Beethovens nach allen Seiten ausgreifende Fantasie, dasselbe mit symphonischem Geiste erfüllend, ungeahnte neue Wege erschloss. Auf ihnen wandelnd schenkten die nachfolgenden Romantiker Chopin, Liszt, Schumann, Schubert, Mendelssohn, später Brahms uns die köstlichsten Schätze der Klaviermusik. Merkwürdigerweise entstanden nun zur selben Zeit, als neben Beethoven C. M. v. Weber und Franz Schubert für das Repertoire der Klavierspieler in so ausgiebiger und idealer Weise sorgten, Richtungen, welche nur dem Äußerlichen, in schlechtem Sinne „Effektvollen" huldigten, gleichwohl aber Mode wurden. Die platten, gedankenlosen Kompositionen eines Herz, Häuten, Kalkbrenner, Abbé Gelinek usw. durfte kein konzertierender Pianist jener Tage ignorieren. In diese Zeit seichtester Geschmacksrichtung fiel Claras Kindheit. Auch ihr ward das Studium der genannten Modekomponisten nicht erspart, und sie erntete durch den Vortrag ihrer Kompositionen, wie wir gesehen haben, ihre ersten Lorbeeren. (Doch das Studium dieser Sachen, die große Anforderungen an den Klavierspieler in technischer Hinsicht stellten, war gewiss für sie von höchstem Nutzen und legte die Grundlage zu ihrer großen Bravour, die später auch dem Vortrage klassischer Sachen zu Gute kam.)

Indes Friedrich Wieck trug andere Ideale in sich. Er hatte in seiner Jugend Beethoven spielen hören, was in ihm den größten Eindruck hinterlassen hatte. Diese Erinnerung und die Erscheinung Paganinis erweiterten seinen Blick für ein Spiel im großen Stil, jedoch ließ er nicht außer Acht, dass nur auf solidester technischer, diese Art des Spiels aber schon vorbereitender Basis aufgebaut werden konnte. So bildete er sich eine eigene Methode. Ob bewusst oder unbewusst schloss er sich nach technischer Seite hin J. S. Bach an. Die vielen für seine Schüler geschriebenen kleinen Übungen zeugen davon, dass er dieselben Wege ging wie Bach in seinen „XII Petites Préludes pour les commençants". Da ist dieselbe Behandlung der Hand, der Phrasierung, der Bindungen, der Kräftigung jedes einzelnen Fingers, in der rechten sowohl wie in der linken Hand. Von der ersten Übung an hat der Schüler bei ihm schon eine kleine Phrase zu gestalten, welche das gedankenlose Fingerüben ausschließt, die Willenskraft jedes einzelnen Fingers ausbildet und das rhythmische Gefühl in dem Schüler entwickelt. Sodann pflegte er vor allem das Legatospiel, das er, wie Bach, als Grundelement eines schönen Klavierspiels, des Singens auf dem Klavier betrachtet[128]. Der sicheren Führung des Lehrers hatte Clara es zu verdanken, dass sie bei verhältnismäßig kurzer Übungszeit (drei Stunden täglich), die aber auf das regelmäßigste und immer unter den Augen des Vaters eingehalten wurden, in so jungen Jahren die höchst mögliche technische Fertigkeit erreichte, die ihr Temperament schnell zur Bravour entwickelte. – Fast wie ein Wunder erscheint es, dass sie mit zwölf Jahren die heute noch als eins der schwersten Stücke geltenden Variationen über *Laci darem la mano* von Chopin so vortrug, dass sie dem Werke voll gerecht wurde; dass sie einige Jahre später bei deren Erscheinen Symphonische Etüden und die Fis-Moll-Sonate von Schumann nicht nur bewältigte, sondern so darüber stand, dass sie sie musikalisch zu gestalten vermochte.

Die erste Station auf dem Wege der Reisenden war auch diesmal wieder Dresden, aber nicht, um dort die Reihe der öffentlichen Konzerte zu eröffnen, sondern nur, um im engeren und weiteren Kreise guter Freunde und Bekannter bei Musik sich des Lebens zu freuen. Besonderes Interesse erregte Clara der junge Vieuxtemps, der ihr als Mensch wie als Künstler gleich gut gefiel; umso weniger konnte sie es den Dresdenern verzeihen, dass sie seine Konzerte halbleer ließen. Einen kleinen besonderen Triumph aber feierte sie mit Schumann zusammen auch schon hier. „Am 27. Oktober", berichtet das Tagebuch, „hatten sich etliche zwanzig Personen bei uns eingefunden, um den Carneval von Schumann zu hören und – der Sieg ward errungen!"

Am 30. Oktober brachen Vater und Tochter nach Prag auf. Dort fand am 12. November das erste Konzert – ohne vorangegangene Subskription und dazu nur Solospiel ohne Orchester, ein großes Wagnis in den Augen der Prager – statt, und erntete, als günstiges Omen für den weiteren Verlauf der Reise, von einem feinen, musikalisch gebildeten Publikum enthusiastischen Beifall, der sich bis zu zwölfmaligem Hervorruf steigerte.

---

128 Doch im Gegensatz zu Bach ließ er die Finger nicht krümmen, nicht nach vorn abziehen, sondern nur so weit nach innen biegen, dass der Spieler mit dem weichen Polster der Fingerspitze die Taste herunterdrückte, nicht schlug. Die Finger ließ er nicht hoch, aber energisch, mit Bewusstsein heben. Die Stellung der Hand war bei ihm so, dass dieselbe mit dem Arm eine etwas weniger aufsteigende Linie bildete. Akkorde und Oktaven mussten mit dem Gelenk angeschlagen werden, wo sie bei größter Stärke immer voll und weich klingen.

Die Wiener Theaterzeitung von Bäuerle brachte die Notiz aus Prag: „Clara Wieck, die Pianofortevirtuosin aus Leipzig und Mitglied der neuromantischen Schule daselbst, ist hier angekommen, um 3 Konzerte zu geben." Das Tagebuch weiß außer der Genugtuung über den glänzenden künstlerischen und materiellen Erfolg auch von mancherlei Gegnerschaft und Kabalen zu berichten, und Wieck lässt es nicht an Kraftworten besonders über die geheime Gegnerschaft von Pixis und seinen Anhängern fehlen. Von Saphir, den sie hier kennen lernten, wird das Witzwort berichtet, er habe, als ein Maler[129] die Absicht geäußert, Clara zu zeichnen, bemerkt: „Clara ist so ausgezeichnet, dass sie gar nicht mehr gezeichnet werden kann." Im Übrigen geben schon hier und mehr noch in der Folge Claras Briefe an Schumann ein treueres und intimeres Bild ihrer Erlebnisse als das unter den Augen und nach den Anweisungen des Vaters geführte Tagebuch.

Clara an Robert.

„Prag, Freitag d. 3. Nov. 1837, abends 9 Uhr.
(Schumanns Handschrift: „Dienstag, am 7ten erhalten.")

Warum Dein Stillschweigen? seit beinahe drei Wochen hab ich nun nichts von Dir gehört – das ist schmerzlich. Warum keine Antwort auf Vaters Brief, den er Dir ohne mein Wissen geschrieben? Nanny[130] weiß um alles, was Vater tut, denn ihr vertraut er, sie hat mich aber zu lieb, um mir nicht alles zu sagen. – – Was sagst Du zu Vaters Brief, wirst Du ihm antworten? – Nur eine Zeile schreibe mir. B. C. D. E. sind die Buchstaben. Lass die Adresse von Dr. Reuter (den ich grüßen lasse) schreiben, der Vater könnte sich auf der Post die Briefe zeigen lassen und Deine Hand erkennen. Ende nächster Woche, Donnerstag oder Freitag, frag ich

---

129 Offenbar J. K. Schramm, der Clara im November in Prag zeichnete; ein sehr anmutiges Bild, das allgemein, wie Clara einmal an Schumann schreibt, „außerordentlich ähnlich" gefunden wurde. Übrigens erwies Saphir sich wenige Wochen später in Wien gegen Clara alles eher als freundlich. „Wir haben nicht gezahlt", bemerkt Wieck im Tagebuch.
130 Nanny war Claras Reisebegleiterin.

nach, – lass mich nicht vergebens fragen. – – Am vorigen Sonntag reis-
ten wir von Dresden ab. Wie war doch der Morgen so schön, die Elbe so
klar, der Himmel, der sich darin abspiegelte und die Sonne – sie blickte
mich so freundlich an, als wollte sie tröstend zu mir sagen, ,trag mir deine
Grüße auf, ich richte sie ihm treulich aus'. Konnt ich mir doch so lebendig
vorstellen, wie sie schüchtern durch den Park in dein Fenster geschienen –
hat sie Dich nicht erinnert an eine gewisse –?

Mein Gemüt ist jetzt sehr bewegt, den Vater zu sehen, wie er unglück-
lich ist, wenn er daran denkt, mich einmal zu verlieren – ich fühle Pflich-
ten gegen ihn und muss Dich doch so unendlich lieben! – Er meint, ich
würde Dich vergessen, vergessen? Das Wort macht mich schaudern! Er
kennt nicht die Stärke eines liebenden Herzens – Ach, die Worte mangeln
mir doch so sehr, ich fühle so mächtig und vermag so wenig auszuspre-
chen – eine innere Stimme muss es Dir sagen – –

Mit Gewalt muss ich mich nun von Dir trennen – mein Geist trennt sich
nie; der Knoten ist jetzt fest geschlungen, ich reiß ihn nie! – Was mein
sehnlichster Wunsch jetzt ist weißt Du – also eine Zeile

Deiner treuen Clara."

Robert an Clara.

"L., am 8ten November 37. Früh morgens.

Eine Zeile willst Du nur? Du sollst mehr haben, wiewohl etwas in mir
sehr böse auf Dich sein wollte und Du es auch verdientest. Dass Du es so
lange aushalten konntest und stillschweigen, hätte ich nicht gedacht, an
Deiner Stelle auch nicht gekonnt, da Du immer Briefe an mich zu brin-
gen weißt, ich aber nicht an Dich. Was ich in den letzten Tagen gelitten
habe – still davon. Da kam er gestern, Dein Brief. Mir war es, als wär ich
da einem großen Unglück entgangen. Er ist kurz, aber er ist von Dir und
ein Teil von Deinem Herzen – habe Dank dafür. – Dein Vater hat mir
geschrieben[131] *– hier hast Du ungefähr den Inhalt: ,Sie sind ein vortreff-*

---

131 Es ist der Brief, dessen Schumann später in dem ersten Schreiben an den Advokaten
     Einert vom 30. Mai 1839 mit den Worten erwähnt: „Der Vater gab darauf" – auf Sch.s
     Werbung im September – „weder ein Ja noch Nein zur Antwort, stellte mir jedoch Mitte

licher Mann, aber es gibt noch vortrefflichere – ich weiß eigentlich nicht, was ich mit Clara vorhabe, aber es steht mir jetzt nicht an. Herz? was geb ich aufs Herz etc. ...' – Zwei Stellen schreib ich Dir noch wörtlich ab: ,ehe ich zwei solche Künstler zusammen bürgerlich und häuslich unglücklich und beschränkt sehe, opfere ich lieber meine Tochter allein auf eine oder die andere Weise' und dann die herrlichen Worte: ,Und muss ich meine Tochter schnell anderweitig v e r h e i r a t e n, so könnten Sie nur allein die Ursache sein.' Dies letzte, meine liebe Clara, war entscheidend und entschieden genug. – Was kann ich auf den Brief tun? Nichts als schweigen entweder oder ihm die Wahrheit sagen – mit einem Worte, es ist aus zwischen uns – was hab ich noch mit solchem Mann zu schaffen. Schlimm ist es freilich – und ich weiß nicht wie das werden soll. Wirst Du auch ausdauern? W i r d s o e i n e S t i m m u n g, w i e a n j e n e m l e t z - t e n D i e n s t a g n o c h e i n m a l über Dich kommen? Ich muss Dir etwas sagen, nimm es mir nicht übel, Du geliebtes Mädchen! An jenem Abend hast Du mir doch Einiges gesagt, was Du nicht gesollt hättest, weil es Dich selbst unglücklich macht und mich dazu. – Bist Du nicht glücklich in meinem Besitz? Hast Du nicht die Überzeugung, das glücklichste Weib zu werden, hast Du diese nicht – so zerreiß es lieber jetzt noch, das Band. Alles geb ich Dir noch zurück, auch den Ring. Freust Du Dich aber meiner Liebe, erfüllt sie Dein ganzes Herz, hast Du auch alles recht erwogen, meine Fehler, meine Unarten, genügt Dir das Wenige, was ich Dir sonst bieten kann, wenn's auch keine Perlen und Diamanten sind – nun so bleib es beim Alten, meine treue Clara! Dann aber geb ich Dir nie etwas zurück, entbinde Dich Deiner Verpflichtungen gegen mich niemals und will alle Ansprüche geltend machen, die mir Dein Jawort und Dein Ring verleihen. Wie viel habe ich Dir heute noch zu sagen – Wo soll ich nur anfangen!

Also von meinem Leben während der drei letzten Wochen! sie waren recht frisch und schön. Habe viel gearbeitet und fuhr bei jedem Klingelzug in die Höhe, ob es nicht der Briefträger – da er mir rein gar nichts bringen wollte, so sank ich in den letzten Tagen ordentlich zusammen.

... Auch zur Arbeit fehlte die Lust – nun es ist vorbei, und das Herz schlägt wieder im alten raschen Lauf ... Über unsere Zukunft hab ich

---

Oktober desselben Jahres einen höflichen Brief zu, worin er sich geradezu gegen eine solche Verbindung aussprach und als Grund die beschränkten Vermögensverhältnisse seiner Tochter wie auch meine eigenen angab."

viel nachgedacht; ich will Dir bald darüber schreiben, über einige Pläne,
wie sich einzurichten wäre, über Besänftigung Deines Vaters, über tau-
senderlei Anderes. Sehr traurig macht mich, wenn ich Deine Briefe hin-
tereinander lese und sehe, wie Deine Hoffnung immer mehr sinkt – Lass
das nicht weiter gehen! Du kannst recht gut Deinen Vater lieben und
mich auch, – aber verheiraten darfst Du Dich durchaus nicht lassen, das
leide ich nicht, hörst Du, Clara, Mädchen? ...

Sonst nannte ich Dich oft im Scherz ,Braut' – weißt Du noch? – jetzt
muss ich's nun büßen, und es wird uns noch manche Träne kosten.

Du schreibst mir aber doch gar zu wenig in Deinem Brief, nichts von
dem, was Ihr vorhabt, nichts von Dir selbst. ...

... Im Grunde solltest Du mir alle Tage schreiben; da das aber nicht
geht, so wenigstens doch einige Male im Jahr – ich bat Dich um sechs
Briefe – Du schlugst es mir wirklich ab; jetzt bitte ich Dich aber um zwölf
und die wirst [Du] mir schon schicken im Jahr, nach so glücklichem Vor-
gang des gestrigen, wo jetzt schon einer auf den Monat kömmt. Im Ernst,
liebe Clara, schreibe doch manchmal an mich – ich heiße – – wohne
in – ... In dem Brief kannst Du auch sagen, dass, allen Erfahrungen
nach, Künstlerinnen (namentlich gute, große) selten länger als ein Jahr,
höchstens drei Jahr, denselben Glücklichen geliebt hätten, dass es aber
zum Glück auch Ausnahmen gäbe, unter welchen namentlich Klavier-
spielerinnen anzutreffen wären etc.

Ich werde den Morgen unaufhörlich gestört und kann nichts Ordent-
liches denken und der Brief muss fort ... Dein Brief hat mich so froh
gemacht, dass ich es Dir gar nicht aussprechen kann. Verliere den Mut
nicht, meine liebe und herrliche Clara

... Bewahre, was ich Dir schrieb, im Herzen: ,Zweifeln ist schon
Untreue, Glaube halber Besitz' – das andre wird unser gütiger Geist, der
uns schon bei unsrer Geburt für einander bestimmt, zu einem glücklichen
Ende führen.

Dass Du alle meine Briefe sicher aufhebst, dass
ich Dein heiliges Ehrenwort habe, dass Du Dei-
nem Vater (wie in einer schwachen Minute in
Dresden) die Briefe nie zeigest, dass Du nie ver-
gessen mögest, wie Du Dir ebenso nahe stehst
wie Deinem Vater, dem Du schon so viel Freu-

den bereitet und er Dir Deine schönsten Jahre
nur zu Schmerzensjahren, dass Du mich selbst
nie vergessen mögest – darum bitte ich Dich
noch heute.

*Grüße die treue Nanny tausendmal; es war hübsch von ihr, als ich ihr
beim Abschied sagte, sie möchte sich einen so guten Mann wie sie verdiente von der Reise zurückbringen, sagte sie, nein, sie bleibe bei Dir –
das war hübsch von ihr. Es soll ihr einmal recht wohl gehen – vielleicht
bei uns.*

*Vergiss abends neun Uhr niemals; ich bin da bei Dir, wie ja immer Lebe
wohl, Du teures Mädchen.*

Dein R."

Clara an Robert.

November 1837.
„Prag, Sonntag d. 12. Abends.

*Lieber Robert, Dein Brief hat mir eine unaussprechliche Freude gemacht,
ich bekam das Zittern im ganzen Körper vor Freude, als mir ihn Nanny
einhändigte. Doch nun erlaube mir erst ein wenig zu zanken und Dir
zu sagen, dass Du ein ungenügsamer Mensch bist. Erst wolltest Du in 8
Wochen einen Brief haben, dann in 4 Wochen, und nun schreib ich Dir in
3 Wochen und Du beklagst Dich! – Ich glaub fast, Du willst mich schon
ein wenig im Voraus die Herrschaft des Mannes fühlen lassen – schon
gut, ich denk, wir werden uns vertragen. – Aber was schreibst Du da von
Hoffnungen sinken? Hast Du den Sinn aus meinen Briefen gezogen? ach
Robert, das schmerzt! Leb ich ja doch nur in einer Hoffnung, nur ein
Gedanke begeistert mich in meinem Tun und Treiben, und Du kannst so
etwas sagen, nein – s c h r e i b e n ? – Lass das nicht weiter gehen! – Und
nun, was das verheiraten betrifft, das ist allerdings bedenklich. Wenn nun
so ein Diamant käme, der mich so blendete, dass ich Eusebius, Florestan
und wie sie sonst noch heißen vergäße und Du läsest am Ende in Zeitungen ‚Verlobung des Fräulein Clara Wieck mit dem Herrn von Perlen-
schnur oder Diamantenkrone'. – Im Ernst aber, bin ich ein kleines Kind,*

das sich zu dem Altar führen lässt wie zur Schule? Nein, Robert! Wenn
Du mich Kind nennst, das klingt so lieb, aber, aber wenn Du mich Kind
*denkst, dann tret ich auf und sage: ‚***Du irrst!***' Vertraue mir vollkommen.*
Hab ich Dir nicht einmal geschrieben ‚Die Not bricht Eisen'; hilft nichts
mehr, so such ich Ruhe in liebenden Armen. Nun noch – was wollt ich
doch gleich? Ich meine den Ring. Also Du wolltest mir ihn wiedergeben?
Hm, das wäre halt zu schauen, will mal überlegen! – Du lächelst? ich
auch – eben schaut der Mond herein ‚schönen Gruß' – nun, nicht wahr,
lieber Robert, wir lassen es beim Alten, und Du nennst mich fortan Deine
treue Clara, nie anders.

Von meinem Leben willst Du also wissen, so höre! Heute habe ich im
Konservatorium Konzert gegeben (die Konzerte sind hier des Theaters
wegen um Mittag 12 oder Nachmittags 5 Uhr) und bin 13mal gerufen
worden. Mein Gott, das war ein Enthusiasmus, wie mir noch nicht vor-
gekommen. Du kannst Dir denken, ich wusste gar nicht was tun; immer
musst ich wieder aus meinem Schlupfwinkel heraus, und nun die Knicks-
chen, die ich so herzlich schlecht mache! Der Gedanke an Dich begeis-
terte mich so beim Spiel, dass das ganze Publikum mit begeistert wurde.
Schon Gratulationsbriefe und Besuche habe ich heute bekommen – die
Leute sind hier wie närrisch. – Doch sieh an die Uhr, wie spät es ist, und
ich, die ich heute der Ruhe so sehr bedarf, plaudere so lange! ach könnt
ich doch immer so plaudern! –

So denn gute Nacht und hörst Du, den Dienstag hab ich allerdings
gesprochen von ‚schöne' Worten' etc., glaub mir, ich wollte Dich nicht
verwunden ... doch möcht ich Dir den Rat geben, wohl das eine und das
andere, doch nicht a l l e s zu vergessen, was ich Dir am D i e n s t a g
gesagt. Nun träume recht viel Schönes, von einem Mädchen, das so treu
geliebt hat wie keines.

Freitag, d. 17ten Nachmittag.

„*Endlich nach beinahe acht Tagen komm ich dazu, Dir wieder ein paar*
Worte zu schreiben. Glaub nicht, dass das so leicht ist, denn bei unver-
schlossener Tür muss ich Dir schreiben, da Vater sehr bös ist, wenn er das
Zimmer verschlossen findet. Und nun sein Verdacht; denk Dir, er hat
zur Nanny gesagt, ‚ich weiß schon meinen Pfiff, wie ich erfahre, ob Clara

an Schumann geschrieben, lange bleibt es nicht vor mir verborgen.' Am besten Du adressierst Deinen nächsten Brief an einen Herrn, meinetwegen ,Herrn Julius Kraus, p o s t e   r e s t a n t e ' nach Wien versteht sich. Lass aber ja immer die Adresse von Dr. Reuter schreiben ... Eben lese ich, was ich Dir am Sonntag geschrieben und mir fiel ein, Du könntest meine scherzhaften Zeilen missverstehen; doch nimm ja alles recht ernst und dann meine inständigste Bitte, erwähne nichts mehr von Zweifel, das verwundet mich tief! Hab ich doch das Bewusstsein der schönsten und standhaftesten Liebe. Baue so fest auf mich, wie ich auf Dich – dann ist uns kein Hindernis zu groß, wir bieten allem Trotz, wenn nicht höhere Mächte sich zwischen uns stellen."

„Den 19ten, Sonntag.

Heute war der Abend, wo ich mir vorgenommenen, Dir recht viel zu schreiben, da kommt so ein schmachtender Courmacher und verdirbt mir den ganzen schönen Abend ... Du wirst erraten und lächeln! – Auch noch ein Enthusiast ist hier, der mich mit jedem Blick zu verschlingen droht, und setz ich mich an das Klavier, so ist es vollends ans, dann mach ich mich jedes Mal auf eine Umarmung gefasst; glücklicher Weise steht, wie Du weißt aus alten Zeiten, immer ein Stuhl an meiner Seite, auf den er zuerst fällt. ... Aber nun ein schrecklicher Schwätzer, das ist Tomaschek, der wütend auf Dich ist, weil Du Dreyschock (seinen Schüler) getadelt hast[132]. Mich ärgert nichts mehr, als dass ich denen von Deinen Kompositionen vorgespielt. Tomaschek versteht sie nicht oder er will sie nicht verstehen. – Ich hab mich mit ihm gestritten um Bellini, Spohr (Du kennst meine Schwäche), Mozart etc.: als er mir nun sagt, Gluck sei der erste Komponist der Welt und ich verstünde die wahre Musik nicht, so sagte ich: ,Wenn ich werde einmal eine alte Jungfer sein, dann werde ich auch über Gluck schmachten – jetzt will ich noch allem Schönen in der Kunst leben und fühle mich glücklich, dass ich nicht einseitig bin.' Er ging – und kam nicht wieder.
... Mutter schrieb, dass Du das Lied von Mendelssohn wünschtest, doch Du wirst mich nicht ungefällig nennen, wenn ich es Dir abschlage.

---

132   Gesammelte Schriften. 4. Aufl. II, S.46.

Das Lied möcht ich gern für mich behalten, es ist mir wert. Mendelssohn hat ja wenigstens noch 50 Lieder ohne Worte im Kopf, wovon er Dir aufschreiben kann. ... ...

Gestern war mein 2tes Konzert, beinah 600 Zuhörer, ohngeachtet der ganze Adel noch nicht hier ist, und abermals ein Beifallssturm. Saphir und Uffo Horn waren auch im Konzert, und Saphir hat (wie er mir gesagt) gleich einen Bericht in den Humorist geschickt, was in Wien viel zu bedeuten hat ... ...

Woher willst Du denn wissen, dass ich Deine Davidsbündlertänze nicht leiden mag? Bis jetzt bin ich noch nicht dazu gekommen, mich ihnen zwei Stunden allein in Ruhe zu widmen und die braucht man. Solch eine Schrift zu entziffern ist nur mir vorbehalten. Nun gute Nacht, der Tee ist eiskalt, das Zimmer wird immer kälter, ich aber immer heißer."

Den 24sten Abends. Freitag

„Morgen reisen wir mit dem Courier nach Wien ab. Du erhältst diesen Brief Montag und nun lass ich Dir acht Tage Zeit, da kannst Du viel und deutlich schreiben! Nanny sagt eben, meine Augen seien seit dem Abend, wo ich zwei Stunden über Deinem Brief studiert, so trüb geworden. Sieh, was Du verschuldest. Auch von Deinen Plänen vergiss mir nicht zu schreiben, denn das interessiert mich sehr.

– In diesen Tagen hab ich wieder viel nachgedacht über mein Verhältnis und muss Dich doch auf etwas aufmerksam machen. Du vertraust auf den Ring? mein Gott, das ist nur ein äußeres Band. Hatte Ernestine nicht auch einen Ring von Dir, und was noch mehr sagen will, Dein Jawort? und doch hast Du das Band zerrissen. Also der Ring hilft gar nichts ... ...

Auch ich hab über die Zukunft nachgedacht und das r e c h t e r n s t - l i c h. Das eine muss ich Dir doch sagen, dass ich nicht eher die Deine werden kann, ehe sich nicht die Verhältnisse noch ganz anders gestalten. Ich will nicht Pferde, nicht Diamanten, ich bin ja glücklich in Deinem Besitz, doch aber will ich ein sorgenfreies Leben führen und ich sehe ein, dass ich unglücklich sein würde, wenn ich nicht immerfort in der Kunst wirken könnte, und bei Nahrungssorgen? das geht nicht. Ich brauche viel und sehe ein, dass zu einem anständigen Leben viel gehört Also, Robert,

prüfe Dich, ob Du im Stande bist, mich in eine sorgenfreie Lage zu ver-
setzen. Bedenke, dass, so einfach ich erzogen bin, ich doch nie eine Sorge
gehabt und nun sollte ich meine Kunst vergraben müssen – – –

Gestern hab ich zum letzten Mal im Theater gespielt und wurde (dem
Gesetz zuwider) vier Mal nach jedem Stück hervorgerufen. Ich spielte
mein Konzert und die Variationen von Henselt; es war so voll, wie sich
wenige zu erinnern wissen. Ich sollte durchaus noch hier bleiben, doch es
zieht mich nach Wien. Ich bin sehr traurig, wenn ich so in eine fremde
Stadt ganz unbekannt komme und nun die vielen Gedanken, die meinen
Kopf durchkreuzen. Ach Gott, mir könnte das Herz springen. Schreib
ich Dir einmal binnen vier Wochen nicht, so sei mir nicht bös, dann ist
gewiss der Mangel an Zeit schuld, und abends kann ich doch nur schrei-
ben. Abende werd ich in Wien nicht viele für mich haben – da muss ich
der großen Welt leben. Mehr kann ich nicht schreiben, denn es ist spät.
Der Brief ist sehr langweilig – Du wirst Fürlieb nehmen, er ist ja doch in
lauter Liebe geschrieben

von Deiner Clara.

Den 3ten oder 4ten frag' ich in Wien auf der Post nach einem Brief von
Dir. Nicht wahr, Du bist mir nicht bös? Ach Gott, ich weiß gar nicht was
ich will, mir ist, als hätt' ich Dir etwas getan."

Robert an Clara.

L., den 28sten November 37.

Zuerst von der wichtigsten Stelle Deines Briefes, die, wo Du sagst, dass
Du nie die meine werden könntest, wenn sich
die Verhältnisse nicht noch ganz anders gestal-
teten. Der Geist Deines Vaters hat dabei hinter Dir gestanden und
diktiert; indes Du hast sie geschrieben und hast Recht an Dein äußerli-
ches Glück zu denken. Wir müssen also darüber ganz ins Klare kommen.
Das eine betrübt mich, dass Du mir erst jetzt einen Einwand machst, den
Du mir schon da, als ich Dir meine Verhältnisse offen auseinandersetzte,
hättest machen sollen, weil es mir sonst gewiss nicht in den Sinn gekom-
men wäre, Deinem Vater überhaupt zu schreiben, wo Du selbst noch so
viel Bedenklichkeiten hast.

Was ich Dir also über meine Reichtümer früher und dann Deinem Vater schrieb, verhielt sich und verhält sich noch jetzt so. Es ist nicht glänzend, aber so, dass mir manches Mädchen, manches schöne und gute auch, die Hand darauf geboten und gesagt hätte ‚wir müssen es zusammennehmen, aber Du sollst an mir eine gute Hausfrau finden etc. etc.‘. – Du dachtest damals vielleicht auch so – Du denkst jetzt anders – überhaupt meine Sinne wollen mir manchmal vergehen.

Zur Sache.

Kömmt keine Hand aus den Wolken, so wüsste ich nicht, wie sich mein Einkommen in kurzer Zeit so steigern könnte, wie ich es Deinetwegen wünschte. Du kennst die Art meiner Arbeiten, Du weißt, dass sie nur geistiger Natur sind, dass sie sich nicht wie Handwerksarbeiten zu jeder Tageszeit machen lassen ... Dass ich ausdauern kann habe ich bewiesen; nenne mir einen jungen Menschen meines Alters, der sich eine so große Wirksamkeit in so kurzer Zeit erschaffen. Dass ich diese noch erweitern möchte, mir noch mehr verdienen, versteht sich von selbst und kann auch nicht ausbleiben; ob dies aber so viel betragen wird, dass es Deinen Wünschen entspricht, wie Du sie vielleicht hast, glaube ich nicht; dagegen ich mir auch mit gutem Gewissen zutrauen kann, in etwa zwei Jahren eine ja zwei Frauen ohne große Sorgen, aber freilich auch nicht ohne immer dabei fortzuarbeiten, zu erhalten.

Liebe Clara, die letzte Seite Deines Briefes hat mich recht auf die Erde versetzt, und ich möchte alle Spießbürger umarmen. Du hättest es aber auch romantischer ausdrücken können; jedes Wort wird mir schwer, das ich darauf antworten muss ... Wie gesagt, Dein Vater führte die Feder; die Kälte jener Zeilen hat etwas mörderisches ... Und nun auch, dass Du sogar wenig von meinem Ring hältst – seit gestern habe ich Deinen auch gar nicht lieb mehr und trag ihn auch nicht mehr. Mir träumte, ich ginge an einem tiefen Wasser vorbei, da fuhr mir's durch den Sinn und ich warf den Ring hinein – da hatte ich unendliche Sehnsucht, dass ich mich nachstürzt –

... Morgen mehr, das Blut tobt mir wie Feuer im Kopf und meine Augen sind trüb vom Gram über Dich. Leb aber wohl.

Am 29sten (November).

Dass man sich so quälen kann wegen ein paar hundert Silberstücke, die uns noch jährlich fehlen! Aber freilich, sie müssen da sein. Du (weißt) was ich habe; ich brauche es für mich zur Hälfte. Reicht die andere Hälfte nicht für Dich, so (wirst) Du Dir ja auch Einiges erwerben. Es kommt freilich ganz (darauf) an, wie man sich einrichtet und da sollst Du gleich wissen wie ich hin und hergedacht. Am liebsten möchte ich meine jetzige unabhängige Stellung noch einige Zeit behalten, ein hübsches Haus nicht weit von der Stadt haben – Dich bei mir – arbeiten – selig und still mit Dir leben. Deine große Kunst würdest Du natürlich pflegen, wie immer, doch weniger für alle und des Erwerbs wegen, als für einzelne Auserlesene und unseres Glückes halber. Dies alles, wenn Du so wolltest. Ein solches Leben erforderte keinen großen Aufwand. Ob Du dabei ganz glücklich wärest und es in der Dauer bleiben würdest, weiß ich nicht und Du selbst nicht; man verändert sich, Zufall und Schicksal verderben oft das schöne Spiel, Anderes mischt sich darein. Doch wäre mir, wie gesagt, ein solches Leben das liebste; ich könnte Dir alles mit noch schöneren Farben ausmalen, dass Du mir ans Herz fallen und sagen würdest, ‚ja Robert, so lass uns leben'. – Tue Dir das selbst, wenn Du mich liebst.

Ein Anderes wär es nun, Du wünschtest Dich der großen Welt erhalten; auch das wäre mir recht; ich dächte, wir ließen da unser Haus auf drei Monate einsam stehen (so lange könnte ich in jedem Jahre weg, vorausgesetzt dass ich die Zeitschrift fortredigieren wollte) und reisten, [in deutsche Städte weniger oder gar nicht] da einmal nach Paris, einmal nach London – Du hast überall Namen, ich Freunde und Verbindungen die Menge – kurz Ehre und Verdienst könnte nicht ausbleiben und wir zögen mit Schätzen reich beladen wieder in unser Haus, das uns freilich zur Zeit noch fehlt. Leipzig würde da der Mittelpunkt sein, von wo aus wir in beiden Lebenseinrichtungen, in letzterer als Sonnen, in ersterer mehr als Monde unsere Strahlen verbreiteten nach außen. – – – Gesetzt nun, es stände uns dieses Leben nicht mehr an … was würdest Du wohl antworten, wenn ich Dich eines Morgens einmal so anredete: liebe Frau, ich habe ohne Dein Wissen einige ausgezeichnete Symphonien und andere wichtige Geschichten komponiert und überhaupt ganze Adlerhorste von Reisen im Kopf, wo es denn auch Dich nach Kronen und Lorbeeren zu gelüsten scheint, wie wär es, wir packten unsere Diamanten zusammen

141

*und zögen und blieben ganz in Paris? – Du würdest das mir antworten
‚nun, das ließe sich hören' – oder – ‚aber höre', – oder ‚wie Du willst', –
oder ‚nein lass uns hier, mir gefällt's so' – und ruhig würde ich dann wieder an meinen Schreibtisch gehen und redigierte wie früher.*

*O schöne Bilder, dass euch niemand in Trümmer schlagen möchte!
Dass ich einmal an Deinem reichen Herzen glücklich wäre! Diese kum-
mervollen Nächte um Dich schlaflos hingebracht diese Schmerzen ohne
Tränen – sie müssen einmal vergolten werden von einem gütigen Gott.
Lass mich jetzt eine Minute ruhen. –*

*Freilich habe ich nun die Rechnung sehr ohne den Wirt gemacht, d.h.
ohne Deinen Vater. Hier aber kannst Du allein handeln, ich vor der
Hand nichts tun ... ...*

*Dies bringt mich auf die Stelle meines Briefes, wo ich von ‚Ansprü-
che-geltend-machen' schreibe. Dass ich aus unserem Bund keinen Rechts-
fall machen werde, brauche ich Dir nicht zu sagen. Denkst Du, ich würde
Einspruch tun, hättest Du einen Glücklicheren gefunden, den Du liebtest
und der Dich, soweit sich das voraussehen lässt, ganz glücklich machen
könnte? Nein, dazu lieb ich Dich zu sehr, wenn ich auch zu Grunde ging
und dann wäre ich ja auch zu stolz dazu, wie Du mich in gewissen Fällen
kennst. ...*

*Du sagst etwas hart, ich hätte das Band mit Ernestinen z e r r i s s e n ;
das ist nicht wahr; es ist in gehöriger Form mit beider Seiten Einwilligung
aufgelöst. Was aber diese ganze dunkle Seite meines Lebens anlangt,
so möchte ich Dir ein tiefes Geheimnis eines s c h w e r e n   p s y c h i -
s c h e n   L e i d e n s, das mich früher befallen hatte, einmal offenbaren;
es gehört aber viel Zeit [da]zu und umschließt die Jahre vom Sommer
1833 an. Du sollst es aber noch erfahren einmal und hast dann den
Schlüssel zu allen meinen Handlungen, meinem ganzen sonderbaren
Wesen. Für jetzt rufe ich Dir die Worte zu, die ich neulich zum Schluss
eines trefflichen Buches las: ‚Ein Tor ist, wer sich auf sein Herz verlässt –
a b e r   r i c h t e t   n i c h t'. –*

*Also noch einmal, Dein Ja und das äußere Band dafür, der Ring, bindet
Dich allerdings; ... zwingen kann Dich aber niemand und ich am allerwenigsten, dass Du mir treu bleibst. Bist ja ein gottesfürchtiges Mädchen
und weißt das alles. Hast mich aber selbst durch Deine seltsame Äußerung darauf gebracht –*

... Clara, das schmerzt so, dass wir unsere schönste blühende Jugend ohne einander verleben müssen. Überall wo ich hinhöre, sagt man mir von Deinem schönen Wesen, lobt man Dich und ich kann Dich nicht sprechen, nicht hören, nicht lernen von Dir, mich nicht Deines Geistes freuen – und Du hast auch nichts von mir, als vielleicht ein paar Dir werte Erinnerungen, den ersten unvergesslichen Abend unsrer Wiedervereinigung im September – und vielen Schmerz sonst, und den Ring, der Dir nicht mehr etwas wahre Freude macht, wie Du im letzten Brief sprichst auf dieser hässlichen letzten Seite – – freilich die erste dagegen! Man glaubt's kaum, dass sie von demselben Mädchen sein kann – Du bist so leidenschaftlich und verständig, so misstrauisch und gut, liebst so warm und kannst dabei auch erzürnen: kurz der ganze Dienstagabend bist Du mit seinem Mondschein, den Freudentränen, der Hingebung. Und freilich im Häubchen kannst Du mir getrost den Pfeil um und um drehen im Herzen, ich zucke nicht – im Häubchen – setz es manchmal auf und denk dabei, so hat er Dich am liebsten. Mein ‚Kind' hast Du verstanden: ich sprach es so innig aus, so ganz von Dir erfüllt. Auch was Du über die Äußerung Deines Vaters[133] schreibst, ... ist schön von Dir. Ich schreibe Deinen Namen immer mit einem Widerwillen in der Zeitschrift und möchte immer gleich hinterdrein setzen: Das ist meine Geliebte, über die sich nichts sagen lässt und um die ihr euch ganz und gar nicht zu bekümmern habt. ... Möchtest Du mich denn nicht einmal wieder hören? Du weißt ich nehme oft so kuriose Mittelstimmen, woran ich zu erkennen bin, und Du standest oft daneben und sahst auf meine Hand und ich in Deine Augen. Wir haben's früher zu gut gehabt. –

Mit meinem Leben in den letzten Wochen bin ich gar nicht zufrieden; die Trennung von Dir, der Schmerz über so manche Kränkung beugen meinen Geist oft nieder und es geht mir dann nichts von der Hand – dann brüte ich oft stundenlang vor mich hin, seh Dein Bild an, das vor mir hängt und denke, wie das alles enden wird – Richte mich manchmal durch einige Worte auf. – Dann widert's mich oft zusammen über solche Lappalien von schlechten Kompositionen zu schreiben – ich komme mir dann wie ein Demant vor, den man zu nichts brauchen wollte, als zum Zerschneiden von gemeinem Glase. Nenn mich nicht eitel wegen des Vergleiches – es lie-

---

133 Wieck hatte sich gegen Clara darüber beschwert, dass Schumann in seiner Zeitung ihrer so selten erwähne.

gen aber noch einige Symphonien in mir, auf die ich stolz bin. Also sprich mir manchmal in Liebe zu, ... dass ich Kraft und Vertrauen behalte. Ich könnte vielleicht mehr fürs Geld arbeiten, aber auch flüchtiger und mittelmäßiger; das eigentliche Schaffen hat seine genauen Grenzen; man kann nicht immer schöpfen vom Edelsten, es bleibt sonst ganz aus.

Viel hab ich Dir noch zu sagen. Zuerst die Frage, wenn Dein Vater hinter unsre Briefe käme, was würdest Du tun? Antworte mir bestimmt darauf. Lass Dir nicht Bange machen, wenn er etwa vom Enterben und dergl. spricht – Dein Herz kann er Dir nicht nehmen. Dann hast Du ja auch eine Mutter. Will er Dir einmal Gewalt antun, so ist ja das die natürlichste Zuflucht. Aber ich meine, ob Du, wenn er etwas erfährt, mir dennoch schreiben wirst? Ließest Du Dich wieder einschüchtern, wie in Dresden, Du gar n i c h t s von Dir hören – Clara zu einem zweiten Mal suchte ich Dich nicht wieder, nie wieder. Nicht wahr, das verdenkst Du mir nicht! Sei also auf Deiner Hut mit den Briefen! Lass nicht auf den Busch schlagen! Wie traurig alles. –

Sei mir recht heiter auf Deiner Reise! Deine Nachrichten wie sie Dich aufgenommen haben, freuen und schmerzen mich, der ich ja alles gern mit ansehen möchte.

... Spielst Du Dein Konzert immer auf eigenen Antrieb? Es sind Sterne von Gedanken im ersten Satz – doch hat er keinen ganzen Eindruck auf mich gemacht. Wenn Du am Klavier sitzest, kenne ich Dich nicht – mein Urteil ist ganz eine Sache für sich.

Chopin ist bedenklich krank, wie ich gestern hörte von Mendelssohn; wir waren bei Voigts mit Taubert, David und d. A. – Die Laidlaw[134] schrieb mir aus Posen vor acht Tagen; sie hat mich im Herzen, glaub' ich. Zum Abschied gab sie mir eine Locke, dass Du's nur weißt. Eifersüchtig kannst Du wohl gar nicht sein; ich möchte Dich doch genauer kennen.

Zum 29sten und 30sten Dezember erwarte ich Briefe von Dir ... oder mache m i r d e n H e i l i g e n A b e n d z u e i n e m u n d s c h r e i b b i s d a h i n.

... Ich küsse Dich in inniger Liebe – Adieu mein Fidelio ... und bleib so treu wie Leonore ihrem Florestan Deinem

Robert."

---

134   Vgl. P. G. Jansen, Robert Schumann und Robena Laidlaw. Grenzboten 1895, S. 320ff. Ders.: Zeitschrift d. internat. Musikgesellschaft, Februar 1902, S 188f.: Miß Robena Laidlaw.

Ehe dieser in seinen jähen Stimmungswechseln wie in den darin anklingenden Dissonanzen für den Schreiber wie für die Situation und die Verhältnisse, mit denen er zu kämpfen hatte, so ungemein charakteristische Brief in Claras Hände gelangte, und wie nicht anders zu erwarten, auch in ihr sehr gemischte Gefühle erregte, hatte sie schon die ersten Eindrücke von Wien und seinen musikalischen Kräften und Bestrebungen empfangen, auch diese nicht ganz frei von Missklängen. Die überaus freundliche Aufnahme, die sie bei Bäuerle, dem einflussreichsten Journalisten des damaligen Wien, der durch seine ,Theaterzeitung' eine Macht darstellte, fanden, hatten sie als ein günstiges Omen begrüßen zu dürfen geglaubt, dessen sie umso mehr bedurften, als sie in den eigentlichen Künstlerkreisen auch hier auf eine mehr oder minder ausgesprochene Zurückhaltung stießen. Josef Fischhof[135] das Haupt der Wiener Schule, machte allerdings eine Ausnahme und ließ es an Entgegenkommen nicht fehlen, enttäuschte aber als Persönlichkeit, die sich nicht über das Niveau eines ,sehr gebildeten Musikers' erhob und ließ die höchste und feinste Bildung vermissen. Noch mehr enttäuschte sein und Czernys Schüler Lacombe, der schon 1831 in Paris mit „premier prix" für Klavierspiel Gekrönte. „Was er mit einigem Ausdruck spielt", heißt es im Tagebuch, „ist nur das Werk seines Lehrers; wo man das noch findet, da ist die wahre Kunst nicht zu Hause." Bei der A-Dur-Symphonie von Beethoven, die sie am 3. Dezember bei einem Konzert im Redoutensaal hörten, empfanden sie die langsamen Tempi als im höchsten Maße verwunderlich und störend. Den Gesamteindruck der ersten Wiener Woche fasste Wieck im Tagebuch in die Worte zusammen: „Hier sollte Mendelssohn herkommen – o Gott, hier fehlt ein tüchtiger Musikus – bei den schönen Elementen!"

Umso angenehmer fühlten sich Vater und Tochter berührt durch die wahrhaft enthusiastische Aufnahme, die Claras Spiel am Abend des 3. Dezember in einer großen Soiree bei der Baronin Pereira fand, deren Haus als ein Hauptzentrum für das musikalische Leben in Wien gelten konnte. „Die Bahn ist gebrochen", heißt es im Tagebuch, „und unser Kleinmut verschwunden wie durch Zauberhand. Ich feierte einen Tri-

---

135   Lehrer am Konservatorium der Gesellschaft der Musikfreunde in Wien, Mitarbeiter an
       Schumanns Zeitschrift. Schumanns Briefe an ihn in den „Jugendbriefen" und „Briefen
       Neue Folge".

umph, indem ich alle Chopinianer, Henseltianer, mit einem Wort alle Musikfreunde (die Gesellschaft bestand nur aus solchen) entzückte und eine Aufnahme fand, die uns entschädigte für die abschreckende Kälte der hiesigen Künstler, die durchaus nicht mit der Zeit fortgehen wollen und sich fürchten, aus ihrem Schlendrian gerissen zu werden."

In diese gehobene Stimmung brachte freilich Schumanns Brief einen kleinen Dämpfer, wie aus Claras Antwort vom 6. Dezember hervorgeht. Wenn sie hier die Vorwürfe des Geliebten mit Wärme und aus vollster Überzeugung als unberechtigt zurückweist, so hat sie doch gelegentlich später[136] selbst zugestanden, dass jene Äußerungen, die Schumann so beunruhigten, Eingebungen „einer trüben Stunde" gewesen seien, „wo – ich kann es kaum glauben – der Verstand seine Macht auf mein Herz auszuüben schien."

Clara an Robert.

Wien, Mittwoch d. 6ten Dezember 1837.

„*So groß meine Freude war bei Empfang Deines Briefes, so groß mein Schmerz bei Lesung der ersten Seite – konntest Du mich so kränken, mir so bittere Tränen entlocken? Ist es Robert, der mich so verkannte, der meinen Worten so einen unschönen Sinn unterlegte – hab ich das verdient? Ja! ich weiß, dass Dir noch viele schöne und vielleicht auch so gute Mädchen als ich zu Gebote stehn und bessere Hausfrauen als man von einer Künstlerin es glaubt – ja ich weiß es, aber schön ist es nicht, dass Du mir, die nur für Dich und in Dir lebt, so einen Gedanken mitteilst, dass in Dir, wenn Du mich wahrhaft liebst, so ein Gedanke aufkömmt ... Du glaubst, ich trage noch unerreichbare Wünsche in mir? Ich habe nur zwei Wünsche, Dein Herz und Dein Glück. Könnt ich ruhig sein, müsste sich Dein Herz mit Sorgen erfüllen um meinetwillen? Könnt ich das unedle Verlangen in mir tragen, Du solltest Deinen Geist zu einem Handwerk machen, damit ich könnte meinem Vergnügen nachgehen? Nein, so unedel denk ich nicht; vielleicht lernst Du mich später noch mehr kennen. Meine Fantasie kann mir kein schöneres Glück vorstellen, als der Kunst*

---

136 Brief an Schumann vom 18. bis 30. Januar 1838.

fortzuleben, aber im Stillen, um Dir und mir manche angenehme Stunde dadurch zu verschaffen. So stimmten wir denn ganz überein, ich falle Dir an das Herz und sage: ,Ja, Robert, so lass uns leben!' Glaubst Du, ich liebe nicht auch schwärmerisch? Oh ja, ich kann auch schwärmen, aber das Schwärmen hört wohl auf, wenn Sorgen unsere Herzen erfüllen, dann würdest Du Dich erst recht auf die Erde versetzt fühlen. Ich seh ein, es gehört auch zu einem einfachen Leben viel – zweifle jedoch nicht, dass sich alles finden wird. Ich habe ein festes Vertrauen, Dein Ring sagt es mir täglich: ,G l a u b e , L i e b e , H o f f e '.

Dienstag d.12ten abends.

„*Endlich bin ich einmal wieder abends zu Haus und kann nun ein wenig mit Dir plaudern. Ich bin hier viel ausgebeten und sehr freundlich aufgenommen. Ich hab die Leute in einen Enthusiasmus versetzt, der mir zuweilen unbegreiflich wird – ich muss doch wirklich nicht übel spielen, dass ich auf den Thalberg so ehrenvoll hier bestehe! – Mit etwas Herzklopfen sehe ich meinem ersten Konzert entgegen. Wien ist übrigens ganz anders, als man im Ausland sagt. Es gibt hier große Musikkenner und der kunstsinnigsten Dilettanten unzählige. Von Chopin kennt man alles und versteht ihn, doch Henselt kennt man wenig, lernt ihn aber jetzt durch mich kennen und erstaunt zu hören, dass der Henselt drei Jahr hier gelebt. ... Mendelssohn ist fast ganz unbekannt, seine Lieder ohne Worte liegen unangetastet in den Musikhandlungen – hier singen sie nicht! seine Sommernachtstraum-Ouvertüre hat man aufgeführt, doch sie hat gänzlich missfallen. ... Ich wollte im ersten Konzert etwas von ihm spielen, doch darf ich es nicht eher wagen, als bis ich das Publikum auf meiner Seite habe. ... Deine Kompositionen finden an dem Professor Fischhof einen großen Beschützer, besonders seit er einiges von mir gehört. Er ist Dein einziger Freund – sonst alle Deine Feinde, man darf Deinen Namen kaum nennen, so sind sie wütend und warum? wegen Döhler und Thalberg. ... Deine Zeitung bekomme ich gar nicht zu lesen.*

Heute, den 13ten sagte mir Fischhof: ,Ich habe einen Brief von Schumann', und es zuckte mir durch alle Glieder, wie jedes Mal, wenn ich Deinen Namen höre. – Die schrecklichste aller Fragen ist immer die:

‚Wer ist denn eigentlich der Schumann, wo lebt er, spielt er Klavier?' –
Er komponiert. – ‚Wie sind seine Kompositionen?' Da möcht ich auch
wie Du sagen: ‚Das ist ein Mensch, um den Ihr Euch ganz und gar
nicht zu bekümmern braucht, der auch so hoch steht, dass Ihr ihn gar
nicht begreift und der sich mit Worten gar nicht beschreiben lässt etc.'
Ich musste heute in Deinem Briefe einige Worte ausstudieren, die Fisch-
hof nicht lesen konnte. Wie wohl tat mir die Hand und als ich Deinen
Namen unten stehen sah, da wurde mir so wohl und weh ums Herz –ich
hätt mögen Weinen aus Schmerz, aus Freude! – Ach Robert, glaub mir,
ich hab manche trübe Stunden! Kein Vergnügen ist für mich vollständig,
denn Du bist ja nicht dabei! Wie viel freundliche Worte muss ich mit den
Leuten reden und fühle nichts dabei als den Gedanken an Dich."

Inzwischen rückte der Tag des ersten Konzertes immer näher. „Wien
soll entscheiden", äußerte sich eine kritische Stimme[137], „ob die junge
bescheidene Künstlerin, die in Deutschland Liszt und Chopin an die
Seite gesetzt wird, sich neben Thalberg behaupten kann." Und obgleich
Wieck schon am 9. Dezember im Tagebuch triumphierte: „Die Kenner
haben wir fast alle für uns", so täuschte er sich doch am wenigsten, dass
damit zwar etwas, aber nicht alles gewonnen sei und vor allen Dingen,
wie viel von dem Eindruck dieses ersten Auftretens in der Stadt, „wo
Thalberg das zweite Wort ist", abhing und auf dem Spiel stand. Umso
bedeutungsvoller erschien daher die Aufnahme, welche Claras Spiel vier
Tage vor ihrem Konzert in einer größeren Gesellschaft bei Fischhof, in
der unter anderen Grillparzer, Lenau und Bauernfeld anwesend waren,
fand. Erregte schon Schuberts Klaviertrio in Es-Dur (Op. 100), trotz-
dem Clara ihre Mitspieler „mit fortschleppen" musste, großen Beifall,
so steigerte sich dieser bei Bachs Fuge, die zweimal wiederholt werden
musste, und erreichte in Henselts „Vögelein" den Höhepunkt. Freudig
konstatierte der Vater „sie wird fast allgemein über Thalberg gesetzt,
weil sie mit Begeisterung und weit inniger spiele, Henselt und Thalberg in
sich vereinige und weit bessere Kompositionen spiele als er." Die eigent-
liche Probe aber auf das Exempel ward am 14. Dezember gemacht im
Musikvereinssaal. „Mein Triumph", heißt es im Tagebuch. „Das Publi-
kum bestand aus einer Elite von den vornehmsten und kunstsinnigsten
Personen Wiens ... Ich befriedigte Kenner und Nichtkenner, musste 2

---

137 Bäuerle.

Piecen wiederholen und wurde im Ganzen zwölfmal hervorgerufen."
Vater Wieck weinte Freudentränen, an Robert aber schreibt sie tags dar-
auf: „Gestern war endlich der langersehnte Tag – der Tag, der über mich
entscheiden sollte. Den Erfolg kann ich Dir nicht schildern. Fischhof hat
Dir, wie er mir gesagt, etwas darüber berichtet. Ich kann nicht gut dar-
über schreiben."
Aber auch diesmal mischten sich gerade in dies Triumphgefühl Dis-
sonanzen, die nun einmal nicht zu vermeiden waren, die aber immer
wieder aufs Neue sie beunruhigen und betrüben mussten. In demselben
Briefe heißt es weiter:

... „Doch aus dem, was ich Dir vom Vater schrieb, richte ja nicht
streng über ihn; er hat jetzt nie zu mir geredet, dass ich von Dir las-
sen soll, weil er weiß, dass mich das kränkt und verstimmt und mir
das Konzertgeben, Üben erschwert – er meint, sein Brief hat alles
zerstört ... ...
Doch schmerzlich ist es mir, wenn Du auf Vater einen Stein werfen
willst, weil er für seine vielen mir gewidmeten Stunden nur einen kleinen
Lohn verlangt. Er will mich glücklich wissen, meint das durch Reich-
tum zu erreichen, kannst Du ihm zürnen? Er liebt mich ja über alles
und würde mich, sein Kind, nicht verstoßen, wenn er säh', dass nur Dein
Besitz mein Glück begründen könne, also verzeih ihm, aus Liebe zu mir,
seine natürliche Eitelkeit. Denke, dass er nur aus Liebe zu mir so an Dir
gehandelt. Du liebst mich ja auch und beglückst mich, wenn Du ihm ver-
gibst, von Dir möcht ich ihn nicht verkannt wissen – jeder Mensch hat
seine Fehler, ich und auch Du, wenn Du es mir nicht übel nimmst! – – ...
Nun aber noch eine Frage, sei mir aber nicht bös, lieber Robert. Ich
kenne Dich doch ganz genau, aber das Eine – warum vermeidest Du jede
Gelegenheit, meiner in Deiner Zeitschrift zu erwähnen? ... Vater ist jetzt
sehr unglücklich durch den Gedanken, dass ich Dich liebe. Er kann nicht
so recht zärtlich mit mir sein, gleich wird er wieder kalt bei dem Gedan-
ken, dass mein Herz noch für einen andern Menschen schlägt; er kann
sich nicht denken, dass ich glücklich mit Dir werden könnte, denn er sagt
,tut Schumann nicht einmal jetzt in diesen Verhältnissen etwas für die
Clara – sollte er es etwa tun, wenn er verheiratet ist?' Ich könnt' noch
mehr schreiben, doch weiß ich, es verwundet Dich und darum nichts

mehr. Du bleibst Robert und ich Clara – alles übrige muss schweigen.
Doch nun – Dein Geheimnis macht mich sehr besorgt um Dich – Robert,
wie soll ich das verstehn? – –

„Den 21sten.

Heute war mein zweites Konzert[138] und abermals ein Triumph. Unter
vielem fand mein Konzert die beste Aufnahme. Du fragst ob ich es aus
eigenem Antriebe spiele – allerdings! ich spiele es weil es überall so sehr
gefallen, und Kenner wie Nichtkenner befriedigt hat. Jedoch ob es mich
befriedigt, das ist noch sehr die Frage. Meinst Du ich bin so schwach, dass
ich nicht genau wüsste, was die Fehler des Konzertes? Genau weiß ich
es, doch die Leute wissen es nicht und brauchen es auch nicht zu wissen.
Glaubst Du ich würde es spielen, wenn es überall so wenig anspräche als
in Leipzig? Überhaupt wenn man hier gewesen, möchte man nie mehr
nach dem Norden gehen, wo die Menschen Herzen von Stein haben (Du
bist natürlich ausgenommen). Hier solltest Du einmal einen Beifalls-
sturm mit anhören. Die Fuge von Bach und das Finale der Henseltschen
Variationen musste ich wiederholen. Kein schöneres Gefühl, als ein gan-
zes Publikum befriedigt zu haben.
Das war ich. – Nun zu Dir … Viel Spaß hat mir die Stelle in Deinem
Brief gemacht, wo Du schreibst ,und so zögen wir beladen mit Schätzen
wieder in unser Häuschen ein'. Ach mein Gott, was denkst Du, Schätze
sind mit der Instrumentalkunst jetzt nicht mehr zu erlangen. Wie viel
muss man tun, um ein paar Taler aus einer Stadt mitzunehmen. Wenn
Du um 10 Uhr abends bei Poppe sitzest oder nach Hause gehst, muss
ich Ärmste erst in die Gesellschaften und den Leuten für ein paar schöne
Worte und eine Tasse warm Wasser vorspielen, komme um 11 bis 12
Uhr todmüde nach Haus, trinke einen Schluck Wasser, lege mich nieder
und denke, was ist ein Künstler viel mehr als ein Bettler? Und doch, die
Kunst ist eine schöne Gabel Was ist wohl schöner, als seine Gefühle in
Töne kleiden, welcher Trost in trüben Stunden, welcher Genuss, welch
schönes Gefühl, so Manchem eine heitere Stunde dadurch zu verschaf-
fen! Und welch erhabenes Gefühl, die Kunst so treiben, dass man sein

---

138   „Clara hat damit", schreibt Wieck im Tagebuch, „eine neue Ära des Klavierspiels in Wien
      begründet … Eine Fuge von Bach in einem Konzert in Wien 2mal ist unerhört."

Leben dafür lässt! – Das Letzte und alles Übrige habe ich heute getan und lege mich zufrieden und beglückt nieder. Ja glücklich bin ich – und werd es aber erst vollkommen sein, wenn ich Dir an das Herz fallen kann und sagen ,nun bin ich Dein auf ewig – mit mir, meine Kunst."

Am Christabend.

„Wie sollt ich den Christabend schöner feiern, als mich mit Dir zu unterhalten? Ich war heute sehr traurig, keinen Christbaum erblickt mein Auge. Wo magst Du jetzt sein? Ob Du recht glücklich bist? Doch ja – Dir brennt ja der Baum der Liebe! – ... Ein Gedanke hat mich heut beschäftigt: wie wird es in drei Jahren um uns stehen? Vielleicht hast Du dasselbe auch gedacht? – Heute hast Du ein paar Zeilen von mir erhalten[139] ... ...

Den 7ten [Januar 1838] ist mein drittes Konzert und Dienstag (übermorgen) spiel ich bei der Kaiserin. Eine Aufnahme habe ich hier gefunden, die mich entschädigt für die Kränkungen, die mir im Norden widerfahren ... Von einer sehr zarten Aufmerksamkeit gegen mich, hast du vielleicht schon gehört. Schubert hat nämlich unter mehreren Stücken ein D u o vierhändig hinterlassen, was D i a b e l l i jetzt gedruckt und mir gewidmet haben. Dies erschütterte mich sehr, ich kann mir kaum selbst sagen warum. Es ist doch eigen, wie reizbar ich jetzt bin, ich komme mir zuweilen sentimental vor.

Mit Fischhof hab ich öfters vierhändig gespielt, doch spielte er nicht – er schlägt das Klavier. Diese ungarische Fantasie, könnt ich sie nur einmal wieder mit Dir spielen! – Nur einmal Dich wieder fantasieren hören. Glaub mir nur, ich hab Dich wirklich recht lieb. –

Die arme Laidlaw dauert mich – sie trägt Dich im Herzen? Das wundert mich nicht. Du möchtest mich also gern noch näher kennen? Was soll ich Dir antworten? Sag ich ,ich bin eifersüchtig', so belüge ich Dich, und sag ich ,ich bin nicht eifersüchtig', so glaubst Du Dich belogen. So musst Du Dich wohl noch ein wenig gedulden.

---

139   Ein kurzer Gruß: „Ein paar Zeilen zu dem Fest, was so viele glücklich feiern, wir getrennt – und doch vereint. Möchtest Du das Fest recht zufrieden und glücklich verleben. Ich bin in der Fremde und feiere es doch in der Heimat – meine Heimat ist bei Dir. Deine Clara. Wien, 20. Dez."

Liszt ist noch nicht hier, wird aber täglich erwartet. Doch denk Dir, wer gestern angekommen – Eichhorn mit drei Söhnen, noch ein 10jähriger Cellist ist dazu gekommen ... Mir scheint doch, dass aus dem Ältesten nicht viel geworden ... Es ist nun so mit den Wunderkindern, es wird nicht viel aus ihnen – so wie es mit mir auch nicht gar viel geworden. – In meinem nächsten Konzert spiele ich Beethovens Sonate F-Moll und nächstens privatim auch Deinen Carnaval. Sind die Fantasiestücke nicht bald fertig? ...

Gern, lieber Robert, hätte ich Dir zu Weihnachten ein kleines Andenken von meiner Arbeit geschickt, doch wende ich meine Zeit nicht besser an, wenn ich Dir schreibe?"

Den 26ten 11 Uhr.

„Es ist zwar schon spät, doch noch ein Paar Wörtchen. Eben bin ich von der Kaiserin gekommen, esse einen Teller Wassersuppe und will diesen Brief schließen. Obgleich sich der Kaiser, die Kaiserin u.a. mit mir unterhalten haben, glaubst Du nicht, dass ich mich doch lieber mit Dir unterhalte?

... Was wird noch alles mit mir vorgehen? Nach Pest und Graz sollen wir auch kommen.

... Vater hat gestern wieder zu Nanny gesagt, ‚wenn Clara Schumann heiratet, so sag ich es noch auf dem Totenbett, sie ist nicht wert, meine Tochter zu sein.' Robert, schmerzt das nicht? Meine Empfindungen lassen sich nicht beschreiben; doch alles will ich ja leiden, wenn es für Dich ist – ich teile Dir dies bloß mit, weil es mein Herz zu sehr bewegt, als dass ich es Dir verschweigen sollte.

... Ich bin ganz außer mir, wenn ich den Vater abends noch zanken höre, wenn mich seine Flüche aus dem Schlafe stören, und ich nun höre, dass sie mein Liebstes betreffen. ... Meinen Vater hab ich gar nicht mehr so lieb, ach Gott, ich kann nicht so recht von Herzen zärtlich sein und möchte doch so gern – es ist ja mein Vater, dem ich alles danke. Mein höchster Wunsch – vielleicht wird er mir auch noch befriedigt und dann wollen wir uns lieben ungetrübt.

... Auf Deine Frage, ob ich mich durch Vater wieder einschüchtern lassen werde, die Antwort: Nein, nie mehr! ... ...

Deine getreue Clara."

Robert an Clara.

„Mitten unter den tausend Stimmen, die Dir jetzt freudig zurufen, hörst Du vielleicht auch eine, die Dich leise beim Namen nennt – Du siehst Dich um – und ich bin's. ‚Du hier, Robert?', frägst Du mich. Warum nicht, – wich ich doch nie von Deiner Seite und folge Dir überall, wenn auch gerade von Dir nicht gesehen ... Und die Gestalt schwindet wieder zurück. Aber Liebe und Treue bleiben sich gleich.
Bei diesen Zeilen erinnere sich meine geliebte Braut an
ihren Robert."

Silvesternacht 1837 nach 11 Uhr.
„Schon seit einer Stunde sitze ich da. Wollte Dir erst den ganzen Abend schreiben, habe aber gar keine Worte – nun setze Dich zu mir, schlinge Deinen Arm um mich, lass uns noch einmal in die Augen sehen, – still – selig –
Zwei Menschen lieben sich auf der Welt. –
Eben schlägt es drei Viertel. –
Die Menschen singen von ferne einen Choral – kennst Du die zwei, die sich lieben? Wie wir glücklich sind – Clara, lass uns niederknien! Komm meine Clara, ich fühle Dich – unser letztes Wort nebeneinander dem Höchsten – – –

Am Ersten, morgens 1838.

„Welcher himmlische Morgen – die Glocken läuten alle – der Himmel ganz golden blau und rein – Dein Brief vor mir – Also meinen ersten Kuss, meine geliebteste Seele!" –

Am 2ten.

„Wie glücklich hast Du mich durch Deine letzten Briefe gemacht, schon durch den am heiligen Christ. Alle Namen möchte ich Dir beilegen und *doch weiß ich kein schöneres Wort, als das kleine deutsche ‚lieb' – aber mit besonderem Ton will das gesprochen sein. Also liebes Mädchen – ich habe geweint vor Glück, dass ich Dich habe und frage mich oft, ob ich Deiner würdig bin. Was des Tages doch alles in einem Menschenhaupte und im Herzen vorgeht! Sollte man doch glauben, sie müssten zerspringen. Diese tausend Gedanken, Wünsche, Schmerzen, Freuden, Hoffnungen, wo kommen sie alle her – und so geht es Tag ein, Tag aus, und nimmer Ruhe. Aber gestern und vorgestern, wie hell sah es da in mir aus – was hast Du mir alles geschrieben, welch schöne Gesinnung überall, wie treu und fest, und wie innig Dein Lieben. Du, meine Clara, könnt ich Dir doch etwas tun zu Liebe. Die alten Ritter hatten's doch besser, die konnten für ihre Geliebten durchs Feuer gehen, oder Drachen tot machen – aber wir jetzigen müssen's Hellerweise zusammensuchen, unsre Mädchen zu verdienen, und weniger Zigarren rauchen oder sonst – Aber freilich lieben können wir auch trotz den Rittern und so haben sich, wie immer, nur die Zeiten verändert und die Herzen sind immer dieselben.*

Hunderterlei habe ich Dir zu schreiben, Großes und Kleines. Könnte ich es nur recht schön und ordentlich – aber meine Handschrift verzieht sich immer undeutlicher und ich hätte Angst, wenn das mit dem Herzen zusammenhinge. Freilich habe ich auch meine fürchterlichen Stunden, wo mich selbst Dein Bild verlassen will – wo ich mir Vorwürfe mache, ob ich mein Leben so weise angewandt, als ich es hätte sollen, ob ich Dich Engel an mich hätte fesseln sollen, ob ich Dich auch so glücklich machen kann als ich möchte. – Und daran, an solchen Fragen und Zweifeln, hat wohl das Benehmen Deines Vaters gegen mich Schuld. Der Mensch hält sich leicht für das, für was man ihn hält. Muss ich nach allem, wie dein Vater an mir gehandelt, da nicht zu mir sagen, ‚bist Du denn so schlecht, stehst Du so niedrig, dass jemand Dir so begegnen kann?' Gewohnt leicht zu überwinden und Schwierigkeiten zu besiegen, an das Glück, an die Liebe gewöhnt und wohl auch dadurch verzogen, weil mir so vieles leicht wurde in der Welt, werde ich nun zurückgewiesen, beleidigt und verleumdet. In Romanen las ich sonst viel dergleichen, aber dass ich selbst einmal ein Held eines solchen Kotzebueschen Familienstückes würde, dafür hielt ich mich zu gut. Hätte ich Deinem Vater etwas zu leide getan, nun dann könnte er mich hassen; aber dass er aus gar keinem Grund auf mich schmäht und mich, wie Du selbst sagst, hasst, das kann ich nicht einsehen. Aber es wird auch an mich die Reihe einmal kommen – und dann soll er sehen, wie ich ihn und Dich liebe. Denn ich will es Dir nur ins Ohr sagen, ich liebe und achte Deinen Vater seiner vielen großen und herrlichen Seiten wegen, wie, Dich ausgenommen, ihn sonst niemand hochhalten kann, es ist eine ursprüngliche angeborene Anhänglichkeit in mir, ein Gehorsam, wie vor allen energischen Naturen, den ich vor ihm habe. Und das schmerzt nun doppelt, dass er nichts von mir wissen will. Nun – vielleicht kommt noch der Friede und er sagt zu uns ‚nun so habt Euch'. – Dein Brief, wie der mich gehoben und gestärkt hat, Du kannst es gar nicht glauben. ... Du bist eine gar prächtige Jungfrau und ich habe vielmehr Ursache auf Dich stolz zu sein, als Du auf mich – da hab ich mir denn auch vorgenommen von Neuem, Dir alles an den Augen abzusehen, dass Du, wenn Du es mir auch nicht sagst, doch denken sollst immer ‚das ist doch ein guter Mensch, Dein Robert und du besitzest ihn ganz und er liebt Dich unaussprechlich' – Wahrhaftig, das sollst Du denken, soweit soll es mit uns kommen. Ich sehe Dich immer im Häubchen vor mir den letzten Abend ... und wie Du mich Du nanntest ... Clara, ich hörte nicht, was Du sprachst als das ‚Du' – weißt Du es nicht mehr?

Dann sehe ich Dich noch in vielen Formen, in denen Du mir unvergesslich bist – einmal während unserer Trennung, im schwarzen Kleid, als Du mit Emilie List ins Theater gingst – das hast Du gewiss nicht vergessen – das fühlt ich an mir ... dann auch einmal im Thomasgässchen mit dem Regenschirm, wo Du mir jählings auswichst – dann einmal nach dem Konzert, wie Du Dir den Hut aufsetztest, es war zufällig, dass wir uns gerade in die Augen sehen konnten, in Deinen sah ich viel schöne Gedichte und alte ewige Liebe – dann stelle ich mir Dich oft in der letzten Zeit vor, in allen Sitzungen und Stellungen – nur wenig sah ich Dich an – aber Du hast mir doch unbeschreiblich gefallen ... ach ich kann Dich gar nicht gering loben. Deinetwegen und Deines Geschmacks halber, den Du an mir Menschen gefunden hast – aber verdienen tu ich Dich nicht.

Also Henselt war da; ich mag gar nicht scharf über ihn nachdenken, um mir nichts vom schönen Eindruck, den seine ganze Erscheinung auf mich gemacht, zu verkümmern. Unser erstes Sehen, ich kann es sagen, war das wie zweier Brüder. So kräftig, natürlich und derb von Gestalt hatte ich mir ihn nicht vorgestellt, und seine Worte und Urteile entsprechen dieser äußeren Haltung. Nun sind wir aber von Stunde zu Stunde inniger geworden, dass ich eigentlich gar nichts Rechtes von ihm weiß, als dass ich ihm überaus gut bin. Doch muss ich Dir sagen, dass er als Spieler a l l e E r w a r t u n g e n ü b e r t r o f f e n *hat, die ich mir nach Euren Äußerungen über ihn gemacht. Er hat wirklich oft etwas Dämonisches, etwa wie Paganini, Napoleon, die Schroeder – dann kam er mir auch oft wie ein Troubadour vor, weißt Du, mit einem schönen Barett mit großen Federn darauf. Seine Bedeutung wuchs in meinen Augen von Stunde zu Stunde; nur einige Male, wo er sich zu sehr schon angestrengt im Spielen, traf ich ihn schwächer; im Ganzen aber steigerte er sich bis zum Augenblick, wo wir Abschied nahmen, und schüttete die Musik noch einmal wie aus Eimern. – –*

Am 3ten Januar.

Ich bin so ein ungeduldiger, unzufriedener, unausstehlicher Mensch manchmal, überhaupt hältst Du mich für viel zu gut – Dir gegenüber. Könnte ich nur wieder so recht fromm sein wie sonst als Kind – ein recht selig Kind war ich da, wenn ich mir Akkorde zusammensuchte auf dem Klavier, oder draußen Blumen; die schönsten Gedichte und Gebete machte ich da – ich war selber eines. Nun wird man aber älter. Aber ich möchte mit Dir spielen, wie Engel zusammen tun, von Ewigkeit zu Ewigkeit … …

Wie weit wir noch zum Ziele sind? – Es wird Dir noch manche schwere Stunden machen, manchen Kampf kosten – nun ich habe ein gepanzertes, starkes Mädchen, auf das man sich verlassen kann, das weiß ich. Deine Hand, Clara, an meine Lippen drücke ich sie.

Donnerstag am 4ten.

… Erschrocken bin ich beinah, was Du mir sagst ,bald sind wir in Leipzig'; ich fürchte mich ordentlich vor Euch. Geht denn nicht, dass Du in Dresden oder sonst wo bleibst – denk Dir nur, wenn Du Mittag im Rosenthal sitzest, Du an dem Tisch, und ich fünfzig Schritte davon – das ist ja gar nicht mehr zu tragen … aber wird es nicht anders mit uns und Du kommst hierher, s o f r e u e i c h m i c h g a r n i c h t. *Sehen freilich möchte ich Dich wohl einmal. Bist Du wohl wieder um ein paar Linien größer geworden? Bist ein schönes Mädchen, und ich kann es Deinem*

Vater eigentlich nicht verdenken, dass er was auf Dich gibt. Und dann wie Du sprichst – Du verdunkelst mich doch zu sehr. – Aber höre ich bin auch etwas geworden: 1) hat die Euterpe hier Ehrenmitglieder gemacht und ist in einem Anfall von Raserei auf folgende Zusammenstellung geraten: Kalliwoda, Berlioz, Fiuk und mich ... dann aber hat mich auch der Niederländische Verein in Rotterdam dazu gemacht. ... ...

– Heute war der Graf Reuß[140] bei mir und fragte mich, ob es denn wahr wäre, dass Du verlobt seist – es war mir nicht recht, dass er nicht wusste, was wie ich gemerkt habe, die ganze Welt weiß, dass wir uns nämlich lieb haben ... Chopin wusste die Dresdener Geschichte auch, haarklein und hat sie Stamaty in Frankfurt auf der Reise nach Paris erzählt.

Höre, – zu Ostern bekomme ich einige Tausend Taler Geld von Eduard und Karl – da ist's denn möglich, dass ich mir (unter Zuziehung Sachverständiger – versteht sich) so ein kleines Museum baue, mit drei Stuben oben und ebenso viel unten – Der ganze Bauriss und Plan steht schon in meinem Kopfe fertig – Härtels Hans ist nichts dagegen, gegen die Gemütlichkeit in unserm, das träumerische Dunkel in der einen Stube mit Blumen am Fenster, oder die hellblaue mit dem Flügel und Kupferstichen – wir wollen uns nur recht lieben und treu bleiben ... Du wirst mich so leise führen, wo ich es bedarf – wirst mir sagen, wo ich gefehlt und auch wo ich etwas Schönes geleistet – und das will ich auch gegen Dich – Du sollst Bach in mir, ich Bellini nu Dir lieben – wir werden oft vierhändig spielen – Abends fantasiere ich Dir in der Dämmerung vor und Du wirst dazu manchmal leise singen und dann fällst Du mir recht selig an das Herz und sagst ,so schön hab ich mir es nicht gedacht'.

(Später nach 9 Uhr).

Nun aber zu Deinem Briefe. Du tust mir ein ganz klein wenig Unrecht, in einigem. Soll ich mich verteidigen? Ich vermeide jede Gelegenheit, dass etwas über Dich in der Zeitschrift gesagt würde? Das kann nicht Dein Ernst sein ... Berichte aus Prag und Wien hab ich erst seit 14 Tagen ... der aus Prag ist gut gemeint, aber schrecklich hölzern – ich ändere und mildere wohl hier und da, aber am Urteil ändere ich in der Hauptsache selten,

---

140 Heinrich, Graf Reuß-Köstritz, nachmals Fürst. Freund Schumanns.

das darf ich nicht, siehst Du das ein, Du Goldmädchen? – Dann muss ich
ja auch das Ganze im Auge haben – wollte man nur den bedeutendsten
Künstlern von Stadt zu Stadt folgen, denke welcher Raum gehört dazu.

Nun will ich Dir aber freilich etwas gestehen – nach dem, wie sich Dein
Vater gegen mich gezeigt, schiene es mir nicht fein, sondern – wie soll
ich sagen? – zudringlich und dienermäßig (bedientenmäßig wollte ich
schreiben), wenn ich mich nun zerrisse, mir durch öfteres Erwähnen Dei-
nes Namens mich in seiner Gunst höher zu stellen – das habe ich nicht
Ursache – er würde sich doch nur die Hände reiben und lachend sagen
,glaubt der mich dadurch zu gewinnen?" – Clara, liebe Clara, was Du
mir bist, wie hoch ich Dich halte, mit welcher Ehrerbietung ich immer von
Dir gesprochen, das weiß ich am besten, weißt auch Du – aber dass ich
Deinen Vater, der sich seit lange gar nicht mehr für mich interessiert, der
alles, was ich Fehlerhaftes habe, heraussucht, mich bei Dir herabzusetzen,
und nichts von dem in mir wissen will, was er freilich selbst nicht hat –
dass ich ihm dafür etwas zu Gefallen tun soll, das habe ich bei Gott nicht
nötig; ich liebe ihn, aber ich beuge mich nicht vor ihm, keinen Zoll und
will Dich nicht erbetteln. Er hat mir schon einmal einen Brief geschrieben,
und darin Worte, wo, wenn mich einmal der Höchste fragte, ob ich auch
das verziehe, und er mich darum bäte, ich eine Weile anstehen würde –
ich schwieg darauf, ach nur weil er D e i n V a t e r war, musste ich so
erbärmlich sein und darauf schweigen. Das ist einmal geschehen, – das
zweite Mal könnte ich's nicht und sollte ich Dich auch dadurch verlieren.
Mein Herz ist sanft und gut, das kannst Du mir glauben – das hat noch
seine angestammte Reinheit, wie es aus der höheren Hand einmal gekom-
men – aber alles kann ich nicht dulden, und da könntest Du dann leicht
sehen, dass ich auch Tatzen habe. Was ich da schreibe, verzeih es mir; es
kann Dich nicht kränken – Du bleibst mein, nicht wahr, und ich Dein ...
und da kann es wohl nicht schlimm um mich stehen; da bin ich geborgen,
da ruhe ich wie unter Engelsflügeln unter Deinem heiligen Schutz.

Am 5ten abends.

... Wie ärgerlich, dass ich wieder gestört wurde, ein alter Heidelberger
Freund war es, Dr. Weber aus Triest. ... Denke Dir, ich sagte ihm neu-
lich, als er mich fragte, warum ich so nachdenklich wäre, ,ach 10,000

Taler fehlen mir' und ich hätte ein Mädchen, ,das ich liebte und glücklich machen möchte' ... darauf sagte er ,ist es nichts weiter, so will ich Dir sie geben' etc. etc. Und das war nicht etwa sein Scherz – er hat mich sehr lieb – wir nennen uns Du – ich sagte nichts darauf, als dass ich nicht vergessen würde, was er gesagt hätte, wenn es Not täte.

... Wegen des Geheimnisses sorge Dich nicht, meine geliebte Clara – es ist meine innere Leidensgeschichte und verlangt eine Darlegung meines zartesten Lebens – sorge Dich nicht – aber das kannst Du wissen, dass Du mich ganz heilen, ganz glücklich machen kannst – bleib mir nur treu und sprich manchmal ermutigend und mit Liebe zu mir, der so leicht zu Boden zu drücken und wieder aufzurichten ist.

... Also der Kaiser hat mit Dir gesprochen? – Hat er nicht gesagt, ,kennen Sie Signor Schumann?' Und du hast geantwortet ,Majestät, ein wenig.' – Aber sehen hätte ich Dich doch mögen. Wirst Du etwas K. K.liches werden? Spiele doch manchmal ein wenig schlechter, damit sie's nicht gar zu toll machen – mit jedem Beifallssturm schiebt mich Dein Vater einen Schritt weiter von sich – bedenke das! Ach nein! wie gönne ich Dir diese Lorbeerkränze – aber freilich auch tausend machen noch keinen von Myrten – den setze ich Dir allein auf in Dein schönes schwarzes Haar – – –

... Die Davidstänze und Fantasiestücke werden in acht Tagen fertig – ich schicke Dir sie, wenn Du willst. In den Tänzen sind viele Hochzeitsgedanken – sie sind in der schönsten Erregung entstanden, wie ich mich nur je besinnen kann. Ich werde Dir sie einmal erklären.

... Und nun zum Schluss – sechs glückliche Tage habe ich gehabt, wo ich an Dich schrieb – nun wird's wieder still und einsam und dunkel ... ...

Auf immer und ewig

Dein Robert."

Für Clara hatte das neue Jahr unruhig bewegt, aber glückverheißend und in allen geheimen Sorgen doch hoffnungsvoll begonnen. Ihr drittes Konzert, das am 7. Januar stattfand und zu dem sich 800 Menschen in „unbeschreiblichem Gedränge" einfanden, bedeutete einen neuen Triumph – „vollständiger Sieg über Thalberg", schrieb Wieck ins Tagebuch, „Clara ist Mode und drückt alles zurück". Auch den klingenden Beweis dafür hatte er, wie er gleichfalls fröhlich bricht, in Gestalt von 1035 Gulden Reinertrag in der Tasche. Schwerer aber wog der ideelle Erfolg, der in der öffentlichen Huldigung zum Ausdruck kam, die Grillparzer als Stimmführer Wiens in Versen, die zu dem Schönsten gehören, was er je geschrieben, ihr am 9. Januar in der Wiener Zeitschrift darbrachte[141]:

Clara Wieck und Beethoven

(F-Moll-Sonate).

Ein Wundermann, der Welt, des Lebens satt,
Schloss seine Zauber grollend ein
Im festverwahrten, demantharten Schrein,
Und warf den Schlüssel in das Meer und starb.
Die Menschlein mühen sich geschäftig ab,
Umsonst! kein Sperrzeug löst das harte Schloss
Und seine Zauber schlafen, wie ihr Meister.
Ein Schäferkind, am Strand des Meeres spielend,
Sieht zu der hastig unberuf'nen Jagd.
Sinnvoll-gedankenlos, wie Mädchen sind,
Senkt sie die weißen Finger in die Flut,
Und fasst, und hebt, und hats. – Es ist der Schlüssel!
Auf springt sie, auf, mit höhern Herzensschlägen,
Der Schrein blinkt wie aus Augen ihr entgegen
Der Schlüssel passt. Der Deckel fliegt. Die Geister,
Sie steigen auf und senken dienend sich
Der anmutreichen, unschuldsvollen Herrin,
Die sie mit weißen Fingern, spielend, lenkt.

Auch Claras Antwort darf hier nicht fehlen, in der sie so glücklich war, mit ihrem Dank den Namen des Geliebten verflechten zu können; sie schrieb am 11. Januar an Grillparzer:

---

141   Nach der Originalhandschrift Grillparzers im Nachlass Clara Schumanns. Der erste Druck in der Wiener Zeitschrift für Kunst, Litteratur etc. Nr. 4 vom 9. Januar 1838.

„Hochzuverehrender Herr!

Sie haben mich hoch erhoben und hoch beglückt – darf ich Ihnen dies sagen und von ganzer Seele dafür danken? – hätte ich ein zweites Leben, ich könnte es in Ihrem Wien auch für meine Kunst geben, ich meine für mein Streben, denn was und wie ich's will – ich kann's doch nimmermehr. Ihr Name schon wäre mir ein Pass für ganz Europa – aber Ihr Spruch! – Ihr Bild! – ich könnte weinen, dass ich so ein armes Instrument spiele, so fühle ich mich erhoben. Vieles möchte ich noch schreiben, aber es kommt alles so ungeschickt vor Ihnen heraus – eine ganze Stunde möchte ich Ihnen vorfantasieren, aber ich würde auch befangen sein; mit einem Worte: ich muss schließen.

In diesen Tagen spiele ich mehreren Kennern den Carnaval von Robert Schumann vor, ein schönes lebendiges Bild in Tönen, darf ich Sie dazu einladen, und Ihnen nächster Tage das Nähere bestimmen? Beglücken Sie mich mit Ihrer Gegenwart

Ihre dankbare

Clara Wieck.“

Die hier erwähnte musikalische Unterhaltung fand am 14. Januar vor etwa 80 Personen, unter denen sich auch wieder Grillparzer befand, statt. Darüber und über andere innere und äußere Erlebnisse berichtet Clara in einem am 18. Januar begonnenen Brief an Robert.

„Mein lieber, lieber Robert!

Nenn ich Dich doch von ganzer Seele so, und möchte Dich noch ganz anders nennen! – Wie schön hast Du mir diesmal geschrieben, es waren nicht Worte, nein – es waren zarte Blumen, die Du mir gestreut; die schönsten Lorbeerblätter, sie kommen immer von Dir.

… Aus einem großen Irrtum muss ich Dich reißen. Du tust Vater sehr Unrecht, wenn Du sagst, er rede alles Schlechte von Dir und zählte mir immer Deine Fehler auf; das tut er nicht, im Gegenteil, er spricht zu jedermann mit dem größten Enthusiasmus von Dir, lässt mich von Dir vorspielen, hat neulich eine große Gesellschaft (worunter auch die größten Dichter Wiens) gebeten und bloß um den Carnaval zu hören; auch

hat er gesagt, ich sollte nächstens (ich gedenke nämlich im Februar 3 Matineen mit Mert und Mayseder zu geben) ... Deine Toccata und Etudes symphoniques spielen.

... ja groß, unendlich groß ist meine Sehnsucht Dich wieder zu sehen, und doch auch so groß meine Abneigung nach Leipzig zu kommen ... Ich kämpfe unaufhörlich mit mir selbst, mein Sinn steht mir zuweilen, ich weiß nicht wo. Auch ich kenne keinen herzzerreißenderen Anblick, als Dich im Rosenthale in einer Laube sitzen zu sehen, von Vater und Mutter beobachtet, gleichgültig scheinen zu müssen – gleichgültig gegen Dich! Nein, das ist nicht zu ertragen. Nichts hab ich in Leipzig, was mir nur einige Zerstreuung bieten könnte, nicht einmal Emilie kommt wieder ... und ich soll nun da allein sitzen mit meinem Gram und meiner Sehnsucht, in der Nikolaistraße, zwanzig Schritte von Dir und doch so ferne!

... Du sprichst von ‚meiner nicht würdig sein?‘, ach Robert, denke doch, dass nur Liebe mich beglückt. ... Eine Griseldis möcht ich sein (so wie Du ein Ritter), Dir meine Liebe beweisen zu können. Neulich sah ich die Rettich als Griseldis ... Ich musste unaufhörlich weinen und als ich nach Hause kam, hörte es noch immer nicht auf; ich war unbeschreiblich erregt. ... Gewiss hast Du die Rettich diesen Sommer in Leipzig gesehen. Sie ist eine liebenswürdige Frau und eine von den wenigen Schauspielerinnen, die sich auch für andere Künste interessieren. Ich bin öfters bei ihr – ich glaub, sie hat mich auch nicht so ganz ungern.

Denken kann ich es mir übrigens, dass es die Leute mir ansehen, dass ich Dich lieb habe, wenn sie mich von Dir sprechen oder spielen hören. Ach, könnt ich es doch sagen den Leuten, wie unzertrennlich wir sind, welch schönes Band der Liebe uns bindet! Nun, die Zeit wird noch kommen, wo ich mich vor den Vater stellen werde und sagen: ‚die Zeit ist um, zwei Jahre verflossen; Du siehst mich noch ganz dieselbe vor Dir, mit derselben Liebe und einer ewigen Treue, also lass Dein Herz erweichen und versage uns nicht das Schönste – den väterlichen Segen‘. Sollt er aber seine Zusage verweigern, so weiß ich, was ich tue. Dir bleib ich – mein Glaube steht fest ‚es muss werden!‘ Verstößt er mich – wie schrecklich dieser Gedanke – so wird mir der Himmel Kraft und Mut verleihen, dass ich standhaft bleibe, und mir verzeihn – verzeihn? Was ist denn mein Verbrechen – die Liebe! Ach mein Gott, was muss der Mensch nicht erdulden um der Liebe willen! Doch ich werde einen schönen Lohn finden in Dir.

Das war ein schwerer Tag für mich, aber auch ein schöner. Es war heut Mittag mein viertes Konzert, wo ich von Liszt und Thalberg spielte, um auch die verstummen zu machen, welche immer noch glaubten, ich könne Thalberg nicht spielen. 13 Mal ward ich gerufen, was selbst dem Thalberg nicht widerfahren. Dazu kam wohl auch, dass das Publikum allgemein indigniert war über einen Aufsatz, der, von dem ehemaligen Stiefelputzer Beethovens, Herrn Holz, ausgehend, behauptete, ich verstände nicht Beethoven zu spielen. Nun kannst Du Dir den Lärm denken. ... Du wirst diesen Enthusiasmus nicht begreifen können, da Du gar nicht weißt, was ich eigentlich leiste und was nicht; da Du mich als Künstlerin überhaupt viel zu wenig kennst. Doch glaube ja nicht, dass ich Dir deswegen gram, im Gegenteil macht mich das glücklich, dass ich weiß, Du liebst mich nicht um meiner Kunst willen, sondern wie Du mir einmal auf ein kleines Zettelchen schriebst, ,ich liebe Dich nicht, weil Du eine große Künstlerin bist, nein, ich liebe Dich, weil Du so gut bist'.
Das hat mich unendlich gefreut und das hab ich auch nie vergessen.

Welche Sehnsucht hab ich wieder mich mit Dir zu unterhalten; den heutigen Abend hatte ich dazu bestimmt, da kommt der Dir bekannte Courmacher und bleibt 2 Stunden hier. Du kannst Dir meinen Ärger denken. Während mein Geist fortwährend mit Dir beschäftigt ist, muss ich die fadesten Schmeicheleien anhören – ich schwebe in anderen schöneren Sphären. ...

Eben habe ich mich am Klavier mit Dir unterhalten, es ist 8 Uhr. Vater wird wohl nicht mehr kommen, und eile denn fortzufahren, wo ich aufgehört; d.h. ich gebe Dir erst wieder einen Kuss ... ... Nun muss ich Dir doch aber auch gratulieren zu den Ehrentiteln und Dich warnen, dass Du ja nicht zu stolz wirst!? Was meinst Du da von ,etwas K. K. werden?' Das ist ja nicht möglich. Längst schon wär ich Kammervirtuosin der Kaiserin (sie hat mich sehr gern, wie mir ihre Kammerfrau gesagt;

Letztere ist die bekannte Cibbini, die unter dem Namen Kotzeluch sehr viel komponiert hat) geworden, doch zwei große Hindernisse sind im Wege, erstens bin ich Lutherisch, und zweitens keine Untertanin. Das wär freilich ein Glück für mich gewesen – denn das ist der beste Pass, der beste Empfehlungsbrief. Denk Dir, im letzten Konzert hat man mich bekränzen wollen, doch die Herren haben gemeint, zu sehr die Gegenpartei zu reizen, und haben es wie sie sagten verschoben. Dies wäre mir auch fatal gewesen, denn meine Verlegenheit wäre sicher groß gewesen und meine Rührung nicht weniger. Den schönsten Kranz wirst Du mir aufsetzen – den Myrtenkranz, und dann will ich keine anderen Kränze, keine Lorbeeren, ich geb sie Dir alle für die Myrte.

Eben fällt mir etwas ein – freilich ein prosaischer Gedanke – doch das bekümmert mich. Du machst Dir Sorgen um meinetwillen und das solltest Du nicht. Warum willst Du Dir trübe Stunden machen um ein paar Taler? Ich bitte Dich, schreib mir nur nicht mehr davon, es geht mir jedes Mal durch und durch … Ich mache mir Vorwürfe, dass ich Dir einstens in trüber Stunde, in einer Stunde, wo – ich kann es kaum glauben – der Verstand seine Macht auf mein Herz auszuüben schien, dass ich Dir da so profitische Worte schrieb. Nicht wahr, Du trägst mir das nicht nach? Du liebst mich deshalb nicht weniger? Glaub mir, mein Vertrauen zu Dir ist groß; der Himmel wird uns nicht verlassen; bist Du ja fleißig und ich auch! Ich z w e i f l e   u n d   w a n k e   n i c h t einen Augenblick, mein Schicksal in Deine Hände zu legen, Du bist edel, gut und wirst mich also beglücken. Dein schöner Stolz hat mich wieder sehr überrascht (Vaters wegen), Du bist wirklich ein Mann im schönsten Sinne des Wortes … Hast Du das Gedicht von Grillparzer gelesen? Und kennst Du die Komposition dazu von Vesque[142]? Letzterer ist ein Beamter, aber in der Musik sehr talentvoll und komponiert Opern etc.

– Ist es denn nicht möglich, dass Du deine Zeitung einmal in Wien herausgibst? Könnten wir nicht hierherziehen? In Leipzig würde ich doch immer verkannt leben – doch ich lebe recht gern da, wo es Dir gefällt, es war nur so ein Vorschlag. Hübsch wäre so ein kleines Häuschen in Leipzig auch. Deine Ausmalung der Zukunft war sehr schön, ach so reizend! –

---

142 Vesque von Püttlingen, geboren 1803, nachmals Sektionschef im Ministerium des Äußeren; Komponist. Über ihn und seine Beziehungen zu Schumann vgl. Jansen, Robert Schumann und seine Beziehungen zu Vesque v. Püttlingen. Grenzboten 1894, S. 20ff.

... Dieser Brief wird sehr lang, doch Du nimmst es mir nicht übel, ich kann mich noch gar nicht von Dir trennen, ich möchte mich zu Tode schreiben. Siehst Du, ich soll mich nicht tot schreiben, denn eben unterbrach mich ein Freund von uns, ... der mir sehr viel von der Ehe gesagt, wie man sich prüfen müsse, dass nicht nach einem halben Jahre das eine zu d e m Fenster, das andre zu d e m hinausschaute. Das werden wir doch nicht tun? Wir wollen in unserem Häuschen ja nur ein Fenster bauen lassen. Heut' hast Du mir wieder eine Freude gemacht durch die Überschickung der Chopinschen Sachen. Unter allem hat mir die letzte Mazurka einen schönen Eindruck gemacht. Sie ist so poetisch, so frisch, nicht so arm an Erfindung, wie die meisten seiner neueren Kompositionen, und bezeichnet so ganz besonders in den letzten 6 Takten den schwärmerischen Mondschein-Mensch ... Sind Deine Fantasiestücke noch nicht fertig? Sind wir noch hier, so schicke sie mir lieber wieder durch Fischhof und o h n e B r i e f an mich ... Schreib mir ein hübsches Wort unter die Fantasiestücke, es würde mich sehr freuen und Vater sieht doch, dass Du immer noch derselbe bist, ohngeachtet seines Briefes.

Dein letzter Aufsatz über Kalliwoda[143] etc. hat mir sehr gefallen, er war so, wie soll ich sagen, so mit Lust, nicht so aus muss geschrieben; nur mit Bennett kommen wir nicht überein. Du sagst in einem früheren Aufsatz ,wer Bennett nicht erkennt, ist ein ungebildeter Mensch'; also hältst Du mich auch dafür? Oder Du meinst vielleicht, das ist nur so ein Kind, das nicht viel versteht; ... das mag sein, aber wie kann ein Robert Schumann, der so eine Sonate, solche Etüden, solch einen Carnaval geschrieben, der s o h o c h e r h a b e n über einem Bennett steht, so etwas sagen, ihn mit einem ... ... [Mendelssohn] vergleichen? ... Gern, wär es mir möglich, liebt ich, so wie Du Bellini in mir, ich Bennett in Dir, es geht aber nicht; dafür will ich aber auch den Bach in Dir lieben, dass Du Dich nicht beklagen sollst. Ich möchte Dich doch einmal eine Fuge spielen hören, säuselst Du da auch so schwärmerisch? Überhaupt könnt' ich Dich doch nur einmal wieder fantasieren hören, sehen! schon damals, als Du um 7 Uhr abends am Klavier saßest, sprachen mir Deine Töne so aus der Seele, schon da hätt' ich Dich oft umarmen mögen und sagen ,ach Robert Du spielst doch gar so schön und gerade so, wie

---

143   In der Neuen Zeitschrift für Musik vom 12. Januar. Vgl. Schumann, Gesammelte Schriften II, S.89.

ich es mir eben denke', hätt' ich gedurft; jetzt darf ich es im Geiste und werde es künftig, wenn ich erst Dein geliebtes Weib bin, in Wahrheit tun. Du lächelst über mich, doch auch ich beschäftige mich ja so viel mit der Zukunft und mein einziger Wunsch ist, ich könnte, was ich jeden Morgen denke, 2 Jahr schlafen, könnte all die tausend Tränen, die noch fließen werden, überschlafen. Dummer Wunsch! ich bin nun manchmal so ein albern Kind. Weißt Du, als Du mir vor zwei Jahren am Weihnachtsabend die weißen Perlen schenktest, da sagte die Mutter ‚Perlen bedeuten Tränen!' Sie hatte Recht, sie folgten nur allzu bald. Die Zeit jetzt vor zwei Jahren kann ich noch gar nicht vergessen, das war doch zu grausam und geschah doch nur, um unsere Liebe noch mehr zu befestigen. Ich sagte auch neulich zum Vater ‚ich bin Dir sehr dankbar, dass Du alles so gestaltet hast, denn dadurch hat meine Liebe noch einen viel schöneren, mehr standhaften Charakter angenommen; je mehr Hindernisse, desto größer meine Liebe.' Der gute Becker, dem ich alles danke, der mir wie ein Stern in dunkler Nacht kam, ihm möcht ich so gern mein glühend feurig Herz eröffnen. Schreibst Du an ihn, so schreib ihm einen einfachen aber herzlichen Gruß von mir. –

… Den 11ten geb ich mein fünftes und den 18ten mein sechstes, mein Abschiedskonzert. Im fünften spiel ich Mendelssohns H-Moll Capriccio und quatre Etudes symphoniques von einem gewissen Robert Schumann.

… Doch denk Dir in den Wirtshäusern hat man Torte à la Wieck, und alle Enthusiasten von mir gehen dahin und essen von der Torte. Neulich war sie in der Theaterzeitung angezeigt mit der Bemerkung, es sei dies eine ätherisch hingehauchte Mehlspeise, die sich den Essern von selbst in den Mund spiele. Ist das nicht zum Lachen?"

Den 30t. früh.

… "Nun ist's aus mit der Mußezeit; heut Morgen, die ganze Woche bin ich keinen Abend zu Haus und will nun den Schluss machen. Wer weiß, ob ich es bald wieder so gut habe, dass ich Dir so lang schreiben kann.

– Deinen Carnaval werd ich noch einmal vor einer Anzahl Kennern spielen.

Adieu denn, mein lieber, lieber, guter – – – Robert."

Robert an Clara.

Leipzig den 6ten Febr. 1838.

„Meine liebe Clara,

Wo soll ich nur anfangen, Dich zu herzen und zu küssen für Deinen Brief. Wie glücklich war ich in den vorigen Tagen, so jung, so leicht, als sollten mir Flügel aus den Schultern rollen, die mich zu Dir trügen. Antworten wollte ich gleich; aber vor Träumen und Sinnen und Musizieren, inwendigem, dacht ich gar nichts, und ging nur in der Stube auf und nieder und sagte manchmal ,das Herzekind', ,mein Kind' und sonst wenig.
... Ich weiß nicht, wer mir verwehren könnte, Dir noch einmal so viel zu schreiben als Du mir. Am liebsten möcht ich es mit Musik – denn das ist doch die Freundin, die alles am besten ausrichtet, was innen steht. Da habe ich Dir denn auch so entsetzlich viel komponiert in den letzten drei Wochen – Spaßhaftes, Egmontgeschichten, Familienszenen mit Vätern, eine Hochzeit, kurz äußerst Liebenswürdiges – und das ganze Noveletten genannt, weil Du Clara heißt und ,Wiecketten' nicht gut genug klingt[144].
– Eben bekomme ich die ,Fantasiestücke' von Härtels und einen hübschen Brief mit Bitte um neue Kompositionen – den will ich lieber gleich beantworten. – Adieu für eine Stunde... Wegen Wien stimmen wir ganz zusammen ... da habe ich schon längst nachgesonnen. Wir reden darüber noch ausführlich.
... Alle Blätter sind von Dir voll – ich gehe deshalb täglich ins Museum und suche nach den Wiener Artikeln. Das war ja voraus zu sehen. Du schreibst, ich wüsste eigentlich gar nicht, was Du als Künstlerin leistetest. Halb hast Du Recht, halb aber auch sehr Unrecht; es mag jetzt alles vollendeter noch, eigentümlicher und reicher entwickelt sein – aber übrigens kenne ich mein schwärmerisches Mädchen so genau von Alters her – durch Berge hindurch zu hören bist Du. Das Grillparzersche Gedicht ist das s c h ö n s t e ü b e r h a u p t, was je über Dich geschrieben ist; da kam mir wieder der Stand des Dichters so göttlich vor, der's Rechte trifft mit so wenig Worten, für alle Zeiten gültig. Mendelssohn war gerade bei mir, als ich's bekam; er sagte dasselbe. ,Schäferkind' – ,senkt die weißen

---

144   Anspielung auf Claras Namensschwester, die Sängerin C l a r a   N o v e l l o, die 1837/38 in Leipzig konzertierte.

Finger' – wie so zart alles; man hat, sieht Dich vor sich. *Auch beim Pub-*
likum nützen Dir diese wenigen Zeilen mehr als alle diese Wiestschen[145]
Aufsätze, denn vor dem reinen Dichter hat der gemeine Mann selbst eine
Scheu; ... er traut ihm, widersetzt sich ihm nicht. Kurz – das Gedicht hat
mich glücklich gemacht – und könnte Dein Geliebter und überhaupt ein
Liebender singen und dichten, so hätte er [es] so machen müssen. Aber
dass es wieder jemand in Musik setzt, ist unpoetisch und hebt die ganze
Wirkung auf. Ein wahrer Komponist hätte das schon gar nicht unternom-
men. Aber Mädchen wie Du, verleiten einen wohl auch zu Verkehrtem; –
sie machen einen aber auch wieder g u t, wie Du es bist, meine Clara, die
mich dem Leben wieder gegeben hat, an deren Herzen ich mich zu immer
höherer Reinheit ausziehen lassen will. Ein armer geschlagener Mann war
ich, der nicht mehr beten konnte und weinen achtzehn Monate lang; kalt
und starr wie Eisen war das Auge und das Herz. Und jetzt? Wie verän-
dert alles, wie neugeboren durch Deine Liebe und Deine T r e u e ... Mir
ist's manchmal als liefen in meinem Herzen eine Menge Gassen durchein-
ander und als trieben sich die Gedanken und Empfindungen drinnen wie
Menschen durcheinander und rennen auf und nieder, und fragen sich ,wo
geht es hier hin?' zu Clara – ,wo hier?' – zu Clara – Alles zu Dir!
... Hast Du die Davidstänze (ein silberner Druck ist dabei) nicht erhal-
ten? ich habe sie Sonnabend vor acht Tagen an Dich geschickt. Nimm Dich
ihrer etwas an, hörst Du? sie sind mein Eigentum. ... Was aber in den
Tänzen steht, das wird mir meine Clara herausfinden, der sie mehr wie
irgendetwas von mir gewidmet sind – ein ganzer Polterabend nämlich ist
die Geschichte und Du kannst Dir nun Anfang und Schluss ausmalen. War
ich je glücklich am Klavier, so war es als ich sie komponierte. – Dass Du
von den Etüden spielst, freue ich mich sehr; aber ich denke, es verstimmt
Dich, wenn Du damit nicht den Beifall erhieltest, den Du gewohnt bist –
und das kann nicht möglich sein, dass sie dem Publikum zusagen könnten.
Neulich las ich im Goethe-Zelterschen Briefwechsel von Zelter, wie er bei
einer ähnlichen Gelegenheit sagt: ,Es ging ihm wie jemanden, der zum ers-
ten Mal den gestirnten Himmel ansieht: – man wird nicht klug daraus', –
da habe ich doch sehr lachen müssen. So wird es auch nach den Etüden
sein, die nun vollends nur wenig von einem gestirnten Himmel haben.

---

145   Dr. Friedr. Wiest, Wiener Journalist.

*Im Duo habe ich geschwärmt, kann es aber für kein Klavierstück hal-
ten, obgleich ich Dein Originalmanuskript mir habe holen lassen von
Deiner Mutter.
Höre, eine Bitte habe ich. Willst Du denn nicht unsern Schubert besuchen? Und Beethoven? Und nimm einige Myrtenzweige, binde je zwei
zusammen und lege sie ihnen aufs Grab, wenn es geht – dabei sprich leise
Deinen Namen und meinen aus – kein Wort weiter – Du verstehst mich."*

Am 11. nachmittags.[146]

*...... ... ... Denke wie ich erschrocken gestern:
der Graf Reuß, der mich oft besucht, kommt gestern sehr lebhaft eingetreten, dass er mir etwas mitzuteilen habe, was mich interessieren würde.
Also er habe einen Cousin, den Fürsten [S.], der ganz in Dir schwärme
etc., mit einem Wort, es handle sich um nichts weniger, als dass Du Kammervirtuosin werden solltest und dass der Fürst nahe daran wäre, es vom
Kaiser zu erlangen. Nun frage er (Reuß) mich, ob dem vielleicht sonst
etwas entgegenstünde, ob Dein Vater ein ehrlicher Mann wäre etc., der
Fürst müsse das wissen etc. Ich hielt wohl an mich und sagte, das wäre
das größte Glück (von andern größten sagte ich nichts mehr, als auf den
Backen mit einiger Röte stand), Dein Vater wäre der bravste Mann, und
er sollte seinem Cousin möglichst zureden. Liebe Clara, vielleicht bist Du
es nun schon und willst nichts mehr wissen wollen von mir – aber freuen
tät's mich doch sehr, Deinetwegen, Deines Vaters halber, der eine Estafette
vor Freuden fortschickt nach Leipzig, und endlich aber wegen Leipzig.
Du hast ganz Recht, dass sie Dich hier gar nicht zu schätzen wissen, wie
Du es verdienst, und ich bin gleich dabei, wenn sich in Wien später etwas
findet, wonach ich mich schon umtun will. Jetzt aber schreibe mir, hast
Du als Kammervirtuosin irgendwelche Verpflichtungen? Musst in Wien
bleiben? Ich glaube nicht – es ist wohl nur ein Ehrentitel, wie ihn Paganini
und die Pasta haben. Besser wäre es nun freilich, wenn Dich die Königin
von England, die jetzt einen alten Orden für Frauen wieder hergestellt,
zur Ritterin dieses Ordens machte, den schönsten, den Töchter halsstar-
riger Väter bekommen können – Die Ritterinnen können nämlich ohne*

---

146   Der Anfang dieses Briefes schon oben S. 80ff gedruckt.

Zusage der Eltern heiraten ... Also bis dahin bringe es! Und dann will ich sagen, meine Clara ist die erste Künstlerin der Welt, wenn sie's nicht schon überdies wäre! Hier muss ich doch Einiges einchalten, was ich von Dir halte – viel. Nur zweimal hab ich Dich in zwei Jahren gehört ... es ist mir aber vorgekommen, als wäre es das Vollendetste, was man sich nur denken kann; wie Du die Etüden von mir gespielt hast, vergesse ich Dir nicht; das waren lauter Meisterstücke, wie Du sie hinstelltest – das Publikum kann das nicht zu würdigen verstehen – aber einer saß darin, wie dem auch das Herz pochte von andern Gefühlen, im Augenblick verneigte sich doch mein ganzes Wesen vor Dir als Künstlerin.

Dass es Dir nicht einerlei ist, ob Du gehörig anerkannt wirst oder nicht, sieht ganz einer echten Künstlerin ähnlich. ... Diesmal hast Du aber alles geschlagen; das seh ich in jeder Zeile – und auch dass sie Deine Persönlichkeit anführen ... tut mir so behaglich im Herzen. Ach, wenn ich nur nicht verrückt werde vor Freude, Du bist eine gar zu ausgezeichnete Person. Heute früh so ernst, jetzt so heiter aus einmal. So bin ich nun, immer aber liebend. Gestern früh hatte ich mich einmal wieder so in die Zukunft hineinfantasiert. Ich brannte noch Licht früh, schrieb, im Ofen knisterte es, und draußen regte es sich kaum vom Schlafe – auf einmal saßest Du neben mir, nähtest an einer Arbeit, warst um mich besorgt, bis ich Dir endlich (ordentlich) die Hand gab und (laut) sprach: ,Du machst mich doch zu glücklich, Frau', drauf schlugst Du dein Auge auf, neigtest Dich zu mir und sagtest mit so glänzenden Augen ,ist's denn auch wahr?' – Werden wir es denn noch so lange aushalten können? Willst Du mich nicht entführen? Das sag' ich Dir – hat es bis zum 8ten Juni 1840 noch nicht in den Zeitungen gestanden, dass die und die etc., so heirate ich die andere Clara und überlasse Dich Deiner gerechten Verzweiflung – – Meine HerzensClara, Du hast mich darüber in Deinem Brief so sehr beruhigt, dass ich gar nicht in Dich dringe und so lange warte, wie Du willst. – Wenn Du mir nur gut bleibst! Eines will ich Dich aber fragen: ich möchte doch Deinem Vater ein paar Zeilen antworten, so gleichgültig geschrieben, dass er davon merkt, ich lasse nicht von Dir, und ich wüsste es, dass Du mir treu bleiben würdest. Dann möcht ich ihm (verzeih mir meinen Stolz) auch merken lassen, dass ich nicht glaube, er könne Dich zum Altar wie zur Schule führen (Deine eigenen Wortes – schreib' mir darüber, denn es müsste bald geschehen.

Das Eine möchte ich Dir noch sagen, dass an eine Einwilligung Deines Vaters nicht zu denken ist, bevor er nicht mit Dir in Paris und London gewesen. Da meine ich denn, Du könntest schon jetzt daran denken, wie das einzurichten ist, dass Ihr gerade 1838 mit Paris und 39 mit London fertig würdet.

A propos – ich möchte wohl auch gern bald nach Paris – was meinst Du dazu? – auf zwei Monate. Der Brief von Simonin de Sire[147] hat mich sehr gefreut – überhaupt sehe ich mit Freuden, wie sich meine Kompositionen hier und da Bahn brechen – ich schreibe jetzt bei weitem leichter, klarer und, glaub ich, anmutiger; sonst lötete ich alles lotweise aneinander und da ist vieles Wunderliche und wenig Schönes herausgekommenen; indes auch die Irrtümer des Künstlers gehören der Welt, wenn es gerade keine Hässlichkeiten sind. Seit 4 Wochen habe ich fast nichts als komponiert, wie ich Dir schon schrieb; es strömte mir zu, ich sang dabei immer mit – und da ist's meistens gelungen. Mit den Formen spiel ich. Überhaupt ist es mir seit etwa anderthalb Jahren, als wär ich im Besitz des Geheimnisses; das klingt sonderbar. Vieles liegt noch in mir. Bleibst Du mir treu, so kommt Alles an den Tag; wo nicht, bleibt's begraben. Das Nächste, ich mache 3 Violinquartetten.

Am 12ten Februar.

„Könnte ich doch gleich mit zwei Händen schreiben heute – denn ich werde kaum fertig mit allem, und der Brief muss fort.

Ich schickte Dir einiges von meiner Handschrift aus früheren Zeiten, ein kleines Andenken, wirf mir es nicht weg – ich fand es unter den Papieren meiner Mutter und der zukünftige große Kalligraph blickt schon jetzt aus jedem Buchstaben. Übrigens wirst Du dabei die Bemerkung machen, dass ich schon schreiben können, als Du noch gar nicht auf der Welt warst, – um wie vieles ich daher – klüger sein muss als Du. Überhaupt wird es Dir schwerlich gelingen, das berühmte Instrument über mich zu handhaben, ich werde Dich Wildfang zu bändigen wissen. Beste Madame Schumann, werde ich manchmal sagen: Sind Sie nur nicht gleich Feuer und Flamme und außer sich. Namentlich was Bennett betrifft – da hab ich mir schon alles ausgesonnen. Hörst Du gar nicht auf, so unterbreche ich Dich auch

---

147   Vgl. Ges. Schriften 4. Auflage II S.558.

einmal und sage mystisch: ,hörst Du nichts? – ein verworrenes Zischen
und Sausen – wahrhaftig von der Küche her'. – Ach meine Eier, meine
Eier, rufst Du und husch bist Du zur Tür hinaus. Im Kochen wirst Du in
Wien auch keine großen Fortschritte machen – Du wirst mir manchmal
kuriose Gerichte auftragen, z.B. Beefsteaks mit vielem guten Willen etc.
Ich kann vor Lachen nicht weiter schreiben –
… Dass Du meine Kompositionen gern spielst, mag ich wohl glauben.
Geht Dir es wie mir, wenn ich von Dir spiele, ich denke da ,das ist aus dem
Herzen Deiner Clara, aus demselben Herzen, das Dich liebt' – heilig ist es
mir dann zu Mute. Überhaupt fühl ich doch, dass ich noch keine grauen
Haare habe, und schwärme mein gehörig Teil noch. Aber schieb die Hoch-
zeit nur nicht zu lange hinaus, ich bitte Dich, vortrefflichste Braut Du.
… Neulich Abends hab ich sogar gespielt bei Gr. Reuß (ein Dutzend
Gräfinnen waren da) – ihr und der Fürstin Schönburg durft ich es nicht
abschlagen – da spielte ich ihnen denn und säuselte – es ist aber schwerlich
durch die großen Hauben durchgegangen – es ging ihnen wie jemandem,
der zum ersten Mal den gestirnten Himmel etc. etc. (siehe letzten Brief) –
sie lobten und wurden nicht klug daraus. Die Fürstin … fragte mich was
über Dich aus und ob es denn wahr wäre, dass Du nicht schreiben könn-
test – da kam ich denn in ein gewisses Feuer, dass sie sich's gewiss gemerkt
hat. Jetzt will ich Dir sogar ein Lobgedicht halten auf Deine Briefe – wo
hast Du denn das gelernt? – Dein Ausdruck, Deine Wendungen, der Bau
der Sätze, man könnte es gleich drucken lassen – auch hab ich mir das
vorgenommen und Du wirst ehestens in der Zeitung lesen:

Briefe von C. W. an R. S.
,Ein einfaches Ja verlangen Sie, ein so kleines Wörtchen – so wichtig!
Doch sollte nicht etc.'[148]

Und da werden diese einfältigen Leipziger Damen wohl sehen, dass Du das
dass vom das unterscheiden kannst (wenn sie es überhaupt selbst könnten).
… Nun noch eine Seite voll Fragen und dann zum Abschied. Haben sie
*denn noch kein Bild von Dir in Wien?*149 *Nimm Dir ja den besten Zeich-*

---

148 Der Anfang von Claras Brief vom 15. August 1837.
149 Sie wurde von Staub für Diabelli gemalt, und ebenso von Amelinger; außerdem von des
letzteren Schüler, einem Bruder von Vesque von Püttlingen.

ner, dass endlich einmal die Welt erfährt, wie Du siehst ... Dein Ring ist mein Kleinod – seh ich ihn an, so ist mir's wie im stillen festen Hafen, der Himmel glänzt – man kann den Anker sehen, so hell ist die Flut. Wie – trägst Du meinen Ring? Und an der rechten Hand? A propos, hast Du noch keine Körbe ausgeteilt in Wien? Wird der Fürst keinen haben wollen?

Sage Du nur Allen ‚ich heirate nie, ich habe den nicht bekommen können, den ich wollte' und man wird Dich in Ruhe lassen. Vor Deinem Vater grauset mir doch manchmal – er ist ein eiserner blutiger Charakter; er wird Dir mit seinem Fluch drohen – wirst Du dann noch standhaft bleiben? – Jetzt sah ich Dein dunkles Auge – lauter Liebe war's. Du bleibst mein – ich fühl es.

Schreib' mir, wie Dir die Fantasiestücke und Davidsbündlertänze gefallen – aufrichtig, nicht wie Deinem Bräutigam, sondern wie Deinem Manne, hörst Du? Die ‚Traumeswirren' denk' ich, kannst Du mit ‚Des Abends' einmal öffentlich spielen. ‚In der Nacht' scheint mir zu lang. Schreib mir auch wie die Wiener die Etüden aufgenommen haben – hörst Du? Ich hab niemanden, mit dem ich über meine Kunst jetzt sprechen könnte. Du bist mir allein.

In den Davidstänzen schlägt es zuletzt zwölf, wie ich entdeckt habe.

Lass mich es Dir nochmals in den einfachsten Worten sagen: wie Du mich glücklich machst, muss Dich selbst glücklich machen. Und so grüß Dich Gott und behalte mich lieb, Deinen

Robert.

Clara an Robert.

Wien, den 2./3. 38. (9 Uhr).

... „So lieb waren Deine letzten Briefe, so heiter wie der schönste Frühling. So heiter kenn ich Dich ja gar nicht! – So fröhlich Du jetzt, so betrübt bin ich. Es macht mich ganz traurig, dass ich heute erst, wo ein langer

Brief an Dich schon auf der Post sein sollte, anfangen kann – es ist zum Weinen! ... Nirgends gehe ich hin, auf keinen Ball, wenig ins Theater, und doch keine freie Minute mehr! Fast den ganzen Abend ist der Vater zu Haus und ist er nicht da, so kommt der Fürst (mein ehemaliger Nachbar), der einen vermaledeiten Bedienten hat, welcher den ganzen Tag am Fenster sitzt und Achtung gibt, wenn ich allein zu Hause bin. Ihr Männer seid doch glückliche Leut, Ihr braucht Euch nichts von den Mädchen gefallen zu lassen! Bis jetzt glaubt ich, er achte mich, doch gestern setzte er seiner Unzartheit die Krone auf – mit ihm hab ich abgeschlossen.

... Das Spiel drängt sich so auseinander, dass ich mein Leben wirklich nicht genieße. Neulich hab' ich das erste Auftreten im Theater glücklich überstanden; es war so voll, dass mehrere hundert Menschen das Haus wieder verlassen mussten, was hier noch nie da war. Ich begreif nicht, woher das kömmt und zwar noch dazu am letzten Faschingstag, wo die Wiener die Nacht hindurch förmlich rasen (ein nobles, sittsames Tanzen kennt man hier gar nicht). Ich weiß wohl, dass ich gut spiele, aber woher ich den Enthusiasmus erweckt, das weiß ich nicht. – Auf Bällen war ich nicht außer auf drei Privatbällen ... Eigen ist es, ich liebe gar nicht junge Herren. Die sind alle so fad, so geistlos, mit einem Worte, es gibt doch nur einen Robert. Mit jedem Jahr wird mir das Tanzen gleichgültiger, doch zur Leidenschaft würde es werden, könnt ich immer mit Dir tanzen. Einmal konnt ich Dich bei Stegmeyers dazu bewegen, das war aber auch ein Walzer, glaub mir, ohne Scherz, ich vergess ihn nicht. Nie sah ich seit der Zeit tanzen, dass mir nicht der Walzer einfiel; wie schön tanztest Du, so ruhig, so nobel, gerade so wie Du bist.

Den 3ten 9 Uhr.

Eben war Fischhof hier und spielte mit mir das Oktett von Mendelssohn, eine wahrhaft großartige Komposition, die man hier aber gar nicht verstanden hat. Seine Gegner haben sich darüber lustig gemacht und gemeint es sei S c h m a r r n (ein Wiener Ausdruck) ... Man sollte diese Leute mit ihren eigenen Kompositionen verbrennen. Vorher spielte ich Fischhof einige Deiner Fantasiestücke, die ihm außerordentlich gefielen. Meine Lieblingsstücke sind die Fabel, Aufschwung, des Abends, Grillen und das Ende vom Lied. Auch die Davidstänze gefallen mir sehr wohl ... ... doch

soll ich Dir aufrichtig gestehen, sie gleichen oft zu sehr dem Carnaval,
der mir das Liebste von diesen kleineren Piecen. ... Ich lieb ihn über alle
Maßen und schwärme darin, wenn ich ihn spiele. Dass Du mir so pracht-
volle Exemplare geschickt, ist mir gar nicht lieb. Warum machst Du Dir
erst solche Kosten? Ist es von Dir, so ist es mir lieb und wär es auf Lösch-
papier. Übrigens meinen schönsten Dank. Auf die zweite Sonate freue ich
mich unendlich, sie erinnert mich an viele glückliche und auch schmerz-
hafte Stunden. Ich liebe sie, so wie Dich; Dein ganzes Wesen drückt sich
so klar darin aus, auch ist sie nicht allzu unverständlich. Doch eins. Willst
Du den letzten Satz ganz so lassen, wie er ehemals war? Ändere ihn doch
lieber etwas und erleichtere ihn, denn er ist doch gar zu schwer. Ich ver-
stehe ihn schon und spiele ihn auch zur Not, doch die Leute, das Publi-
kum, selbst die Kenner, für die man doch eigentlich schreibt, verstehen das
nicht. Nicht wahr, Du nimmst mir das nicht übel? ... Du bist ja so fleißig,
dass Einem die Sinne schwindeln. Quartetten willst Du schreiben? Eine
Frage, aber lache mich nicht aus: kennst Du denn die Instrumente genau?
Ich freue mich sehr darauf, nur bitte, r e c h t k l a r , es schmerzt mich gar
zu sehr, wenn die Leute Dich verkennen ...
... Doch zur Hauptsache. Heut sprach ich viel mit dem Vater
von Dir und da sagte er mir, er wäre gesonnen ganz freundlich mit
Dir zu sein, wenn wir zurückkämen; Du solltest ganz wieder unser
Hausfreund werden ... Er hätte von Dresden aus heimlich an Dich
geschrieben und zwar, dass er in L e i p z i g nie seine Einwilligung
gäbe, jedoch gewiss, wenn wir in eine andere größere Stadt zögen[150]
und ich habe ihm versprochen, ... dass ich n i e in Leipzig bleiben
würde, doch aber k e i n e n A n d e r n als Dich je lieben könnte. Er
gab mir seine Einwilligung und schrieb sie in mein Tagebuch[151].
... Doch das wichtigste hab ich Dir noch nicht gesagt. I n L e i p -
z i g e n t s c h l i e ß i c h m i c h d u r c h a u s n i c h t z u l e b e n

---

150 Wieck schützte als Grund seiner Weigerung die Unzuträglichkeiten vor, die sich in Leip-
     zig für sie im Verkehr mit Mendelssohn und David ergeben müssten, die beide auf großem
     Fuße zu leben in der Lage waren.

151 Dieser Eintrag Wiecks in Claras Tagebuch lautete: „D. 3. März früh mit Clara wegen
     Sch., dass ich für Leipzig nie meine Einwilligung geben werde und Clara mir vollkom-
     men Recht gibt, auch nie ihre Ansicht ändern wird. Sch. Möge operieren, philosophieren,
     schwärmen, idealisieren wie er wolle; es stehe fest, dass Clara nie in Armut und Zurück-
     gezogenheit leben könne – sondern jährlich über 2000 Taler zu verzehren haben m ü s s e .

unter diesen Umständen. *Bedenke, lieber Robert, in Leipzig kann ich durch meine Kunst nicht einen Dreier verdienen und auch Du müsstest Dich zu Tode arbeiten, um das Nötige, was wir brauchen zu verdienen. Das würde Deinen Geist niederdrücken und um mich? Das ertrüg ich nicht. Nein, lass es uns machen, wie ich Dir sagen werde: Wir ziehen hierher, oder Du gehst vorher, gibst Deine Zeitung an Diabelli, Haslinger (eine sehr honette Handlung) oder Mechetti, ein junger rüstiger, unternehmender Mann. Erstlich wird Dir Deine Arbeit hier noch einmal so gut bezahlt, zweitens bist Du sicher weit mehr anerkannt und geachtet als in Leipzig und drittens, welch angenehmes b i l l i g e s Leben ist hier, natürlich verhältnismäßig zur Größe der Stadt. Welch schöne Umgebungen! und dann bin ich gleichfalls hier weit mehr angesehen als in Leipzig, eingeführt bei dem höchsten Adel, beliebt bei Hofe und beim Publikum. Jeden Winter kann ich ein Konzert geben, welches mir 1000 Taler trägt (mit Leichtigkeit) bei den hohen Eintrittspreisen, die man hier hat*[152] *... Dann kann ich, will ich, jeden Tag eine Stunde geben, das trägt wieder das Jahr hindurch 1000 Taler und Du hast 1000, was wollen wir mehr? ... Mit einem Worte, wir können hier das glücklichste Leben führen, während wir in Leipzig nur verkannt sind und Leipzig auch keine Stadt ist, wo ein Geist wie Du bestehen kann, sondern wo Du nur in Sorgen leben würdest und wo Du mich auch nicht lieb behalten könntest, denn Du würdest des Lebens überdrüssig werden. Glaube nicht etwa, dass ich übertrieben habe; alles was ich Dir geschrieben, hat mir der Vater heute eine Stunde lang auseinander gesetzt ... Sogar sagte er „will Schumann nicht gern lange Zeit in Wien ohne Dich sein, nun so werd ich ihm auch das tun, dass ich mit Dir nach Wien gehe." Du siehst hieraus, dass der Vater ganz gut ist, also sei ja nicht kalt gegen ihn, er will uns wohl. –*

... Das sieht er wohl ein, dass ich nie mein Herz einem Andern verschenke, und meine Hand ohne das Herz verschenken – das tut ein Vater wie der meinige nicht.

---

152 Das Reinerträgnis von Claras 3. Konzert war 1035 fl. C. M. (Anm. des Verlags: die Abkürzung steht für einen Florentiner Konventionsgulden)

... Jetzt bin ich immer unzufrieden mit mir, trotz des stürmischen Beifalls. Je größer der Beifall, desto unzufriedener bin ich mit mir selbst, denn die Ansprüche vermehren sich mit dem Beifall. Dieser kann mich nie stolz machen, auch keine Titel. Mich könnte nur eines stolz machen – Du! – Mit dem Titel glaube ja nicht, was die Leute sagen, es ist nichts wahr, denn die Religion ist ein unbesiegbares Hindernis. ... ...

Heute waren einige Kenner, auch Fischhof bei uns, um die Fantasiestücke und die Sonate zu hören, was mich wieder ganz glücklich gemacht. Alles gefiel ihnen und ich schwärmte wieder. Ersteres hat mir heute unendlich und um vieles besser gefallen als gestern. Die Fabel, die Grillen und Warum? Diese Frage ist so reizend und spricht so zum Herzen, dass sie einem die Antwort gar nicht zulässt. Das „Ende vom Lied" ist das schönste was je ein Lied genommen; es erinnert mich stellenweis lebhaft an Zumsteeg. Die Sonate ist doch aber auch gar zu schön. Einer meinte, es kämen Stellen darin vor, wo man sich vor Dir fürchten könne – ich fürchte mich nicht. – – – Die Etudes Symphoniques hab' ich nicht gespielt, zu meinem großen Verdruss. Denk Dir, es traf sich so unglücklich, dass alle übrigen Solis aus Moll gingen und da musst ich nachgeben.

... Das Reisen ist mir sehr langweilig jetzt, ich sehne mich doch sehr nach Ruhe; wie gern möcht ich komponieren, doch hier kann ich durchaus nicht. Früh muss ich üben und spät bis abends haben wir Besuche; dann ist mein Geist völlig erschöpft, was Du auch aus meinen Briefen sehen musst; denn die zeigen oft Spuren von gänzlicher Leerheit des Kopfes – doch das Herz möchtest Du immer erkennen; denn das bleibt unangetastet von den Begebenheiten des Tages.

Mir geht es wie Dir, in meinem Herzen sind auch lauter solche Gassen, doch sie sind noch kleiner und sind deren noch mehr. Kaum hat sich mein Geist eine Weile in der Einen umgesehen, so stößt er wieder auf eine Andere und so geht es ins Unendliche. Ich kann nicht bei einer Idee bleiben, gleich kommt eine andere – nur Du trägst die Schuld, ich weiß nicht, was das werden soll. Ich tröste mich immer damit, dass ich ja ein Frauenzimmer bin, und die sind nicht zum Komponieren geboren.

Den 8ten.

Ich mache nun bald, dass ich hier fortkomme, denn die Besuche von all den Schmachtenden, das ist zu arg. Dass Du mich liebst begreif ich, weil ich Dich so sehr liebe, aber warum mich die Andern lieben, das weiß ich nicht; ich bin kalt, nicht hübsch (das weiß ich auch) und nun die Kunst? Die ist es auch nicht, denn unter meinen Verehrern sind die meisten keine Kunstkenner.

– Aber was soll ich sagen? Ist das derselbe Herr Schumann, der vor 3 Jahren durchaus vor seinen intimsten Freunden nicht spielte und jetzt bei Graf Reuß sich unter dem Geräusch der seidenen Kleider in die Tiefen der Tonwelt versenkt und fantasiert? Also so ein liebenswürdiger Mensch bist Du geworden? ... Doch Spaß bei Seite, es freut mich wirklich, dass Du nicht gar so sehr Deinen Launen nachhängst! Sicher hast Du Dir dadurch wieder viele Herzen gewonnen und das freut mich.

Du wolltest wissen, wie es 1837 in meinem Herzen aussah? Du meinst, ich hätte ein Geheimnis vor Dir? Das ist nicht Dein Ernst, das sind noch Phrasen ans der Vorzeit. Alles werd ich Dir erzählen, einstweilen aber sag ich Dir, dass mein Herz den Winter in Berlin ein mehr ruhiges war, doch aber jedes Mal unruhig schlug, wenn ich Deinen Namen hörte oder von Dir spielte. Es gab in den 2 Jahren einige Tage, wo meine Melancholie keine Grenzen kannte ... als wir einmal Abends in der Wasserschenke waren wo Du an unserm Tisch vorbeigingst. Ach Robert, ... da hätt ich mögen unter der Erde liegen, mir wurde ganz unwohl, ein heftiges Zittern bekam ich und das dauerte den ganzen Abend, und abends im Bett, da hätt ich weinen mögen, doch es ging nicht, nur zu Gott betete ich, was, weiß ich nicht. Die Wirkung des Gebetes kannt ich früher nicht – jetzt kenn ich sie. –

Mein Bild ist vollendet, auch ähnlich, doch geschmeichelt. Morgen spiel ich im Theater zum 2ten Male, den 18ten im Konzert zum Besten der Universitätswitwen, den 25sten zum Besten der Bürger und am 6. April (wenn wir noch hier sind) bei Merk mit ihm und Mayfeder ein Trio. Ich hab Lust fortzureisen, denn es treibt mich, ich bin auf einmal so unruhig. Morgen hat sich meine Gegenpartei vorgenommen, mich auszuzischen, doch ich bin ein gepanzertes Mädchen, wie Du selbst gesagt. Nimm mir nur nicht übel, dass ich so fürchterlich schlecht geschrieben. Doch stelle Dir vor, dass ich stehe, und das Blatt auf der Kommode liegt, worauf

ich schreibe. Bei jedem Mal Eintunken in das Tintenfass lauf ich in die
andere Stube.
... Einen Reisebrief kann ich Dir nicht schreiben, doch noch ein paar
Zeilen vor unserer Abreise.
Nun leb wohl, schreib mir wie immer in lauter reiner Liebe so wie ich
Dir eben. –
Mein Geist ist immer bei Dir."

Noch ehe dieser Brief beendet war, war, ohne dass merkwürdigerweise dessen ausdrücklich gedacht wird, das von Clara noch am 4. wegen des „unüberwindlichen Hindernisses der Religion" als unmöglich bezeichnete Ereignis eingetreten: ihre Ernennung zur K. K. Kammervirtuosin, und damit ein besonders von Vater Wieck heißersehntes und für die ganze weitere künstlerische Laufbahn des achtzehnjährigen jungen Mädchens nach außen höchst bedeutungsvolles Ziel im ersten Anlauf fast spielend erreicht, eine Ehre, die für sie als Ausländerin und Protestantin bei ihrer großen Jugend noch mehr sagen wollte, als für die sieben älteren Kollegen, unter ihnen Paganini und Thalberg, denen sie durch diese Ernennung angereiht wurde. Wieck berichtet freudestrahlend im Tagebuch, wie ihm am 7. März der Minister Graf Collowrat persönlich die Ernennung mitgeteilt habe. „Der Minister versicherte", heißt es, „dass das ohne Beispiel sei und vielleicht nie wieder vorkommen würde, weil sie eine Ausländerin, protestantisch und zu j u n g sei. Der Kaiser habe auf den Vortrag gutmütig erwidert, „nun wenn es der Clara angenehm ist und sie es ernstlich wünscht, will ich eine Ausnahme machen." Am 15. März ward das vom gleichen Tage datierte Bestallungsdekret ihr zugestellt. „4 fl. Stempel und einen neuen öst. Dukaten habe ich nie mit solcher Freude bezahlt" schrieb Wieck im Tagebuch. Er wusste wohl warum, denn obwohl es sich um einen bloßen Titel handelte ohne Besoldung, war er doch keineswegs ohne klingenden Wert. Er eröffnete ihr nicht nur für künftige Reisen die Aussicht auf Empfehlungen aus der Wiener Staatskanzlei, sondern sicherte ihr auch überall den besonderen Schutz und Rückhalt an den österreichischen Gesandtschaften wie einer österreichischen Untertanin und gewährte ihr schließlich, gleich einer Wiener Bürgerin, das unbeschränkte Aufenthaltsrecht in der Kaiserstadt.

Die Wahrheit des Wortes „viel Feind viel Ehr" musste nun auch freilich sie jetzt noch mehr als bisher erfahren, nachdem schon Grillparzers Gedicht in den Wiener Zeitungen Anlass zu einer Pressfehde gegeben, ob Clara Beethoven gerecht geworden sei oder nicht, in der Saphir sich ihren Gegnern gesellte. Auf der andern Seite traten nun auch „ehrenhalber" manche Anforderungen an die K. K. Kammervirtuosin heran, zahlreiche Bitten um Teilnahme an Wohltätigkeitskonzerten, die nicht gut abgelehnt werden konnten, Vater Wieck aber in dem Entschluss bestärkten, diesen Boden, der ihm zu „teuer" zu werden drohte; möglichst bald zu verlassen. „Wir müssen fort", schrieb er am 17. März, „Clara kann nunmehro bloß verlieren." Mitten in diese Abschieds- und Reisegedanken traf Schumanns Antwort an Clara.

Robert an Clara.

„Leipzig, den 17. März 1838.

Wo soll ich denn anfangen, Dir zu sagen, was Du aus mir machst, Du Liebe, Herrliche Du! Dein Brief hat mich aus einer Freude in die andere gehoben. Welches Leben eröffnest Du mir, welche Aussichten! Wenn ich manchmal Deine Briefe durchgehe, so ist mir es, wie es wohl dein ersten Menschen gewesen sein mag, als ihn sein Engel durch die neue junge Schöpfung führte, von Höhe zu Höhe, wo immer eine schönere Gegend hinter der schöneren zurückschwindet, und ihm der Engel nun sagt „dies alles soll Dein sein." Dies alles soll mein sein? Weißt Du denn nicht, dass es einer meiner ältesten Liebswünsche ist, dass es sich einmal fügen möchte, eine Reihe Jahre wo möglich in der Stadt zu leben, wo das Herrlichste in der Kunst und gewiss auch durch viele Schönheit von außen, in zwei Künstlerherzen hervorgerufen worden, wo Beethoven und Schubert gelebt haben? Alles was Du mir in so lieben treuen Worten geschrieben, leuchtet mir ein, dass ich gleich fort möchte. - - -

... Also Deine Hand, es ist beschlossen, reiflich von mir bedacht, mein sehnlicher Wunsch, unser Ziel – Wien. Einiges lassen wir zurück, ... das Vaterland, unsere Verwandten und zuletzt Leipzig im Besonderen, was doch eine respektable Stadt ist – der Abschied von Theresen und meinen Brüdern wird mir einen schweren Tag machen – endlich der von der Hei-

mat, denn ich liebe diese Scholle und bin ein Sachse an Leib und Seele.
So auch Du, bist eine Sächsin, musst Dich von Vater, Brüdern trennen –
es wird wie Abend- und Morgenglocken durcheinander tönen, wenn
wir zusammen gehen werden, aber die Morgenglocken sind die schöne-
ren – und dann, Du ruhst an meinem Herzen, dem glücklichsten – **es ist**
beschlossen, wir gehen*!*

... Nun wäre nur noch die Liebe und das Vertrauen Deines Vaters zu
gewinnen, den ich so gern Vater nennen möchte, dem ich so Vieles zu ver-
danken habe an Freuden meines Lebens, an Lehren – und auch an Kum-
mer – und dem ich nichts als Freude machen möchte in seinen alten Tagen,
dass er sagen soll, das sind gute Kinder. – Kennte er mich genauer, er würde
mir manches an Schmerzen erspart haben, mir nie einen Brief geschrie-
ben, der mich um zwei Jahre älter gemacht hat – nun, es ist verschmerzt,
verziehen – er ist Dein Vater, hat Dich zum Edelsten erzogen, möchte Dir
das Glück Deiner Zukunft auf der Waage abwägen, Dich ganz glücklich
und gesichert wissen, wie er Dich schon immer treu geschützt hat – ich
kann nicht mit ihm rechten – gewiss will er Dein Bestes auf Erden.

Was Du mir von ihm schreibst, dass er mit Dir ruhig zu unsern Gunsten
gesprochen, hat mich überrascht, innig beglückt.

... Schreibst mir wohl ein paar Worte, was ich zu erwarten und wie
ich mich zu verhalten habe. Dann bin ich auch nicht ganz klug, was er in
Dein Tagebuch geschrieben. Schreib es mir doch wörtlich ... verzeih mir
meinen Argwohn – will mich vielleicht Dein Vater nur von Leipzig fort
haben? Ich will Dir sagen, ich möchte nicht gern meine Existenz in Leip-
zig aufgeben, bevor ich Deiner nicht erst durch ein Wort von ihm sicher
wäre ... D e s h a l b b l e i b t a b e r W i e n i m m e r h i n s c h o n
v o n j e t z t a n m e i n Z i e l ... ...

Dies nun alles mit andern Worten ausgedrückt, so hast Du vor mir eine
wahre Himmelskarte ausgebreitet, die wohl auch ihre Nebel hat, aber
des heitersten Lichtes die Fülle, dass ich gar nicht hineinschauen mag
ohne Entzücken. Ein neuer Wirkungskreis ruft auch neue Kräfte hervor.
Du sollst Deine Freude an mir haben, wie ich mich an Deinem Anblick
kräftigen und immer mehr veredeln will. Auch die Sorgen werden nicht
ausbleiben; die Zeit streicht vom schönen Gedicht der Jugend eine Zeile
nach der andern hinweg – uns aber bleibt denn doch unsere Kunst, und –
ü b e r A l l e s , die Jugend der Liebe.

Sonnabendnachmittag.

... Ich habe ... erfahren, dass die Fantasie nichts mehr beflügelt als Spannung und Sehnsucht nach irgendetwas, wie das wieder in den letzten Tagen der Fall war, wo ich eben auf Deinen Brief wartete und nun ganze Bücher voll komponiert – Wunderliches, Tolles, gar Freundliches – Da wirst Du Augen machen, wenn Du es einmal spielst – überhaupt möchte ich jetzt oft zerspringen vor lauter Musik – Und dass ich es nicht vergesse, was ich noch komponiert. War es wie ein Nachklang von Deinen Worten einmal, wo Du mir schriebst „ich käme Dir auch manchmal wie ein Kind vor" – kurz, es war mir ordentlich wie im Flügelkleide und hab da an die 30 kleine putzige Dinger geschrieben, von denen ich etwa zwölf ausgelesen und „Kinderszenen" genannt habe. Du wirst Dich daran erfreuen, musst Dich aber freilich als Virtuosin vergessen – da sind Überschriften wie „Fürchtenmachen – Am Kamin – Hasche Mann – Bittendes Kind – Ritter von Steckenpferd – Von fremden Ländern – kuriose Geschichte" u.s.w. und was weiß ich? Kurz, man sieht alles und dabei sind sie leicht zum Blasen. Aber Clara, was ist denn mit Dir geworden? Du schreibst, ich solle Quartetten machen – aber „b i t t e r e c h t k l a r" – Das klingt ja wie von einem Dresdener Fräulein – Weißt Du, was ich zu mir sagte, als ich das las „ja klar, dass ihr Hören und Sehen vergehen soll" ... Und dann „Kennst Du denn auch die Instrumente genau?" – Ei, das versteht sich mein Fräulein – wie dürfte ich mir sonst unterstehen! Desto mehr muss ich Dich aber loben, dass Dir beim „Ende vom Lied" Zumsteeg eingefallen ist – es ist wahr, ich dachte dabei, nun am Ende löst sich doch alles in eine lustige Hochzeit auf – aber am Schluss kam wieder der Schmerz um Dich dazu und du klingt es wie Hochzeit- und Sterbegeläute untereinander.

– Wie es im Sommer werden wird, möcht ich wissen. Verständig will ich sein mit Dir, aber Hausfreund – geht nicht mehr. Eher kann keine Freude in dieses Verhältnis kommen, als bis mich Dein Vater, wenn auch nur stillschweigend und ohne dass er Dich mir verspricht, als zukünftigen Sohn vom Hause betrachtet. Täte er es, es sollte ihn nicht gereuen. Alles wollte ich ihm zu Liebe tun. O d e r h a t e r D i r m i t s e i n e n W o r t e n n u r e i n e freundliche S t u n d e i n W i e n m a c h e n w o l l e n und vergisst wieder alles hinterdrein? Bist ja so ein herzliches Mädchen – sprichst Du wieder mit ihm von uns, so halte ihn

fest, dass er später keine Ausrede machen kann. Fall ihm um den Hals und sage ihm „Lieber Vater, tu es, und bringe ihn manchmal mit, weil er nun einmal nicht von mir lassen kann".

Später.

... Je mehr ich über Wien nachdenke, je herrlicher gefällt es mir. Im Hause eine solche Hausfrau, am Herzen ein so geliebtes liebendes Weib, der Welt eine Künstlerin, wie sie sie nicht alle Tage bekommen und das zu schätzen wissen – ich selbst jung, im neuen fröhlichen Wirken wohl angesehen – genug zu leben – die schöne Natur – heitere Menschen – Erinnerungen – Arbeit, die uns tätig und liebend erhält – manche erfreuende und ehrende Verbindungen ... Wer da nicht glücklich leben wollte – Dein Vater m u s s Ja sagen, er tut eine Sünde, wenn er es verweigerte.

... Sonst ist es, seit einem Vierteljahr schon, so stille in meinem Leben fortgegangen, wie es nur der schreiendste Gegensatz zu dem Deinigen sein kann, das mich an Deiner Stelle betäuben würde. Ich bin frühzeitig auf, meist vor sechs Uhr; meine schönste Stunde feiere ich da. Meine Stube wird mir zur Kapelle ordentlich, der Flügel zur Orgel, und Dein Bild, nun, das ist das Altarblatt.

... Wüsstest Du, wie wert mir Deine Ansichten sind über Alles, was auch nicht gerade die Kunst angeht, wie mich Deine Briefe geistig erfrischen – schreibe mir daher von dem, was um Dich vorgeht, von Menschen, Sitten und Städten – Du hast ein gutes Auge und ich folge Dir so gern und Deinen Betrachtungen. Man darf sich auch nicht zu sehr in sich und seine Interessen versenken, wo man sonst den scharfen Blick für die Nebenwelt verliert. Sie ist so schön, so reich, so neu, diese Welt. Hätte ich mir das früher öfters gesagt, so wäre ich weiter und hätte schon mehr gewirkt.

... Dass Du jetzt nicht komponieren kannst, wundert mich nicht, da es so lebhaft bei Euch ein und ausgehen mag. Zum Schaffen, und dass es Einem gelingt, gehört Glücklichsein und tiefe Einsamkeit. Das erstere bist Du vielleicht, da Du ja weißt, wie ich es bin; aber da ist immer noch nichts komponiert, was Nachdenken und Fleiß fordert. Gewünscht hätte ich, Du lerntest den Fugenbau, da es ja in Wien gute Theoretiker gibt – versäume das nicht, wo sich wieder einmal Gelegenheit findet; es erfreut und bringt immer vorwärts. Bach ist mein tägliches Brot; an ihm labe ich mich, hole

mir neue Gedanken – „gegen den sind wir alle Kinder" hat, glaube ich, Beethoven gesagt. Warum spielst Du denn immer nur die Fuge in Cis?

... Apropos, wie wirst Du Dich nennen: Wieck-Schumann, oder umgekehrt oder nur Clara Schumann – wie schön das sieht, a l s m ü s s t e e s s o s e i n.

Montag, den 19. März.

Mein herziges Mädchen, könnte ich doch nur ein Wort finden, das alles zusammenfasst, was Du mir bist – da gibts aber keines. – Verehre ich Dich ja – lass es mich sagen – wie ein höheres Wesen, kenne Dein Herz und meines. Und dann wie wirst Du mich durch Deine Kunst beglücken! Wenn ich Dir einmal sagte, ich liebte Dich nur, weil Du s o g u t, so war es nur halb wahr – denn es hängt alles, gehört und stimmt alles zusammen bei Dir, dass ich mir Dich gar nicht ohne die Kunst denken kann – und da lieb ich eines mit dem andern.

... Und nun zum Schluss, meine liebe, gute Clara. – Antworte mir bald, wenn auch nur eine Zeile zur Beruhigung – hörst Du – das schadet mir wahrhaftig sonst zu viel ... Was hat Dir denn der Fürst getan, dass Du ihn nicht mehr leiden willst? Schreib mir's doch: das interessiert mich.

... Du schreibst mir immer von Kennern, auch dass man ja eigentlich für die Kenner komponiere – ei, Clara, das sind gerade die dümmsten – im Quartett bei David kann man sie zusammen sehen. Du verstehst mich wohl, wie ich es meine.

... Bis ins Grab und darüber hinaus Dein Robert."

Clara an Robert

Wien, den 3./4. 1838.

„Ich bin zwar sehr ermüdet von der Reise, doch nie zu müde mit Dir, mein lieber Robert, oder da ich nun ja auch eine Wienerin geworden mein herzallerliebstes Schatzerl, zu plaudern: ging es nur immer so!

... Du wirst fragen, wo ich war; so wisse denn, ich war in Ungarn, in Preßburg[153], um den unendlichen Einladungen hier zu entgehen und

---

153 Anm. des Verlags: heute Bratislava.

auszuruhen, doch mit dem letztern lief es darauf hinaus, dass ich während 4 Tage Aufenthalt in Preßburg zweimal im Theater spielen musste, und Übermorgen muss ich nun noch einmal auf ausdrücklichen Wunsch des Kaisers in der Burg spielen. Es ist das letzte Mal in Wien. Du siehst, wie sehr ich mich hier anstrengen muss, ich bin aber auch jetzt immer so müde, so des Spielens überdrüssig und doch, weiß der Himmel, spiel ich öffentlich, so spiel ich immer mit derselben Begeisterung. Gestern war wieder einmal ein Lärm im Theater! Ich wünschte nur, Du könntest einmal das hiesige Publikum sehen, die Leute haben doch wirklich italienisches Feuer. Konzerte für die Pesther[154] sind unendlich und immer zum Erdrücken voll. Ein Sperrsitz kostet übermorgen 10 Gulden Münz, ein Stehplatz 5 Gulden und eine Loge 50 G. M. und alles ist bereits schon weg. Nun aber unsere Hauptsache. Erstlich muss ich Dich doch recht herzinnig küssen um Deiner lieben herrlichen Briefe, sie find immer mein schönster Lohn nach so großen Anstrengungen. Weinen möcht ich aber auch, dass es nun so mit einem Mal aufhört, denn wir reisen binnen 14 Tagen jedenfalls ab nach Graz, wissen aber nicht, wie lang wir dort bleiben, auch weiß ich nicht, ob ich in München spiele oder nicht, da uns Lachner einen schlechten Begriff von München gemacht; Du siehst, dass ich Dir nun gar keinen Ort wegen eines Briefes bestimmen kann, und das macht mich ganz untröstlich, vielleicht jetzt lange nichts von meinem lieben guten Robert zu hören! Doch höre! schreib nur wieder einen r e c h t s e h r langen Brief, lass alle Tage etwas hinzukommen und bei der nächsten Gelegenheit schreib ich Dir Gewissheit und Du schickst alsdann den Brief. Ich bitte Dich, sei mir nicht böse, dass der Brief so kurz wird, doch denke, es ist zehn Uhr und ich schreibe voll Herzensangst stehend in meiner Kammer. Denn Sonntag musst Du den Brief haben, glaub nicht, dass ich es übers Herz brächte, Dich noch einmal warten zu lassen. Von Graz aus erhältst Du von mir einen ausführlichen Brief, wo ich Dir auf vieles in Deinem letzten antworten werde.

... Heute im Wagen haben wir von Dir gesprochen und ich hab ihm [Vater] abermals gesagt, er könnte zu mir reden was er wolle, ich ließe nie von Dir und sage ich es Dir auch jetzt wieder, meine Liebe zu Dir ist grenzenlos, willst Du heute mein Leben, so geb ich es für Dich.

---

154 Überschwemmten.

In 4–6 Wochen sind wir in Leipzig; wie wird unser erstes Wiedersehen sein – ach Gott, da könnt ich weinen, lachen – werden wir uns denn einmal wieder allein sprechen? Gott weiß es! ... Verzeih mir diese faslige Schrift – ich kann nicht anders.
Doch schnell   *Deine Clara.*

Ja, ja, Deine Clara ist gar eine – ich weiß gar nicht, was ich will.
                     – Leb wohl mein lieber Robert."

Schon Anfang Januar hatte Schumann Clara eine Stelle aus einem von Liszt an den Musikalienhändler Hofmeister gerichteten Briefe mitgeteilt, in dem dieser sich über Clara aussprach und meinte *„une jeune personne sachant exécuter avec énergie, intelligence et précision des morceaux de ma façon es tun phénomène excessivement rare à tout pays, et tout à fait introuvable je crois dans celui que j'habite à présent. Chopin et plusierus autres artistes m'en ont déjà beaucoup parlé. Je désire vivement de la connaître et malgré ma paresse de locomotion je ferai presque un voyage pour l'entendre."* Der Wunsch, sich kennenzulernen, war natürlich gegenseitig und die Freude, dass Liszt vor ihrer Abreise noch in Wien eintraf, daher sehr groß. Vom 11. April, dem Tag seiner Ankunft, wo er, wie es im Tagebuch heißt, „seine Karte zum Fenster hereingeworfen", bis zum 20. April, wo Clara und ihr Vater Wien verließen, stand der Verkehr mit Liszt, alle ihre Gedanken beherrschend, im Vordergrund. „Es ist", schrieb Clara am 23. April von Graz aus an Robert, „ein Künstler, den man selbst hören und sehen muss. Mich dauert, dass Du ihn nicht kennenlernst, denn ihr müsstet Euch recht gut vertragen, da er Dich sehr lieb hat. Deine Kompositionen erhebt er außerordentlich, weit über Henselt, über alles, was er in neuerer Zeit kennengelernt. Ich hab ihm Deinen Carnaval vorgespielt, der ihn ganz entzückte. „Das ist ein Geist", sagte er, „das ist eines der größten Werke, die ich kenne." Meine Freude kannst Du Dir denken."

Lebendiger und anschaulicher, schärfer und charakteristischer aber ist das Bild, das uns aus dem unter den unmittelbaren Eindrücken des Zusammenseins geschriebenen Tagebuch von Liszts Persönlichkeit und seiner Wirkung auf die beiden Reisenden entgegentritt.

„Wir haben Liszt gehört", heißt es am 12. „Er ist mit gar keinem Spieler zu vergleichen – steht einzig da. Er erregt Schrecken und Staunen und ist ein sehr liebenswürdiger Künstler. Seine Erscheinung am Klavier ist unbeschreiblich – er ist Original – er geht unter beim Klavier … Seine Leidenschaft kennt keine Grenzen, nicht selten verletzt er das Schönheitsgefühl indem er die Melodien zerreißt, das Pedal zu viel aufhebt, wodurch nicht dem Kenner, jedoch dem Laien seine Kompositionen noch unverständlicher werden müssen. Sein Geist ist groß, bei ihm kann man sagen „seine Kunst ist sein Leben."

„Am 13. Konzertstück von Weber von Liszt gespielt (im Anfange sprengte er 3 Messingsaiten auf dem Conrad Graf). Wer kann es beschreiben? Dieser fehlende Basston genierte ihn nicht – er muss das gewohnt sein. Seine Bewegungen gehören zu seinem Spiel und stehen ihm schön an. Er zieht Einen in sich hinein – man geht mit unter.

D. 14. Vierhändige Galoppe mit ihm – er spielt Claras Soiréen vom Blatt und wie? Wüsste er seine Kraft und sein Feuer zu zügeln – wer könnte nach ihm spielen? Das hat Thalberg auch geschrieben. Und wo gibt es Klaviere, die das nur halb wiedergeben, was er kann und will?

D. 18. Konzert von Liszt – Konzertstück von Weber auf dem englischen Flügel von Thalberg – Puritaner-Fantasie auf dem Conrad Graf – Teufelswalzer und Etüde zweimal auf einem 2. Graf – alle drei zerschlagen. Aber alles genial – der Beifall ungeheuer – der Künstler ungeniert und liebenswürdig, – alles neu, unerhört – nur Liszt. – Clara spielt ihm abends den Carnaval von Schumann vor und seine Pacini-Fantasie. Er spielt mit und zappelt am ganzen Leibe."

Am 20. April verließen Wiecks Wien und wandten sich zunächst nach Graz, wo Clara am 28. im Theater mit großem Beifall, aber ohne innere Befriedigung spielte. „Mir kommt mein Spiel jetzt", schrieb sie am Abend des Konzerttages an Robert, „so fad und ich weiß gar nicht wie vor, dass ich beinah die Lust verloren hab, ferner noch zu reisen. Seit ich Liszts Bravour gehört und gesehen, komme ich mir vor wie eine Schülerin."

Spricht auch aus diesen Worten deutlich die Reisemüdigkeit der überanstrengten und nach Ruhe sich sehnenden Virtuosin, so atmet aus ihnen nicht minder der Geist jener nie sich selbst genügenden, nie ruhenden, stets emporstrebenden Künstlerschaft, die wo und wie sie auch in die Erscheinung treten mag, auch die Gleichgiltigen und Widerstrebenden mit sich fortreißt und zur Bewunderung zwingt, und die als eine Charaktereigenschaft, nicht mehr von ihrem Wesen zu trennen, von da an bis zu ihrem Lebensende Clara treu geblieben ist.

Fragen wir aber nach dem unmittelbaren Nachhall, den ihr Spiel und ihre Persönlichkeit an dieser Stätte weckte, so mögen nur drei Stimmen zu Worte kommen, die zusammen mit dem, was Grillparzer in seinen Versen gesprochen, wohl am treuesten den Eindruck wiedergeben, den Clara an diesem bedeutsamen Wendepunkt ihrer künstlerischen Laufbahn auf die Berufensten ihrer Zeitgenossen machte. Zunächst eine Wiener Stimme; Fischhof schreibt an Schumann:

„Das Auftreten von Clara Wieck ist für Wien von wesentlichem, jetzt bereits fühlbarem Einfluss auf dem Gebiet des Klavierspiels gewesen; sie hat zum ersten Mal Kompositionen aus der romantischen Schule öffentlich vorgeführt; kein geringes Wagnis einem Publikum gegenüber, das in keiner Weise darauf vorbereitet, vielmehr durch vorgefasste Meinungen und Intrigen dagegen eingenommen war. Auch ist sie die erste gewesen, die Fugen und Etüden öffentlich gespielt, ja, mit Beethoven aufgetreten ist, was außer dem Konzert spirituell h ö c h s t s e l t e n geschieht." –

Besonderes Interesse erregt aber gerade nach den letzten Äußerungen Claras das Urteil, das Liszt über seine junge Kollegin in einem Briefe aus Wien[155] abgibt:

„Ich hatte noch das Glück, die junge und höchst interessante Pianistin Clara Wieck kennenzulernen, die im verflossenen Winter ebenso verdientes, als außerordentliches Aufsehen hier gemacht hatte. Ihr Talent entzückte mich; vollendete technische Beherrschung, Tiefe und Wahrheit des Gefühls und durchaus edle Haltung ist es, was sie insbesondere auszeichnet. Ihr außerordentlicher und merkwürdig schöner Vortrag der berühmten Beethoven-Sonate in *F*-Moll begeisterte den berühmten dramatischen Dichter Grillparzer zu einem Gedichte, in welchem er die anmutige Künstlerin verherrlichte."

---

155 Aus der *Gazette musicale* abgedruckt in der Neuen Zeitschrift für Musik 1838 Nr. 32
     19.Okt. 1838.

Der Gesamteindruck von Claras künstlerischer Persönlichkeit, wie sie den Zeitgenossen im Vergleiche mit ihren Rivalen erschien, und damit die Rangordnung, welche die 18jährige, seit dem Wiener Winter unter den größten Pianisten sich erobert hatte, spiegelt sich aber wohl nirgend klarer und deutlicher wieder als in jener Parallele zwischen Clara, Liszt, Thalberg und Henselt, welche sich am Schluss eines Aufsatzes „Liszt in Wien" in der Neuen Zeitschrift für Musik vom 27. April 1838 findet:

„So gewagt es nun ist" – heißt es dort – „Vergleiche mit andern Pianisten zu machen, so wird man durch so rasches Aufeinanderhören der bedeutendsten Künstler beinahe dazu genötigt; ich erlaube mir Ihnen daher meine Ideen über die Eigentümlichkeiten der vier größten Klavierspieler, die ich so oft und kurz nacheinander gehört, hier mit kurzen Strichen mitzuteilen:

„Bei *Liszt* ist die leidenschaftlichste Deklamation, bei T h a l - b e r g die verfeinertste Sinnlichkeit, bei C l a r a W i e c k natürliche Schwärmerei, bei H e n s e l t echt deutsche Lyrik hervortretend. Höchst vergnügend, ja oft entzückend ist Thalberg, dämonisch Liszt, in die höchsten Regionen versetzend Clara Wieck, schön aufregend Henselt: R e i n h e i t   d e s   S p i e l e s 1) Thalberg, 2) Clara W., 3) Henselt, 4) Liszt. I m p r o v i s a t i o n : Liszt, Clara W. G e f ü h l   u n d   W ä r m e Liszt, Henselt, Clara, Thalberg. T i e f e Künstlernatur: Liszt, Clara. H o c h r a g e n d e r   G e i s t : Liszt. *Pli* und Weltsitte: Thalberg. A f f e k t a t i o n   i m   B e n e h - m e n : Henselt(?). O r i g i n a l i t ä t   o h n e   a l l e s   V o r b i l d : Liszt. I n s i c h g e k e h r t s e i n : Clara. P r i m a   v i s t a   l e s e n : Liszt, Thalberg, Clara. V i e l s e i t i g k e i t : Clara, Liszt, Thalberg, Henselt. G e l e h r t   m u s i k a l i s c h : Thalberg, Henselt, Clara, Liszt. M u s i k a l i s c h e s   U r t e i l : Liszt, Thalberg. S c h ö n h e i t   d e s   A n s c h l a g e s : Thalberg, Henselt, Clara, Liszt. K ü h n - h e i t : Liszt, Clara. E g o i s m u s : Liszt, Henselt. A n d e r e r   V e r - d i e n s t e   a n e r k e n n e n d : Thalberg und Clara. E x e r z i t i e n : keine – Liszt; freie – Thalberg und Clara; knechtische – Henselt. D e n   C h a r a k t e r   d e s   T o n s t ü c k e s   g e b e n d ,   o h n e   E i n - f l u s s   d e r   I n d i v i d u a l i t ä t : Keiner. N a c h   d e m   M e t - r o n o m   s p i e l e n d : Keiner. A l s   M u s t e r   a u f z u s t e l l e n :

Thalberg und Clara. Richtigkeit: 1) (physische): Thalberg, Clara und Henselt; 2) im Einstudieren: Liszt, Thalberg, Clara. O h n e G r i -
m a s s e n b e i m S p i e l : Thalberg und Clara[156].
L i s z t , der Repräsentant der französisch-romantischen Schule.
T h a l b e r g , der Repräsentant der italienisch-schmeichelnden.
H e n s e l t u n d C l a r a , der deutsch-sentimentalen."

---

156   „Eine Haupt-Rubrik vermissen wir unter obigen: K o m p o s i t i o n , wo wohl H e n s e l t
voranzustellen. D.R."

Fünftes Kapitel

Nicht ohne Besorgnis vor neuen schweren Konflikten hatten die Liebenden dem Zeitpunkte entgegengesehen, wo Claras Rückkehr nach Leipzig beide wieder an einem Orte vereinigte, ohne dass doch die äußeren Schranken gefallen wären, die gerade bisher dies Einander-Nahesein zu einer Quelle bittersüßer Qualen gemacht hatten. Zwar glaubte ja Clara in der letzten Zeit in dem Verhalten ihres Vaters eine Wendung zum Besseren mit Freude konstatieren zu können, und wusste diese hoffnungsvolle Stimmung zeitweilig auch Robert mitzuteilen, doch täuschte sie sich keineswegs, dass auch im günstigsten Fall ihrer Liebe neue Prüfungen bevorstünden. Sie empfand es daher trotz ihrer Konzertmüdigkeit keineswegs als ein Glück, dass Wieck plötzlich die geplante Reise nach München aufgab und sich entschloss, von Graz aus, nach kurzem Aufenthalt in Wien, der ihnen Gelegenheit geben sollte, Thalberg noch zu hören, in beschleunigter Fahrt nach Hause zurückzukehren. Umso bänglicher mochte ihr dabei zu Mute sein, als sich schon während der Heimreise ergab, dass ihre Meinung, Wieck habe grundsätzlich seinen Standpunkt geändert, sich als eine Täuschung erwies; sei es, dass er überhaupt nicht ernstlich daran gedacht hatte, sei es, dass er inzwischen sich wieder anders besonnen hatte[157]. Die Konzessionen eines äußerlich harmlos freundschaftlichen Verkehrs zwischen ihr und Schumann, als ob nichts geschehen wäre, – konnten nicht darüber hinwegtäuschen, dass es sich für ihn nur um einen Waffenstill-

---

157 Nach dem Wortlaut jener „Erklärung" im Tagebuch, die Clara für eine „Einwilligung" ansah, möchte man, trotz Claras Zuversicht, das Erstere glauben. Die „Einwilligung" sieht einem „Einspruch" so ähnlich, wie ein Ei dem andern.

stand handelte, um Zeit zu gewinnen und derweil umso eifriger zu neuem Krieg zu rüsten[158].

Von Graz aus hatte sie Schumann über alles unterrichtet und ihn möglichst versöhnlich zu stimmen versucht: „Höre, sei freundlich mit dem Vater und überwinde Deinen Stolz" hatte sie noch am Schluss ihres letzten Briefes von dort geschrieben. In demselben Briefe hatte sie ihm von einer neuen Ehrung berichten können, die ihr widerfahren: die Ernennung zum Ehrenmitglied der Wiener Gesellschaft der Musikfreunde. –

Während ihres zweitägigen Aufenthalts auf der Durchreise in Wien hatte sie noch von Thalbergs Kunst, der ihr liebenswürdig, kollegialisch und zugleich bescheiden entgegentrat, angenehme Eindrücke empfangen, die Wieck treffend in die Worte fasste: „Liszt spielt mit genialer Unart und Thalberg mit genialer Artigkeit." Eben deshalb aber hatte auch sein Spiel nicht jene Beunruhigung in ihr erregt, die sie bei „dem größten musikalischen Gaukler", wie Lenau Liszt nannte, empfunden. Am 13. Mai trafen die Reisenden nach kurzer Rast in Dresden wieder in Leipzig ein. „Alles beim Alten", schrieb Clara ins Tagebuch. Schon in Dresden hatte sie einen am 14. April begonnenen Brief von Robert empfangen: der, so reich und so charakteristisch er für Schumanns Innenleben in dieser Zeit ist, doch seines großen Umfangs wegen – es ist ein Buch für sich – hier nur in einem knappen, die wesentlichen auf die augenblickliche Lage bezüglichen Punkte hervorhebenden Auszug wiedergegeben werden kann.

---

158 In einem weiter unten erwähnten Schreiben an den Advokaten Einert am 30. Mai 1839 berichtet Schumann über diese Zeit: von Wien aus habe ihm Clara im Frühling 1838 geschrieben, „der Vater habe nun doch seine Einwilligung gegeben, doch unter Bedingungen. Als beide kurz darauf nach Leipzig zurückkehrten, besuchte mich Hr. Wieck auf meiner Stube, ohne jedoch der Sache zu erwähnen. Dies beleidigte mich, und ich wich ihm von da an aus, wo ich konnte. Dadurch gereizt, fing er bald an, sich offenbar feindselig gegen unsere beabsichtigte Verbindung auszusprechen, ja mich auf alle mögliche Weise bei seiner Tochter, wie auch gegen andere herabzusetzen.

Robert an Clara:

Leipzig, den 14. April 38. Sonnabend vor Ostern.

„Zuerst will ich nun meinem lieben und treuen Mädchen recht Glück wünschen zu der neuen Würde. – Zwar habe ich drei der albernsten Tage gefeiert nach Deiner Ernennung, und versuchte zu schweben, zu fliegen (nach einem Kapellmeistertun, nach einer Krone) – endlich aber zog ich mich wieder in mein Herz zurück, sah mich darin um, und fand, dass es auch so gut ist, dass Du mir auch so gut bleiben wirst. Clara, Herz Du, Du ältester Liebling meiner Seele – meine Liebe ist Deiner wert – Du machst mich zu einem Kinde – wie ein Seliger wandle ich unter den Menschen. –

… So hundertlei hab ich Dir zu sagen und es ist mir wie der Frühling draußen süß und zum Zerspringen … Clara, die wichtigsten Dinge gibt's zu erwägen – denn wir kommen wahrhaftig gar nicht vom Flecke und es scheint, ich bekomme nie eine Frau, wenn es von der abhinge.

Also: Dass Dein Vater wieder zu murren und kn[urren] anfängt hat mich wieder recht grollig gegen ihn gemacht. Ich fange an, ihn für einen Philister zu halten, der ganz in materiellen Gedanken und Interessen verknöchert ist, der ganz fühllos worden, der die Jugendliebe wie eine Art Kinderkrankheit, wie Masern etc. betrachtet, die jeder Mensch überstehen muss und sollt er dabei auch zu Grunde gehen. Dazu nun einen Übermut, weil Du mit so großen Ehren bestanden hast.–

… Es ist so menschlich, dass … jetzt wieder oft ein Hass gegen ihn in mir aufsteigt, ein so tiefer Hass, der sich neben der Liebe zu seiner Tochter freilich sonderbar ausnimmt. Wie er aber so viele Mal zurückgenommen hat, was er versprochen, wird er es auch noch öfters tun – mit einem Worte, ich warte nicht auf ihn, wir m ü s s e n s e l b s t h a n - d e l n . Also höre, mein Clärchen – i c h w i l l s o b a l d w i e m ö g - l i c h nach Wien und warte auf Dein Jawort dazu – Seitdem ich mich fest entschieden und mir das Schöne Deines Planes in die Augen leuchtet, brennt es mir wie unter den Füßen … Da habe ich denn eine wichtige Frage, über die Du mich beruhigen musst. Also ganz abgesehen von der Einwilligung Deines Vaters, getraust Du Dich, mir einen ohngefähren Zeitpunkt unserer Vereinigung anzugeben? Ich denke, wenn wir den bis

Ostern 1840 (jetzt über zwei Jahre) festsetzen, so hättest Du alle Pflich-
ten eines Kindes erfüllt, brauchtest Dir, auch wenn Du Dich mit Gewalt
trennen müsstest, keine Vorwürfe zu machen. Wir sind dann mündig,
Du hast den Bitten Deines Vaters, über zwei Jahre lang noch zu warten,
nachgegeben – von einer Probe unserer Treue und Ausdauer kann keine
Rede sein, da ich nie von Dir lasse ... Also gib mir Deine Hand: j e t z t
ü b e r z w e i J a h r e heißt das Losungswort ...

Sonnabendnachmittag.

... Aber, Clara, diese Musik jetzt in mir und welche schönen Melodien
immer – denke, seit meinem letzten Brief habe ich wieder ein ganzes Heft
neuer Dinge fertig. „Kreisleriana" will ich es nennen, in denen Du und
ein Gedanke von Dir die Hauptrolle spielen und will es Dir widmen – ja
Dir und Niemanden anders – da wirst Du lächeln so hold, wenn Du
Dich wieder-findest – Meine Musik kommt mir jetzt so wunderbar ver-
schlungen vor bei aller Einfachheit, so sprachvoll aus dem Herzen, und
so wirkt sie auch auf Alle, denen ich sie vor-spiele, was ich gern und häu-
fig tue jetzt! Wann wirst Du denn neben mir stehen, wenn ich am Kla-
vier sitze – ach, da werden wir beide weinen wie die Kinder – das weiß
ich – das wird mich überwältigen. – Nur heiter, mein Herz! Deine teure,
schlanke Gestalt steht mir ja immer zur Seite und bald, bald bist Du ja
mein. – Erzählen will ich Dir doch von neulich Nacht. Ich wachte auf
und konnte nicht wieder einschlafen – und da [ich] mich dann immer
tiefer und tiefer in Dich und Dein Seelen- und Traumleben hineindachte,
so sprach ich auf einmal mit innerster Kraft „Clara, ich rufe Dich" – und
da hörte ich ganz hart wie neben mir „Robert, ich bin ja bei Dir". Es
überfiel mich aber eine Art Grauen, wie die Geister über die großen Flä-
chen Landes hinweg miteinander verkehren können. Ich tue es aber nicht
wieder dieses Rufen; es hatte mich ordentlich angegriffen.

Sonntag früh.

... Dich im Sommer zu sehen, darauf verzichte ich beinahe. Habe ich
es zwei Jahre lang verschmerzen müssen, geschehe es auch noch zwei.
Was ist es, dass wir uns einige Minuten abstehlen müssen, unter Todes-

angst zwei zerstreute Worte hervorzubringen – nein, ich will Dich ganz,
Tage lang, Jahre und Ewigkeiten lang. Bin kein Mondscheinritter mehr.
Also verlangst Du sehr nach mir, so komme ich wohl; sonst aber l a s s e n
w i r e s , es führt zu weiter nichts ... zu meinem Weibe will ich Dich,
mein heiliger ernster Wille ist es.
Mit allem Andern hab ich abgeschlossen ...

Sonntagnachmittag.

... So manches möchte ich von Dir wissen, aber ich sehe, wie schwer Du
mir auf alle meine Fragen antworten kannst. Deinen letzten Brief rechne
ich Dir sehr hoch an; glaube mir das. Was mich anlangt, so schreib ich
Dir doch gar zu gern. Zeit habe ich die Fülle. Und weißt Du warum?
Weil ich seit Neujahr um 9 Uhr zu Bette gehe und schon 5 Uhr auf-
stehe – das geht dann von der Hand. Und dann wie wohl befinde ich
mich körperlich, dass ich ordentlich meine Kraft und Jugend fühle. Das
ist ein göttlich Ding, dieses nüchterne arbeitsame Leben. Ja, ich glaube –
und dies Geständnis soll Dir merkwürdig sein – meine Melancholie ist
gar nicht so weit her und war nur Folge des Sitzens in die Nacht hinein.
So heiter kann ich sein. Aber freilich bist Du es, der Engel der Freude, der
mich jetzt unter seinen Flügeln hält ...

Montag gegen Abend.

... ... Meine älteste Erinnerung an
Dich reicht bis zum Sommer 1828. Du maltest Buchstaben, versuchtest
zu schreiben, während ich am A-Moll-Konzert studierte, und sahst Dich
oft nach mir um. Wie heute weiß ich's[159].
... Wie wenig Herzenskenntnis hat hier Dein Vater gezeigt. Wir, seit
Jahren täglich viele Stunden zusammen, durch die Kunst so innig ver-
wachsen, durch Geistesähnlichkeit, im schönen Altersverhältnis zu ein-
ander, durch den tiefsten Herzenszug einander angehörig, durch tausend
Küsse, die Erinnerung vieler seligen Stunden und jetzt durch Ring und
Wort verbunden – und Dein Vater will uns trennen – nein, meine Clara,

---

159   Hier folgt im Briefe jene oben schon S. 95 abgedruckte Äußerung: „Von einem Irrtum
      muss ich Dir sagen" u.s.w.

ich fürchte Nichts mehr und will Dich mir erringen unter dem Schutze der höheren Hand, die uns bis zu dieser Stunde vereint hat ... meine Geduld ist erschöpft. So einem Philister will ich wohl Herr werden. Und behandelt er mich, wenn er von Dir anfängt, nicht mit dem größten Respekt und spricht er von Dir wie von einem Glück, das ich gar nicht verdiene, so soll er mich kennenlernen. Er braucht mir nicht zu sagen, wer Du bist – ich weiß es ohne ihn.

Am 25ten Mittwoch früh.

Gestern hatte ich den ganzen Tag gelb vor den Augen – auf den Bäumen, an der Wand, überall sah ich Briefträger – und es kam wieder nichts. Wie traurig mich das gemacht. Abends ging ich ins Freie, wie jetzt täglich einige Stunden, nach Connewitz zu, weil es der Weg ist, der mich am häufigsten an Dich erinnert. Die Wolken hatten wunderhohe Alpen gedichtet, täuschend ähnlich – da dachte ich, „das sind die Träume der Jugend – aus der Ferne schienen sie sicher und fest gegründet – in der Nähe zergeht es in Nebel. Wenn uns nur eines bleibt, dachte ich dann weiter – da ging die Sonne unter und ich dachte an Dich, dass Du wiederkehren wirst wie sie.

Mittwoch, den 9ten [Mai], Nachmittags 4 Uhr.

Eben erhalte ich Deinen Brief, meine Geliebte, und will Dir nur sagen, dass ich viel um Dich gelitten in den letzten Tagen und dass Dein liebevoller Brief mir alle Sorgen verscheucht hat. Nun soll gleich meiner fort, dass Du ihn morgen erhältst – Ist es möglich, dass Du mir so nahe wärst? ... ... Nun Adieu, meine geliebte Clara – ich bin der Alte und immer

Dein Robert."

In noch höherem Maße als für den voranstehenden Brief Schumanns ist für die folgende Korrespondenz der beiden Liebenden eine Beschränkung in der Mitteilung geboten. Nicht nur aus Rücksicht auf den Raum, sondern weil auch trotz zahlreicher, schöner Einzelheiten und reizvoller Stimmungsbilder in diesen Briefen, die während ihres

Zusammenseins in Leipzig gewechselt wurden, die Gedankengänge sich wesentlich in denselben Gleisen bewegen, Zukunftsplänen, die in Schumanns beabsichtigter Übersiedlung nach Wien ihren Ausgangspunkt und in der Begründung eines Hausstandes dort ihren Zielpunkt fanden, die aber nachmals sich gar nicht verwirklichen sollten, und an denen im einzelnen teilzunehmen daher für den Leser von geringem Interesse ist. Es kommt dazu, dass in diesen Monaten, trotz gelegentlicher Abwesenheit Claras und trotz den Befürchtungen, und trotz den guten Vorsätzen, sich nicht zu treffen, die Liebenden reichlich Gelegenheit zu mündlichem, ungestörtem Gedankenaustausch fanden – „Keine Hausflur auf dem Wege nach der Vorstadt" sei zuletzt von ihnen verschont worden, scherzte Schumann später –, sodass dadurch grade gewisse Elemente, die den während der Trennungsperioden gewechselten Briefen einen besonderen Reiz verliehen, in der Korrespondenz des Sommers 1838 mehr zurücktreten. Übrigens gewinnt grade von diesem Zeitpunkt an auch Claras Tagebuch als Spiegel ihrer zu innerer Selbständigkeit gelangten Persönlichkeit eine ungleich größere Bedeutung als bisher. Mit der Abreise von Wien hört Wiecks ausschließlich bestimmender Anteil daran auf, Clara führt in ihm – mit Ausnahme einer kurzen geschäftlichen Eintragung Wiecks im Anfang Juli – seitdem allein das Wort. Und wenn auch die Rücksicht auf das überwachende Auge des Vaters ihr zunächst an dieser Stelle noch die unbefangene Äußerung über das, was sie am tiefsten bewegte, unmöglich machte, so fühlt man doch im übrigen in jeder Zeile, dass sie der väterlichen Bevormundung für immer entwachsen ist[160].

Im Vordergrunde des Interesses stand, von ihren Liebessorgen und -freuden natürlich abgesehen, die Freundschaft, die sie in diesen Sommermonaten mit Pauline Garcia knüpfte, die auf ihrer ersten Rundreise auf dem Kontinent in Begleitung ihrer Mutter und ihres Schwagers, des Violinisten de Beriot, am 24. Mai nach Leipzig kam und sofort auf Clara den günstigsten Eindruck machte. Die beiden fast gleichalterigen und von gleichem ernsten Streben nach dem höchsten Kunstideal beseelten jugendlichen Künstlerinnen fühlten sich gegenseitig voneinander angezogen, schlossen sich in fast täg-

---

160 Eine Ausnahme machte nur die Zeit des zweiten Pariser Aufenthalts, 839 wo das Persönlich-Intime ganz auffallend wieder zurücktritt.

lichem Verkehr, der auch durch einen vom 2. Juli bis zum 7. August
währenden Besuch Claras in Dresden nicht unterbrochen wurde, da
auch Pauline um diese Zeit in Dresden weilte, aufs innigste aneinander an und legten so den Grund zu einer Freundschaft, die beide bis
zu Claras Tode stets gleichbleibend verbinden sollte. „Ich fand in ihr",
heißt es im Tagebuch, „ein liebenswürdiges, anspruchsloses Mädchen
und eine e c h t e Künstlerseele. Sie scheint eine Ausnahme von allen
Sängerinnen zu machen – sie interessiert sich lebhaft für Musik. Ihre
Leidenschaft ist groß, überhaupt scheint sie ihrer Schwester, der verstorbenen Malibran-de Beriot, zu gleichen. Pauline Garcia ist sicher
die musikalischste jetzt lebende Sängerin. Sie singt höchst dramatisch,
alles auswendig, begleitet sich selbst, ohne auf das Klavier zu sehen
und alles spielt sie auf der Stelle nach. Es waren die liebenswürdigsten
Künstler, die wir seit langer Zeit bei uns sahen."

Schumanns Namen nennt das Tagebuch nur zweimal „am 28. Mai
mit Schumann und Wenzel in Lützschena" und am 27. September
„Alwin an Sch. nach Wien" und dazwischen ein stummes Gedenk-
zeichen „14. August – –" (ihr Verlobungstag)! Um von den sie in
diesen Monaten erregenden Erlebnissen zu erfahren, Werden und
Vergehen von Plänen, Hoffnungen und Befürchtungen, müssen wir
noch einmal auf die vor ihrem Eintreffen in Leipzig getauschten Briefe
zurückgreifen.

Am 10. Mai heißt es in einem Brief von

Robert an Clara.

Leipzig den 10. Mai Donnerstag.

*… Nun, mein schwärmerisches Mädchen, hast Du nicht einen schwär-
merischen Bräutigam und ganz zum Kaufmann geschaffen? Aber die
Prosa muss erst ab und weg, und dann wollen wir schon fliegen. Ich
schwärme weiter: wegen des bayerischen Bieres habe keine Angst um
mich*[161] *– überhaupt was denkst Du von mir? Pfui, i c h   w ä r e   n i c h t*

---

161 Verdächtigungen gegen Schumanns Lebenswandel waren eines der Kampfmittel des
Vaters gegen Schumann.

wert, dass man mich ansähe, *wenn ich, dem sich ein so gutes und herrliches Mädchen anvertraut, kein ordentlicher Mann sein wollte und nicht Alles über mich vermöchte. Was denkst Du denn von mir? Diese einfachen Worte mögen Dich beruhigen für immer.*

... Nun auch wegen des Sehens und Sprechens hier. Lass es uns nur vor meiner gänzlichen Abreise nach Wien e i n m a l *– sonst nicht. Ich lasse mich nicht erweichen. Wo und Wie, darüber später. ... Ich würde wohl außer mir sein vor Freude, wenn Du einmal in meine Stube trätest, was ich Dir wohl zutraue, dass Du kämest – ich bitte Dich aber, meine gute Clara,* l a s s D i c h d a z u n i c h t h i n r e i ß e n *– es könnte Dir zu übel von Deinem Vater ergehen, es könnten Dich Menschen bei mir sehen: also Deine Besuche kann ich jetzt nicht annehmen; „das ist ja ein verzweifelter Bräutigam", wirst Du sagen.*

Erfülle mir meine i n s t ä n d i g e *Bitte und bleibe gleich in Dresden, oder gehe sobald als möglich hin. Deine Gegenwart hier würde mich, glaub ich, in allen meinen Plänen und Arbeiten lähmen – es würde mich* g a n z u n g l ü c k l i c h *machen – stell es Deinem Vater vor, wie natürlich Dein Wunsch wäre – gib ihm Dein Ehrenwort, mich nicht in Dresden sehen zu wollen, wie ich Dir hiermit meines gebe, Dich nicht heimlich aufzusuchen (es müsste denn sein, ich ginge für immer fort nach Wien). Aber* s c h r e i b e n *– das versprich ihm nicht, dass wir das ließen – wir schreiben uns womöglich täglich, denke ich.*

... Es ist mir manchmal unerklärlich, wie Du so still und kräftig aufgewachsen und Dir eine so schöne Gesinnung bewahrt hast – ich sprach oft mit Mendelssohn über dieses Rätsel ...

Unsere schönsten Jahre müssen wir nun wohl ohne einander leben, die schöne Zeit des Brautstandes – o, ich könnte toll werden auf den, der Schuld daran.

... Deine Bescheidenheit über Liszt hat mich gerührt, Du Engelskünstlerin Du! Bedenke doch auch, dass er ein Mann ist, zwölf Jahre älter als Du, und immer in Paris unter den größten Künstlern gelebt hat. Er schrieb mir einen sehr herzlichen Brief, den ich Dir gelegentlich schicken will; er wird Dir Freude machen.

So lebe denn wohl, Du mein allerliebster Schatz, Du Licht und Freude meines Lebens – sei ruhig – bleibe stark – ich habe keine Worte weiter – küsse Dich in herzlicher Liebe und Treue Dein Robert.

Clara an Robert.

Anfang Mai 1838 (12. Mai). Sonnabend Maxen nachts 11 Uhr.

„Wirst Du es wohl glauben, mein guter lieber Robert, dass ich hier in Maxen an Dich schreibe? Und doch es ist so. Mit welchem Gefühl ich mein Vaterland begrüßt, kannst Du Dir nicht vorstellen, und wie ich mich gefreut hab von Dir auf der Post ein paar Zeilen zu finden und ach vergebens! ... ...
... Nun denk Dir, Montagabend fahr ich ein in den Toren Leipzigs – das Herz pocht mir ungestüm, voll von Gefühlen aller Art ... ...
Auf Deine Komposition bin ich sehr begierig. Morgen spiel ich Dein Albumblatt für die Majorin – sie ist lieb, gut. Alle haben Dich sehr lieb.
Viel hab ich mit [Dir] zu reden und komme gar nicht los – –
Ich jammere nach einem Briefe von Dir – hast Du meinen nicht?"

Clara an Robert.

Leipzig, den 20sten Mai 1838.

Unendlich viel Mühe kostet es mir, dass ich einen Augenblick gewinne, Dir, mein herzinnigst geliebter Robert nur eine Zeile zu schreiben. Seit ich wieder hier bin, hab ich meinen heitern Sinn wieder ganz verloren, doch nicht etwa den Mut, alles zu ertragen. Mein Herz ist jetzt so schwer und doch durch Deinen Brief so freudig erregt ... ...
Fragt mich Jemand, ob ich Dich schon gesehen, dann treten mir die Tränen in die Augen – Du bist mir so nah, und doch kann ich Dich nicht sehen ... ich schwebe im Himmel und bin doch wieder nachher so unglücklich, dass ich Dich nicht gleich umarmen kann, Dich, der mir Alles ist, in dem mir eine andere Welt aufgegangen ... Du bist das Ideal von einem Manne, was ich immer im Herzen trug, der Himmel ließ es mir in Wirklichkeit erscheinen, und ich soll es besitzen, Dich soll ich mein nennen? Und doch es s o l l, es muss sein! ... ...
... Dein Entschluss nach Wien so bald zu gehen ist schön, ich halt es nicht aus, wenn Du hier bist und ich soll Dich nicht sehen ...

... Aber nun eine Sorge, die nämlich, dass es Dir am Ende gar nicht in Wien gefällt, ... das wäre mir schrecklich, wenn ich Dich in Wien nicht zufrieden wüsste.

... Ach müsst ich mich doch nie trennen; ich bin so melancholisch, dass mir das Herz springen möchte vor Sehnsucht nach Dir, mein lieber, teurer unbeschreiblich geliebter Robert.

Clara an Robert.

Leipzig, den 2. Juni 38.

Eine Minute bin ich allein – ich benütze sie gleich Dir, mein großes Entzücken über die letzten Briefe[162] auszudrücken.

... Nun aber Eins! Du weißt ja, dass ich nur darin, 1840 b e i D i r zu sein, schwärme ... Denkst Du vielleicht, ich besinne mich noch anders? O nein, das kannst Du nicht denken, wenn Du mich liebst. Und zweifle ich etwas daran, so glaub mir, ist es, möcht ich sagen, Demut; ich denke immer, warum willst Du auf so großes Glück Anspruch machen? Und doch, ich flehe täglich um Erfüllung meines liebsten, meines höchsten Wunsches! Also Lieber, 1840 b i n i c h b e i D i r, e s m a g k o m m e n, w i e e s w i l l, b a u e a u f m i c h, z w e i f l e n i e a n m i r ... Sehr schön wäre es, wenn Therese die ersten Wochen unserer Verheiratung bei uns wäre, sie könnte mir dann vieles lehren, was ich zu Haus nicht lernen kann, da mich der Vater nicht anders als am Klavier sehen kann. Wie gern bekümmerte ich mich zuweilen um die Wirtschaft, doch da werd ich ausgelacht ... ...

– Dein Urteil im Brief über den Vater war etwas hart, aber doch wahr – gern lieb ich ihn so sehr, doch er verleidet mir es oft ... ...

... Lächerlich ist es mir, dass Vater durchaus nicht daran glaubt, dass Du würdest nach Wien gehen – er wird erstaunt sein! ...

---

162   Deren Lektüre, ihres Umfanges und ihrer Schrift wegen, sie bis dahin in Anspruch genommen hatte.

Spaßhaft ist es, dass heute die Mutter zum Vater gesagt „glaub mir, die bleibt nicht fest". Nun, sie sollen's sehen. Ich nicht fest bleiben! ... ...

Clara an Robert.

Leipzig [8. Juni 1838.]

Wie betrübt bin ich, dass ich Dich, mein Lieber, mit gar nichts überraschen kann – was in meiner Seele vorgeht und welch schöne Wünsche ich Dir sende, Du weißt es! Ach mein Gott, warum kann ich Dir heut den guten Morgen nicht selbst zuflüstern? nun in 2 Jahren mit Gott und mit glücklichem Herzen. Ob ich Dich heut seh, weiß ich nicht; ich bitte Dich, mein guter Robert, sei nicht traurig, ich bin ja bei Dir und feiere mit Dir das schönste aller Feste.

Ich finde keine Worte mehr –

Deine treue Clara.

Den 8. morgens.

Clara an Robert.

[Den 8. Juni[163]*.] „Sei p u n k t 9 U h r vor unserm Fenster; winke ich mit einem weißen Tuch, so gehe langsam hinauf nach dem alten Neumarkt, ich komme dann nach, und geh mit Dir, da ich die Mutter bei ihrer Mutter abhole. W i n k e i c h n i c h t, s o i s t s i e n i c h t g e g a n g e n. Du kannst auch etwas vor 9 kommen. Geh aber ganz langsam, weil ich mich dann erst zurecht machen muss. Du kannst ja auch einmal wieder umdrehen.*

C ... ..."

---

163   Schumanns Geburtstag.

Robert an Clara.

Leipzig am 20. Juni 1838.

Es drängt mich so sehr, Dich zu sehen, Dich ans Herz zu drücken, dass ich ordentlich traurig bin – und auch krank. Ich weiß nicht, was mir fehlt – und doch ich weiß es, Du fehlst mir. Überall seh ich Dich, in meiner Stube gehst Du auf und nieder mit mir, Du liegst in meinen Armen und Nichts, nichts ist wahr. Krank bin ich. Und wie lange wird dies alles währen. Es steht alles so schreckhaft still jetzt. Ich möchte gleich auf und davon und suche doch Dich nur und weiß auch wo Du bist und kann Dich doch nicht finden. Ach verzeih meine Clara, dass ich Dir vorklage – es wird wohl anders werden und der Mut wieder kommen. Nur einen Gruß wollt ich Dir heute schreiben; vieles hab ich Dir noch zu sagen – und die Hauptsache, es muss e h e r mit uns werden, Du musst eher zu mir kommen. Nenne mich nicht ungenügsam und ungestüm. Aber jede Minute später ist ja wie gestorben. Ich trage es nicht so lange mehr.

Heute wollt ich fort, nach Grimma zu und weiter. Es wird aber wohl nichts, ich habe keine Energie und mache mir auch Vorwürfe, dass ich dann nichts arbeite. Könnten wir uns nur einmal ruhig sprechen – ein paar Stunden lang.

Nur einen Gruß wollt ich Dir ja sagen – den wirst Du verstehen – Adieu, ich bin Dein eigen für immer.

R.

(In Claras Handschrift): „Ich küsse Dich mein herzinnigst geliebter Robert – leb wohl, und denke zuweilen an Deine Clara, die nichts denkt als Dich." –
(In Roberts Handschrift): „Am zweiten Juli zurückerhalten den Tag ihrer Abreise nach Dresden."

Clara an Robert.

Dresden, den 3. Juli 38. Dienstag früh.

„*Da sitz ich nun so hier im Gartensalon und denke, wo mag wohl jetzt mein guter Robert weilen? denkt er wohl an Dich? ist er heiter oder traurig? – so denk ich nun unaufhörlich, dass ich's kaum ertrage! Und welch schwerer Abschied gestern! Sah Dich, 2 Schritte von mir, konnte mich nicht aus dem Wagen in Deine Arme werfen! Du guter Mensch warst so weit gegangen, um Deine Clara noch einmal zu sehen? ... wie Du so einherkamst, da war es mir als sollt ich in Ohnmacht sinken vor Schmerz, mir ganz schwarz vor den Augen, und wie ich Dich dann nicht mehr sehen konnte, dann machte sich mein Herz Luft und die Tränen flossen, dass ich nicht wusste, wie sie verbergen. Das Gefühl war unbeschreiblich!!!*

Die ganze Nacht dacht ich unaufhörlich an Dich, der Mond schien so hell – genug davon, ich kann nicht sagen was und wie.

... Mutter sagte neulich zur Nanny: „ich möchte wissen ob Clara nicht an Schumann schreibt und wir werden schon Mittel und Wege finden, das zu erfahren." Mir schauderte ... ich bitte Dich um alles willen, s e i v o r s i c h t i g, *das Unglück wäre schrecklich.* L a s s   d i e   B r i e f e n i c h t   l i e g e n,   s p r i c h   n i c h t   e t w a   e i n m a l   e t w a s, w a s   i c h   D i r   g e s c h r i e b e n. –

... Grüße Reuter vielmals[164] *und ermutige ihn in seinem Tun für uns, sag ihm, dass er ein gutes Werk verrichte an ein paar guten Kindern. Lach mich nicht aus, es ist aber so.*

... Nun leb wohl Du, der beste aller Menschen, der geliebteste, mein Alles, meine Welt." –

---

164   *Dr. med.* Reuter war der Vermittler der geheimen Korrespondenz und einer der treuesten Freunde Schumanns und Claras.

Robert an Clara.

Meine geliebte Clara!

... Heute kann ich Dir nur wenig danken ... Wie mir's war, als ich Dich das letzte Mal sah – den Wagen fortrollen sah – eine Staubwolke darüber – es ist mir wie Dir gegangen; die Sonne tat meinen Augen so weh. Solche Liebestränen hatte ich noch nicht gekannt. Seit 14 Tagen war ich krank, kränker als Du glaubst, als ich gesagt habe; seit gestern geht es aber besser und heute hab ich den ganzen Tag gearbeitet und freudiger an die Zukunft gedacht. Weißt Du – es war auch Seelenkrankheit ... Um meine Vorsicht ängstige Dich nicht, mein gutes Mädchen; ich bin wie Du, und klug geworden. Doch hast Du zu viel Angst ... Nein – schreib nur durch Reuter immer; der ist treu wie Deine Nanny; ich kenne ihn nicht anders.

Gestern früh traf ich – Deine Eltern im Rosenthal. Dein Vater sah aus wie eine gespannte Pistole – ich musste lachen über ihn.

... Wie denk ich Deiner oft; hab ich Dich doch nie so innig geliebt; oft treten mir die Tränen in die Augen und lauter Liebe und Dankbarkeit gegen Dich gütige Du. O bleib mir immer auch recht treu und hold und glaub immer an mich Deinen allertreuesten

Lebensgefährten R.

Robert an Clara.

Leipzig Donnerstag früh den 5ten Juli 38.

„Nach Deinem Brief gestern hab' ich zum ersten Mal seit langer Zeit wieder recht frohe Stunden gehabt. Das Leben ist wieder in mich gekommen; ich fühl die Sonne, das Grün der Bäume draußen und innen klingen viele Melodien.

Alles Schöne über Dich meine geliebte Freundin und Schwester Braut – könnte ich Dir nichts als Freuden machen einmal, ich bin es ja, der Dein junges Herz zuerst die Schmerzen kennen lehrte. Noch neulich schrieb ich in mein Tagebuch „vergiss nie, was Clara um Dich getragen" – und ich will es Dir nicht vergessen und will Dir alles an den Augen absehen. Nachdem ich Dich nun so ein paar mal gesehen und gesprochen, kann ich Dir doch gar nicht sagen, wie Du mir ganz unbeschreiblich wohlgefallen hast – mir däucht, es ist alles so fest und so gediegen an Dir; wenn ich Dich ansah, war es mir als flüsterte mir mein Genius zu „auf die kannst Du dich verlasse." ... ...

... Woher kommt aber so plötzlich Deine große Angst vor Entdeckung? ... Fürchtest Du aber Deinen Vater jetzt schon so, wie wirst Du Mut haben, ihm später entgegen zu treten, wenn es gilt? Nun ich vertraue Dir s o   g a n z ... Nun wird es bald ein Jahr, dass wir uns versprochen haben. Ich dächte, wir schlügen noch auf ein Jahr ein. Hier hast Du meine Hand: Dein Ring ist rein und unberührt. Ich bleibe Dir treu."

Clara an Robert.

Maxen, den 8./7. 1838.

Mein teurer Robert!

Wie mich Deine beiden Briefe gefreut, das kannst Du Dir gar nicht denken ... Du fragst, warum ich so ängstlich bin? Bin ich es um meinetwillen? Nein, bloß Deinetwegen. Was kann mir der Vater tun, wenn er es erfährt, nichts! Doch seine ganze Wut fällt dann auf Dich und das könnt ich nicht ertragen; ist es doch schon jetzt so, dass ich zuweilen den schrecklichen Gedanken habe, ich liebte Vater nicht mehr so, wie ich sollte; muss denn das aber nicht bittere Gefühle erwecken, muss das nicht bis aufs Tiefste verwunden, wenn man sein Liebstes, wenn ich meinen Robert (ist es denn möglich) geringschätzt, verkannt, verhöhnt sehe? – Lieber Robert, ich habe einen Brief, den ersten hierher, vom Vater erhalten, das war schmerzlich, das hat mir so wehgetan, Tage lang hat's an mir genagt, dass ich's gar nicht vergessen kann. Denke wie viel schlimmer es wäre, wenn Vater das alles wüsste; doch kommt die Zeit, dann baue a b e r   a u f   m i c h!   I c h   f o l g e   D i r   n a c h   W i e n. Schwer wird mir die Trennung vom Vater werden, viel werd ich kämpfen müssen, d o c h   d i e   L i e b e   g i b t   m i r   K r a f t   z u   a l l e m. Ist die Zeit da, dann auch ich. Vater verstößt mich vielleicht, ach mein Gott, wie

*schrecklich, sollt es wirklich so weit kommen? Gott im Himmel wird mir
dann verzeihen – es ist ja mir die Liebe! ... ...*

*... Vater will nach München und Holland, ich aber habe keine Lust
mich in den kleineren Städten herum zu treiben und zöge es vor nach
Paris und London zu gehen, jetzt wo ich noch jung bin ... Was könnt ich
noch besseres tun als reisen? Das lässt mir doch die Zeit etwas schneller
vergehen bis zu dem ersehnten Jahr ... Vater holt mich sicher bald ab. Er
schreibt in jedem Brief, der Kuchengarten, Felsche[165] etc. seufzten nach
mir ... ...*

*... Nun wir wollen recht viel aneinander denken, und gleich jetzt geb'
ich Dir die Hand auf Erneuerung unserer Verlobung. Auch Dein Ring
blieb rein, und nur berührt von Deinen Küssen. Wie doch die Zeit vergeht! Also ein Jahr sind wir nun bald verlobt? ...*

*... Wie macht einen die Liebe auch so empfänglich für alles Schöne; die
Musik ist jetzt ein ganz anderes Ding für mich als ehemals. Wie selig, wie
sehnsüchtig stimmt sie, es ist unbeschreiblich. Ich könnte mich aber jetzt
zuweilen aufreiben am Klavier, mein Herz macht sich Luft in den Tönen
und welche Sympathie, auch Du liebst das Gretchen so sehr? Ich spiele
es immer und möcht vergehen dabei, mir ist als sei ich das Gretchen, als
wären es meine Worte. – Ach wie schön ist doch die Musik, so oft mein
Trost, wenn ich weinen möcht; das hab ich doch dem Vater zu danken,
und werd es n i e vergessen ... ...*

*... Vater glaubt und hofft sicher, Ernestine werde Einspruch tun.
Vater wird alles tun, um sie dazu zu bereden; d a s ä n g s t i g t m i c h
f ü r c h t e r l i c h ! Der Gedanke macht mir ganz den Kopf wirr. Ich
bitte Dich, schreib mir darüber a u f r i c h t i g. – Sei mir nicht böse, dass
ich Deine Stirne auf ein paar Minuten trübte, ich konnt's aber nicht mehr
länger bei mir behalten. Ich bin so unaussprechlich glücklich in Deiner
Liebe und dieser Gedanke! –*

*... Dass Du auf Vater so bös bist, verzeih ich Dir gern, da ich weiß,
dass Du ebenso schnell alles vergisst, wenn er gut gegen uns würde. Dein
Herz ist so gut, dass ich so etwas gar nicht übel nehmen kann. Ich bin
seine Tochter, und werd ich doch zuweilen bitter gestimmt, die ich Vater
so sehr liebe! Glaub mir, er ist gut, und glaubt ja mein Bestes zu tun ...
Hart ist er wohl zuweilen sehr und kennt nicht die Liebe die wir für ein-*

---

165 Leipziger Konditorei.

ander hegen, Zartgefühl in diesem Punkte auch nicht – glaub mir übri-
gens, wenn ich erst bei Dir bin, so wird er schon nach und nach gut auf
mich, er liebt mich ja zu sehr, um mich auf immer von sich zu stoßen. Sei
nur ganz ruhig, mein Robert, er liebt auch Dich, er will es sich nur nicht
gestehen. – Ich küsse Dich nochmals, Du mein herzigster Robert." –

Von Dresden, den 14. Juli 1838   *Sonnabend früh.*

... „Dein Brief traf mich gestern in einer Stimmung, die ich nicht
beschreiben kann; ich dachte so an alles, dachte, wie schwer es Dir wer-
den würde von Leipzig zu gehen und war nicht weit entfernt mir Vor-
würfe zu machen, dass ich die Schuld sei, Dich aus einer Gewissheit risse
und Du Dich am Ende nicht belohnt fändest! ... und doch ist es nötig, es
führt ja zu unserem Ziel, das Einzige was ich hab!
... Eben war Dr. D. bei mir, den mir Vater als einen höchst geistreichen,
liebenswürdigen Mann schildert. Ich find es nicht, kann's nun mal nicht
helfen, verliebe mich nun einmal nicht! Ich weiß, Vater wünschte es gar
zu sehr ... doch's geht nicht! – Sonderbar ist es, es gefällt mir jetzt kein
Mann mehr, ich bin tot für alle, nur für einen leb ich – für meinen Robert!

Dienstagabend. Eilig.

... Vater ist da ... heut habe ich wieder viel Schmerzliches verschlu-
cken müssen.
Adieu, tausend Küsse von Deiner treuen Braut Clara."

Robert an Clara.

„Robert Schumann und Clara Wieck
empfehlen sich aufs Neue als Verlobte – nur auf d i e s e m Wege
Leipzig, den 13. Juli 1838."

„Verzeihe dem Kinde oben. Eigentlich schrieb ich es in einer seligen Zer-
streuung nur für mich, es gefiel mir aber gar so gut, dass ich es meiner
Clara zeigen musste.
Von den vergangenen Tagen nur weniges: Das Zukünftige ist immer
wichtiger.

Dein Vater hat allerdings mit Dr. Reuter gesprochen, und will mit
Feuer und Schwert gegen unsere Liebe ... R. hat ihm aber im Gegenteil
jeden einzelnen Punkt w i d e r l e g t, wie Du Dir denken kannst. Was
er alles vorgebracht hat, hat er Dir selbst gewiss auch schon mehr als zu
viel gesagt: „Wir wären zwei starrsinnige Naturen, die nicht zusammen
passten etc. – ich täte gar nicht zu meinem Vorteile – – Du würdest es
nicht aushalten – kurz, es ginge nicht." ... Dass er nun alles heraussucht
Dich abzubringen, trau ich ihm wohl zu – und so der wahrhaft komische
Schreckschuss wegen Ernestines Einspruch. ... glaub mir, E. ist viel zu
stolz, zu edel und gut, um an so etwas zu denken. Das kann nur Deinem
Vater einfallen. – Also meine gute Clara, da fürchte nichts mit Deiner hef-
tigen Fantasie, ... am Ende kömmt auch noch die Laidlaw und wer weiß
sonst wer und der ganze Don Juan wäre fertig ... ...

Denke am Klavier an mich; wie sonderbar, seit Du weg bist, kann ich
wieder komponieren; und die ganze Zeit Deines Hierseins ging es nicht.
Doch darf ich gar nichts anfangen und muss meine ganze Muße der Zeitschrift und dem Fortziehen von hier zuwenden. Der Abschied wird mir
schwer werden.
Adieu mein Mädchen, Adieu, Adieu, Adieu!"

Clara an Robert.

Dresden, den 26ten Juli 1838.

„Mein Robert wird mir nicht bös sein, dass ich so lange nicht schrieb,
doch leider habe ich jetzt keine Minute für mich bis abends 11 Uhr,
und kann auch keinen Brief sicher auf die Post bringen, was mich ganz
untröstlich macht. Recht lange konnt ich mich nicht mit Dir unterhalten,
hab aber unendlich viel an Dich gedacht und an unsere Zukunft, die so
schön vor uns liegt ... ...
... Immer mehr fühl ich es, dass mein Leben nur für Dich ist, alles ist
mir gleichgültig außer der Kunst, die ich in Dir finde; Du bist meine Welt,
meine Freude, Schmerz, Alles, Alles. ...
... Ich vernehme Vaters Stimme im Garten, das reißt mich aus meinem
schönen Traum –

Den 28sten.

Pauline ist wieder da, und wir leben von früh bis abends am Klavier. Sie hat mir gestern das Lied für Dich aufgeschrieben[166] und Du bekommst es bei der nächsten Gelegenheit. Es ist sehr schön. –

Den 29sten abends.

Eben hab ich den Vater auf die Post gebracht … Seine Wut auf uns hat jetzt die höchste Spitze erreicht, und wo er kann, schüttet er sein Herz aus und sagt, was er schon immer gesagt. L a s s u n s n i c h t w a n k e n , m e i n R o b e r t – t r e u e L i e b e w i r d b e l o h n t. A n m i r h a s t D u e i n s t a r k e s M ä d c h e n !... Dieser Gedanke begleite Dich nach Wien … … sei ich in Holland oder in Paris, oder in London, so glaube immer, dass Dein Mädchen bei Dir ist, nicht Saus und Braus lässt mich Dich einen Augenblick vergessen. Alle Lords von London und alle Kavaliere von Paris könnten mir zu Füßen liegen, so ließ ich sie alle liegen und eilte zu dem einfachen Künstler, zu dem lieben herrlichen Menschen und legte ihm mein Herz zu Füßen … … … …

C l a r a a n R o b e r t .

Dresden, Montag, den 30ten Nachmittag.

… „Ich kam mit Garcias zu Haus und fand ein Paquet, ich sah die Hand, die Worte „gedruckte Musikalien ohne Wert" – die müssen von Robert sein, dacht ich und umarmte in meiner Freude gleich Pauline. Gleich setzt ich mich an das Klavier … und spielte nun. Wie ich entzückt war, kannst Du nicht glauben; wie schön sind die Sachen, wie humoristisch so vieles, dann wieder mystisch. Ich muss es freilich noch öfter spielen um es ganz genau schätzen zu können[167]. … Was mir am besten daraus gefallen, kann ich Dir eigentlich noch nicht sagen, denn ich hab's in solch einer Aufregung gespielt, dass mir allemal das Letzte, das ich eben

---

166   Für die Zeitschrift. Pauline Garcias Komposition „Die Kapelle" erschien im 3. Heft der
       musikalischen Beilage am 28. September. Vgl. Neue Zeitschrift für Musik 1838, S. 106.
167   Es waren die Kreisleriana.

gespielt, das Schönste erschien. *Erstaunt bin ich vor Deinem Geist, vor all dem Neuen, was darin – überhaupt weißt Du, ich erschrecke manchmal vor Dir, und denke, ist es denn wahr, dass das Dein Mann werden soll? Mir kommt wohl zuweilen die Idee, dass ich Dir nicht genügen könnte, doch lieb haben könntest Du mich deswegen immer! – Pauline hätte mich können bewegen meine Kunst als Künstlerin niederzulegen, wenn nicht der Vater um mich war und mich zurückführte auf das, was ich kann, und dass nicht ein Mensch so viel Talente haben kann wie der andere. Nun, ich verstehe doch wenigstens alles und Deine Musik, das ist schon beglückend für mich ...*

... Für heute sage ich Dir Adieu ... Sagen kann ich Dir weiter nichts mehr als dass ich Dich sehr lieb habe, lieber als Du es weißt. Das weißt Du alles schon und ich wiederhole meinen Kuss – er sagt Dir alles und auch dass ich bin Deine treue Braut C ... Sch ... ..., so will ich mich nennen, wenn Du's erlaubst." –

R o b e r t   a n   C l a r a .

Leipzig. Mittwoch früh 9 Uhr.   Den 1sten August 38.

„Erschrick nur nicht meine Clara über den kurzen Brief heute. Ich war die Tage her so schrecklich traurig, krank und angegriffen, dass ich dachte meine Auslösung wäre nahe. Dein Brief hat mich wieder gehoben ... ...
Von Diabelli noch keine Antwort, dagegen von Vesque, der mir schreibt, dass ich sobald als möglich kommen möchte, wenn die Zeitung vom 1ten Januar in Wien erscheinen sollte. Die Verhandlungen wegen der Konzession nähmen viel Zeit weg. Darauf habe ich denn mein Logis zu Michaelis aufgekündigt und will bis 2ten Oktober fort.
An Deinem Vater hängst Du mit großer Liebe und bist mir desto verehrungswürdiger. Aber Clara, wenn Du mich aufgäbest seinethalben! Ein Schauder überläuft mich. Verzeih mir, ich bin noch so krank ... ...
... Spohr war da und bei mir. Da hab ich mich wieder einmal in einem Meisterantlitz baden können.

211

Was sind Deines Vaters Pläne? Warum macht er sich und andern solche schwere Tage! Wie glücklich und still und zufrieden könnte er mit uns leben!

Was studierst Du jetzt? – Sonderbar, wie ich Dich mir noch ganz genau denken kann, wie Du spielst, den besonderen Ton, der Dir so eigentümlich. Aber dass Du mir nichts komponieren willst, da muss ich Dich doch recht auszanken? – Es kommen Leute. Adieu!" –

Robert an Clara.

Leipzig, den 3ten August 1838.

„Guten Tag, mein liebes Mädchen! Bist Du denn wieder glücklich angekommen? Bist Du mir noch gut? Und ich habe Dir nicht entgegen kommen können mit meinem liebenden vollen Herzen! ... ...

... Jetzt haben wir, seitdem wir uns lieben, nun schon sechs schwere Abschiede gehabt. – Und nun, will es Gott, nur noch einen Abschied – sieben sind viel – und die Liebenden, die so viel überstehn, werden endlich gekrönt mit der Myrtenkrone – nicht wahr? ... ...

... Es wird alles gut von mir besorgt werden, dass die Zeitung nicht leiden soll. Also ... s e i n u r i n A l l e m r e c h t r u h i g, mein Clärchen; Egmont hat noch ganz andere Schlachten geschlagen ... ...

... Meine Kreisleriana spiele manchmal! Eine recht ordentlich wilde Liebe liegt darin in einigen Sätzen, und Dein Leben und meines und manche Deiner Blicke. Die Kinderszenen sind der Gegensatz, sanft und zart und glücklich, wie unsere Zukunft. Da komme ich aber ins Plaudern – –
Ganz glücklich bin ich in deiner Liebe.

R."

Am 7. August kehrte Clara in Begleitung de Beriots ans Leipzig zurück. Die letzte Dresdener Zeit war ihr noch mannigfach getrübt worden durch die immer wieder erneuten Bewerbungen des Klavierspielers

Louis Rakemann ans Bremen, der schlechterdings nicht von der völligen Hoffnungslosigkeit seiner Sache zu überzeugen war und außerdem Clara tief verstimmte durch beständige Versuche, Wieck noch mehr gegen Robert zu reizen und sie selbst an Schumanns Beständigkeit irre zu machen. Letzteres natürlich ohne den geringsten Erfolg.

Clara an Robert.

Mittwoch am 15ten August 1838.

... „Seh ich Dich vielleicht morgen, oder Sonnabend, oder Dienstag? Heut warst Du recht kalt! Warst Du mir bös? – in Liebe küss ich Dich
Deine Clara.

Deine Noveletten sind doch herrlich! Ich schwärme darin – ist Dir wohl nichts Neues! – Bei Dir singt's jetzt so schön, das ist wahr, Dein ganzes Herz tut sich Einem auf in all den schönen Melodien – Sei mir gegrüßt! – kennst Du das Lied, ich liebe es sehr." –

Robert an Clara.

Leipzig, den 21ten August 38.

„Schon immer wollte ich Dir schreiben; aber es ist kein schöner Klang in mir, der Dich erfreuen könnte. Dein Vater vergällt mir das ganze Leben. Alles tritt er mit Füßen ... was hat er Beckern[168] wieder vorgelogen? Und Du verteidigst mich wohl gar nicht? ...
... Genug davon; aber bis in den Traum verfolgen mich diese Beschimpfungen alle.
... Überhaupt hast Du jetzt einen ganz unausstehlichen Bräutigam; vom Eusebius ist gar nichts mehr in mir. Ach, einen Blick von Dir ... und

---

168 Der gemeinschaftliche Freund Becker aus Freiberg, „der Arm aus den Wolfen", war vom 11.–26. August bei Wiecks zum Besuch. Vgl. Schumanns Brief an ihn vom 6. August 1838. Briefe. Neue Folge, S. 111.

*das Herz vertraut wieder und glaubt wieder. Da tue denn dazu, dass wir
uns bald sehen können ... ...*
– Bist Du mir s e h r gut??" –

Clara an Robert.

Donnerstag, den 22sten Aug. 38.

*„Liebster Robert, Du bist ein guter, aber auch ein böser Mensch, und
das ist wahr, Eusebius hat sich ein wenig von Dir entfernt. Ist es Dein
Ernst, dass Du schreibst, ich verteidige Dich wohl gar nicht, so ist das
sehr kränkend, denn ich sollte meinen, Du müsstest mich wohl genug
kennen, dass ich nicht ruhig alles über Dich ergehen lasse, im Gegenteil
auf Leben und Tod streite, fängt der Vater einmal zu mir von Dir an, was
jetzt selten direkt geschieht. Es war auch nicht Dein Ernst, nein, nein,
Du bleibst mein milder Eusebius. Auf Vaters Beschimpfungen achte nicht
mehr, es ist nicht wert, sich darum zu kränken, und Du musst daran
denken, dass sich das alles noch ändern wird, Vater wird Dich noch achten lernen m ü s s e n . Ich finde ganz recht, dass Du ihm nicht freundlich zuvorkommst, doch müssen Dich so kleinliche Verleumdungen und
Beschimpfungen nicht berühren, die nur aus Rachsucht entstehen – am
besten, Du hörst sie gar nicht, man sollte Dir sie gar nicht mitteilen, was
ich auch nie tun werde.*
*Fischhofs Brief hat mich unendlich gefreut ... tue nur alles wie er Dir
sagt, die Sache wird schon gehen, nur Geduld ... ... Stoß ihn ja nicht vor
den Kopf und logiere bei ihm bis Du ein Logis gefunden: er würde es Dir
n i e verzeihen, schlügst Du ihm das ab! Du wirst Dich bei ihm wohl-
befinden, Du findest eine Junggesellenwirtschaft und solltest das doch ja
noch recht genießen, denn ist die Frau einmal da, dann ist's aus! ... Du
armer Mann! ...*
*... Vesque kann Dir allerdings, wie er sagt, viel nützen, ist auch ein
liebenswürdiger Mann. Ach ja, ich denke Du wirst schon Freunde finden.
Gras Sedlnitzky*[169] *war ein Beschützer von mir und scheint mir ein guter*

---

169   Unter Metternich Zensor in Wien.

Mann, und hat viel Macht. Er kann alles streichen was er will und alles stehen lassen. Er ist es, der alle Blätter erst durchliest, ehe sie gedruckt werden dürfen.

... Eben fällt mir ein, dass Fischhof ja auch eine hübsche Schwester hat, da wirst Du doch bei ihm bleiben? – ...

... Jetzt Adieu, mein Lieber. Lass mir sagen ob Du mich Sonnabend um 11 Uhr sprechen willst. Mit der größten Ungeduld

Deine Clara."

Clara an Robert.

Donnerstagnachmittag, den 30sten August.

„Lieber Robert, ... Vater will auf einmal nicht mit nach Paris und meint, ich solle allein dahinreisen, wozu ich auch fest entschlossen bin, jedenfalls m u s s ich hin. Er glaubt vielleicht mich von Dir abzubringen, wenn er spricht „entweder Du lässt von Schumann, oder wir bleiben zu Haus den ganzen Winter!" ... Oh in welch einem Irrtum seid Ihr Leutchen! – Sie wissen nicht wie fest wir aneinander gebunden. Adieu, mein Robert! –

Deine Cl."

Robert an Clara.

Ende August.

„Mein herzliebes Mädchen, noch ein paar Worte durch unsern lieben Becker. Ich bin heute so romantisch, komme mir ordentlich verklärt vor, als säß ich auf dem Regenbogen, der eben am Himmel stand, und könnte alle kleinen Schmerzen und Kleinlichkeiten der Welt unter mir vorüberziehen sehen und lassen. Das sind schöne Tage ganz von Deinem Bild erfüllt. Mit Dir träum' ich und lebe da. Bleib mir nur recht gut – oft verdiene ich, dass Du mich schiltst ein wenig, aber gewiss öfters, dass Du mich nennst, wie ich mich am liebsten nenne, Deinen Robert" –

Robert an Clara.

Leipzig Freitag den 31sten August 1838. –

„Also Konzert willst Du geben – und wieder ohne meine Erlaubnis? Ob ich wohl in das Konzert gehe! Bist Du böse, wenn ich nicht komme? ... Freilich ist es eine Art Eitelkeit, wenn ich nicht hingehe – Du verstehst mich – aber der Schmerz, Dich holde Künstlerin so sitzen zu sehen, nicht neben Dir stehen zu können, wenn Du spielst, Dir manchmal ein schönes Wort zuflüstern zu dürfen – der ist auch groß. Doch wie gesagt, i m m e r w i e D u w i l l s t ; siehst Du mich gern, so komme ich ... ...
... Wegen Paris – so würde ich an Deiner Stelle nicht so tun, als läge Dir viel daran, würde nicht viel davon sprechen. Dein Vater bleibt sicher nicht zu Hause den ganzen Winter. Allein reisen kannst Du aber nicht; erlaube es auch nicht (ich nämlich) – Du würdest am Ende unverrichteter Dinge wieder zurückkommen. – Verzeih den Scherz – ich dachte Dich mir ebenso allein mit Nanny im Wagen sitzen auf der großen Straße nach Paris – verzeih, ich komme immer tiefer ins Lachen – ich traue Dir aber zu, dass Du's tust. Aber ernstlich, sprich nicht zu viel davon! Dein Vater kann nicht ein Vierteljahr leben, ohne dass er von Dir liest, und darin gebe ich ihm auch Recht. (Im Konzert stecke meinen Ring an; ich will aufpassen, wenn ich dort bin.)
Du verwehrst mir doch nicht, dass ich alle Abende von ¼ 10 bis ½ 10 Uhr an Deinem Fenster auf und abgehe – und höre ich Dich spielen, so soll mir das ein gutes Zeichen sein und ich gehe zweimal auf und nieder ... ...

Clara an Robert.

Freitagmittag [Von Schumanns Hand: „am 1. September 38."]

... Warst Du gestern bei unserem Fenster vorbeigegangen? Alwin meinte Dich gesehen zu haben. Hast Du vielleicht etwas von Deiner Novelette gehört? – Wie schön ist der Gesang in der Mitte – Eusebius spricht viel darin; kommt nicht bald das ganze Werk? – „Fremde Leute,

*fremde Länder" sind doch auch gar zu schön! Der Anfang (mehr kann
ich nicht davon) ist hinreißend. Deine Musik ist so ganz eigen, sie erfasst
Einen, als sollte man darin untergehen und dann wieder versetzt sie in
die schönsten Träume; könnt ich's doch nur aussprechen, wie mir oft
dabei zu Mute wird ...*

*... Während Du diese Zeilen liest, so horch auf, da wirst Du ein leises
Flüstern vernehmen, leicht wirst Du erraten, dass es ist Deine*

treue Eusebiana.

Robert an Clara.

Am 8. September 38[170].

*Ist es denn möglich, dass ich Dich heute das letzte Mal hören soll, zum
letzten Mal als Mädchen? – Ein süßer Schauer kommt über mich. Oder
vielleicht auch zum allerletzten Mal? Das steht in den Sternen, an uns ist
die Treue und das Handeln. Heute vorm Jahre gaben wir uns zum ersten
Mal wieder die Hand, mit welchen Hoffnungen, weißt Du? Und heute?
Hundert Menschen stehen zwischen uns gedrängt, Du weißt kaum wo
ich bin; manchmal könnte ich aufschreien gleich vor Schmerz. Nun geht
bald der Vorhang ganz nieder – und dann ist es nur die Zukunft, die
stark erhalten kann – Heute ist mir wieder so öde zumute – gestern und
vorgestern ging ich an Deinen Fenstern vorbei, dachte, Du solltest kommen – kaum Licht sah ich, nicht einmal einen Schatten. Wie das Gewitter war, stand ich eine halbe Stunde Deinem Haus gegenüber – und Du
fühltest nichts? Denkst gar nicht mehr an mich! Weißt wohl gar nicht,
dass ich in wenig Tagen fortgehe? Dann vermag mich Deine Stimme
nicht mehr zu erreichen; dann höre ich sie lange, lange nicht mehr, diese
schöne klare Stimme ... Ach des Verstandes alles, was ich jetzt stündlich,
minütlich aufbieten muss. Möchte Dir so gern in lauter Musik schreiben.
Aber es ist auch echte Liebe, die alles recht überlegt und b e s o n n e n
dem Ziel immer näher rückt. Das ist besser als Entführen und Schmachten – nicht wahr? ...*

---

170   Claras Konzert im Gewandhaus. „Der Beifall war groß", schreibt sie darüber im Tagebuch,
      „und den Erlkönig musst' ich wiederholen, wohl mit eine der größten Anstrengungen."

Bleib es also dabei, dass ich den 22sten fortreise; ich gehe über Zwickau, Schneeberg, dann nach Freiburg einen Tag zu Becker, und über Dresden nach Prag, da bleib ich vielleicht 1–2 Tage und schreibe Dir ... ...
... Adieu ... Wann sprechen wir uns??"

Robert an Clara.

Den 9ten September.

„Noch ist es mir wie ein Traum, was ich gestern alles gehört und was um mich vorging. Es war ein Gemisch von Zorn und Seligkeit, das mich ordentlich aufreiben wollte; recht ins Dunkel hatte ich mich versteckt, um Niemanden ins Auge sehen zu dürfen. Du hast mich gewiss auch nicht gesehen, obgleich ich es so sehr gewünscht; ich aber sah Dich immer, wie auch den Ring an der linken Hand am zweiten Finger – wie der strahlte. Und nun will ich Dich auch recht herzen um alles, was Du mir gestern zu hören gabst, recht herzen will ich Dich – ja das war meine Clara mit ihrem schönen Herzen und ihrer ganzen großen Kunst. Herrlich hast Du gespielt. Die Menschen verdienen Dich gar nicht. Und auch zu mancher Betrachtung hast Du mich angeregt, als Du so allein dort saßest, als Du alles wie eine Meisterin genommen und bewältigt, und als die Leute dann über Dich sprachen, als ob das gar nicht anders sein könnte. Dann dachte ich, es ist wohl ein großes Glück, ein solches Mädchen sein nennen zu dürfen; aber stände mir der Himmel bei, dass wir die nicht brauchten, die Dich nur hören, um Dich dann loben zu m ü s s e n . – mit einem Wort, Du bist zu lieb, zu hoch für ein Leben, was Dein Vater für das Ziel, für das höchste Glück hält. Welche Mühen, welche Wege, wie viel Tage um ein paar Stunden! Und das wolltest Du noch lange ertragen, als Deinen Lebenszweck betrachten können. Nein, meine Clara soll ein glückliches Weib werden, ein zufriedenes, geliebtes Weib. – Deine Kunst halte ich groß und heilig – ich darf gar nicht daran denken, an das Glück, das Du mir alles damit machen wirst – aber brauchen wir's nicht notwendig, so sollst Du keinen Finger rühren, wenn Du es nicht willst, vor Leuten, die nicht wert sind, dass man ihnen Tonleitern vorspielt – nicht wahr, mein Mädchen, Du

missverstehst mich nicht – Du hältst mich für einen Künstler, der Dich der Kunst erhalten zu können glaubt, ohne dass wir gerade große Konzertreisen machen, ja einen recht innigen Musikmenschen wirst Du in mir finden, dem es einerlei, ob Du einmal ein wenig eilst oder anhältst, oder ein paar Grade feiner spielst – wenn's nur immer recht von Innen herausströmt – und das ist bei Dir ... Noch viel wollte ich Dir heute sagen; aber ich bin so erregt und will in meine Träume gehen und nichts denken als Dich.

Adieu, Du Aller Allergeliebteste, Du Herzensschatz, Du gute gute Herzens-Clara Du, Dein bin ich und nur Dein."

Am 18. September berichtete die Neue Zeitschrift für Musik über Claras Konzert: „Das Feinste und Duftigste in Romantik, was uns seit lange geboten wurde; als Virtuosenleistung das bis zur Unfehlbarkeit Vollendete." In der folgenden Nummer am 21. September erschien an der Spitze des Blattes ein Gedicht:

Traumbild am 9ten Abends.

An C. W.

Von Oben gekommen ein Engelskind
Am Flügel sitzt und auf Lieder sinnt,
Und wie es in die Tasten greift,
Im Zauberringe vorüber schweift
Gestalt an Gestalt
Und Bild nach Bild,
Erlkönig alt
Und Mignon mild
Und trotziger Ritter
Im Waffenflitter
Und knieende Nonne
In Andachtswonne.
Die Menschen, die's hörten, die haben getobt,
Als wär's eine Sängerin hochbelobt;
Das Engelskind aber bestürzt und leicht
Zurück in seine Heimat entweicht.

A. L.

Robert an Clara.

September 1838, Sonntag früh 7 Uhr.

„Mein lieb Clärchen! ... Wie Du mich gestern gewahr wurdest, das Entzücken; ich hatte Dich schon die ganze Zeit angestarrt, Du suchtest mich im Schiff, glaub ich – endlich, endlich! – da fühlte ich recht, wie wir uns liebten – blind sehen könnte ich mich an Dir, und recht aufgepasst hab' ich auf alles, was Du angabst. Du gefällst mir ganz unendlich, Du liebes teures Mädchen Du! Nun ist's bald aus: Heut über acht Tage liegen schon Berge zwischen uns ... Mache nur, dass wir uns bald sehen; wir müssen noch eine Stunde zusammen sprechen, diese schöne Erinnerung musst Du mir mitgeben auf meinen Weg, und ja auch Deinen Segen darfst Du nicht vergessen.

... Wegen Deiner Reise möchte ich Dir doch auch schreiben, was ich darüber denke. Du gut Mädchen willst uns noch etwas erwerben; das sieht wohl auch Dein Vater und wird gesagt haben, dass er nicht dazu da wäre, für mich zu arbeiten, worin er im Grund Recht hat. Wenn Du ihm nun sagtest, Du wolltest das Geld gar nicht – würde ihn das beleidigen? Dann kämst Du zur Reise, brauchtest nicht den ganzen Winter hier zu bleiben und später würde Dir, was Du verdient hättest, doch wieder zu Gute kommen. Für die ersten Jahre habe ich ja genug, auch wenn wir Unglück hätten, gar nichts verdienen könnten. Ich weiß, dass Du über solche Dinge selbst viel nachdenkst, mein liebes Mädchen ... Wär ich nur recht reich – verzeih mir – wenn man ein Wesen so liebt wie ich, so wünscht man das manchmal. Andrerseits finde ich es manchmal recht hübsch, dass ich kein Rothschild und dass wir zusammen ein wenig arbeiten und denken müssen. Ich hab kein Grauen; vier Hände fest vereint bringen schon etwas fertig.

... Adieu, Du Gute Liebe. Dein treuer

Robert."

Robert an Clara.

„Nenne mich nur ein Kind, dass ich wie diese an Neujahr oder am Christabend ihren Eltern tun, mir den zierlichsten Bogen ausgelesen, an diesem
schönen Tag für Dich etwas darauf zu schreiben. Geben möcht ich Dir heute
Vieles und Dich mit Blumen überschütten und Dir die Augen zuhalten und
Dich fragen, ob Du den Schelm wohl errätst. Es gibt Schelme, die Tränen im
Auge haben an so ernstem Tage, und es gibt neunzehnjährige Jungfrauen,
die das vom Herzensgrund verstehen. Drum will ich Dich junge Braut nur
noch ein wenig necken und Dir in Gedanken ein Häubchen aufsetzen und
will mich zwei Jahre vorwärts denken, wo ich Dir in der Frühe den ersten
Kuss auf die Lippen drücken und Dir sagen darf, der Himmel segne Dich,
geliebtes Weib, und alles, was Du im Herzen trägst. Ach liebe mich nur
immer so wie ich Dich, und sei so glücklich dabei wie Dein

Robert."

Clara an Robert.

Den 18ten September 1838, Dienstagabend.

„ ... Auf die Kreislerianen freue ich mich sehr – traurig jedoch werd
ich sie empfangen, als wär es die letzte Gabe – doch nein! weg mit diesen
Gedanken, der Himmel wird uns wieder vereinen und inniger als je! – Du
bist mir doch nicht bös, lieber Robert, dass ich Dir so trübe Gedanken
mitteile, sie vereinigen sich mit den Deinen und das ist doch schön! Könnt
ich mich nur aussprechen, die tausende von Gefühlen!
Der Himmel weiß, wenn ich bei Dir bin, da ist mir alles genommen,
ich kann Dir nichts von alledem sagen, was ich mir vorgenommen, Dein
Anblick raubt mir alle Geistesgegenwart. –
Das Gedicht las ich eben wieder, wie schön es ist, so heimisch ist der
Schluss und weißt Du – ich glaube das Traumbild kommt von ...
... Nun mein Alles, schlaf wohl und träume ein wenig auch von mir. Alle
Abende bete ich für Dich, dann küss ich Deinen Ring und dann entschlaf
ich in dem Gedanken an Dich."

Robert an Clara.

Leipzig, am 19ten September 38.

„Wie Du mich gestern zu bleiben batest, glaube mir nur, da hätte ich Dir immer um den Hals fallen mögen und sagen, „das versteht sich, dass ich bleibe." An der Art wie jemand bittet, lässt sich recht auf sein Gemüt schließen – und Du bittest so schön und lieb. Nun horch, mein Clärchen, was ich mir in der Nacht ausgedacht: ich reise Freitag nach Zwickau und Schneeberg, erwarte bis Dienstag früh einen Brief in Z., worin Du mir auf die Stunde bestimmst, wenn Dein Vater fortgeht von hier, komme dann Mittwoch früh im strengsten Inkognito hier an, bleibe Mittwoch und bis Donnerstagabend 6 Uhr und dann auf die Post gleich nach Dresden[171] und fort ... Bist Du es so zufrieden? Hier sage ich den Andern, ich reise auf 14 Tage nach Haus ... ...*

... Dein Brief gestern Abend noch, wie mich der erfreut hat ... Was Du mir vertraut wegen Deines Vermögens, danke ich Dir, meine liebe Clara. Sichere Dich so viel wie möglich, ich kann nicht gut darüber urteilen ... ...

Fühle ich anders recht, so darf Dir Dein Vater nicht vorenthalten, was Du Dir durch D e i n e n F l e i ß gespart; auch meine ich, ist er **zu edel**, *liebt Dich viel zu sehr, als dass er sich darüber nicht mit Dir vergleichen sollte. – Er lässt es Dir, auch wenn Du Dich gegen seinen Willen von ihm trennst. Aber, wie gesagt, ich bin nicht klar, Du wirst schon alles ganz gut machen; mich betrachte dabei wie ganz außer dem Spiel.*

– Das Engelskind in der Zeitschrift gefällt mir auch, vorzüglich, da ich vielleicht selbst der Verfasser bin. – es weiß es Niemand und ich schäme mich auch vor Dir ein wenig – aber eitel sind wir Poeten sämtlich, ich hätte Dir es nicht lange verschweigen können ... verzeih' mir nur, Deinem Troubadour – ich knie vor Dir und Du beugst Dich herab mit einem Kuss und sprichst: „Stehe nur auf, Du lieber Ritter – Du bist auch heute am Visier zu erkennen" ...

---

171 Dieser Plan kam genau zur Ausführung, am 23. abends reiste Wieck nach Dresden, am 26. kam Schumann von Zwickau zurück und reiste am 27. abends nach Dresden. „Schwerer Abschied im September 1838 in Günzens Haus im Thomasgässchen", schreibt Schumann im „Bräutigamsbuch." Clara im Tagebuch: „D. 27. Abreise von Sch. nach Wien.

Gott wie Du mich gleich heiter machst, mir liebliche Bilder zuführst ...
Adieu, bleibe recht ruhig und gefasst.
Von ganzem Herzen Dein   Robert."

Robert an Clara.

Sonnabend aus Zwickau, den 22sten Sept. 1838.

„Gott grüß Dich, meine geliebte Braut – mit welcher Sehnsucht hab ich
Deiner die ganze Nacht gedacht und hier unter meinen Verwandten, die
so stolz sind auf ihre künftige Schwägerin und Schwester. Das beglückt,
die Zustimmung der Geschwister zur Herzenswahl.

Warst Du es denn wirklich, die mir nachgesprungen kam, die Grimmai-
sche Gasse; ja das war mein liebend Mädchen; es hat mich so gerührt
dieser letzte Gruß.

... Hier gibt es schwere Abschiede, von meinen Kindheitsbergen von
tausend geliebten Stellen, und endlich von den Gräbern meiner lieben
Eltern, die ich noch besuchen will.

Glücklicher noch hoffe ich alles wieder zu finden – mit Dir am Arme
als meinem Weibe.

... Adieu denn, geliebtes Mädchen; unser letztes Sehen war himmlisch; welch liebes Weib Du sein wirst ... In treuer Liebe
                                                Dein Robert."

Clara an Robert.

Sonnabend früh 7 Uhr, den 22sten Sept. 1838.

„Mein lieber Robert. Fürerst den Morgenkuss aus der Ferne, während
Du mit Therese beim Kaffee sitzt, ach könnt ich doch bei Euch sein! –
Wie freute ich mich, Dich in der Post gestern zu sehen, aber ich zitterte
auch. Gestern früh punkt 9 Uhr stand ich lange vor Deinem Fenster,
der Vorhang war heruntergezogen und Du fühltest nichts? Recht weh
wurde mir, als ich so dachte „dies der letzte Morgen, dies das letzte

Mal, dass die schöne Morgensonne durch dieses Fenster seine Stirn
bescheint! ... ..."

Robert an Clara.

1838[172], den 24sten Sept. Montag früh.

„Eben erhalte ich Deine Zeilen, mein liebes, liebes Mädchen, und Du
musst doch gleich auch wissen, wie es mir geht. Wir leben schon wie mit
Dir zusammen ... Wie denke ich Deiner, so wehmütig, so glücklich. Ich
dachte hier Einiges zu schaffen und arbeiten; höre aber nur immer Deine
Stimme und Abschiedsmusik; ich leide viel, aber schön; es sind Tränen
auf Blumen ...
In ganz großer Liebe Dein   Robert."

Robert an Clara.

Dresden, den 29sten Sept. 1838.

„Mein geliebtes Mädchen – wo anfangen heute nach so schweren Stunden, so viel Neuem und Ungewohntem, was alles sich in so wenig Stunden ereignet.
Dass ich nach Maxen gereist, dank ich Dir von Herzen ... Sie haben
Dich alle so herzlich lieb; ich war ganz glücklich. Morgen von Prag aus
ausführlich. In zwei Stunden geht es fort ...
Gott – ich hoffe so sehr – ich meine es so gut mit Dir – Du bist sein Liebling – er wird mir auch Kraft geben zu dem, wofür er mich ausgesucht
aus so vielen Millionen. Die Zeit drängt – doch nimm einen Herzenskuss
aus meinem lieben Vaterland ... ...
Nun muss ich mich losreißen von meinem Liebsten, Adieu, Du mein
herzallerliebstes Mädchen, Adieu – sei so glücklich wie ich in Deiner Liebe.
                                                      Dein Robert."

---

172 Aus Zwickau.

Robert an Clara.

„Meine geliebte Braut, der schöne gute Himmel oben in seiner Bläue und Milde macht mich ganz glücklich. Wärst Du doch bei mir, sähest mich jetzt, wo manchmal in meinen Augen zu lesen ist – rechtes Vertrauen auf den guten Geist, der uns bis jetzt beschützt – heitrer Mut, Ergebung ins Geschick, das uns so lang auseinanderführt, um uns dann fester wieder zu vereinen – das Glück Deiner Treue, Deines festen Ausharrens – der Gedanke an manche Zurückgelassene – dies alles steht vielleicht in meinen Augen – ...

Recht viel möcht ich Dir schreiben heute; ich war so lange in der Stube eingefangen und komme mir nun manchmal wie ein Kind vor, dem alles neu, vorzüglich die Sterne, die vielen am Himmel, und die Bäume und alle die andern fremden Menschengesichter. Schon früher, vor zehn Jahren, war ich in Prag, in einer sonderbaren Übergangszeit vom Empfinden zum Denken: ich weiß gar nichts mehr fast von jener Zeit – nun seh ich erst, was das für eine einzige Stadt ist mit den hundert Türmen, den fernen Gebirgen, dem hohen Schloss oben und alten grauen Erinnerungen.

Gestern in aller Frühe kam ich an, wie Du Dir vielleicht auch ausgerechnet hast ... ...

... Gehe doch noch auf ein paar Wochen nach Maxen; Du bedarfst wohl auch so einer heitern Umgebung, mein Clärchen, und denke dort recht meiner; ich habe nichts als das getan; ich sah Dich überall – und diese Gegend, dieser Segen überall.

Hier haben sie mich ebenfalls recht freundlich aufgenommen – Du bist immer das zweite Wort. ... ...

Man hat mir hier wieder sehr bange gemacht vor der Wiener Zensur und überhaupt wie schwer es sei, die Konzession zur Zeitschrift zu erlangen. Vergiss ja nicht, meine liebe Clara, s o b a l d es Dir möglich, an die Cibbini[173] zu schreiben; schicke den Brief erst an mich. Auch hier wurde mir die Cibbini als höchst einflussreich genannt.

– Morgen früh (Dienstag) geht es nun mich Wien, unserer neuen Heimat zu, wenn es der gute Himmel so will. Verhehlen kann ich mir frei-

---

173   Die schon erwähnte Kammerfrau der Kaiserin.

lich nicht, wie jetzt erst die k l e i n s t e n *Berge überstiegen sind; nun,*
verlass Dich nur auf mich; ich bin stolz auf Dich und werde danach
arbeiten ... ...

Grüße mir die gute Nanny; sag ihr, wie mir ihr Abschied, so kurz er war,
so innig vorgekommen ist; ich betrachte sie, wie zu uns gehörig schon.

Du meine gute Clara, sei recht glücklich und heiter. Nimm mich
nicht nach der Minute jenes fürchterlichen Abschieds; es war zu
viel an einem Tage, was ich zurück ließ; ich bin Mann und will es
zeigen ... ...

Dein treuer Robert."

C l a r a   a n   R o b e r t .

Leipzig, den 1./10. 1838.

„Mein lieber Herzens-Robert,

Deinen Brief, Rosen, Blümchen, Oblaten, alles hab ich erhalten, geküsst,
ach Gott, es war ja alles von Dir! ... ...

... Ach ... Robert, das war viel zu ertragen und als ich Dich da in der
Post sah – ich sah Dich kaum, der Boden wankte unter mir, das wusste
ich, dass Du mich noch recht freundlich ansahst, nicht wahr? Der Mond
schien so schön, so friedlich, lange sah ich ihn an, gedankenlos, doch nein,
ganz versunken in Dich, Du standest vor mir, mit Tränen in den Augen,
ach Gott, das war zu erschütternd, ich vergesse es noch nicht! –

Jetzt viele Hauptsachen: Neulich schrieb der Vater174 einen Brief, der
schrecklich war; ich also antwortete und schrieb einen ernsten, ruhigen,
aber dabei freundlichen Brief, worin ich ihm meine Pläne aufrichtig schrieb
und ihm sagte, ich hätte zu allem Mut und Kraft. Darauf schrieb er mir
heute – wer hätte das geglaubt, das ertrag ich doch kaum, den Schmerz der
Trennung von Dir und auch noch Vaters Härte – er habe an Dich geschrie-
ben, dann an Ernestine, von der er ein schriftliches Zeugnis verlangt, dass
sie Dich ganz frei gibt175; er wolle seinen Namen nicht geschändet wissen

---

174   Wieck war nach Dresden gereist.

175   Die Antwort Ernestines auf dieses Schreiben Wiecks abgedruckt bei Kohut, Fr. Wieck,
        aber mit der falschen Jahreszahl 1836!

etc. Dann schrieb er, ich solle die Nanny von mir lassen, denn ich brauchte sie nicht mehr, denn mit Reisen sei es aus, ich müsste jetzt andere Sachen lernen etc. wie hart! ... *Ferner: sollt ich jetzt wenigstens die Pflichten gegen meine Mutter erfüllen und ihr von unserer Verheiratung an die Zinsen meines Kapitals geben* ... *Gern schick ich ihr zuweilen etwas, doch das geht ja nicht; erst wollte der Vater nicht, dass ich etwas schicken sollte, und jetzt will er auf einmal alles! – Ich glaube, das ist alles bloß um mich abzuschrecken. Nanny lass ich diesen Winter noch nicht von mir.*

Nun eine Bitte, lieber Robert: S c h r e i b m i r g a n z a u f r i c h t i g , o b E r n e s t i n e g e w i s s k e i n e n E i n s p r u c h t u n k a n n ? ... *Soll ich ihr schreiben, doch nein, das tu ich nicht, ich weiß nicht, wo mir der Kopf steht. Was soll ich nur diesen Winter tun?* ...

... *Ich muss fort von hier und werde gehen, der Himmel wird mich beschützen! Ach Robert, wohin wird es noch kommen! Vater will gar nichts mehr von mir wissen und ich habe nur eine Hoffnung, einen Schutz – Dich mein guter Robert! Von allen Seiten wird auf mich gestürmt von Dir zu lassen, ich soll das schönste Leben führen – n e i n , d a s i s t n i c h t m ö g l i c h . Dich lassen, ohne Dich leben, dazu habe ich keine Kraft – mir zittert die Hand so, dass ich kaum die Feder halten kann. Was haben diese Tage mir für Kummer gemacht! Du hast Dich doch nun gefasst und bist glücklich in Prag angekommen? Mein Gebet, das täglich, stündlich zum Himmel geht, wird doch erhört werden!*

In Maxen, nächsten Sommer müssen wir uns sehen. Meine Sehnsucht nach Dir ist unbeschreiblich, geht über alles Denken. Bleib mir nur so treu, wie ich Dir; Deine Worte das letzte Mal: „Wir wollen zusammen leben und sterben", die waren so ganz aus meiner Seele gesprochen, ja, mein Robert, das wollen wir und wir werden glücklich sein.

... *Vater kann noch gar nicht vergessen, wie Du ihn behandelt habest, nachdem er Dich eingeladen, seiest Du nicht gekommen etc. Zweimal hat er in seinem Brief unterstrichen „nie geb ich meine Einwilligung." Was ich also befürchtete ist eingetroffen, ich muss es ohne seine Einwilligung tun, ohne den väterlichen Segen! Das ist schmerzlich! Doch was tue ich nicht für Dich, alles! Alles! –*

... *Ich sage Dir nun nichts weiter mehr, als was Du schon weißt, dass ich Dich sehr liebe, unendlich, mit ganzer Seele! Ich küsse Dich in Liebe, Deine Clara bis in den Tod." –*

Wir kennen aus den vorangehenden Briefen die Gründe, die Schumann zur Übersiedelung nach Wien bestimmten. Er hoffte, auf diesem Wege die Hindernisse zu beseitigen, die seiner Verbindung mit Clara noch entgegenstanden. Seine Zustimmung machte Wieck von der Bedingung abhängig, dass Schumann seinen Wohnsitz zu einer andern Stadt als Leipzig aufschlage und den Nachweis eines sicheren und ausreichenden Einkommens liefere. Es waren einerseits zwar schwer motivierbare, anderseits gerechtfertigte Forderungen, wenn sie nur aufrichtig gemeint gewesen wären. Allein Wieck machte gleichzeitig gar kein Hehl aus seiner Überzeugung, dass Schumann niemals die Energie auftreiben werde, Leipzig mit einem andern Ort zu vertauschen. Kaum war diese seine Ansicht durch Schumanns Übersiedelung nach Wien tatsächlich widerlegt, erschreckte er Clara durch den Ausspruch, dass er seine Zustimmung zu dieser Verbindung überhaupt niemals erteilen werde, ja, er vermochte die Drohung auszusprechen, dass er alles aufbieten werde, Schumanns Auskommen in Wien und den Plan der Verlegung seiner Zeitschrift dahin zu hintertreiben.

Ob er diese offen bekannte Absicht vollführt und an alle diejenigen in Wien Warnbriefe richtete, auf deren Beistand und Einfluss Schumann im Verfolg seines Vorhabens rechnen musste, bleibe dahingestellt. Der schließliche Ausgang der Dinge dürfte auch ohne dies kaum ein günstigerer gewesen sein. Bei den ungeheuerlichen vormärzlichen Presszuständen Österreichs, dem schleppenden Gang der Geschäfte durch endlose Instanzen bei der argwöhnischen Ängstlichkeit der Behörden, zumal bei Schumanns gefürchteter Eigenschaft als Ausländer, war das Gelingen seines Planes von vornherein in Frage gestellt. Dazu kam sein gerades, von der Lauterkeit seiner Absichten getragenes und daher wenig fügsames Wesen, das dem positiven Sinn der Wiener schwer verständlich war. Lachte ihm Haßlinger doch geradezu ins Gesicht, als er die Ansicht äußerte, die Wahrheit, mit Anstand vorgetragen, könne niemand beleidigen und ginge unangetastet vor der Zensur.

Eine eingehendere Darstellung von Schumanns Wiener Aufenthalt gehört nicht in diesen Rahmen, nur wo es für das Verständnis der Vorgänge notwendig ist, oder dieselben unmittelbar in Claras Leben überwirken, muss ihrer hier gedacht werden.

Wir verließen Schumann auf seiner Reise nach Wien in Prag. An seinem Ziele angelangt, schreibt er

an Clara:

Wien, Sonntag früh den 7ten Oktober 38.

„Grüß Dich Gott, mein teures Mädchen, aus unserer neuen Heimat. Ach, sie ist mir noch keine, da Du darin fehlst ... Schon Freitagabend fühlte ich ein Heimweh, eine Niedergeschlagenheit wie sie irgendein Verbannter haben kann ... Vieles warf sich mir im Kopf herum – ... Doppler bringt mir einen Brief mit einer Aufschrift auf der Adresse, die ich nicht kenne. Ich brech ihn auf – er war von Deinem Vater im Kotzebue'schen Väterstil; ich will Dir ihn abschreiben nachher ... ...

Nun schmachtete ich nach einem Brief von Dir und ging zur Post; nichts war da; ganz niedergebeugt war ich, gehe dann zu Hause – da bringt mir Fischhofs Mutter Deinen Brief. – Was soll ich Dir sagen so weit von Dir entfernt, wo in der Zeit, in der Briefe hin- und hergehen so viel und schreckliches vorgehen kann. Nichts als auf Dich mich verlassen kann ich; Du hast schon so viel Energie gezeigt, dass Dich nichts schrecken wird, was noch kömmt.

... Also höre: Verlangt Dein Vater Deine Entfernung, so gehe: von Deinem Kampf, dem Zwiespalt in Deinem Herzen zwischen Dankbarkeit gegen Deinen Vater und Anhänglichkeit an mich, kann ich mir eine Vorstellung machen; tröste Dich damit, dass Du alles getan, wozu ein Kind verpflichtet, dass Du alles in Güte und Liebe versucht – und denke wie viel auch edle Mädchen dasselbe haben tun m ü s s e n , wozu Dich jetzt Dein Vater treibt. – G e r a d e   i n   d i e s e m   A u g e n b l i c k   i s t   f ü r   u n s   z u   g e w i n n e n ; vielleicht bist Du energisch gewesen und hast es bereits getan. – Du siehst und sagst es selbst, dass er n i e einwilligen wird; dass Du also mit Gewalt los musst – so reiß Dich schon jetzt los b e i   d e r   e r s t e n   G e l e g e n h e i t , suche sie sogar; dies Leben darfst Du nicht fortführen; es untergräbt Deine Gesundheit; Du hast auch Verpflichtungen gegen Dich; gehe schon jetzt, in diesen Tagen, morgen von L. fort. Aber wohin? Meine arme duldende Clara – sieh mir doch einmal ins Auge – Wohin? Ach, zu mir noch nicht – aber auf den Weg

zu mir, entweder zur Serre oder zu Theresen ... Zu Theresen wäre der
kühnste Schritt, dem schnell andere folgen müssten. Darüber nachher. ...

... Fühlst Du Kraft in Dir zu Paris und glaubst Du dort Dir im Winter
etwas erübrigen zu können, so gehe dahin; ich v e r t r a u e D i r ü b e r
a l l e M a ß e n ; tue wie Du glaubst, dass es Dir am wenigsten Opfer
kostet.

Nun höre, meine gute Clara: Zu Einem oder dem Anderen brauchst
Du doch auch Geld ... Mit diesem Brief zugleich geht einer an Dr. Günz
in Leipzig ab, bei dem Du zu jeder Zeit 1000 Gulden erheben kannst;
Günz weiß ziemlich Alles von uns; noch beim Abschied sagte er zu mir
in einem Ton, den ich ihm nicht vergesse: „verlangen Sie von mir was Sie
wollen, ich tue Alles für Sie und C."... Zögere also nicht, meine Herzens-
schwester, wenn Du es brauchst; das Geld ist in Deinen Händen besser
bewahrt als in meinen.

... Deinem Vater a n t w o r t e i c h e r s t a u f s e i n e n B r i e f,
sobald ich einmal von Sedlnitzky[176] die Gewissheit erhalten, hier bleiben
zu können; Du sollst mit meinem Schreiben zufrieden sein ...

... Also nur noch das Hauptsächlichste heute. Morgen und übermor-
gen schreibe ich Dir aber unausgesetzt, sodass Du morgen Montag über
8 Tage wieder einen Brief erhältst mit meinen Gedanken und Erfahrun-
gen Ich bin allerdings in eine ganz neue Sphäre gekommen, wo alles wie
Hund und Katze aufeinander. Wie großkünstlerisch ist unser L. dagegen,
doch darüber morgen ...

... Dein Brief an die Cibbini – wie soll ich Dich denn noch nennen,
Dich braves treffliches Mädchen. Er hat mich gerührt und selig gemacht.
Ich mag gar nichts weiter darüber sagen ...

... Adieu bis morgen ...

Bleib fest und treu, mein gutes Mädchen; ich liebe Dich sehr.

---

176   Graf v. Sedlnitzky war Zensor in Wien, s. oben S. 226

Robert an Clara.

„Meinen Brief aus Prag wirst Du glücklich erhalten haben[177]. Viel
möchte ich Dir mitteilen, meine geliebte Clara. viel Ernstes und Lustiges,
was sich auf der Reise begeben ... ...

... Reiseunglücke hatte ich die Menge; als einen rechten Schüler habe
ich mich da gefunden. Nicht allein, dass ich ohne Mütze in Wien angekommen, die ich zwölf Meilen vor Wien in der Nacht vom Kopfe verloren, sondern ich konnte auch letzteren selbst einbüßen. Auf einer-Station
hinter Prag war mir nämlich die Post davon gefahren; ich nach, was ich
laufen kann; schon verließen mich die Kräfte; niemand hörte, bis ich
endlich den zweiten Eilwagen erreiche und auf die Stiege des Kutschen-
schlages springe, mich da anzuhalten. Kaum einige Sekunden in dieser
entsetzlichen Stellung (der Wagen ging im Galopp) als der Schlag, den
ich angefasst, aufspringt – wie ich mich oben erhalten, weiß ich nicht,
wäre ich aber gefallen, so wars um mich geschehen ... ...

... Wo ich in Prag, wo ich hier hinhöre, Du kannst nicht glauben, wie
lieb man Dich hat; über Deinen Vater allein ziehen Alle her; ich brauche
diesen gewöhnlichen Ausdruck; weil er das in diesem Maße nicht verdient, am wenigsten von Leuten, die kaum seinen Rock zu beurteilen vermögen, geschweige was darunter ist.

Die Prager jungen Musiker haben mir viel Spaß gemacht; sehr gutmü-
tige Seelen, sämtlich, die aber immer von sich sprechen und ihren Idyllen,
und sonstigen Leistungen und sich sehr loben ... Gar nichts Geniales
hab' ich gefunden ... ...

... So viel sehe ich, dass die Zeitung in ganz anderer Weise hier redigiert werden muss – zu ihrem Schaden und zu dem aller ehrlichen
Leute ... ...

Und ob ich überhaupt die Erlaubnis erhalte, ist wohl auch noch die
Frage. Sinne schon jetzt darüber nach, was wir dann tun! Soll ich mich
Haslingern vertrauen? Er benimmt sich sehr gut und freundlich; gestern
hat er mir wunderschöne Havanna-Zigarren geschickt. Gesagt habe

---

177 S. Jugendbriefe, S. 289

ich ihm aber noch nichts von meinen Plänen; mit Fleiß, man darf nicht gleich Alles verlangen. In den nächsten Tagen wird es sich aber entscheiden. Heute geh ich zu Fürst Schönburg und Sedlnitzky, der mich anzunehmen versprochen. Du erhältst gleich Nachricht, sobald ich Dir etwas Gutes melden kann.

Vesque ist mir nun der Liebste von Allen. Einiges Unglück ist es, dass gerade seine Oper jetzt gegeben wird, die manches Artige enthält, aber ein Mischmasch von Wollen und Nichtkönnen, und von Können und Nichtwollen, ich meine in allen möglichen Arten und Stilen geschrieben ist. Er nennt es selbst einen Versuch.

... Und Du Arme sitzest, während ich mich wenigstens zerstreuen konnte, vielleicht weinend in Deiner Kammer, bist vielleicht schon nicht mehr in Vaters Hause – Du hohes liebliches Mädchen Du – werde ich es Dir vergelten können? ... ...

... Etwas lächeln musste ich, als ich in Deinem Briefe las, sie hätten Dir versprochen, „Du solltest das schönste Leben führen, wenn Du von mir ließest." Sie werden Dir wohl schöne bunte Kleider anziehen und Dich um die Stadt führen und Apfelsinen zu essen geben. Das nennen sie schönes Leben.

... Ich hatte mir es so schön gedacht; ich glaubte Dein Vater sähe aus diesem Schritt, wie es mir Ernst ist unsere Zukunft zu sichern, und würde alles ruhig hingehen lassen, und wenn ich eine Stellung gewonnen, mir Dich in Güte geben. Nun hat er aber das tödlichste und feindseligste Geschütz aufgezogen ... Noch einmal – ich kann nichts anderes sagen, trenne Dich schon jetzt von ihm. Ein Mädchen arm, klein und einfältig, hätte man nicht so behandeln dürfen – geschweige Dich, für Deren Herrlichkeit ich gar keinen Ausdruck mehr finden kann.

– Leb wohl, h a n d l e , h a n d l e , unwandelbar Dein Robert".

Clara an Robert.

Abends, den 8./10. 38.

„Mein lieber Robert, eine Minute bin ich allein und benutze sie gleich, Dir endlich wieder sagen zu können, wie lieb Du mir bist ... und Dich zu fragen, ob auch ich Dir immer noch so lieb bin! Ach ja, mein Robert liebt *mich noch, das weiß ich. Wo mag er jetzt weilen, ob im Theater, oder ob im Kaffeehaus beim Kärntnertor, oder vielleicht am Klavier, träumend von schönen Zeiten, die da kommen sollen? Ach, wie sehne ich mich einmal mit Dir vierhändig zu spielen, wie wir es ehemals öfter taten ... Der Vater war eine ganze Stunde zu Haus, nun ist es 9 Uhr, die Mutter kömmt, und ich konnte Dir wieder nichts schreiben! Ich könnte weinen, nicht ein Stündchen allein! ... ...*

den 10ten.

... Einstweilen hat der Vater eine kleine Reise nach Dresden beschlossen, um dort einmal wieder ein Konzert zu geben; später will er mit mir nach München – dann bewege ich ihn doch vielleicht, mit mir nach Paris zu gehen. Seit er von Dresden zurück ist, haben wir noch kein Wort von der Sache gesprochen; ich habe mir vorgenommen, mit Güte zu versuchen, was ich mit Gewalt ganz gewiss nicht erlange, und will das durchführen ... ...

den 17ten.

... Sehr gerührt hast Du mich aber auch, mein HerzensRobert, durch Deinen so festen Willen, dass ich fortgehen soll; es ist mir lieb, dass ich in jedem Falle weiß, wo mich hinwenden, und das Geld brauch ich nicht ... Ich will nicht wünschen, dass ich es brauche; so viel Schmerzen mir mein Vater gemacht, so möcht ich doch nicht gerne von ihm, ehe nicht die Zeit da ist, wo ich Dir mein Versprechen gegeben hab ... ...
... Recht große Sorgen mach ich mir jetzt um Dich! Dir gefällt es nicht in Wien, und ich fühle es immer mehr, dass es Dir nicht gefallen kann, und welche Sehnsucht Du nach unserer Musik haben musst ... und ich bin an Allem schuld! ... Gefällt Dirs durchaus in Wien nicht, so glaube nicht, dass ich unglücklich wäre, wenn ich nicht in Wien leben könnte, o nein, ich geh mit Dir wohin Du willst und in den Tod! –
... Schreib mir doch irgendeine Adresse, die ich nehme, wenn ich Dir auf der Reise schreibe, unter Deiner getraue ich mir nicht zu schreiben, da Vater gesagt hat, in jeder Stadt würde er neue Maßregeln zu ergreifen wissen ... ...

... Morgen ist nun das dritte Konzert, doch mir ist's immer noch so öde im Saal, immer sehe ich mich um, ob sich nicht etwa die Tür öffnet, doch plötzlich werd ich aus meinem Traum gerissen, etwa durch die Voigt, welche mich fragt, ob ich Nichts weiß, ob Du glücklich in Wien angekommen bist! Ach wie wünschte ich, Du könntest morgen mit, diese herrlichen Klänge aus Egmont hören. Das Lied von Clärchen, wie schön ist es, und die Ouvertüre wie groß – ich kann mich oft gar nicht fassen bei solcher Musik. Was ist doch Musik für eine Wohltat für mich, so oft die Tröstung, wenn der Schmerz so groß ...

Den 21. Abends.

Reuter seh ich gar nicht mehr ... Neulich, als er einmal bei uns gewesen war, setzte mich der Vater nachher gleich zur Rede, was Reuter gewollt hätte, und der Mutter musste ich jedes Blättchen zeigen, was ich in meinen Taschen hatte; das empörte mich ganz fürchterlich, doch ich überwand mich und ließ mir nichts davon merken. Nota bene, lieber Robert, wenn Du an Vater schreibst, wollte ich Dir raten, es nicht eher zu tun, als bis Du irgendetwas ausgerichtet in Wien und dann, glaub ich, imponierst Du ihm weniger durch Trotz als durch die größte Ruhe ... ... Das weißt Du ja Alles besser wie ich, ich wollte Dich nur daran erinnern, denn im letzten Brief warst Du sehr hitzig.

Wie mache ich es nur, dass ich Dir auf der Reise bis Paris einmal schreiben kann? und wie bekomme ich von Dir Briefe? ... Bis Weihnachten bleiben wir wahrscheinlich noch hier, machen in acht Tagen einen Abstecher nach Dresden, wo ich Dir nun gewiss 14 Tage nicht eine Silbe schreiben kann, da die Mutter mitreist; Reuter hebt mir unterdes die Briefe von Dir auf. – – – – –

Alle Sonntage haben wir jetzt Musik, einmal bei Mendelssohn, dann bei David, bei uns etc. Da wird gespielt was jeder mitbringt; nächsten Sonntag spiel ich bei David das Trio F-Moll von Prinz Louis. Neulich war auch Verhulst bei uns und brachte ein eben komponiertes Andante aus seinem neuen Quartett mit, was mir außerordentlich gefiel und von vielem Talent zeugte.

Ich spiele jetzt sehr schlecht, so mit wenig Beherrschung und so unsicher, das ist schrecklich, ich fühle es und kann es doch nicht ändern".

Claras wiederholt ausgesprochene Besorgnis, dass Wien Schumann nur Enttäuschung bereitet habe, und doch für ihn nicht eigentlich der richtige Ort sei, schien übrigens, nach seinen nächsten Briefen zu schließen, grundlos.

„Wien entzückt mich", schrieb er am 23. Oktober, „wahrhaftig seit vielen Jahren genieße ich zum ersten Mal wieder. In der Natur ergehe ich mich so gern und was gibt es hier alles zu schauen, jetzt noch so schön im letzten Schmuck des Herbstes ... ... Manchmal scheints mir, als hab ich diese vorigen acht Jahre wie im Gefängnis gelebt, ohne dass ich es gewusst hätte ... Aber damit will ich mein liebes Leipzig nicht etwa schelten, wo andererseits alles wieder g e i s t i g freier atmet; nur für das Auge und den schönen heitern Lebensgenuss bietet es nichts, was sich mit hier vergleichen könnte. Auch mit den Menschen hoffe ich gut auszukommen, obgleich ich Dir gestehe, dass es mir manchmal wirklich vorkommt, als hätte ich einige Bildung. Ausnahmen gibt es natürlich auch, und da will ich Dir Deine liebe Rettich nennen, die ich vorgestern besucht, und in deren Hause ich mich einzuwohnen gedenke. Sonst bin ich überall mit Herzlichkeit, sogar mehr Auszeichnung aufgenommen, als ich Anspruch machen kann ...

Mit der Zeitungsangelegenheit steht es so, wie ich gedacht, dass es kommen würde. Mit Haslingern konnte ich mich nicht vereinigen: er wollte unumschränkter Eigentümer des Blattes werden, Friesen nicht die Kommission für Norddeutschland lassen, was ich Alles natürlich nicht eingehen konnte. Ein Hauptgrund war auch sein musikalischer Anzeiger, da er Castelli und Seyfried aus Rücksichten nicht gleich fortschicken kann, was ich auch einsehe. So wandte ich mich denn an Gerold, ein vortrefflicher alter würdiger Mann, der die Ztschr. für Friesens Rechnung besorgen wird und seinen Namen als Verleger auf den Titel setzt. Der Zensurenverwalter, an den er sich in der ganzen Angelegenheit wenden wird, ist im Augenblick auf Urlaub und kömmt erst in 4–5 Tagen zurück, wo dann Alles, wie Gerold hofft, bis Neujahr in Ordnung kommen wird ...

In 5–6 Tagen kömmt dann auch die Cibbim[178] zurück, von deren Verwendung ich hoffe, dass mir dann höheren Ortes keine großen Schwierigkeiten gemacht werden. So steht es denn recht gut, meine Clara, und ich hoffe auf schönes Leben, das uns hier in der Zukunft erwartet.

---

178   Anm. des Verlags: Vermutlich handelt es sich hierbei um Katharina Cibbini.

Von all diesen Plänen, und wie weit sie gereift sind, weiß nur Vesque. Likl'n möchte ich noch nicht vertrauen, da ich ihn erst noch genauer kennenlernen muss. Im Übrigen scheint mich L. lieb zu haben und tat mir schon viele Gefälligkeiten. Der Anblick seiner Frau frappierte mich im ersten Augenblick – bis ich endlich fand, dass sie etwas von Dir hat; ich konnte mich gar nicht von ihr trennen, und sagte es dann auch Likl, dem die Ähnlichkeit schon längst bekannt war. Ich habe aber die Frau sehr gern und werde sie manchmal besuchen.

L. will mich in diesen Tagen bei Bankier Walther und dem Hessischen Gesandten ,aufführen.' Du wärst auch oft dagewesen. Schreib mir darüber. Überhaupt will ich Dir etwas von mir vertrauen, ich bin sehr gern in vornehmen und adeligen Kreisen, sobald sie nicht mehr als ein e i n - f a c h e s höfliches Benehmen von mir fordern. Schmeicheln und mich unaufhörlich verbeugen kann ich aber freilich nicht, wie ich denn auch nichts von gewissen Salonfeinheiten besitze. Wo aber schlichte Künstlersitte geduldet wird, behage ich mich wohl und weiß mich auch wohl leidlich auszudrücken Und hier muss es wohl sein, dass mir der Umgang, der anhaltende mit bedeutenden Künstlern gut zu statten kömmt. Eine leise Verbeugung, ein einzelnes geistreiches Wort eines guten gebildeten Künstlers schlägt sogar alle Kniebeugungen und Sprachgeläufigkeiten eines Hofmanns in die Flucht. Mit dem ganzen Vorigen wollte ich Dir nur sagen, dass es mir in der Zukunft wohl Freude machen wird mit Dir hierhin und dorthin zu gehen, wenn Du es von mir verlangst. Und das andere wirst Du alsdann schon machen, da ich vollends recht gut weiß, dass Du wie eine Fürstin sein kannst, wenn es darauf ankömmt. Wie man hier noch von Dir spricht, wie Du geliebt und verehrt bist – ich will Dich nicht eitler machen als Du schon bist. Aber kommen wir nach Wien, ich kann Dir eine gute Aufnahme versprechen."

Größere Sorgen als die gemeinsame Zukunft bereitete ihm dagegen die getrennte Gegenwart. Ohne dass er die Schwierigkeiten der Stellung Claras, die sich aus dein Konflikt ihrer kindlichen und bräutlichen Pflichten ergaben, und die Notwendigkeit, solange sie einmal im Elternhause dem Argwohn und der Verständnislosigkeit wehrlos preisgegeben war, jeden Anlass, die Gegensätze noch zu steigern und zu verschärfen, zu vermeiden, verkannt hätte, beunruhigte ihn doch immer wieder der Gedanke, dass sie in ihrer Nachgiebigkeit zu weit gehe. Im selben Brief schreibt er am Tage darauf (24. Okt.):

„Dass Du Dich mit Deinem Vater wieder verständigt, weiß ich nicht, was ich dazu sagen soll. Ihr seid auch – verzeih mir – wie ein paar Kinder zusammen. Du weinst, er tobt – und dann ists wieder beim Alten, und wir kommen nie vorwärts-. Auf seinen Brief hab ich ihm geantwortet, kurz und kalt und stolz. Du weißt vielleicht davon; er muss wirklich aufhören mit seiner Kleinlichkeit: ich lasse mir gar nichts mehr gefallen, ich werde ihm die Wahrheit sagen wie sichs gehört.

... Du stehst mitteninnen mit Deinem guten Herzen – und es bekümmert mich oft. Aber dass er, was Du im Herzen hast, so wenig achtet, dass er in Dich wühlt ... in die Blüte Deiner Jugend reißt, dass man es Dir ansieht – das leiden wir wohl zu lange. Es wird nicht möglich sein, dass Du ihm und mir zugleich angehörst, Einen wirst Du lassen müssen, ihn oder mich.

Donnerstag, den 25sten.

Die vorige Seite durchstreiche, wenn Du willst, sie ist recht unwirsch. Dein Vater hat die Schuld. Jetzt aber wieder freundlich, mein Clärchen ... ... "

In Wirklichkeit lagen die Dinge eigentlich umgekehrt Auf Claras Standhaftigkeit konnte er unbedingt zählen, was auch kommen mochte, dagegen sollte sich seine günstige Auffassung der Wiener Verhältnisse bald als eine Illusion erweisen und Clara recht behalten mit ihrer aus seinen Briefen geschöpften Vermutung, dass Wien doch nicht für ihn der richtige Boden sei. Und zwar nicht allein wegen der Zensurschwierigkeiten, die sich durch Monate hinzogen, sondern auch aus Gründen, die in den Persönlichkeiten lagen. Welche Schwierigkeiten gerade hier zu bekämpfen waren, hatte schon Wieck mit dem ihm eigenen scharfen Blick für die Schwächen der Menschen richtig erkannt. Und auch Schumann konnte, so sehr er einstweilen geneigt war, nur die Lichtseiten hervorzuheben, sich der Einsicht nicht verschließen, dass es hier an einer wesentlichen Grundlage ersprießlicher Tätigkeit fehle: „Es fehlt durchaus nicht an Sinn für Gutes, aber an Gemeinsinn und Zusam-

menwirken", schreibt er im selben Briefe und kommt ähnlich wie
Wieck zu dem Resultat, es fehle ein Oberhaupt wie Mendelssohn, der
die kleinlichen Koterien zersprenge und die widerstrebenden Geister
verschmölze und beherrschte. Dass er selbst sich für diese Rolle nicht
geeignet hielt, ist danach klar und seinem Wesen nach auch nicht zu
verwundern. Bezeichnender aber ist vielleicht noch, dass er bei seinen
Charakteristiken der musikalisch maßgebenden Persönlichkeiten wiederholt Freundlichkeit, Gefälligkeit, Liebenswürdigkeit rühmt, selbst
bei den Gegnern, der „Haslinger'schen Clique", aber zu keinem eigentlich ein rechtes Zutrauen gefasst hat. Mit einziger Ausnahme von Thalberg, den er den „ersten und einzigen Künstler, in seiner Kunst und im
Umgang und Sitte, den ich in Wien angetroffen", nennt. Aber gerade
wenn er von ihm rühmt, dass er „etwas Sittsames, Einfältiges (im guten
Sinne)" habe, so ist damit zugleich in aller Freundlichkeit das künstlerische Niveau angedeutet, und zugleich zwischen den Zeilen zu lesen,
was er bei den übrigen Künstlern Wiens vermisste.

Von anderen Eindrücken berichtet derselbe Brief zwei Tage später:

„Am Theater ergötze ich mich außerordentlich, am Orchester, den
Chören und den Einzelnen. Die Lutzer ist eine Theaterprinzessin: ihre
Knickse kann ich nicht ausstehen und ihre Zerknirschtheit, wenn sie
schön gesungen; denn singen kann sie und kann atmen für zwei. Aber wie
gesagt, zur Frau möcht' ich keine solche. Die Gentiluomo ist ein reizendes
Weib und in Vesques Oper zum Küssen wahrhaft. Wild halte ich doch für
den genialsten Künstler am Kärntnertortheater.

... ... Auch die Taglioni sah ich noch. Sie bat mich, ich will nicht sagen
entzückt, aber eigens beseligt; sie regt nicht so sehr auf als sie beruhigt;
dabei ganz eigentümlich und doch alles natürlich, alles neu und doch
bekannt. Sieh, das ist das Geheimnis!

Von Beethovens und Schuberts Grab ein paar Blumen hier – auf Beet-
hovens Grab fand ich noch eine Feder und noch dazu aus Stahl; ist das
nicht schön?" – –

Wie fein Clara die nur leise anklingenden Dissonanzen aus dem Wiener Leben herausfühlte, beweist ihre Äußerung beim Empfang dieses
Briefes am 2. November: "Sehr traurig haben mich viele Deiner Worte

gestimmt – ich weiß nicht warum. Ich glaube, es sind die Sorgen, die Dich drücken."

Es ist nur natürlich, dass derartige Äußerungen Schumanns und mehr noch Andeutungen über einen wahrscheinlichen Rückgang der Abonnenten, wenn die Zeitschrift nach Wien verlegt werde, Clara sehr beunruhigten, umso mehr, da sie zu bemerken glaubte, dass Schumann, von dem leidenschaftlichen Verlangen beseelt, sie so bald als möglich heimzuführen, seine finanziellen Hilfsmittel zu überschätzen geneigt und eventuell entschlossen sei, die zunächst am Einkommen noch fehlende Summe einstweilen vom Kapital aufzunehmen. "Es braucht ja nicht 1840 erzwungen zu sein", schreibt sie ihm am 5. November aus dieser Besorgnis heraus, „geht es da nicht, nun so warten wir noch ein halbes Jahr." „Mein Herz sagt mir das nicht", fügt sie hinzu, „das glaubst Du gewiss, doch meine Vernunft, denn nicht ich, sondern auch Du würdest Dich so unglücklich fühlen, müssten wir uns kümmerlich und nur zur Not behelfen ...

Vielleicht kann ich mir diesen und nächsten Winter noch etwas verdienen, dann geht ja alles nach unserm Wunsche. Sei mir nur nicht bös, dass ich einen so vernünftigen Ton angenommen habe, doch glaube mir, mein Herz hat schon viel gelitten bei dem Gedanken, dass ich 1840 noch nicht zu Dir könnte! Vom Kapital lass ich Dich nicht anreißen, einmal es getan, und man hört nicht mehr auf es zu tun, es finden sich dann immer wieder neue Gründe; nein das geht nicht, dann will ich lieber mein Herz an der Sehnsucht nach Dir ein halbes Jahr länger verzehren lassen. Alles wird sich finden, verzweifle nicht, mein lieber, lieber Robert, wir haben schon viel ertragen, uns ist kein Schmerz unüberwindlich."

Auf Schumann aber, der sich inzwischen wieder zu einer sehr optimistischen Auffassung der Zukunft durchgearbeitet hatte, ohne dass die Tatsachen ihm dazu recht gegeben hätten, wirkten diese liebevollen und klugen Worte geradezu niederschmetternd. „Dass Du mir meine letzte Hoffnung so plötzlich in Trümmer schlägst", erwiderte er am 13. November, „hatte ich nicht erwartet. ... Dachte ich doch mit Dir wenigstens ganz im Reinen zu sein ... und nun legst Du die Stirne in Falten, sprichst wieder von „Sorgen der Zukunft" ... und hast mich so sehr entmutigt und erschlafft in meinem Tun und Denken, dass ich gleich fort möchte wieder von hier. ... Hättest Du doch die Zeit ruhig herankommen lassen, den grünen Zweig, an dem ich mich festhielt, nicht jetzt schon weggezogen. ... Dahin bringen wir es nicht, dass wir allein von unsern Zinsen leben könnten. Aber wir haben zusammen ein hübsches Vermögen, wo tausend andere Paare auf die Knie fallen und danken würden, wir haben Kopf und Hände, um doppelt und dreifach zu erwerben, was wir brauchen, aber Du möchtest nun durchaus eine Millionärin sein, wo ich Dich dann aber nicht möchte. ... ... Clärchen, wie würdest Du die Eltern nennen, die ihrem Kinde zu Weihnachten einen schönen Christbaum und schöne Geschenke versprechen und es nun am Weihnachts-Abend in eine dunkle Kammer führten und es darin einsperrten? Sieh, so hast Du es mit mir gemacht; hast mir Belohnung versprochen, wenn ich mich hübsch aufführte und vertröstest mich dann auf unbestimmte Zeit auf 1850 oder 60, wo ich dann längst im Grabe liege."

Noch trost- und hoffnungsloser, als es diese Zeilen mit ihren Übertreibungen verraten, muss er gleichzeitig an den gemeinsamen Vertrauten, Dr. Reuter, geschrieben haben. Denn dieser fand sich daraufhin veranlasst, am 19. November selbst an Clara einen Brief zu richten, in dem er in dem Wunsche, ihr und Robert zu helfen, aus seiner Kenntnis von Schumanns leicht erregbarer Natur heraus – „Sie wissen, er hängt sich –, wie Sie – gern mit ganzer Kraft wie an trübe, so an freudige Gedanken" – sie bat, ihre Bedenken wegen der Zukunft, die auch er nicht ganz teilen könne, zurückzudrängen und Schumann durch ein hoffnungsvoll ermutigendes Wort so bald als möglich wieder aufzurichten.

Clara aber, die alle diese Nachrichten in Dresden, wo sie konzertiert hatte, empfing, war nicht minder bestürzt durch die Aufnahme ihrer Worte bei dem Geliebten. „Todmüde zwar noch vom gestrigen Konzert", schrieb sie am 25. November aus Maxen, „doch nie zu müde, Dich zu herzen und zu küssen. Deine beiden ersten Briefe[179] haben mich so sehr gefreut, doch der letzte umso mehr geschmerzt. Da hast Du mich recht bitter gekränkt, was ich nicht verdient. Ich hatte Dir das bloß geschrieben in der Absicht, Dich zu beruhigen und Dir zu versichern,

---

179   Die Abrede hatten, der Abrede gemäß, während der Reise nach Dresden bei Dr. Reuter gelegen und waren ihr mit Reuters Brief alle drei zusammen zugestellt worden.

dass ich mich in jedes Schicksal füge und mich auch, erforderten es die Umstände, noch ein halbes Jahr gedulden würde-. Du hast mich falsch verstanden. – – Vertraust Du so wenig meinem Worte, dass Du glaubst, ich werde es brechen? Das weißt Du, dass ich 1840 zu Dir komme, ich hab es Dir versprochen und verspreche es D i r   h i e r m i t   n o c h - m a l s ." … … … … … … … … … … … … … … … …

„Mein guter, teurer Robert, behalte mich ja lieb, ich verlasse ja um deinetwillen alles, das Liebste außer Dir, meinen Vater, ich will Dir folgen ohne Vaters Einwilligung – das ist viel für ein fühlend Herz, hart – a b e r   i c h   v e r t r a u e   D i r ,   mein Leben liegt dann nur in Deiner Hand und Du wirst mich glücklich machen." …

In demselben Briefe, den Schumann am 1. Dezember mit den Worten begrüßte „Dein Brief ist schön, mutig, aufgeweckt, so innig. Clara, Clara, Du übertriffst mich doch in Allem", berichtet sie auch von einigen Dresdener Erlebnissen:

Maxen, Sonntag, den 25./11. 38, Abends 9 Uhr.

… „Heute bin ich hier herausgefahren und auch schon spazieren gegangen an der großen Linde. Die Winterlandschaft machte sich so schön – sie hat doch auch ihren Reiz! Wie wunderschön nahm sich der Schnee auf den Tannenzweigen aus – ach, ich dachte so an Dich! Du fragtest mich, ob ich Sinn für Naturschönheiten hätte, den dank ich Dir, der Liebe zu Dir; es ist eigen, seit ich Dich liebe, lieb ich auch die Natur. Früher war meine Liebe noch zu kindisch und mein Sinn überhaupt noch nicht reif für Auffassung des Schönen, doch jetzt ist es anders und werde ich mich erst an Deinem Arme der Natur freuen können, dann werd ich noch reineren ungetrübteren Genuss haben; jetzt trübt mich immer noch Dein Fernsein. Seit Du fort bist, leide ich fortwährend an Herzdrücken und Kopfweh … …

Zwei Konzerte hab ich nun glücklich hier überstanden, gehe morgen nach der Stadt, und dann Mittwoch nach Leipzig zurück. – Ich reise erst nach Weihnachten fort und dann höchstwahrscheinlich direkt über Kassel, Frankfurt nach Paris … … …

Vaters schneller Entschluss zur Reise hat wohl erstens den Grund [in] einer ihm sehr leicht zu verzeihenden Eitelkeit, und zweitens allerdings das, was Du schon vermutet, er glaubt, ich vergesse Dich in Paris, in London ... Ich will ihnen allen beweisen, dass es auch noch treue Liebe gibt ... ...

Ich werde wohl einmal im Gewandhaus spielen müssen und tue es mit gutem Mut, denn wer vor dem Dresdener Publikum gestanden, der hat erfahren, was Kälte heißt. Ich machte hier zwei gute Konzerte, doch liegt mir weniger am Gelde als an dem Bewusstsein, ein ganzes Publikum befriedigt zu haben, was man hier aber nicht erfahren kann, da das Publikum nicht weiß, ob eine Hand rühren. Man sagt, dass der Beifall, den ich hier erhalten, außerordentlich gewesen sei ... nun, da Gnade dem, der mittelmäßiger Künstler ist[180]

Robert an Clara.

Wien, den 1ten Dezember 38. Sonnabend früh.

... „Du bist es doch, von der ich alles Leben empfange, von der ich ganz abhängig bin. Wie ein Knecht möchte ich Dir oft von Weitem folgen und Deines Winkes gewärtig sein. Ach, lass es Dir nochmals sagen, es komme wie es wolle – aber wer einmal meine Augen schließt, dem will ich es noch einmal zuflüstern, „nur Eine hat mich im Leben so ganz beherrscht, so ganz in sich hineingezogen in ihr innerstes Wesen, und diese Eine hab ich auch immer über alles verehrt und geliebt" ... ...

Hast Du meine kleinen Gedichte bekommen? Nun sieh, da steht alles drinnen, wie ich es meine. Du bekommst nun einmal einen Dichter zum Mann und Du hast ihn ja erst selbst dazu gemacht. Also verzeihe mir.

Es wird immer finsterer draußen, inwendig immer heller. Meine kleinen Gedichte hebe mir auf – die ersten seit vielen Jahren sind es. Haben sie Dir ein Lächeln abgewonnen? ... Ich lese jetzt Mozarts Biographie von Nissen mir ist aufgefallen, wie Du als Kind viel Ähnlichkeit mit ihm hattest ... Dein letzter Brief hat mich wieder glücklich gemacht; Du kennst den Ton, der mich bändigt. Mit Liebe wirst Du immer alles von mir

---

180 In dem Bericht über die beiden Konzerte heißt es in der Neuen Zeitschrift für Musik vom 21. Dezember(S. 201 f.): „Unser Publikum ist für kalt und teilnahmslos verschrien – das ist ungerecht, bei Clara Wieck bewies es das Gegenteil."

erlangen können. Du bist zu gut, zu gut für mich. Oft bete ich für Dich,
wünsche alles Schöne auf Dich herab. So lebe wohl, Du meine Geliebteste.

Dein Robert."

Kleine Verse an Clara von R. Sch.

Wien 1838.

Nachfolgende Gedichte waren auf 4 zusammengehefteten mit feinen Vignetten verzierten Bögelchen zierlichst geschrieben:

An eine gewisse Braut, die durchaus keinen Zwanziger zum Manne will.

Eine Braut über zwanzig, ein Bräutigam über dreißig –
Aus Grün wird Reißig.–

Ein Bräutigamstand über fünf Jahre
Bringt bald auf die Bahre.

Lorbeeren der Künstlerin .
Nicht übel stehn:
Myrte dem Mädchen
Über alles schön.

Ich hab' eine gute Braut –
Wer ihr ins Auge schaut, Auf Weibertreue baut.

Treue hat niemals Reue.

Egmonts Geliebte Klärchen hieß –
O Namen wundersüß!

Klärchen181 Schumann
Ein Engel den Namen ersann

---

181 Schumann schrieb stets den Namen mit K. Da Clara ebenso ausnahmslos das C. verwendet, ist aber in den Briefen ihre Schreibung als maßgebend angesehen, und einheitlich –
gegen Schumanns Schreibung0– durchgeführt worden.

Wir sind getrennt!
Wie zwei Sterne am Firmament:
Der eine folgt dem andern nach
Bei Nacht Und bei Tag.

Eine Clara soll meinen Namen zieren –
Und wenn wir zusammen musizieren,
Die Engel im Himmel muss es rühren.

Wie wir uns lieben,
Man such es weit und breit; –
Sie glaubt mich zu betrüben,
Wenn sie erfreut.

Wir haben viel gelitten
Und dies und das:
Den rauen Blättern inmitten
Erblüht die Ananas.

Sie lässt mich lange warten
Eh' sie mich ganz beglückt:
Die lange treue harrten,
Die Myrte doppelt schmückt.

Doch nicht zu lang –
Es macht mir bang.
Das Herz wird alt, Der Mensch wird kalt.
Zürnt Florestan,
Schmieg Dich an Eusebius an!

Florestan den Wilden,
Eusebius den Milden,
Tränen und Flammen
Nimm sie zusammen
In mir beide
Den Schmerz und die Freude!

Eifersüchtig wohl Florestan ist,
Doch voller Glauben Eusebius –

Wem gibst Du am liebsten den Hochzeitkuss?
Der Dir und sich am treusten ist.

Und willst Du den Pantoffel schwingen,
Hast Du mit Zweien zu ringen –
Wer wird dann siegen,
Wer unterliegen?

Dann führen wir großmütig Dich zum Thron,
Stellen uns zur Linken und zur Rechten –
Und willst Du den Einen ächten,
Weisest Du auch den andern davon?

Oft gönnt' ich einen Blick Dir mir ins Innere
Und sah, wie Du beglückt an Deinem Blick
Nicht wahr, was Du gesehn in diesem Innern,
Es warf etwas von Deinem Selbst zurück.

Doch wenn ich Dir Alles enthüllte –
Du sähest auf finstre Gebilde,
Gedanken, schwer und trübe –
Frage nicht! Glaube, liebe!

Möchte mich an Dich schmiegen,
Dir am Herzen liegen:
Vielleicht sagtest Du dann:
Das Innigste, das Gott ersann,
ist ein guter Mann.

Nimm mich nicht zu oberflächlich,
Auch nicht zu genau!
Nicht übereilig, nicht gemächlich
Wünsch' ich mir eine Frau.

Im Ofen knistert's,
Der Abend graut,
Und innen flüstert's:
Wann kömmst Du, Braut?

Als Du noch ein klein Mädchen schier,
Ich oft des Abends an Deiner Tür
Als Gespenst gekleidet kam –
Du schriest und wolltest nichts von mir wissen,
Ach könnt ich doch jetzt als Gespenst zu Dir,
Du erkänntest mich, flüstertest zu mir,
„Du lieber vermummter Bräutigam,
Und vor Allem lass Dich küssen!"

Oft gaben wir uns auch Rätsel auf,
Doch kam von uns Niemand darauf,
Was umwärts gelesen die Stadt der Welt
Roma für eine Bedeutung erhält –
Einstweilen die verkehrte Stadt
Zwischen uns sich aufgestellt hat –
Und wir auf weichen Lippenbrücken
Kussbotschaft hin und herüber schicken.

Auch sahst Du mal Gans für Ente an –
Wie sich doch Alles ändern kann!

„Du böser Mann, vergiss sie doch, Die alten Zeiten!"
„Warum? Lass sie doch manchmal noch
Die seligen vorübergleiten!"

Nun küsse mich, Du holde Braut,
Lass Dirs noch einmal sagen:
Was oben im Himmel zusammengetraut,
Wird unten sich auch vertragen.

Zusammenleben und Sterben
War mein letztes Wort –
Es war wie ein Abschied
Von hier nach Dort –
Du blicktest mich an treuinnig,
In einem fort –
Zusammen leben und Sterben
O selig Wort.

Ja stirbst Du einstens, will ich fort
Mit Dir hinab zur dunklen Erde
Und zeigst mich dann den Gütigen dort
Den Schuldbewussten die Verklärte.

Clara an Robert.

Leipzig, Freitag, den 7./12. 38.

„Wie soll ich Dir nur meine Freude ausdrücken über die schönen Verse? ... Ich könnte nicht satt werden, es zu lesen, so lieb, so gut, ach, so ganz, wie Du bist, seh ich Dich vor mir!

... Seit beinah 14 Tagen bin ich zurück und war noch nicht e i n e Minute allein, dies die erste, die ich auch schnell benütze ... Anfang Januar reise ich fort, mit einer Französin – ach, ich möchte doch lieber Nanny mit mir nehmen, sie dauert mich so sehr, dass; mich's manche Träne im Stillen kostet ... ...

... Wie kannst Du mir aber anempfehlen, die Verse von Dir ja aufzubewahren? Ist das Dein Ernst? Ehe Deine Empfehlung kam, waren sie längst unter schönstem Verschluss. Sie sind mir unendlich lieb, ich verliere sie ja gar nicht aus dem Gedächtnis.“

Clara an Robert.

Sonntag Abends, den 16./12. 38.

„Das sind vielleicht die letzten Zeilen, die Du in diesem Jahre von mir erhältst – jetzt sind wir nun bald unserem Ziele wieder um ein Jahr näher gekommen und übers Jahr, so der Himmel es will, feiere ich dies Fest zum letzten Male ohne Dich, mein guter Robert.

... Wie gern machte ich Dir eine kleine Freude, wär es nur nicht gar so weit! Am Ende hast Du auf der Maut Unannehmlichkeiten, wenn ich Dir etwas sende? Und was könnte Dir wohl Freude machen? Wie ich an Dich denke, das weißt Du und mir kömmt alles so prosaisch vor, als passte nichts für Dich. Ja, könnt ich selbst kommen und zu Dir sagen: Hier bin ich! Das tät ich doch gar zu gern! ... ...

... *Hast Du den Kalender von 39 gesehen? Aurora hat sich zwischen uns gestellt, uns zu vereinigen – das scheint mir nicht ohne Vorbedeutung! – Wer weiß, wie es heut übers Jahr steht! Noch einen Gruß muss ich Dir heute senden. Eine ganze Kleinigkeit folgt mit – es ist nicht der tausendste Teil von dem, was ich Dir geben möchte."*

[Dazu ein kleiner zierlicher Bogen:] „Innigsten Kuss – den innigsten, den ich Dir noch je gegeben! Feiere das Fest recht glücklich – uns leuchtet ja beiden ein schöner Hoffnungsstern, schöner als alle Christbäume der Welt – der verlöscht nicht, nur lass uns einander fest und treu lieben. Mein Herz spricht noch so vieles, unnennbares! Ich liebe Dich ja – das weißt Du und somit alles! –

Unwandelbar bis in den Tod! – nein – ewig.

Robert an Clara.

Wien, den 18ten Dezember. Mittwoch 1838.

„Gott grüß Dich, mein herziges Mädchen. Du hast Frühling um mich gemacht und goldne Blumen gucken mit den Spitzen hervor, mit andern Worten ich komponiere seit Deinen Briefen, ich kann mich gar nicht lassen vor Musik. Hier hast Du mein kleines Angebinde zum heiligen Christ[182]. Du wirst meinen Wunsch verstehen. Weißt Du noch, als Du mir vor drei Jahren am Weihnachtsabend um den Hals fielst? Manchmal war es, als erschreckest Du vor Dir selbst, wenn Du Dich mir so hingabst. Aber jetzt ist es anders und Du ruhest still und sicher an meinem Herzen und weißt, was Du besitzest. Du meine Liebe, meine traute Gefährtin, mein holdes zukünftiges Weib – wenn ich nun in zwei Jahren die Türe aufmache und Dir Alles zeigen werde, was ich Dir geschenkt, eine Haube, vieles Spielzeug, neue Kompositionen, dann wirst Du mir noch ganz anders um den Hals fallen und einmal über das andere ausrufen „wie hübsch, wer einen Mann und vorzüglich wie Dich einen hat." Und ich werde dann Deiner Freude gar keinen Einhalt tun können und Du wirst

---

182   „Wunsch. An meine geliebte Braut zum heiligen Abend 1838." Es ist das „erste Stücklein" der „Bunten Blätter" Op. 99, die 1839 erschienen. Danach ist die Überschrift in der Ausgabe „komponiert 1839" zu berichtigen.

mich dann in Dein Zimmer führen, wo Du aufgeputzt und beschert, Dein
Bild in Miniatur, eine Schreibtafel zum Komponieren, einen zuckernen
Pantoffel, den in gleich esse und Vielerlei; denn Du beschenkst mich viel
mehr als ich Dich und ich kenne Dich darauf. Das Glück! Dann werden
wir immer stiller, der Christbaum brennt immer schwächer und Küsse
sind unser Gebet, dass es immer so bleiben möchte, dass uns der gute Gott
zusammen erhalte bis an das Ende.

In diesem Jahr wird es noch freilich traurig um mich sein; ich werde
mir manche Melodie summen, ich werde manchmal an das Fenster gehen
und hinauf zu den Sternen sehen, wie sie funkeln, ich werde den ganzen
Abend bei Dir sein ...

Mit einem jungen Menschen, den ich vor Kurzem kennengelernt habe,
einem reinen unverdorbenen Gemüt, habe ich vor, den Abend zuzubrin-
gen. Ich bin froh, Jemanden gefunden zu haben, der mich leicht versteht
und in dem ich reiche Anlagen vermute. Er ist aus Liebe zur Musik seinen
Eltern davongelaufen; er sinnt und denkt nichts als Musik. Er wird sich
später auszeichnen, wie ich hoffe. Seither bin ich immer recht froh und
fleißig gewesen. Dieser junge Mensch hat mit Schuld, dann aber vorzüg-
lich Deine beiden letzten Briefe, die mich so sehr beruhigen und im Inner-
sten beglückt haben. Habe Dank, meine geliebte Clara für Alles, was Du
mir armen Künstler tust. ... ...

... Wolle mich der Himmel so zufrieden erhalten ... Nur wenn ich
lange nichts von Dir erfahre, fangen die Kräfte mich zu verlassen
an. Dann kommt die Melancholie. Es ist als hüllten und packten sie
mich in lauter schwarze Tücher und Gewänder; ein unbeschreiblicher
Zustand ... ...

... Tausend Adieu, Du liebe Gute! Vergiss Deinen Robert nicht."

Clara an Robert.

Mittwoch, den 26./12. 38.

„Schönsten Dank mein lieber Robert für Dein schönes inniges
Geschenk – es war das Schönste was Du mir senden konntest, denn es
kam aus Deinem Herzen. Sonderbar ist es, dass ich eine gleiche Idee

hatte, jedoch nicht zu rechter Zeit damit fertig wurde, sonst hätte ich es Dir geschickt – es war eine kleine Romanze. Dein Brief war so lieb und Du schriebst mir von Deiner jetzigen Heiterkeit, doch Robert, sieh mir mal recht gerade ins Auge, ist das wirklich wahr? Schriebst Du das nicht bloß, um mich heiter zu stimmen? – Das Fest ging sehr still bei uns vorüber, doch in mir tobte es und das Herz wollte mir springen. Morgen ist es drei Monat, dass Du abreistest ... ach das war ein schrecklicher Tag! Solchen Schmerz hatte ich nie gefühlt. –

Thalberg ist gestern angekommen und hat heute 2 Stunden hier gespielt und uns aus einem Erstaunen in das andere versetzt; er kann sehr viel und mehr als wir Alle (außer Liszt), da hast Du wohl recht, und wär ich nicht eine Dame, so hätte ich längst der Virtuosität Adieu gesagt, doch so beruhige ich mich noch ein wenig – mit den Damen nehm' ichs doch Allen auf. Thalberg ist ein liebenswürdiger Künstler und gefällt mir viel besser als damals in Wien ...

... Morgen gibt Dreyschock Prag Konzert, der zwar viel Fingerfertigkeit aber k e i n e n Geist hat, und auf eine schreckliche Weise vorträgt. Er machte großes Furore im Gewandhaus – er imponierte durch die Schnelligkeit – Thalberg steht hundertmal höher.

... Vor meiner Reise nach Paris wird mir Himmel-Angst; wenn ich so einen wie Thalberg und Liszt gehört habe, da komme ich mir immer so nichtig vor, und da bin ich unzufrieden mit mir, dass ich weinen möcht! Hätte ich nur genug Kraft und könnt ich mich nur aufraffen, ich müsste viel mehr noch leisten, aber die Liebe, die spielt mir zu sehr mit, ich kann nun einmal nicht einzig und allein der Kunst leben, wie es der Vater verlangt, nur erst durch Dich lernt ich die Kunst lieben und daher kömmt es, dass ich oft zu viel Anderes denke – Du weißt schon, was ich sagen will.

... Nun kommt bald die schreckliche Französin; ich kann gar nicht an die Trennung von Nanny denken, die einzige, die mich verstand ... Herzinnigsten Kuss von Deiner getreuen Clara.

Verzeih meine Eile. Nicht so flüchtig ist meine Liebe."

Das in dem Briefe gegebene Urteil über Thalberg findet im Tagebuch noch einige Ergänzungen, aber auch Einschränkungen, die nicht ohne Interesse sind. „Sein Spiel", heißt es „ist schön, alles vollendet und auch ausdrucksvoll, jedoch die höhere Poesie geht ihm ab; er lässt Vieles fallen, um dann auf der letzten Seite eines Stückes umso größeren Effekt zu machen, was ihm auch gelingt. Sein Anschlag ist der schönste, nie misslingt ihm Etwas." Beim zweiten Konzert habe der Beifall übrigens erheblich nachgelassen. Seine Fantasie über Beethoven'sche Motive habe als Komposition missfallen: „Er hätte sich nicht an einem Beethoven'schen Thema vergreifen sollen – er ist nicht der Komponist dazu. Als Spieler steht er groß da, doch über Allen steht – Mendelssohn."

Mit welchen Geschmacks- und Begriffsverirrungen, mit welch haarsträubender Kritiklosigkeit gerade im besten Teile des Publikums aber die wahrhaften und großen Künstler, wie Clara und Thalberg, trotz ihrer großen Erfolge zu kämpfen hatten, beweist nicht nur Thalbergs Schicksal neben Dreyschock in Leipzig, sondern vielleicht mehr noch ein Erlebnis Claras bei der letzten Dresdener Konzertreise. Gleichzeitig mit ihr hatte dort eine mit Empfehlungen an den Hof versehene Klavierlehrerin aus Paris, Kathinka von Dietz, konzertiert, mit schlechtem Virtuosenprogramm; ihr Spiel nach Claras Urteil „nett, doch kraftlos und saftlos". Sie fiel beinahe durch, wurde aber trotzdem von dem Dichter der Urania, dem alten Tiedge, vor dem Publikum in einer Anrede gefeiert, in der es hieß: „Ihre Originalität hat die große Aufgabe gelöst, die tiefste Empfindung der Seele wieder mit der Kunst zu vermählen. „Da hört alles auf!" schreibt Clara dazu im Tagebuch.

Das alte Jahr schloss und das neue begann mit dem Austausch von frischer Hoffnungsfreudigkeit, Trennungsschmerz und Ahnung neuer schwerer Prüfungen, hin und her schwankenden Wünschen und Grüßen, durch die aber alle feste Zuversicht des endlichen Sieges, verbürgt durch die Treue, hindurchklingt.

Robert an Clara.

Wien, den 29sten Dezember Sonnabend 1838.

„Wie ich Dir schon schrieb, Du selbst wirst, wenn Du Wien in seinem nüchternen Zustand und länger kennenlernst, Manches hier vermissen und Manches anders finden, als Du es zu Deiner festlichen Zeit sahst.

Ich mag dem Papier nicht alles anvertrauen über Manches, was ich mit eigenen Augen sehe, was für winzige unbedeutende Menschen es hier gibt, wie sie sich untereinander beklatschen auf die unkünstlerischste Art, wie das Meiste auf Eitelkeit und Gelderwerb, den gemeinsten, hinausläuft, wie die Meisten in den Tag hinein leben und sprechen, dass man erschrickt vor der Flachheit, wie sie so ohne a l l e s   U r t e i l , Welt, Menschen und Kunst nehmen – ich wollte Dir eine Menge Beispiele anführen und dürfte da Deine eigenen Bekannten am wenigsten schonen. Doch ist das für einen Brief zu umständlich. Nur aufmerksam wollte ich Dich darauf machen, damit Du später Dich nicht getäuscht findest. Nun denn, so müssen wir an unserm eigenen Herde unser Glück suchen und wir werden es auch finden; in unserem Hause soll das Glück herrschen, die Aufrichtigkeit und die Wahrheit ... ...

... Ich könnte mich heute weich und traurig schreiben, ich sehne mich so heftig nach Dir, nach einem Wort von Dir. Du sprichst immer aus so klarer Seele. Deine Stimme hat etwas, wie ich es noch nie gehört; Du kannst so tiefsinnig sein in Allem, was Du tust; das ergreift und rührt mich, da ich eben jetzt daran denke. Auch beschert hast Du mir, Du liebes Christkind Du; mein Wunsch muss da beschämt zurücktreten; indes auch er kam aus dem Herzen wie Deine Angedenken. Das Füllhorn ist wohl von Deiner eig'nen Hand? Wie magst Du dabei oft gezittert haben, dass Dich Niemand überrascht ... dazu denke ich mir nun das flackernde Licht, die Dämmerung in der Stube – das liebe Bild einer treuen Braut bist Du. Und dann die Brieftasche und den Brief mit der kleinen Halskrause geputzt und den Pantoffel, auf den ich schon in meinem Briefe anspielte. Es ist mir ein inniges Vergnügen, wenn wir uns in unsern Gedanken begegnen, wie das so oft. So wolltest Du einen „kleinen Funken" haben neuester Komposition von mir, während dies schon auf dem Wege zu Dir war. Ich denke mir, solche, wenn auch leblose Sachen unterhalten sich, wenn sie sich auf der Post begegnen. „Guten Tag lieber Pantoffel" hat da mein Brief gesagt und er wieder „du kommst gerade erwünscht; sie liebt A-dur" und dann fahren sie rasch weiter.

... Das Jahr 1839 begrüß ich wie ein Wanderer die ersehnte Stadt, die schon mit den Turmspitzen aus der Ferne hervorragt – oft überfällt mich eine Ahnung, als würde ich das Ziel nicht erreichen, dann flüsterst Du wieder zu mir, dann wünschte ich mir und der Zeit Flügel – ach, ich

kann es gar nicht erwarten bis Du mein angetrautes Weib bist, Du mein
holdseliges Mädchen,
Du liebste Madam Schumann,
Du beste Frau eines überglücklichen Komponisten – ich komme in einen
so komischen Ton von Ernst und Lustigkeit und Rührung, dass ich lieber
aufhöre – ich sehe Turmspitzen und Dich im Häubchen und dazu die
Musik inwendig; es ist besser ich schließe ... "

Clara an Robert.

D. 2./1. 39. Leipzig

„Meinen ersten Gruß und Kuss im neuen Jahre, mein lieber Robert.
Das vergangene Jahr hat uns viel Kummer gemacht, möchte das neue
freundlicher für uns sein. Dein Brief am Neujahrstag kam mir wie ein
Sonnenblick – ich war traurig – ich weiß nicht warum.
... Meine Reise liegt schwer vor mir – wie wird es mir gehen? Der, der
mich so oft beschützt, wird mich doch jetzt nicht verlassen! – Ich reise
allein mit der Französin. Vater kann wegen seiner Geschäfte nicht fort
und hat auch gesagt, er käme nicht nach Paris und warum? weil er es für
seine Pflicht hält nichts zu tun, was mich meinem Ziele näher bringen
könnte, und das würde er doch, reiste er mit, denn da würde ich mehr
verdienen. Obgleich ich gewiss glaube, dass er nachkömmt, so muss ich
sagen, dass mich die Gesinnung des Vaters (seiner Meinung nach handelt
er ganz recht), geschmerzt hat und das tief.

D. 7.

... Mein Herz ist heut so schwer; morgen reise ich, so allein mit einer
fremden Person!
Deine Kompositionen, Toccata, Fantasiestücke etc. hab ich mit einge-
packt – es kostete einigen Kampf, doch ich sagte „ich will!"
... Eben schlägts 11 Uhr, ich bin todmüde und muss 3 Nächte fahren.
Gute, gute Nacht."

Robert an Clara.

Wien, den 2ten Januar 1839 Mittwoch früh.

„Um Mitternacht Vorgestern war ich bei Dir ... Könnte ich Dich nur
eine Minute einmal sehen, nur so lange ein Kuss dauert. Dann käme mir
vielleicht die Freude wieder ... ...
... Oft mache ich mir Vorwürfe über meine Unzufriedenheit. Hab' ich
nicht ein treues Mädchen, keine Sorgen für die nächsten Tage, manchen
Freund, der mit Liebe an mich denkt, die Musik, die Dichtkunst und
dann die Hoffnung auf eine schöne Zukunft, die feste Überzeugung Deiner Festigkeit, Deine Anhänglichkeit an mich? Und doch! Und doch! Du
weißt alles, kennst mich und verzeihst mir.
Wie hast Du denn das Neujahr angefangen? Hast Du schön geträumt?
Sprichst Du auch wenn Du zu Bett gehst gute Nacht zu mir, wie ich
j e d e n Abend zu Dir? Dann neun ich Dich mit allen Schmeichelnamen,
die ich nur weiß ... dann träum ich von Dir, und wache ich auf, stehst
Du wieder vor mir in Deiner Lieblichkeit. Oft vergess ich Dich auf einige
Minuten lang, so während einer Arbeit, oder dem Fantasieren am Klavier, wo ich mich selbst vergesse – dann kommt auf einmal Dein holdes
Bild hervor, wie glücklich bin ich da, dass ich Dich habe, dass ich Jemand
habe, der mich versteht. Auch ist es eine schöne Sitte, dass sich, die sich
lieben, zu Neujahr einander abbitten, was sie gefehlt haben. Eines bin ich
mir schuldbewusst ... Ich habe wirklich nicht genug für Dich getan und
gearbeitet, ich bin noch lange nicht fleißig genug gewesen. Entschuldige es
der Himmel, der mich nun einmal so empfänglich auch für den Kummer
gemacht hat. Gott – der Holzhacker, wenn ihm die Tränen über's Gesicht
laufen, muss doch inne halten und sie sich abwischen. Bin ich nicht eben
so viel? Kann ich denn fröhlich arbeiten, wenn ich weinen möchte? Wie
anders würde das sein, wenn mir Dein Vater nur den Schatten einer hül-
freichen Hand sehen lassen ... ...
... Deine Briefe habe ich alle bekommen ... Könntest Du mir
immer so oft schreiben! Das ist allemal ein Glück solcher Brief. Du
bist gut, ganz gut – verdientest ein viel Besseren wie mich – ich muss
wahrhaftig noch viel mehr arbeiten – ich bin Deiner noch lange nicht
würdig- Deshalb gibt das Schicksal Dich mir auch nicht."

Am 8. Januar abends 5 Uhr trat Clara, in Begleitung der gefürchteten Französin die Reise nach Paris an. „Vater konnte seiner Geschäfte wegen nicht gleich mit, kommt aber nach", heißt es im Tagebuch; aber wohl schon in diesem Augenblick war Wieck entschlossen, dies nicht zu tun und Clara sich selbst zu überlassen. Ein seltsames Wagnis! Was ihn dazu veranlasste, war wohl die Hoffnung und Erwartung, es werde Clara in ihrer Vereinsamung in der großen Stadt, allen geschäftlichen Reibereien und Schikanen, die er ihr bisher abgenommen, schutzlos preisgegeben, seine Unentbehrlichkeit, die Unmöglichkeit, ohne seine Unterstützung ihre Künstlerlaufbahn fortzusetzen, sich so empfindlich fühlbar machen, dass sie schließlich doch, noch einmal vor die Wahl gestellt, sich für den Vater und gegen den Geliebten entscheiden werde. Es war das letzte Mittel, das er versuchte, und auch diesmal drehte sich ihm die Waffe in der Hand um und kehrte ihre Spitze gegen ihn selber. Was getrennt werden sollte, verband sich nur umso fester, was wieder gewonnen werden sollte, ging für immer verloren. Erst als Schumanns Frau sollte Clara ins Elternhaus zurückkehren.

Sechstes Kapitel

In der Fremde
1839

Es ist die alte und doch ewig neue Tragik: Die beiden Liebenden, aus denen die Stimme der allmächtigen Natur redet, und der Vertreter der gesellschaftlichen Konvenienz, der mit der Vorstellung der väterlichen Omnipotenz dem Kinde das Recht der Selbstbestimmung bestreitet. Hier aber ist der Konflikt besonders zugespitzt, weil es höchst entwickelte Menschen- und Kulturtypen sind, zwischen denen sich die Tragik abspielt, zugleich künstlerisch veranlagte Naturen mit einem überaus gesteigerten Geistes- und Empfindungsleben.

Der Schritt, zu welchem Robert drängte, den Clara aber glaubte umgehen zu können, denn noch immer hoffte sie auf eine friedliche Lösung des Konfliktes ward getan, und zwar war es Wieck, der ihn herbeiführte, dadurch, dass er Clara allein abreisen ließ und sein Versprechen, nachzukommen, nicht hielt. Ihr erstes Reiseziel war Nürnberg. Schon hier sollte sie einen Vorschmack der großen und kleinen Verdrießlichkeiten und Schwierigkeiten bekommen, die sich der allein reisenden, lediglich auf den guten Willen fremder, teils gleichgültiger, teils feindlicher Menschen angewiesen, in den Weg stellten. Sogar die Elemente schienen sich wider sie verschworen zu haben. Am 11. Januar schrieb sie darüber an Robert:

„Gott sei Dank, dass ich Dir heute schreiben kann, ich hab es nicht geglaubt, denn gestern waren wir mehr denn 10mal in Lebensgefahr: es hatte so geschneit, dass wir über die Felder und Gräben fahren mussten. Wie oft habe ich Gott gebeten, dass er uns nur diesmal möchte alles glücklich überstehen lassen ... Nun ist ja alles überstanden, und ich kann in Seelenruhe an meinen lieben guten ... schreiben. (Ich schreibe Deinen

Namen nicht aus, damit ihn die Französin nicht lesen kann.) Also in Zwickau war ich und hab den Kaffee am Morgen bei Therese getrunken; ach, wie freute ich mich, meine zukünftige Schwägerin zu sehen, und sie war so gut, so freundlich, und auch Dein Bruder –

... Nun weiter: ich kam nach Hof, und mein erstes war, zum Buchhändler Grau zu gehen und mich nach Ernestine zu erkundigen – was hört ich da? ... Sie sei – verheiratet mit einem Grafen Zedwitz. Ich konnte es nicht glauben und schrieb deswegen gleich an sie und bat sie, mir von ihrem Schicksal mitzuteilen ... Ach, mein Lieber, wäre das wahr, noch einmal so ruhig könnten wir unser Glück genießen.

... Wie sonderbar ist es mir, mich so ganz allein, ohne männliche Begleitung in einer fremden Stadt zu befinden. Ich tat gar nicht, als sei ich so sehr unglücklich allein zu reisen und das brachte den Vater auf den Gedanken, ich könnte Dir geschrieben haben, hierher oder nach Stuttgart zu kommen.

... Bewunderst Du nicht meinen Mut, dass ich so ganz allein mit einer mir ganz fremden Person ging? Die erste Nacht, dass ich mit ihr schlief, zitterte ich wohl ein wenig.

Sonntag, den 13ten Januar 39 nach Tisch.

Ich hatte mich hingelegt, ein wenig zu ruhen – ich fühle mich seit einigen Tagen gar nicht wohl, – doch ich kann nicht, die Schreibmappe liegt vor mir, unwillkürlich zuckt meine Hand nach der Feder, und schreibt „Gott grüß Dich, mein Schatzerl! – Wie geht's? Hast mich noch lieb? Ach ja, mein Eusebius ist mir treu.

... Jetzt muss ich gehen zu studieren zu übermorgen, auf einem schlechten Instrument ... Seit ich hier bin, leide ich an einem unaufhörlichen Kopfweh, und das kommt bloß von den schrecklichen Instrumenten her; sie sind so schneidend, so grell, sie zerreißen einem das Ohr. Eben kommt der Kantor von Nürnberg – ach Gott, so ein Kantor! Jetzt muss ich nun enden! Einstweilen den herzlichsten Händedruck, mein lieber guter Florestan. – –

Den 14ten Montag.

... Jeden Tag, jede Stunde denke ich, dass mich der Vater plötzlich überrascht. Das Orchester hat abgesagt zu spielen und so muss ich die Caprice von Thalberg noch schnell studieren, die ich gar nicht mehr in den Fingern hab. Alle Briefchen (was so zum Konzert gehört) muss ich selbst schreiben, Freibillette herumschicken, Stimmer, Instrumententräger besorgen und dabei studieren? Das ist ja ein wenig viel; ich weiß nicht, wo eher anfangen und nun die vielen uninteressanten Besuche!

Den 15ten Dienstag.

Heute ist mein Konzerttag und doch kein Konzert! Nicht genug, dass ich beinah eingeschneit wäre, sondern auch im Wasser sitzen wir und können nicht heraus. Die ganze Stadt steht unter Wasser, indem der Fluss ausgetreten ist; Niemand (in den meisten Straßen der Stadt) kann aus dem Haus, ... das Wasser steigt zusehends – das ist eine Angst. Viel Fremde sind zu meinem Konzert gekommen, doch es kann durchaus nicht stattfinden und ist auf Morgen verschoben!

... Heute hab ich einigen hiesigen Musikkennern den ganzen Morgen vorgespielt ... ich war sehr begeistert, nicht durch die Umgebung, sondern durch die Musik selbst ... Nach dem Konzert will ich noch Einigen die Beethoven'sche Sonate, einige Scarlatti'sche und Bach'sche Fugen und Deinen Carnaval spielen. ... ...

Dienstag Abends.

Eben war der Musikdirektor aus Ansbach hier, ich spielte ihm vor und er war so entzückt, dass er mir keine Ruhe ließ – ich muss nach Ansbach! ... ...

... Morgen Abend nach dem Konzert geb ich noch einen kleinen Tee bei mir, wo noch einige Musikfreunde da sind, die mir viel Mühe abgenommen haben – besonders Mainberger.[183]

... In treuer Liebe und von ganzer Seele Deine Braut."

---

183 Musikalienhändler.

Noch ehe diese Berichte ihr Ziel erreichten, hatte Robert am 15. Januar, auf den letzten Brief aus Leipzig erwidernd, geschrieben:

„Mein geliebtes Mädchen! Welchen erhebenden Eindruck Dein Brief auf mich gemacht, kann ich Dir kaum sagen. Was bin ich doch Dir gegenüber? Als ich von Leipzig wegging, dachte ich das Schwerste vollbracht zu haben. Und Du, ein Mädchen, eine so zarte Jungfrau, gehst allein für mich in die weite gefahrvolle Welt. Was Du diesmal getan, ist das Größte, was Du für mich getan. Seitdem ist es mir aber auch, als könnte es kein Hindernis mehr für uns geben. So durch und durch gestärkt fühlte ich mich. Dein Vertrauen, Deine Selbständigkeit werden Dir einmal belohnt werden. Du bist ein außerordentliches Mädchen, das die höchste Verehrung verdient. Freilich aber, wenn ich so des Nachts aufwache, und der Wind und Regen an mein Fenster schlägt und ich Dich mir denke, in den Wagen gedrückt, mit nichts als Deiner Kunst, so ganz allein und nur vielleicht innen von holden Bildern der Zukunft umringt, da überfällt es mich weich und rührend, und ich weiß nicht, wie ich so viel Liebe verdiente. Ich selbst, wie ich Dir sagte, bin seitdem wie umgewandelt. Die Menschen müssen es mir ansehen ... Es stärkt so m o r a l i s c h solche Kraft seines Mädchens zu sehen. In den vorigen Tagen hab' ich so viel gearbeitet, wozu ich sonst Wochen gebrauchte. Es war, wie in der Zeit, wo wir uns versprachen, im August 37. Es geht alles so frisch von der Hand, es g e l i n g t, was man unternimmt. Sieh, solche Kraft hast Du mir gegeben, meine Clara; so ein Heldenmädchen muss ja ihren Geliebten auch zu einem kleinen Heros machen ... Könnte ich Dir doch immer ein Paar Schritt unsichtbar folgen (oder auch sichtbar); wie ein guter Genius möchte ich Dich unter den Flügeln wahren, damit Dir kein Leids geschehe. Ach, Clara, wie liebt man sich doch noch ganz anders, wenn man für einander arbeiten und opfern muss ...

Den 16. Januar früh.

Wüsste ich nur ein bisschen, wie es Dir ginge? Könnte ich Dir nachfliegen über die Berge. Heute tat ichs schon auf der Landkarte, die jetzt immer vor mir liegt, und sah mit Schrecken, welche ungeheure Strecke von hier nach Paris ... ... Aber überrascht wärst Du gewiss, wenn ich in Paris plötzlich einmal vor Dir stünde? Mir ist alles zuzutrauen. Dass Dein Vater nachkömmt, glaub auch ich. Er mag schreckliche Lange-weile ausstehen und doch auch Bekümmernis. Dass er Dich übrigens allein reisen lässt, hätte ich nicht geglaubt, wie er es auch nur hat dar-auf ankommen lassen wollen, weil er gewiss nicht gedacht, dass Du den Muth hättest … …

… Du hast eine Symphonie in mir hervorgerufen; ich danke Dir für Deine lieben Zeilen; muntere mich manchmal auf, schüttele, rüttele. Nun, mein lieber Brief, gehe fort den weiten Weg! Tritt vor sie und sag ihr tausend selige Gedanken; sag ihr, dass sie so innig geliebt wird, wie man geliebt werden kann und dass sie mich ganz beglückt. Adieu, Gute, Liebe, Herrliche."

Sonnabend, den 19. Januar.

„Könnt ich Dich nur jetzt einmal sehen; es müssen Funken aus den Augen leuchten; Du musst wie eine Madonna und eine Heldin zugleich aussehen. Adieu, Adieu, Clara.

Robert.

Leider nahm dieser fröhlich aufmunternde Reisegruß des Geliebten seinen Weg nach Paris und sollte, gleich den andern danach geschrie-benen Briefen, erst Wochen später in ihre Hände gelangen. Und doch hätte gerade in dieser Zeit Clara eines Trostes, Haltes und Rates mehr bedurft als je. Die zweite Reisestation Stuttgart stellte ihren Mut und ihre Tatfreudigkeit und ihre – Menschenkenntnis aus ungleich härtere Proben. Zunächst war es das unverantwortliche Benehmen Wiecks, der sie einfach ohne Nachricht ließ und sie, die immer noch nach sei-nen Reden annehmen m u s s t e , er werde ihr nachkommen, in die peinlichste Verwirrung und Verlegenheit versetzte. Am 20. Januar schrieb sie von Stuttgart aus an Robert:

„Recht traurig geht es mir; seit ich vom Hause fort bin, hab ich weder vom Vater noch von Nanny eine Nachricht erhalten und ach, von Dir so lange kein Wort, weiß gar nicht, wie es Dir geht! Meine Konzerte in

Nürnberg und Ansbach find glücklich vorüber (in Nürnberg habe ich mir viele Herzen erworben und der Abschied hat mir Tränen gekostet), aber es war anstrengend, 3 Nächte habe ich nicht geschlafen ... ...
Wie es hier gehen wird, weiß ich noch nicht. Lindpaintner, Molique, Bohrer, Schunke, alle sind nicht da ... ...

den 21.

Wie immer so war es auch hier nichts mit dem Theater, es hieß, es ginge nicht. Heute entscheidet es sich, ob ich bei Hofe spielen kann ... Was ich vom Vater denken soll, weiß ich nicht! Denk Dir, drei Briefe hat er schon von mir, und ich noch nicht Einen; alle meine Hoffnung stand auf Stuttgart ... Lässt er mich so in der Fremde, ohne Nachricht, ohne Alles, ich weiß nicht, was ich machen soll, ob ich allein nach Paris soll, gar nichts weiß ich! Meine Lage ist wirklich schrecklich! Kommt kein Brief von ihm, so reise ich bald ab und bin Ende Januar in Paris noch. Gott, was soll ich da allein? Nur Mut, nicht wahr, mein Robert? ... Ich glaube, er schreibt aus Trotz nicht, weil ich Mut hatte, allein fortzureisen. Ist es möglich, mein guter Robert, so schreibe ich Dir noch einmal von Paris."

Auch der folgende Brief Roberts sollte erst nach Wochen in ihre Hände gelangen; trotzdem mag er, weil er das unmittelbare Echo auf ihre in Nürnberg geschriebenen Briefe ist, des besseren Verständnisses wegen, schon hier eingereiht werden.

Robert an Clara.

Wien, den 24sten Januar 1839. Donnerstag.

„Ich bin unaufhörlich bei Dir, beschäftige mich mit nichts als mit Dir und unserer Zukunft. Dies macht mich wohl kalt, fast gleichgültig gegen andere Menschen; nun aber, was kann ich denn für mein Herz? Bin ich doch einmal mit allen Seelenfäden in Dein Sein verwebt."

261

Freitag den 25sten Januar. Abends 8 Uhr.

„Welche Freude, Deinen Namen heute im Korrespondenten zu finden. Und wie lieb und warm bist Du darin geschildert. Ihr guten Nürnberger, dachte ich bei mir, wie möcht ich Euch doch sämtlich umarmen, dass Ihr die erste Waffentat meines Mädchens ordentlich anerkennt. Und nun hab ich gar keine Angst mehr um Dich und Du wirst Siege nach Siege erfechten und endlich auch Deinen Bräutigam … Die ganze vergangene Woche verging unter Komponieren, doch ist keine rechte Freude in meinen Gedanken und keine schöne Schwermut. Vom Konzert sagt' ich Dir schon, es ist ein Mittelding zwischen Symphonie-Konzert und großer Sonate; ich sehe, ich kann kein Konzert schreiben für den Virtuosen, ich muss auf etwas anderes sinnen … …

Liebe Clara, eine Bemerkung erlaubst Du mir wohl: Du spielst oft denen, die n o c h g a r n i c h t s von mir kennen, den Carnaval vor – wären dazu die Fantasiestücke nicht besser? Im Carnaval hebt immer ein Stück das andere auf, was nicht alle vertragen können; in den Fantasiestücken kann man sich aber recht behaglich ausbreiten – doch tue nur, was Du willst! Ich denke mir manchmal, was Du als Mädchen selbst bist, achtest Du in der Musik vielleicht zu wenig, nämlich das Trauliche, Einfach Liebenswürdige, Ungekünstelte. Du willst am liebsten Sturm und Blitz gleich und immer nur alles neu und nie dagewesen. Es gibt auch alte und ewige Zustände und Stimmungen, die uns beherrschen. Das Romantische liegt aber nicht in den Figuren oder Formen, es wird ohnehin darin sein, ist der Komponist nur überhaupt ein Dichter. Am Klavier und mit einigen Kinderszenen will ich Dir dies alles noch besser beweisen. Was ich jedoch überhaupt manchmal fürchte ein wenig, ist, dass wir uns oft vielleicht recht zanken werden in Musikalischen Geschmackssachen, wo jeder Mensch so sehr verwundbar ist; da hab nur manchmal kleine Nachsicht mit mir; ich kann dann oft in der Hitze so sein wie mit Glasspitzen verletzen. Dann noch eine Bitte (ich halte einmal Vorlesungen) nenne mich bei Leibe nicht mehr Jean Paul den zweiten oder Beethoven den zweiten, da könnt ich Dich eine Sekunde lang wirklich hassen; ich will zehnmal weniger sein als andere, aber nur für mich etwas … Die Kinderszenen sind erschienen: auch die Fantasie (von der Du nichts kennst), die ich während unserer unglücklichen Trennung schrieb und die übermelancholisch, erscheint nun bald: sie ist Liszt dediziert … …

Sonnabend Nachmittag.

... Die Nachricht über Ernestine ist wichtig ... Es war das Einzige, was manchmal einen dunkeln Schatten in unsere Liebe warf. Nun auch dieser verflogen ist, und uns nichts mehr im Wege steht, was uns in unserm Ziel aufhalten könnte, so harre nun auch mit doppeltem Mute aus und höre meine schüchterne Bitte: lass uns unsere Verbindung so viel wie möglich beschleunigen ... Bedenke alles, auch was Goethe sagt: „Die zwei größten menschlichen Fehler sind Ü b e r e i l e n und V e r s ä u m e n." – Übereilt haben wir uns nicht, jetzt lass uns auch den andern meiden. –

... Dass Du Dich oft unwohl fühlst, wohl auch manchmal furchtsam ein wenig wirst, wie ist das doch natürlich. Ich bewundere, was Du unternommen hast. Hättest Du nur auch so viel Freude an mir wie ich an Dir."

„Du musst ja überall erfreuen, in Deinem Geleite sind ja die guten Genien. Ich freue mich auch immer so innig, dass man in den Berichten immer Deiner als Mädchen gedenkt, wie Du so schön auftrittst und auch wie verklärt sein kannst", heißt es am Schluss dieses Briefes. Und gerade in Stuttgart schien sich das wieder, den ersten unbehaglichen Eindrücken zum Trotz, zu bewahrheiten, und die Aufnahme, die sie hier fand, nur zu geeignet, sie für die Zukunft zu ermutigen und sie selbst über das Wagnis der allein unternommenen Reise zu beruhigen. Nachdem das Eis einmal gebrochen, fühlte sie sich aufs angenehmste berührt durch die Herzlichkeit und das Verständnis, die man ihr als Mensch und als Künstlerin von allen Seiten entgegenbrachte. Aber eben bei dieser Gelegenheit sollte ihr die peinliche Erfahrung nicht erspart bleiben, dass die kindliche Unbefangenheit ihres Wesens sie nicht vor Missdeutung und ihre über ihre Jahre sonst weit hinausgehende Menschenkenntnis sie nicht vor Irrtümern, vor einem schnöden Missbrauch ihres reines Vertrauens schützte Ihre Briefe an Robert sprechen für sich selber:

Clara an Robert.

Stuttgart, den 30sten Januar 39 (Mittwochabend) –

„Ach, wie lange, lieber Robert, hab ich nicht mit Dir plaudern können und kann es auch nur jetzt wenig. Das Wichtigste nun, das mich bewegt! Nebenbei gesagt, bekam ich endlich einen Brief vom Vater, der mich nur weinen machte; denk Dir, 2 Bogen und nichts als Vorwürfe, dass ich nichts recht mache, mir bei jeder Gelegenheit Feinde mache, und ich sollte nun einmal sehen, wie ich allein fortkäme, er käme nicht nach Paris, zu was auch das, ich hätte ihm ja doch immer Unrecht gegeben, und ich müsste doch längst eingesehen haben, dass wir nicht mehr für einander passen etc. etc.; ich kann Dir gar nicht sagen, wie sehr mich das alles geschmerzt hat, dass der Vater nicht einmal nach 14 Tagen, die er mich nicht gesehen hatte, ein freundliches Wort für mich hatte ... Ich bekam den Brief, als ich gerade angezogen, um zu Hof zu gehen, und kannst Du Dir denken, mit welch zerrissenem Herzen ich ging.

... Nun höre also: ich machte die Bekanntschaft des Doktor Schilling[184] er gewann mich lieb, schrieb viel über mich; wir waren viel zusammen und mein Verhältnis zu Dir wusste ich ihm nicht zu verbergen ... Er erzählte mir viel von seiner-Zeitung[185] ... ließ aber auch fallen, dass sie alle anderen Zeitungen niederdrücken würde. (Du kannst Dir wohl denken, dass mir das fortwährend im Kopfe herumging). Er verstand

184   Dr. Gustav Schilling, seit 1830 Musiklehrer in Stuttgart, Gründer und „permanenter Sekretär" des „Deutschen Nationalvereins für Musik" (zu dessen unfreiwilligen „korrespondierenden Mitgliedern" auch Schumann gehörte), Herausgeber des „Universallexikon der Tonkunst" und (1839–42) der „Jahrbücher für Musik und ihre Wissenschaft", ein berüchtigter Vielschreiber und Kompilator, den nachmals K. Dorn in der N. Z. f. M. 1841 Nr. 3–6 wegen seiner „Polyphonomos oder die Kunst in 36 Lektionen sich eine Kenntnis der musikalischen Harmonie zu erwerben" als schamlosen Plagiator Logiers brandmarkte. Ihm gilt auch Schumanns Humoreske „Die Verschwörung der Heller", Romanze in Prosa an Florestan, die 1842 in der N. Z. f. M. Nr. 26. 27. September erschien. (Schriften II S. 393 ff.). Vgl. Jansens Davidsbündler S. 103 ff., 171. Briefe Neue Folge S. 140, 141, 158. Vor allem aber Schriften II S. 528 ff. Die obigen Mitteilungen lassen den Charakter dieses dunklen Ehrenmannes, der 1857 notgedrungen nach Amerika sich wandte, in einem neuen, wenn auch nicht eben freundlicheren Lichte erscheinen und erklären zugleich noch mehr die besondere Schärfe, mit der Schumann seitdem privatim und öffentlich „das marktschreierische Treiben dieses Pfuschers" bei jeder Gelegenheit rügte und an den Pranger stellte.

185   Die in der vorigen Anmerkung erwähnten „Jahrbücher für Musik und ihre Wissenschaft".

mich, nahm mir beide Hände ... was glaubst Du, was er sagte? nun er
sagte, wenn die Sache gut ausfiele (woran nicht zu zweifeln, da die größten Autoritäten daran arbeiteten), so wolle er Dich (er könne die Redaktion nicht allein übernehmen) als Compagnon oder sonst etwas, (ich hab
ihn nicht recht verstanden) nehmen und von nun an solle u n s e r Glück
sein Streben sein. Der Gehalt ist ein ansehnlicher, ein Gehalt für uns
genug! ... Ginge alles gut, so müssten wir heut über ein Jahr schon hier
sein. Er ist so herzensgut, aber er sagt jedem die Wahrheit heraus – das
hab ich gern! Auch unsere Korrespondenz hab' ich ihm vertraut, – bist
Du bös? Er meinte übrigens, kämen wir hierher, das müsstest Du ihm
erlauben, dass er mich liebte – ... Nun aber die Hauptsache, würdest
Du Dich entschließen, nach Stuttgart zu gehen? Ach, wie schön sind die
Berge um die ganze Stadt herum; es ist entzückend und die Menschen
von Herzen gut und teilnehmend. Mich hat man hier förmlich überschüttet mit Wohltaten etc. ...
    Gestern gab ich Konzert, so voll, wie man hier sich Keines erinnern
kann, und desgleichen Enthusiasmus. Nachdem alles vorbei war, musste
ich noch, todmüde, den Erlkönig spielen. Ich sollte durchaus noch ein
Konzert geben, doch hab' ich nicht die Zeit, und so schnell hintereinander will ich nicht gern spielen, weil es mich zu sehr anstrengt ... Nach
dem Konzert ging der Doktor Schilling nebst Frau mit zu mir, und da
haben wir noch bis 11 Uhr nur von Dir gesprochen. Er hat auch viel mit
mir über Dich, (über Deine Individualität und Deine geistigen Kräfte)
gesprochen, doch hab ich jetzt nicht Zeit, das alles zu schreiben.
    Bei der Königin spielte ich zwei Tage nach meiner Ankunft, und bekam
einen s c h ö n e n wertvollen Schmuck, ganz nach meinem Geschmack.
Man war sehr liebenswürdig bei Hof ... morgen Abend reise ich nach
Karlsruhe, spiele übermorgen wahrscheinlich bei der Großherzogin,
gehe dann nach Straßburg, bleibe dort Sonntagnacht und dann gehts
nach Paris. Wie wird es mir gehen? ... Diesen Brief erhältst Du durch
Dr. Schilling, sei ja freundlich in Deiner Antwort an ihn, er meint es auf-
richtig – er ist auch die Veranlassung, dass ich ein junges, talentvolles
Mädchen[186] mitnehme nach Paris; sie liebt mich so sehr, dass sie ihren
Eltern keine Ruhe ließ ...

---

186   Henriette Reichmann.

Sie ist ein braves Mädchen und in der ganzen Stadt geachtet. Ihr Vater ist arm ... will aber doch alles an sie wenden und rührend war es, als er zu mir kam und mir mit Tränen in den Augen sagte, „mein Liebstes, was ich habe, vertraue ich Ihnen an" – ich musste weinen, hab das Mädchen lieb, und der Gedanke, sie vielleicht glücklich zu machen, der macht mich glücklicher, als er sie selbst machen kann; ich werde mich auch mit ihr abgeben so viel ich kann, denn sie hat Talent und Liebe zur Sache ... Ich glaube ganz nach Deinen Gedanken gehandelt zu haben, nicht wahr, mein lieber, guter Robert? –

... Ich bin begierig, ob Vater Sehnsucht bekommen wird? ach, ich kann nicht sagen, wie mich Vaters Brief gestimmt ... Keinen Gruß von der Mutter, ... es ist gar nicht, als hätte ich noch Eltern! Wie man Eltern haben kann und doch keine hat. Nun, mein Leben ist Dir, nur an Dich gekettet, Du bist meine Stütze, meine Hoffnung!

Deine Clara.

Clara an Robert.

Karlsruhe, den 2ten Februar 39. Sonnabend früh.

„Ich kann nicht aus Karlsruhe gehen, ohne Dir, mein guter Robert, eine Zeile zu schreiben, ich weiß, Du freust Dich und wäre es nur ein Wort. Heute spiel ich bei Hof und morgen gehts nach Frankreich. Ach Robert, nun bin ich nicht einmal mehr mit Dir in einem Land, nicht einmal mehr Deutsch darf ich hören! Nun, mit Gott! Morgen (Sonntag), wo Du meinen und Dr. S.s Brief bekommen musst, und während Du liesest, bin ich auf dem Wege nach Straßburg ... ...

Etwas leichter ist es mir doch jetzt um das Herz, seit ich eine wahre Freundin um mich habe, die mich ganz versteht, der ich alles vertraut habe, und die das beste Mädchen in ganz Stuttgart ist. Sie liebt mich sehr – sie lässt Dir sagen, nicht eher wollte sie glücklich sein, bis ich es sei – ich muss doch nicht so übel sein, dass mich alle Leute so lieb haben ... ...

Der Abschied von Stuttgart ist mir so schwer geworden, – ich hab' geweint den ganzen Tag, und die Berge angesehen und gedacht, wer

weiß, ob Du nicht bald diese Berge mit Deinem Robert besteigen wirst,
glücklich. Der Dr. Schilling ist der aufopferndste Mensch, aufrichtig, und
er will unser Glück. Ich bitte Dich, lieber Robert, zeige ihm das größte
Vertrauen, meines hat er. Er sagte, sollte er das Geringste sehen, dass ich
nicht glücklich mit Dir werden könnte, so würde er, so wie er jetzt alles für
uns, so dann alles gegen uns tun, weil er mich zu lieb hätte ... ...
... Vom Vater hab ich noch keinen Brief weiter erhalten. Ich schrieb
ihm, ich ginge mit Gott nach Paris; das, was er in Leipzig versäume,
könne ich ihm freilich nicht ersetzen, und darum dränge ich auch nicht
in ihn, ich hätte Mut – zu Allem ... Ich sehe jetzt, dass ich ohne meinen
Vater auch in der Welt dastehen kann, und es dauert ja nicht mehr lange,
ich bin ja bald, bald bei Dir, und dann will ich keinen Kummer haben,
nur der Deinige soll der meinige sein. Der Himmel meint es doch gut mit
mir, hat er mir doch jetzt wieder so eine liebe Freundin gegeben – und
meinen l i e b s t e n   F r e u n d gibt er mir auch noch!
Tausend Küsse von Deiner treuen Braut

Clara Schumann
oh, welch ein Name wundersüß!"

Bei Schumann aber, der in einem am 4. Februar begonnenen Briefe ihr
grade seine Absicht mitgeteilt, in Wien Stunden zu geben – „was bin
ich besseres als Chopin, Moscheles, Mendelssohn? ... ... Kurz, ich
will ein ordentlicher Klaviermeister werden und komponieren obendrein" – und sie schon in Paris wähnend, geschrieben hatte: „aber nun
vergeht mir doch der Atem manchmal vor Bangen und Sorgen um
meine geliebte Pilgerin und Ritterin", erregten Claras Zukunftspläne
nun keineswegs eine unbedingt f r e u d i g e Überraschung.

„Gestern bekam ich Deinen Brief aus Stuttgart", schreibt er am 6. Feb-
ruar; kaum dass ich Schillings Hand erkannte auf der Adresse, so ahnte
ich, was vorgegangen war. Clärchen, Clärchen, was hast Du gemacht? Mit
einem drohenden Finger sag ich Dir das und doch hast Du's so gut gemeint,
glaubst immer etwas für mich tun zu müssen, tust so viel, so Liebes, so
Schweres – ach, Du bist ein liebenswürdiges Mädchen, hast mich wieder
einmal ganz durchdrungen, dass ich gar nicht wüsste, was ich nicht Alles

für Dich tun könnte, – selbst mit S. mich vereinigen, obwohl erst nach eini-
gen Kämpfen – Ich muss Dich nämlich in mancher Hinsicht aus Deinen
schönen Träumen wecken und zwar nicht durch Küsse, sondern indem ich
Dich ganz sanft an einer Haarflechte ziehe, bis Du aufwachst. Die Sache ist
nämlich die: S ist ein sehr fleißiger Bücherschreiber, ohngefähr wie Czerny
ein Komponist … So hat er ein schlechtes Buch nach dem andern ediert,
der Stoff fängt ihm an auszugehen und da ist ihm nun der Gedanke einer
musikalischen Zeitung gekommen, wo er zugleich recht fechten kann und
parieren auf alle Angriffe, die man auf seine schlechten Bücher zu machen
sich die Mühe leider nimmt. S. als ein gescheuter, gewitzigter Mann kennt
das Volk zu gut, als dass er nicht das Gewicht berühmter Namen zu schät-
zen, zu seinem Vorteil zu benützen wüsste … kurz, dass ich Dich ganz aus
dem Traumflechten reiße – er ist ein ganz trefflicher Spekulant und fürcht
ich auch, nach dem, was er bis jetzt geleistet, ein ausgezeichneter Wind-
und auch Courmacher. Ich kenne M e i s t e r s t ü c k e von ihm … er steht
in dem ü b e l s t e n Ruf mit seiner Bücher- und Geldmacherei – Und Du
Kammervirtuosin Du, Du meine dreijährige Verlobte, Du Clara Wieck mit
einem Wort kannst Dir von so Einem imponieren lassen, dass Du Dich
fürchtest, dass Du ihm selbst sagst, seine Zeitung würde alle andern nieder-
drücken, schreibst mir, „alle großen Autoritäten nähmen daran teil etc."
mir, der ich gerade diese Sache aus der Erfahrung kenne und der schon
auch sein Wort dazu gegeben, und wahrhaftig mit einem andern und tiefe-
ren Nachklang, als es S. jemals möglich sein wird. …
… Offen gestanden, Clärchen, es hat mich ein wenig von Dir gekränkt
und ich dachte, ich stünde bei Dir in mehr Ansehen, als dass Du jemals an
eine Compagnieschaft mit solchem Renomisten gedacht hättest. Was soll
ich dazu sagen, wenn mir ein Mann wie S. schreibt, „ich werde Sie unter-
stützen, wenn Sie mir versprechen, dieses Mädchen glücklich zu machen",
mit andern Worten: „wenn Sie, der schon zehn Bände einer Zeitschrift
redigiert, mir, der noch nicht angefangen hat, dies und das versprechen, so
sollen Sie (ich nämlich), der jährlich 3–400 Tlr. schon an der Zeitschrift
verdient, von mir (S.), der alle Jahre die drei ersten Jahre 3–400 Tlr. zuset-
zen muss, die Hälfte meines Einkommens bekommen –?" Ist das nicht
sehr anmaßend und obendrein albern und u n g e b i l d e t ausgedrückt, in
einer solchen Angelegenheit, wo er jedes Wort auf das Feinste und Zarteste
abwiegen sollte? Wo soll denn der G e h a l t herkommen? Überhaupt, was

soll eine neue Musik-Zeitschrift, die nicht aus dem Bedürfnis der Zeit hervorgeht, und vollends in Stuttgart, wo kein Musikhandel, kein Künstler-
durchzug, kein Publikum. Mir gegenüber, der ich mir zutrauen kann, den
leisesten Fortschritt der Zeit zu sehen, als Komponist immer fortschreitend
und wenn auch in kleiner Sphäre die Zukunft vorbereitend? Da muss ich
lächeln, wenn der S. von meinen „geistigen Kräften" reden will, der so weit
ich es weiß, k a u m e i n e o b e r f l ä c h l i c h e Vorstellung von meinem
Streben hat, für dessen ganzes Kunsttreiben ich nicht einen Papillon hin-
gebe. Nenn' mich nicht widerspenstig und hochfahrend; aber ich weiß was
ich leiste und noch leisten kann und was Andere. Andere wissen es aber von
mir nicht, weil ich immer fortlerne, immer fort fleißig bin. Oder glaubst Du
wirklich, eine von jenen „Autoritäten" könnte mir nur von Weitem andeu-
ten, wo ich vielleicht in zehn Jahren in der Komposition stehe? Keine, denn
sie haben keine schaffende Kraft in sich und es wird ihnen erst klar, wenn
ich schon längst darüber hinweg bin.

Nun mein gutes, seelengutes Herz, hab' ich nicht Dir die Wahrheit recht
gesagt und bist zufrieden mit mir, so zufrieden wie ich es übrigens mit Dir
bin. Es ist mir so natürlich, was zwischen Dir und S. sich vorgetragen hat –
Du kamst in eine fremde Stadt, mit Deinem guten übervollen Herzen, weil
Du viele Wochen Dich nicht aussprechen konntest – S. weiß schon von uns,
sieht Dich, die Du an manchen Tagen so sehr bezaubernd sein kannst, verliebt sich in Dich, übrigens in allen Ehren, sieht Dir es an den Augen an und
an den Lippen, die es nicht mehr zurückhalten können, fühlt sich glücklich,
von solch interessantem und berühmtem Mädchen in ein Geheimnis gezogen zu werden, meint es vielleicht auch im Augenblick aufrichtig, verspricht
Dir, Dich glücklich zu machen – und Du neunzehnjährige Braut, die gar
wohl weiß, wie hübsch ihr ein Häubchen steht, greift zu mit vollen Händen und bist glücklich, dass Du nur jemanden gefunden, mit dem Du hast
sprechen können wie Du denkst – kurz, Clärchen … Du hast Dir dabei
gedacht, „der ist meine und unsere ganze Hoffnung, wie hübsch, wenn
man wieder einmal solchen Menschen findet, der Dich und Deinen Schatz
glücklich machen will mit höchster Aufopferung etc." So hat mein Mädchen gedacht und dabei im Geheimen spekuliert. Nun Du Liebe, Holde,
unbeschreiblich holde, setze Dich mir auf den Schoß, mit Armen und Kopf
mir aus die Schulter gelehnt, dass ich die Last so recht fühle, so recht weiß,
wie glücklich ich bin. – Nun glaubst Du wohl, ich werde an S. einen emp-

findlichen kalten Brief schreiben? Wie irrst Du da – Den dankendsten und
freundschaftlichsten erhält er und zwar morgen schon! ... ...
   ... Über sein Unternehmen kann ich freilich gar nicht urteilen, und es
ist wohl überhaupt noch gar nicht reif. Er schreibt mir nur ganz vag und
w e n i g   s a g e n d. Also werd ich das Weitere abwarten. Nach Stuttgart
ginge ich übrigens gern; ich kenne die Stadt; sie ist reizend und die Men-
schen viel besser und auch gebildeter als die Wiener. Endlich, was tät ich
nicht Dir zu Liebe, sobald es sich mit der Würde verträgt, die man mir als
Deinem künftigen Mann schuldig ist. Also vor Allem Unabhängigkeit in
jedweder Art ... Noch Eines, S. hat, wie ich glaube, Deinen Brief an mich
geöffnet; es waren außerhalb des Kuverts zwei Oblaten und auf diesem
zwei Schnittchen Papier. Du siegelst niemals so. Vergiss nicht, mir darauf
zu schreiben, wenn Du Dich noch entsinnst ...
   Nun auch zu Deiner guten Mignon, der Du Dich angenommen. Du
hast ein gutes Werk damit getan und es ist so etwas ganz nach meiner
Denkungsweise. Solche Handlung wird immer belohnt auf eine oder die
andere Weise; sie ziert Dich und ich liebe Dich darum. Schreibe mir, ist
sie jung? Klavierspielerin? Verträgt sich das Opfer, das Du ihr bringst,
mit unsern Verhältnissen? Kostet sie Dir nicht zu viel?"

Dass nichtsdestoweniger Schumann den Vorschlag des fragwürdigen
„Spekulanten" nicht sofort ablehnte, hatte aber wohl seinen Grund in
der immer mehr schwindenden Hoffnung, in Wien mit seiner Zeitschrift durchzukommen.

   „Ein Beamter ans Sedlnitzkys Kabinett", schreibt er im selben Brief,
„sagte mir, Sedlnitzky wäre n i c h t   d a f ü r und zwar weil Haslinger
seinen Anzeiger seit Neujahr um die Hälfte v e r g r ö ß e r t hat. – Wie
maliziös dies von H. ist, siehst Du; ich glaube sogar, er hat ein Schreiben
eingereicht, dass man mir die Konzession verweigern sollte, weil es ihm
in seinem Gewerbe schade. Sähe ich nun, dass die Zeitschrift, wenn sie
hier erschiene, uns einen wirklich größern Vorteil brächte, so wollte ich es
trotz H. dennoch durchsetzen, die Konzession zu erlangen ... ... Meine
Überzeugung, dass hier keine gute Zeitschrift aufkommen kann, wächst
immer mehr, und eine musikalische vollends nicht, da Wien so sehr außer
Verbindung mit Mitteldeutschland." –

Noch stärker kommt diese Mutlosigkeit zum Ausdruck in einem Briefe vom 10. Februar:

„Hätte ich Flügel, könnte ich zu Dir, nur eine Stunde mit Dir zu sprechen. Meine Lage hier wird immer bedenklicher und es überfällt mich manchmal eine heiße Angst um den Ausgang aller dieser Verwickelungen. Du allein bist mein Trost, zu Dir seh ich auf wie zu einer Maria, bei Dir will ich mir wieder Mut und Stärke holen. ... Nun hilf mir, ich bin wirklich ein wenig krank im Kopf vom vielen Nachsinnen und Grübeln und ich möchte jetzt Hamlet nicht lesen. Hätte ich meinen alten leichten Sinn noch, wo mir alles gelang; aber jetzt ergreift mich alles, ärgert und kümmert mich alles – es ist schwerer als ich geglaubt – das Heiraten – aber es gibt keine Wahl mehr zwischen uns – ich kann nicht mehr von Dir los – Gott hat mich verlassen, wenn Du mich verlässest – das Schreiben fällt mir heute zu schwer – verzeihe, ich kann nicht weiter, will ins Freie, es ist mir so schwer im Herzen." ... ...

Unter diesen an und für sich schon verwickelten Verhältnissen, angesichts so wichtiger zur Entscheidung drängender Fragen war es ein besonderes Missgeschick, dass, trotzdem Clara bereits am 6. Februar in Paris angekommen war, noch nahezu 3 Wochen vergehen sollten, ehe sie in den Besitz der dort schon lange auf sie wartenden Briefe Schumanns gelangte. Am 8. Februar schreibt sie deswegen in begreiflicher Aufregung:

„Mein lieber Robert ... denke Dir das Unglück, Dein Brief ist da und ich kann ihn nicht haben, als gegen Vorzeigung des Passes ... Schreib mir nur im Augenblick, wenn es nur zwei Worte sind, ich komme um vor Angst, wenn ich nicht bald etwas höre. Adressiere Mlle Clara Wieck chez Mlle Emilie List, rue des martyrs No. 43, so verfehlt er mich nicht. Eben ziehe ich in ein Privatlogis187 und zwar in dasselbe Haus, wo Pauline188 wohnt. – In einigen Tagen mehr. Ich bin untröstlich, solches Unglück! ... Hast Du alle meine Briefe? Aus Nürnberg, Stuttgart, Karlsruhe? Addio! Tausend Küsse von Deiner alten treuen   *Clara.*
Von Emilie und Henriette viele Grüße."

---

187   *Hôtel Michadière, rue Michadière*
188   Pauline Garcia

Einige Stellen aus zwei in der Zwischenzeit geschriebenen Briefen gewähren wohl am besten einen Einblick in jene gespannte, sorgenvolle Stimmung, welche leider sich infolge der langen Unterbrechung des Gedankenaustausches Claras bemächtigt hatte. Schumann hatte sich mittlerweile, wie aus einem wenige Tage später geschriebenen, hier nicht abgedruckten Briefe hervorgeht, von der völligen Unmöglichkeit, die Zeitung in einer oder anderer Form nach Wien zu verlegen, überzeugt und schwankte nun zwischen dem – mit Rücksicht auf Wiecks Triumph – schweren Entschluss, nach Leipzig zurückzukehren oder die Zeitung ganz aufzugeben und in Wien oder auch in London auf neuer Grundlage sich und Clara eine Existenz zu schaffen Während Clara gedrückt durch die fremden, kalten Menschen in der großen Stadt und inzwischen in den großen Hoffnungen, die sie auf Stuttgart gesetzt, sehr ernüchtert, auch ängstlich in die Zukunft schaute.

Robert an Clara.

Wien, den 16ten Februar 1839. Sonnabend.

„Meine geliebte Clara, mein teures liebes Mädchen – was fang ich zuerst mit Dir an. Wie lange hast Du von mir nichts gehört. Und nun das Unglück, dass sie Dir meine Briefe nicht geben wollen. Ich schreibe Dir nachher eine Vollmacht, die zeigst Du vor mit Deinem Pass ... Es liegen drei Briefe auf der Post und steht so Vieles darin, so viel was Dich erfreuen wird und auch manches Trübere. Dass ich Dein schönes dichterisches Leben mit einigen dunkleren Fäden durchwebe, wirst Du es mir verzeihen? So manche Sorge hast Du schon um mich gehabt, wirst noch manche haben. Es ist in den letzten Tagen viel um mich und in mir vorgegangen. Aber erst musst Du die drei Briefe haben; suche sie Dir um j e d e n P r e i s zu verschaffen ... Das Eine jetzt nur, bis Ende März muss es sich mit mir entscheiden, ob ich hier bleibe oder wohin ich gehe. Alles schreib ich Dir noch ausführlich. Du musst mir beistehen und raten – es überfällt mich schon manchmal eine Angst – am Sonntag war sie so fürchterlich, dass ich mich Fischhof entdeckte ... Er hat große Teilnahme gezeigt. Darauf ist es mir etwas leichter worden und nun ich

Deinen Brief habe, fühl ich mich so glücklich – ein Auserwählter unter Millionen – Wenn ich Dich zum ersten Mal wieder seh, da weine ich, da schrei ich, da lass ich Dich nicht wieder los. Dann kannst Du nicht mehr von mir. Zu viel hab ich schon um Dich gelitten – aber ich weiß es genau – es steht in den Sternen oben

"Clara und Robert."

Clara an Robert.

Paris, Donnerstag den 14./2. 39.

–Sieh, nur Dich hab ich ja, Du sollst meine Stütze sein! ich hab einen Vater, den ich unendlich liebe, der mich liebt, und doch hab ich keinen Vater, wie ihn mein Herz bedürfte! Sei Du mein alles, auch mein Vater, nicht wahr, Robert? Ach, ich hab wohl Briefe bekommen, seit ich hier bin, das sind aber andere Briefe! Da ist kein liebes Wort, wie ich sie von Dir so gern höre, da sind nur kalte Ratschläge, Vorwürfe, mein Vater fühlt sich unglücklich, und das schmerzt mich – ich kann aber nicht anders. Ich glaube fest, dass meines Vaters Herz sich noch biegen lässt, und in diesem Glauben lass uns unserem Ziele immer näher kommen; sieht er uns glücklich, dann wird er auch glücklich sein – ach ja, Robert, es wird noch alles! ... Eine treue Freundin hat mir ja der Himmel jetzt auch geschenkt, die mit mir weint und mit mir scherzt ... Auch Emilie ist jetzt ganz für Dich eingenommen. –

Hast Du dem Doktor geantwortet? Gestern bekam ich einen Brief von ihm, ich schicke Dir ihn mit ... Weißt Du, der Brief kommt mir so exzentrisch vor und ich glaube, es ist besser, nicht die ganze Hoffnung auf ihn zu setzen und das bestätigte mir Henriette ...

... Ist es denn wahr, dass Du etwas über mich in die französische Zeitung geschickt? Es soll in der nächsten Nummer kommen. Ach Robert, das sollte mich doch s e h r freuen! ... Traue hier Niemanden, sie sind alle falsch ... ...

... Ich hab einen Erard auf meinem Zimmer, der kaum zu erdrücken ist; ich hatte allen Mut verloren, doch gestern hab ich Pleyel gespielt und die gehen doch nicht so schwer. Drei Wochen muss ich noch studieren, ehe

ich einen Ton vorspielen kann. Schon drei große Instrumente sollte ich jetzt auf meinem Zimmer haben – jeder will, ich soll das Seine nehmen. Wenn ich nur wüsste wie anfangen auf Pleyel zu spielen ohne Erard zu beleidigen, der mir alle nur möglichen Gefälligkeiten erweist ... ...

... ... Du siehst also, dass ich wirklich allein in Paris bin. Bangst Du für mich? Mein Vater will d u r c h a u s nicht kommen ... Ich hab an Frau v. Berg geschrieben, ob sie nicht kommen will, denn ohne eine sehr anständige Dame kann ich in keine Gesellschaft gehen. Probst und Fechner[189] haben mir ein paar Tage hintereinander den Kopf heiß gemacht, und wollten mich bewegen zurück zu reifen. Sollte ich umsonst mich Paris gekommen sein? Der Vater gäbe etwas darum, wenn er mich nur wieder zurück hätte, doch ich gehe nicht. Vielleicht bleibe ich den ganzen Sommer hier und gebe Unterricht und ziehe zu Lists.

–Schreib mir bald, bald, damit ich nicht verzweifle. Jetzt hast Du schon 8–9 Briefe und ich noch nicht Einen ... ...

... Heller soll der falscheste Mensch von der Welt sein. Gott, warum sind doch die Menschen so bös, so falsch!

Ich wohne mit Pauline in einem Haus. Sie macht viel Furore. Meine direkte Adresse ist Hôtel Michadière, Rue Michadière No. 7 ...

Außer mir bin ich, Deinen Brief da zu wissen und ihn in den rohen Händen der Postsekretäre lassen zu müssen.

Adieu, Du mein Leben. –

Ich würde Dir nicht den Brief schicken, doch ich glaube es ist gut, wenn Du ihn liest."

„Hier sind die Menschen nicht nur oberflächlich, sondern auch frivol", hatte Clara in demselben Briefe aus Paris geschrieben. Nun, wenn ihr Glaube an die unbedingte Zuverlässigkeit Schillings durch seinen „exzentrischen" Brief und durch die Erzählungen ihrer neuen Freundin schon damals einigermaßen erschüttert war, so musste sie der Kommentar, den Schumann ihr nach Empfang jenes Schreibens in begreiflicher Empörung gab, vollends überzeugen, dass die Frivolität, deren Hauch sie in Paris so peinlich empfand, auch in Deutschland zu Hause sei.

Am 23. Februar schreibt Robert:

---

189   Probst ein Freund Wiecks, der Clara im Sinne des Vaters zu beeinflussen suchte und ihr dadurch viel Verdruss bereitete. Fechner, der Vetter von Wiecks zweiter Frau.

„Noch zittere ich am ganzen Körper von solch unerhörter Frechheit, wie jedes Wort in S.s Brief eine ist. Wir sind einer großen G e f a h r entgangen. Wär' es ein w e n i g e r a l b e r n e r Bösewicht gewesen, der sich unserer annehmen wollen, es wäre vielleicht um unser ganzes Lebensglück geschehen. Aber der Mann ist zu ungeschickter Don Juan. Mit ihm darfst Du in keiner Verbindung mehr stehen. ...

... Siehst Du aber denn nicht, was der Mann mit Dir vorhat? Das ist ja der infamste Heuchler und Verführer, wie man sie nur in Romanen aufzuweisen hat. Siehst Du nicht, wie er in seinem Brief immer weiter geht, wie die „Tränen seiner Frau" erwähnt, aus denen er sich nichts macht, wie er Dir immer näher rückt, wie er sagt, wie er die „gewöhnlichen Künstler" hasse, womit er mich meint, wie er, nun Dich zu rühren, das Andenken seines „seligen Vaters" anbringt, womit er Dir zu verstehen gibt, er habe einiges Geld, um eine, ja zwei Frauen zu ernähren, und er sagt dazu, dass Dir „sein Haus und Arm" offen stände, wie er endlich nebenbei über mich „Erkundigungen einziehen will", wie er endlich ganz frech, unerhört frech wird „ich muss Sie g l ü c k l i c h w i s s e n ; A l l e s Ü b r i g e i m L e b e n I h n e n z u s c h a f f e n b r a u c h t e n w i r w o h l k e i n e n **Dritten** m e h r " , wie er es noch weiter treibt und schreibt „dass wir uns der Bestimmung des Himmels selbst entreißen können", womit er auf Klöster anspielt, und endlich, wie er Dir geradezu seine Hand anbietet, wenn er von G. sagt: „Haben Sie die Großartigkeit des Geschäfts gesehen, mit diesem Mann kämen wir in Verbindung" etc. und wie er endlich zuletzt seiner Sache ziemlich gewiss scheint und Dich bittet, „ihm ja a l l e s zu schreiben, a l l e s ganz genau" – Jeder Zoll ein Lump an diesem – sieh Dir diese Worte nur genau an ... ...

– Wie Du alles so gut gemeint hast zu unserm Besten, das weiß ich wohl. Aber dies sei Dir eine Warnung für alle Zeiten. Und wieder ist es bei mir zum festen Entschluss geworden, und ich bitte Dich, dass Du ihn teilst – dass wir Niemanden mehr von uns und unserer Zukunft vertrauen, und wär er auch noch in weißeren Schafpelzen wie dieser Wolf, dem wir zeitig genug entgangen – also N i e m a n d e n , N i e m a n d e n mehr, hörst Du. Das glaube nur nicht, dass ich Dir irgendeinen Vorwurf machen wollte. – Wie Du mir treu bist, so kann es kein Mädchen, kein Engel im Himmel weiter sein; wie Du liebst, so kannst Du es nur, so über alle Worte edel. – Ich habe keine Worte für Dich, da müsstest Du mich manchmal in meinen heiligen Stunden belauschen, da müsstest Du mich im Traum sehen, wenn ich von Dir träume – da weiß ich nicht, was ich sagen soll – und auch das schöne Bewusstsein hab ich, dass ich Dir auch m a k e l l o s treu geblieben bin ... Und nun die letzten Worte über jenen gemeinen Heuchler, der sein Weib verlassen will. – Nicht, dass er Dich liebt, ergrimmt mich, nicht, dass er mir feindlich gesinnt, – sondern das ist das Empörende, dass er Dich, eine Liebende, eine Braut, von der er selbst weiß, dass sie treu liebt, von dem Geliebten abtrünnig machen will – dies ist so empörend, so frech von Einem, den Du kaum zehn Tage lang kennst, dass ich koche vor Wut – und dann wieder so dumm auch Dir gegenüber – mir gegenüber ... ...

... Leid tut mir Deine Mignon, die S. dankbar sein muss, der sie Dir zugeführt hat. Du schreibst mir so Liebes von ihr, dass ich sie wohl kennen möchte. Hast D u   s i e   g e p r ü f t, so behalte sie um Dich ... ...

... Jetzt raffe Dich auf, mein hehres Mädchen – ich weiß, Du hast das Beste gewollt, dass Du Dich ihm anvertraut – halte uns beide für nicht so arm, erkenne Deine Kraft, glaube der meinigen, kommt sie auch Deiner nicht gleich – wir haben etwas im Herzen und vom Geist, den uns Niemand rauben kann – Nie wieder an Anderer Beistand gedacht! Es sei Dir eine Erfahrung für Dein ganzes Leben! Du bist so herzensgütig und unerfahren in die Nähe der Gemeinheit gekommen – ich a h n t e alles, ich wusste an einer Empfindung für Dich, wie ich sie nie so wie in den letzten Tagen gehabt, dass Du in Gefahr warst ... Hättest Du nur seinen Brief ordentlich gelesen und v e r s t ü n d e s t alles, Du müsstest Dich zu mir flüchten und sagen „schütze mich vor diesem Bösewicht" – Ich kann es gar nicht vergessen – ich zittere am ganzen Körper ... Du gehst jetzt eine schwere Schule durch, und dass Du mir eine weise Lehrerin zurückkommen wirst, das will ich vom Himmel erbitten für Dich. Ich habe Dich in keinem meiner Briefe auf die mancherlei Gefahren aufmerksam gemacht, die Dir, so alleinstehend, hier und da nahe kommen werden, ich wollte Dich nicht misstrauisch gegen die Menschen machen, Du solltest ein so unbefangenes Künstlermädchen bleiben, wie ich Dich kenne und liebe ... ...

... So gehe denn Deinen Weg für mich mit festem Schritte und mutig weiter; lass Dich in nichts irre machen; Du wirst belohnt vom Himmel einmal, Du bist zu herrlich! Soll ich Dir noch etwas sagen? Mit unaus-

sprechlichem Gefühl drücke ich Dich an mein Herz. Bald hörst Du wieder von mir – ich bin heiter, fühle mich stark.
Und somit lebe recht wohl für heute   *Dein Robert*

Grüße Emilien herzlich. Du kannst ihr alles mitteilen. Sie wird mir gewiss Recht geben."

Während dieses kleine Frühlingsgewitter in Briefgestalt von der Donau aus seinen Weg zur Seine nahm, hatte Clara endlich ihre ersehnten Briefe aus den „rohen Händen" der Postsekretäre befreit, und schrieb am 25. glückstrahlend:

„*Mein Herzensrobert!*
Ach wüsste ich doch nur, was mit Dir anfangen! Du hast mich mehr beglückt als jemals. Denke Dir, gestern 4 Briefe auf einmal! Sobald ich Deinen hatte, ging ich mit Emilie unter Zittern und Zagen auf die Post, zeigte meinen Pass vor und hatte die 3 Briefe. Im Posthof müssen mir die Leute meine Freude angesehen haben – ich konnte kaum reden. Und was für Briefe! ...
... *Und nun auch gleich meinen Plan: Ich denke vielleicht, wenn es nicht gar zu schwer hält und ich bis dahin auf den Instrumenten eingeübt bin, den 9. März im Conservatoire zu spielen, und im Falle ich gefiele, ein Konzert zu geben in den Salons von Erard wahrscheinlich; dann ginge ich nach England 2–3 Monate, dann wieder zurück und bliebe den Sommer hier um Stunden zu geben ... nach Leipzig aber so bald k e i n e s f a l l s . Bliebe ich den Sommer hier, so würde ich bei Lists wohnen, die sich dann ein größeres Logis nehmen*[190]. *Im Winter dann machte ich vielleicht einige Abstecher in andere französische Städte, gehe wieder hierher zurück und zu Ostern 1840 gehe ich nach Leipzig zurück, ordne alle meine Sachen noch, und gibt uns der Vater seine Einwilligung nicht, so komme ich nach Zwickau, Du auch, wir lassen uns trauen und reisen sogleich nach Wien. (Wenn Du nämlich in Wien bleibst)* ...

---

190   In der *Rue Navarin Nr.12* Clara bezog die neue Wohnung schon am 26. März. Lists folgten Mitte April.

Du meinst, ich sei nicht genug leidenschaftlich? Ach ja, ich bin es wohl und im höchsten Grade, doch, soll ich in Dich drängen, hierher zu kommen, oder sonst wohin, um dass wir uns einmal sprechen, nur die schrecklichste Trennung nochmals zu ertragen? ... Ja, ich will Dich, ich muss Dich wiedersehen, dann aber um mich nie mehr von Dir zu trennen; ich kann keine Trennung von Dir noch einmal überstehen – der Schmerz ist zu allgewaltig ... ...

Du fragtest mich, ob ich nicht die ersten Jahre in Leipzig leben will? Das wollte ich sehr gern, wären nur nicht meine Eltern und Verwandten da! Mit den Eltern in Zwist zu leben und in einer Stadt! Und dann ist mir das so schrecklich, dass man weder Dir noch mir die Achtung erzeigt, die uns gebührt – und doch, siehst Du einen größeren Vorteil in Leipzig, so wollen wir auch da bleiben, mit Dir bin ich ja doch überall glücklich. Recht aufmerksam habe ich Deine Ansichten wegen der Zeitung gelesen; ich meine doch, Du solltest nach Leipzig zurückgehen, die ganze Sache in Wien kommt mir nicht vorteilhaft vor, die Koterien dort sind unausstehlich, die Zensur verdirbt vollends alles ... Warum willst Du in Wien bleiben, unter Menschen leben, die Dir nicht zusagen? Geh fort, wieder nach unserem Leipzig, da glaube ich, würden wir doch am glücklichsten sein. Und Stunden geben kann ich ja auch da, ohne mit dem Parapluie herumzugehen, wie sich Vater auszudrücken pflegt ... ...

Dass Du so viel komponierst, freut mich unendlich und auch eine Symphonie? Ach, Robert, das ist doch gar zu schön! ... Dass ich Dich den zweiten Jean Paul und Beethoven genannt, nahmst Du mir übel? Du sollst es nicht wieder hören. Sehr recht hast Du, es ist nicht schön, solche Vergleiche zu machen – sage mir nur immer alles, was Dir an mir nicht gefällt, e s   f r e u t   m i c h   j e d e s   W o r t   v o n   D i r .

Dass Du Stunden gibst, ist schön, doch bin ich erst einmal bei Dir, dann darfst Du das nicht mehr tun, das ist dann mein Geschäft ... Wenn Du Stunden gibst, möchte ich doch einmal hinter Dir stehen ... [Am Rande:] Den Brief durch S. hatte ich nicht mit Schnittchen zugemacht – er hat ihn erbrochen – Neugierde ... Eitelkeit – Undelikatesse! ...

Nun schnell Adieu, mein Herz ... Schreib mir g l e i c h , g l e i c h ! ich bitte Dich. Möge ich auch sein, wo es ist, in England, Frankreich, Amerika und selbst in Sibirien, immer bin ich Deine treue Dich herzinnigst liebende Braut." –

Auch der folgende Brief Claras, der zum ersten Mal eingehend über Pariser Eindrücke berichtet, ist zunächst, trotz der Sorgen, von denen er zu sagen weiß, noch aus der gehobenen Stimmung der vorigen Tage geschrieben, die erst am folgenden Tage durch einen Brief Wiecks und dann durch Schumanns pessimistisches Schreiben über das Scheitern der Wiener Pläne ganz erheblich herabgedrückt wurde.

Clara an Robert.

Donnerstag früh, den 28. 2. 39.

„ ... Schon seit drei Tagen, mein Herzens-Robert, wollte ich Dir schreiben, doch die Abhaltungen hörten nicht auf. ... ...
... Recht viel Sorgen drücken mich jetzt und das wegen meines Aufenthaltes hier. So wie bei den Franzosen alles auf das Äußere geht, so muss auch ich es fühlen. Die Leute schlagen die Hände über den Kopf zusammen, dass ich, wenn auch nicht den Vater, so doch wenigstens Mutter oder Tante bei mir hab, und alle Welt sagt mir, dass man mir nicht den mir gebührenden Respekt erzeigen würde, hätte ich nicht eine alte Dame bei mir, die mich in alle Gesellschaften begleitete, Besuche empfinge etc. Das ist nun eine schreckliche Verlegenheit, wo soll ich das gleich finden und wo eine Dame, der ich mich ganz anvertrauen kann und mit der ich nach London, in diese ungeheure Stadt gehen kann! Ich weiß nicht was anfangen und will heute mit Erard darüber sprechen ... ...
... Bis jetzt ist es mir doch allenthalben gut ergangen, und die Leute haben mich alle gern gehabt; auch hier beklage ich mich nicht. ... Sonderbar ist es, dass jetzt alle hiesigen Klavierspieler und Spielerinnen Konzerte angesetzt haben! Wollen sie mich vielleicht abschrecken? Oh, ich habe Mut und muss durchführen, was ich begonnen. Bei Bordogni[191] nehme ich wahrscheinlich Stunde ... Französischen Unterricht nehme ich auch; schlimm ist es, dass fast alle meine Bekannte deutsch sprechen, sodass Tage vergehen, wo ich nicht ein einziges französisches Wort spreche. Englisch treibe ich ein wenig mit Emilie, bin überhaupt fast immer

---

191 Gesanglehrer.

bei Lists; Herr List nimmt sich meiner höchst freundschaftlich an. – Morgen besuche ich Bertin und Meyerbeer, den ich wohl mag ... gestern sprach ich viel von Dir mit Fräulein Parish, die ich zufällig hier getroffen, und die in Hamburg meine beste Freundin war; sie hat mir erzählt, wie viel Aufsehen Dein Aufsatz über die Hugenotten[192] und den Paulus in Hamburg[193] gemacht, und wie er s e h r angesprochen – es ist aber auch wahr, der Aufsatz war wundervoll ... Kalkbrenner bat mich neulich auch ihm von Dir vorzuspielen, denn er verstünde Deine Kompositionen noch nicht so recht – was soll man dazu sagen? Auch meinte er, er habe gehört, dass Niemand Deine Kompositionen so spiele wie ich – das wäre aber auch schlimm! – Die Loveday soll nicht ausgezeichnet sein; die Laidlaw muss aber viel Fortschritte gemacht haben – am Ende hast Du sie noch lieber als mich? Ei, das möchte ich mir doch verbitten, Herr Robert Schumann. „Robert Schumann!" es ist wahr, sonderbare Gedanken steigert in mir auf, seh ich diesen Namen und ich möchte immer noch hinzusetzen „Clara", nicht so? Wie wir doch sympathisieren! Denselben Gedanken hatte ich doch auch, wie schrecklich es wäre, zu sterben ohne Dritten Namen zu führen und, dachte ich, sollte ich im Sterben liegen, so ließ ich mich noch sterbend mit Dir trauen. Lass mich heute mit dem Gedanken schließen – er ist doch schön! „Gute Nacht, mein Robert!" würde ich dann sagen – „wir sehen uns wieder!" und ein Kuss von Dir würde mir die Augen schließen." –

Freitag früh, den 1./3.

„Soeben erhielt einen Brief vom Vater – es schmerze ihn, mich allein in Paris zu wissen, und doch sei er überzeugt, dass es mir von großem Nutzen sein würde, und da hat er Recht. Von Einnahmen kann bis jetzt noch nicht die Rede sein, denn das, was ich in Deutschland verdient, hat längst die Reise hierher gekostet, und der Aufenthalt hier ist sehr teuer, so einfach wir uns auch eingerichtet ... Lass Dich das jedoch nicht kümmern, so etwas muss man riskieren, will man in eine große Stadt gehen ... ... "

---

192 Gesammelte Schriften II 4. Aufl. S. 59 ff.
193 Gemeint ist wohl der Aufsatz Ges. Schr. S. II S. 62 ff.

Freitag Mittag.

„Soeben bekam ich Deinen Brief, der mich wieder auf das Tiefste erschüttert hat, und auch mich drohen die Sorgen zu erdrücken. ... Ich kann mich so gut in Deine Lage versetzen und wäre so gern um Dich, um Dir den Kummer tragen zu helfen. Einstweilen, lieber, guter Robert, ginge ich an Deiner Stelle nach Leipzig zurück und bliebe ruhig dort; ich denke mir doch bis Ostern 1840 auch noch etwas zu verdienen und komme g e w i s s zu Dir und kannst Du dann auf einige Monate abkommen, so reisen wir zusammen nach England und sehen, ob es zu unserm Vorteil wäre, dort zu bleiben ... ...

... Gehst D nach Leipzig zurück, so hast Du doch etwas Sicheres, aber in Wien gar nichts ... Deine Zeitung darfst Du nicht eingehen lassen ... Ach und so schön denke ich es mir, wenn Du wieder in Deinem Parkstübchen sitzen und arbeiten kannst ... Du wirst wieder aufleben ... In Leipzig brauchen wir kein großes Logis, können sehr angenehm in der Vorstadt leben und leben in Leipzig mehr in der Kunst als irgendwo. Nur Mut, mein Lieber! Lass uns nur immer einander ermutigen – e s g e h t a l l e s."

Freitag Abend.

„Nochmals las ich Deinen Brief und muss Dir noch Einiges beantworten ... Ich weiß gar nicht, lieber Robert, warum Du mir immer sagst, ich spiele nicht gern von Deinen Kompositionen, das ist recht Unrecht und schmerzt mich; eben weil ich Deine Kompositionen so sehr verehre und liebe, darum spiele ich sie nur Auserwählten. Ich sehe übrigens wohl ein, dass man mit dem Gefühl nicht immer durchkommt, und ich werde sie so viel als möglich spielen. Sieh, das ist mir so schrecklich, jemand dabei zu sehen, der nichts versteht – das bringt mich außer mir. Ich werde mich Dir so wohlgefällig als möglich zu machen suchen. Von Moscheles, Bennet und (wie heißt der Dritte?) Potter[194] soll ich spielen? Vom Ersten ungern (denn er ist trocken; ich meine nämlich die neuen Kompositionen), vom Zweiten s e h r ungern (ich kann es Dir durchaus nicht verhehlen, ich kann seine Kompositionen nicht lieben) und vom Dritten? den kenne ich

---

194   Ph. C. H. Potter, seit 1832 Direktor der *Royal Academy of Music* in London.

*noch vollends gar nicht, klingt mir auch nicht sehr hoffnungsvoll. Doch
auch hierin will ich Dir so viel gefallen als möglich. Was soll ich denn von
Moscheles, Bennet und Potter spielen? schreib es mir. –*

*Könnte ich Dich nur einmal wieder hören! Dich hörte ich so gerne,
schon als ich noch ein Kind war. Du wusstest es auch, und fantasiertest
manchmal vor mir ganz allein. Erinnerst Du Dich noch, als Du in Schneeberg einmal zur kleinen Tochter von der Rosalie (Du hattest sie auf dem
Schoß), sagtest, „weißt Du, wer das ist?" „Clara", sagte sie. „Nein", war
Deine Antwort „das ist meine Braut!" Ich hab oft wieder daran gedacht,
und endlich wurde es auch so und das freut mich doch recht sehr, nicht
wahr, mein Robert, Du bist es auch zufrieden? –*

*Heute war ich bei Bertin und er versprach mir, sich wegen des Conser-
vatoires für mich zu verwenden. Ich traf Berlioz daselbst, mit dem ich
mich dreimal verfehlt hatte ... er sprach gleich von Dir. Er ist still, hat
ungeheuer dickes Haar und sieht immer auf den Boden, schlägt immer
die Augen nieder. Morgen will er mich besuchen. Im Anfang wusste
ich nicht, dass er es war und erstaunte, wer der sei, der immer von Dir
sprach; endlich fragte ich ihn um seinen Namen und als er ihn sagte, da
bekam ich einen freudigen Schreck, der ihm geschmeichelt haben muss.
Seine neue Oper hat gänzlich missfallen ... ..."*

„Bittere Tränen" aber veranlassten, wie wir aus einem Briefe vom 7.
März erfahren, ihr Schumanns Aufklärungen über den Stuttgarter
Wolf in Schafskleidern; und zwar nicht so sehr wegen der Entlarvung
des erträumten Beschützers, an dem sie ja inzwischen selber schon
irre geworden war, sondern wegen des von Schumann namentlich in
seinem zweiten Briefe angeschlagenen Tones, aus dem sie wohl nicht
mit Unrecht ein gewisses Misstrauen in die von ihr gegebene Darstellung der Vorgänge und jedenfalls eine entschiedene Missbilligung
ihres Verhaltens heraushörte. „Wie hast Du mein Herz verwundet",
schreibt sie; „dass ich den Brief von S. nicht sehr aufmerksam gelesen,
hast Du wohl recht; doch hätte ich ihn aufmerksam gelesen, ich hätte
doch nicht alles so genommen wie Du. Du kannst aber Recht haben,
Du hast mehr Menschenkenntnis als ich – ich habe alles genommen
als in der eifrigsten Freundschaft geschrieben. – Das, was er schreibt
von „würdig sein", hat mich allerdings auch sehr verdrossen."

„Bist Du es denn wirklich, der das schrieb", fragt sie bekümmert und erregt zugleich, um dann aber sofort mit einem sicher schwer erkämpften „Nun, lieber guter Robert, eine andere Seite", fortzufahren. „Tue jetzt als hätte ich die vorhergehende Seite nicht geschrieben, sieh mich mal freundlich und lieb an und umarme mich wieder mit Zärtlichkeit, ich tue es auch."

Die sonstigen Pariser Eindrücke waren auch nicht geeignet, sie abzulenken oder freudiger zu stimmen. „Die Konzerte hier", klagt sie am 10. März, „sind ganz furchtbar langweilig, sie dauern 3–4 Stunden. In Gesellschaften hier ist es kaum auszuhalten: in einem kleinen Stübchen sitzen über 50 Damen um das Klavier herum und benehmen sich auf die fadeste Weise. ... Diese Frivolität, dies Nichtstun, Koketieren, das ist unglaublich. Neulich sah ich die Hugenotten, erbaute mich jedoch nicht sehr an der Musik, diese Musik ist mir doch unausstehlich, es wird Einem nicht einmal wohl dabei. Auch den Figaro sah ich von den Italienern, aber wie, das kannst Du nicht glauben; an jeden Schluss kaut eine italienische Kadenz, und wie wenig großartig fingen sie das, wie wenig verstehen sie den großen Meister." Dagegen empfand sie die Befreiung von der ihr von Anfang an unsympathischen Französin, die um diese Zeit erfolgte, als eine Erlösung: „Eins bin ich froh, dass ich meine Französin los bin. Ich hab sie fortgeschickt, indem sie den ganzen Tag ausging, maliziös und betrügerisch war. Gott sei gedankt, dass sie fort ist, jetzt bin ich nun mit Henriette allein."

Dass sie an dieser und ihrer alten Freundin Emilie List, die sie gegen früher sehr zu ihrem Vorteil verändert, herzlicher und weicher fand, zwei Freundinnen zu Seite hatte, denen sie auch rückhaltlos ihre Sorgen über ihre und Schumanns Zukunft anvertrauen konnte, war ihr in diesen trüben Zeiten die beste Hilfe. „Viel wird jetzt von Dir gesprochen", heißt es, „wenn nicht mit Emilie, so mit Henriette, am Piano." Und derselbe Brief, der die Klagen über die Pariser Gesellschaft enthält, gewährt einen freundlichen Einblick in das Zusammenleben der drei Mädchen. „Eben", berichtet Clara, „trägt mir Emilie (sie hat die Nacht bei uns zugebracht) und Henriette auf, ich soll Dir schreiben, dass ich ganz vorzüglich gut das Frühstück mache und mich sehr liebenswürdig dabei ausnähme! Sie lassen es sich eben beide schmecken. ... ... Du hast gewiss manchmal Angst, dass ich nicht kochen kann? Darüber kannst Du ruhig sein, das lerne ich, (bin ich erst einmal bei Dir) bald. Eben sagt Emilie: um Dir die Klavierfinger zu verbrennen! – Was mir die beiden Mädels vorschwatzen von Tee, Kaffeekochen und Gott weiß was, mit dem ich Dich Ärmsten unterhalten soll!"

Die Hauptsache aber war doch das Bewusstsein der wieder hergestellten Harmonie mit Robert, der seinerseits nicht frei von dem Gefühl, dass er etwas gut zu machen habe, grade jetzt alles aufbot, sie zu erheitern und zu ermutigen. So wenn er in glücklichster Stimmung am 11. März ihr von Wien aus schrieb:

„Meine liebe Clara, Dir über acht Tage lang nicht zu schreiben, ist das recht? Aber geschwärmt hab' ich in Dir und mit einer Liebe an Dich gedacht, wie ich sie noch gar nicht gekannt. Die ganze Woche saß ich am Klavier und komponierte und schrieb und lachte und weinte durcheinander; dies findest Du nun alles schön abgemalt in meinem Opus 20, der großen Humoreske, die auch schon gestochen wird. Sieh, so schnell geht es jetzt bei mir. Erfunden, aufgeschrieben und gedruckt. Und so hab ichs gerne. Zwölf Bogen in acht Tagen fertig geschrieben – nicht wahr, da verzeihst Du mir, dass ich Dich habe ein wenig warten lassen. Nun soll aber alles gut gemacht werden, und für's erste lass Dich küssen für den Brief, den ich am Dienstag erhielt. Es ist ein schöner Ton darin und Du scheinst mir immer mehr gefallen zu wollen; kurz ich bin wieder einmal schrecklich in Dich verliebt, die andere eigentliche Liebe gar nicht mitgerechnet. Auch Dein gestriger Brief war so lieb und gut. Doch macht' ich mir über Manches Vorwürfe, Dir es geschrieben zu haben. So wegen des Spielens meiner Kompositionen. Und Du wirst mich am Ende für eitel und undankbar halten; aber nein, das bin ich nicht; nur Deiner Teilnahme möchte ich gern so ganz gewiss sein – was hab' ich denn sonst auf der Welt als Dich. So auch meinte ich es gut wegen der Kompositionen von Moscheles, Bennet etc., ich glaubte, es könne Dir von Nutzen sein. Dann aber möchte ich überhaupt schon so ein wenig Deinen Mann spielen, und Dir hier und da bedeutende Winke geben; es ist aber nicht so bös gemeint. Doch sind das alles Kleinigkeiten gegen den Hauptvorwurf, den ich mir mache, dass ich Dir nämlich viel unnötige Sorge um mich mache. Denke doch nach, was hat es eigentlich Not für uns; von den 50 ersten

Künstlern Wiens sind nicht zehn, die so viel Vermögen haben als wir; von
Interessen kann kein einziger von ihnen leben. Also was wollen wir mehr
sein und verlangen? Wir müssen uns eben dazu verdienen und da ist kein
Bangen dafür. ... ...
... Verliere ja den Mut nicht in Paris; Du bist ja kaum einige Wochen
dort; man wird Dich auch ohne eine langweilige ältere Dame hinnehmen,
hast Du nur einmal angefangen. Deinen Vater lass Dir ja nicht kommen,
höre mich, ich bitte Dich, da ginge das alte Lied und Leid wieder los.
Jetzt, nachdem Du das Schlimmste überstanden, die große Reise, die ers-
ten Anfänge und Einleitungen in Paris, jetzt führe es auch durch ... ...
... Was Du mir so rührend schön schreibst vom Trauen während des
Sterbens, dies sei Dir und mir ein Sporn, dazu zu tun, dass wir nicht
ein gar zu altes Hochzeitspaar vorstellen und dass es bei 1840 bleibt.
Bis dahin wollen wir uns aber versprechen, dass Keines vor dem Andern
stirbt ... ...
... Bei der Erzählung von der kleinen Rosalie fällt mir ein, wie ich Dich
einmal als kleines Mädchen küssen wollte und Du mir sagtest „N e i n
s p ä t e r, wenn ich einmal älter bin"; liebe Clara, da hast Du einen unge-
meinen Scharfblick und prophetischen Geist gezeigt."

Wenn er diesen Brief schloss mit den Worten „Schreibe gleich und
unaufhörlich. Sei treu und heiter wie ich", so fuhr er im selben Ton am
16. März fort:

„Also geweint hast Du doch? Hatte ich es Dir nicht verboten? ... ...
Wenn ich Dir nun Deine Tränen damit vergölte, dass ich Dir für die eine
immer einen Kuss gäbe und für die andere immer etwas Hübsches und
Lustiges sagte, wärst Du damit zufrieden? Also erst einen Kuss – und
nun gleich einen lustigen Gedanken – Liebe Clara, wenn ich und je mehr
ich unsrem ersten Ehesommer in Zwickau nachsinne, desto mehr will
sich die ganze Welt wie eine Rosenlaube über mich zusammenschlagen
und wir sitzen drinnen Arm in Arm als junges Ehepaar und schweigen
und arbeiten – sinne nun über Alles nach und über das große Glück –
wäre denn Zwickau nicht zu erringen? Erstens (noch einen Kuss) müs-
sen junge Frauen gehörig kochen und wirtschaften können, wenn sie
zufriedene Männer haben wollen, das könntest Du aber unter Lachen

und Scherzen bei Theresen lernen – sodann dürfen junge Frauen nicht gleich große Reisen machen, sondern müssen sich pflegen und schonen, namentlich solche, die ein ganzes Jahr vorher für ihren Mann gearbeitet und sich aufgeopfert haben – drittens wären wir aller lästigen und neugierigen Besuche ledig – viertens würden wir sehr spazieren gehen können und ich Dir alle Plätze zeigen, wo man mich als Jungen durchgeprügelt – fünftens könnte uns Dein Vater nichts anhaben – sechstens und siebentens brauchten wir blutwenig und brauchten höchstens nur die Coupons abzuschneiden – achtens was würde ich alles komponieren und Du spielen – neuntens könnten wir uns gut für Wien vorbereiten – und nun Clärchen, Clara, weinst Du nicht mehr, und sieh mir einmal ins Auge – was steht alles darin? Nicht wahr, das f e s t e s t e V e r t r a u e n auf Dich ... ...

... ... Nun genug der Worte, und küsse mich einmal, mein gutes Herzenskind. Man hat sich viel lieber, wenn man ein bisschen bös auf einander gewesen. Es ist wie nach einem kleinen Regenschauer im Frühling.“

Aus der selben gehobenen zukunftsfrohen Stimmung, in der ihm, bezeichnend genug, auch die Fortführung der Zeitung in Wien allen bisherigen Erfahrungen zum Trotz wieder einmal als möglich erschien, in der er sich die Einzelheiten der Trauung, in einer Dorfkirche „niemand als der Prediger und wir“ – behaglich ausmalte, entsprangen die Ratschläge und Tröstungen für die nächste Zukunft, die er am folgenden Tage hinzufügte:

„Nun noch Einiges, was Du erwägen mögest, meine liebe Clara; gehe ja nicht eher aus Paris, als Du einen v o l l s t ä n d i g e n Triumph mit Dir nimmst; setze Deine ganzen Kräfte auf den Tag, wo Du zum ersten Mal auftrittst; denke dabei an mich, der Dich hört, der atemlos an Deiner Seite steht ... Ich bange auch gar nicht um Dich, aber es hängt doch so vieles von Verhältnissen ab, von Lokalumständen, von plötzlichen Zufällen; also gelingt es Dir das erste Mal nicht, so muss es das z w e i t e M a l; nur gehe nicht eher nach London, als Du sicher bist, dass Du schon von Paris aus hinlänglich dort empfohlen bist. Die Städte sind die größten in der Welt. Du kommst ja eigentlich zum e r s t e n M a l als vollendete Meisterin dahin.“

Aus diesen Tagen mag auch ein Brief Claras an ihren Vater eingeschaltet werden, der auf persönliche Beziehungen und allgemeine musikalische Verhältnisse einige interessante Streiflichter fallen lässt.

Paris 19./III 39.

Mein lieber Vater, nur einen kleinen Bogen kann ich nehmen, ich weiß nicht, wo mir der Kopf steht. Übermorgen ist die Matinee von Schlesinger[195] *bei Erard (Erard hat ihm aus Gefälligkeit für mich seinen Saal umsonst gegeben) und da spiele ich mit Batta*[196] *und Artot*[197] *das B-Dur-Trio und dann Lob der Tränen, Hexentanz und Poème d'amour von Henselt. Du kannst Dir wohl denken, wie mir ist, das erste Mal in Paris zu spielen. Denselben Abend darauf ist auch die Soiree bei Zimmermann*[198]*, wo ich die Variationen von Henselt spiele, die in der Gazette musicale sehr getadelt sind, Du hast es wohl gelesen? ... ... Ich werde sie dem ohngeachtet hier spielen, ich will doch sehen, ob das Pariser Publikum nicht auch anerkennen wird, was ein Wiener Publikum entzückt hat? Morgen Abend bin ich bei einer Gräfin (den Namen weiß ich nicht); und neulich bei Leos sagte mir der sächsische Konsul, Appony*[199] *habe ihm gesagt, ich würde bei ihm spielen. Morgen will ich wieder einen Besuch daselbst machen. Bei Koenneritz*[200] *war ich auch, und sollte heute Abend ein wenig hinkommen, schrieb es aber ab, denn alle Abende wegzugehen, das kann ich nicht aushalten ... ...*

195 Moritz August Schlesinger, der Inhaber des gleichnamigen Musikverlags in Paris und Herausgeber der „Gazette musicale". Die Matinee, in der Clara spielte, war die dritte einer Reihe von Matinees, die Schlesinger für die Abonnenten der „Gazette musicale" veranstaltete.

196 Alexander Batta, in Frankreich einst vielgefeierter Cellovirtuose.

197 Alexander Joseph Artôt, Schüler Kreuzers, hervorragender Violinist, der mit 30 Jahren starb.

198 Pierre Joseph Guilleaume Zimmermann, seit 1816 Professor des Klavierspieles am Conservatoire. Seine „Soireen" hatten einen gewissen Ruf, den aber Clara bei ihrem ersten Besuch wenig berechtigt fand. „Am 7. März", schreibt sie im Tagebuch „Abends Soiree bei Zimmermann. Das sind also die in Deutschland so berühmten Soireen? in einem kleinen Stübchen sitzen an 150 Damen zusammen gedrängt, dass sie sich nicht rühren können; und wird nun bis in die späte Nacht Musik gemacht, aber was für Musik, lauter schlecht gesungene Arien, eine nach der andern, Rutini war der Einzige, der mir Genuss verschaffte, alles andere ist nichts."

199 Österreichischer Gesandter.

200 Sächsischer Gesandter.

*So Manches habe ich wieder gehört, neulich war ich wieder bei Leos
zur Probe, jedoch bloß als Zuhörer, Meyerbeer und ich mochten wohl die
unglücklichsten Zuhörer sein, denn meine Ohren waren zum wenigsten
nicht mehr in der Stimmung, als ich nach Haus kam. Meyerbeer war
recht liebenswürdig gegen mich. Tags darauf war ich im Konzert von
Batta, der hier von den Damen angebetet wird (er ist Cellist und sein
Bruder Klavierspieler), weil er während des Spiels mit ihnen kokettiert,
dass man es kaum aushalten kann; er hat ein delikates Spiel, aber (wie
ich in mein Tagebuch schrieb) er hat eine affektierte, eine französische
Seele. Das Konzert begann mit dem B-Dur-Trio; so schlecht kann man es
nur von Franzosen hören, das kannst Du gar nicht glauben (sein Bruder
spielte das Klavier) wie eine Partie Variationen von Herz haben sie das
abgepeitscht – ich will ihnen doch zeigen, wie man das spielen muss.*

*Gestern hörte ich Franchomme[201] in einer wunderhübschen Komposi-
tion von sich; der hat mich entzückt! Er macht freilich nicht wie Batta
den Damen die Cour. Es war gestern das Konzert von Osborne[202] ein
höchst m i t t e l m ä ß i g e r Spieler. Beriot spielte 2 Duos mit ihm und
dann auf furchtbares Geschrei des Publikums das Tremolo. Er hat mich
neulich besucht und mir seine neuen Etüden gebracht; ich will Eine für
das Klavier bearbeiten, sobald ich Zeit habe. Vielleicht spielt Beriot ein
Duo in meinem Konzert mit mir – das wäre gut; er bleibt die ganze
Hälfte des Sommers hier, … ist Pauline zu meinem Konzert auch da, so
singt sie vielleicht auch.*

*Gestern hab ich einen Herrn Matthias besucht, dessen Sohn ein 2ter Liszt
(ich glaube 12 Jahre alt) ist, an Genie[203]. Den Jungen solltest Du hören, ein
ungeheures Talent, Schüler Chopins. Soll ich Dir weitläufig seine Talente
auseinandersetzen? Du kennst die Wunderkinder-Talente, nur muss ich
noch hinzufügen, dass der Junge eine vortreffliche Schule durchgemacht,
sehr schöne lockere Finger hat und alles von Chopin spielt und nicht etwa,
dass er es nicht könnte! o nein, er schlägt alle diese Klavierklimperer hier.
Merkwürdig ist es nur, dass er nie mehr als eine Stunde geübt hat, sehr*

---

201 August Franchomme, berühmter Cellovirtuos, Freund Chopins.
202 G. A. Osborne aus Limerick in Irland, Schüler Kalkbrenners, seiner Zeit Pianist von Ruf,
     nicht minder als Komponist von Salonmusik.
203 Georges Amédée Mathias, geb. 1826, ward in der Tat ein sehr angesehener Klavierspieler
     in Paris und 1862 Professor des Klavierspiels am Conservatoire, aber kein zweiter Liszt!

kränklich ist (ganz wie Chopin) und bis jetzt auch fortwährend krank war. Sein Vater ist ein sehr vernünftiger Mann, lässt ihn auch nicht in Gesellschaften spielen, und ist keiner von den Vätern, die ihre Kinder vergöttern. Ich sollte ihm Unterricht erteilen, doch ich sagte ihm, er brauche keinen Lehrer. (Weißt Du, ich würde mich fürchten dem Jungen Unterricht zu erteilen, denn sein Geist übersteigt doch noch seine physischen Kräfte.) Ich hab mit ihm 4händig gespielt und werde diese Familie öfters besuchen, nota bene da ich jetzt ziemlich nahe zu ihnen ziehe ... ...

Chopin ist mit der George Sand in Marseille und liegt da zum Sterben krank, man zweifelt an seinem Aufkommen Nourrit[204] hat sich (wie Meyerbeer soeben die Nachricht erhalten) in Neapel, nachdem er in einem Konzerte gesungen und nicht gefallen hatte, zum 4. Stock heruntergestürzt; er sagte zu seiner Frau, mit der er sehr glücklich gelebt, sieh doch nach den Kindern (es war Abends) und bringe sie mir" – Die Frau geht und kommt zurück, mit Einem auf dem Arm, sieht ihren Mann nicht, das Fenster steht offen und als sie hinuntersieht, liegt ihr Mann da. Sie fiel natürlich gleich mit dem Kinde im Arm rücklings zu Boden und endlich [kam] man dazu und fand den Mann zerschmettert. Er war im Kostüme in ein Konzert gekommen, und wurde ausgepfiffen, natürlich weil er im Kostüme kam. Man ist ganz außer sich darüber.

Baillot[205], Paer etc. hab ich besucht. Ersterer war nicht zu Haus, desgleichen Auber, doch Paer war sehr liebenswürdig; von neuerer Musik versteht er g a r n i c h t s . Von Kalkbrenner wurde gestern ein Sextett gespielt, das erbärmlich komponiert ist, so arm, so matt und so ohne alle Fantasie. – Kalkbrenner saß natürlich süß lächelnd und höchst zufrieden mit sich selbst und seiner Erschaffung auf der ersten Reihe. Der sieht immer ans als wollte er sagen, „Lieber Gott, ich und die ganze Menschheit muss es Dir danken, dass Du mich Geist erschufest (Probsts Worte und Auslegung – sehr gut, nicht wahr?) Das von Petersburg ans über die Camilla hat mich sehr gefreut[206], gibt es doch immer noch Menschen, die

---

204 Ad. Nourrit, lange erster Tenor der Großen Oper und Gesangslehrer am Conservatoire, u.a. der erste Raoul in den Hugenotten.

205 P. M. Baillot, mit den 20er Jahren erster Violinist der Großen Oper und Sologeiger der königlichen Kapelle

206 Bezieht sich auf eine Notiz aus Petersburg in der N. Z. f. Mus. Nr. 13 (X S. 56) über die großen Erfolge der schönen Camilla PLeyel dort, zu denen der Referent bemerkt: „Ich

Gerechtigkeit üben. Deinen Brief vom 8. März hab ich, wie Du siehst. Du verlangst, ich solle Dir mehr schreiben, doch Du bedenkst nicht, dass in Paris eine Stunde, was bei uns ein Tag ist. Keinen Abend komme ich vor Mitternacht nach Haus und stehe demungeachtet alle Morgen um 7 oder halb 8 Uhr auf, die schönste Zeit raubt mir das Schreiben, darum lieber Vater musst du Dich nun schon begnügen, nur alle 14 Tage einen Brief zu erhalten. Du kannst viel mehr schreiben, Du hast viel mehr Zeit. Ich kann mit dem besten Willen nicht mehr schreiben – glaube mir, so gern ich möchte.

Fechner will mich lithographieren und ich hab es ihm zugesagt, ich möchte nur durchaus gern erzwingen, ein ähnliches Portrait von mir zu sehen. Kannst Du denn nicht einmal durch eine passende Gelegenheit einige Wiener Portraits zuschicken, und meinen Brillantring hab ich auch nicht, das dauert mich schmerzlich.[207] Heine kann ich eigentlich aus gewissen Gründen nicht gut besuchen – vielleicht gehe ich doch einmal mit Herrn List dahin.

Nun meine Lieben, lebt wohl, grüßt alles, an Nanny schreib ich bald. Sage Verhulst, ich würde sein Andaute nächstens mit Beriot spielen. Grüßt Wenzel, Pfundt, Reuter, alle Verwandtschaft und die kleinen blühenden Veilchen – nicht wahr – Du ziehst sie doch noch den Pariser Veilchen vor? Bald hoff ich wieder einen Brief von Dir. Der Mutter meinen Kuss und Dich lieber Vater umarmt mit alter D e u t s c h e r Liebe Deine Clara … … "

„Ich hab die Konzerte satt, punktum!" – hatte Clara am Tage vorher in ihr Tagebuch geschrieben. Sie meinte als Zuhörerin die Konzerte anderer. Aber auch ihr eigenes erstes Auftreten sollte ihr noch Verdruss und Ärger überreichlich bringen. Ihre Hoffnung, den Parisern zu zeigen, wie man das B-Dur-Trio zu spielen habe, erfüllte sich nicht. Denn ihre beiden Partner Batta und Artôt, denen vielleicht Claras Urteil über die neuliche Vorführung zu Ohren gekommen, behandelten die junge Kollegin auf der Probe in einer so beleidigenden und ungezoge-

---

fand, dass Mad. Pleyel zu den vorzüglichsten Pianisten der Gegenwart gehört, allein die Leistungen eines Henselt und A. Gerke kann sie nicht vergessen machen."

207 Diesen schmerzlich vermissten Brillantring, den ihr Wieck s.Z. zur Belohnung für ihr tapferes Benehmen bei der Naumburger Konzertreise von 1836 geschenkt hatte, sollte sie nie wieder erhalten!

nen Weise, die Clara veranlasste, das Stück vom Programm überhaupt abzusetzen. Schmerzlich empfand sie bei dieser Gelegenheit wieder einmal den Mangel eines männlichen Schutzes. Und man versteht danach, nun mehr als zur Genüge wenn sie an Robert am Abend des 13. März schreibt: „Die Angst vor Übermorgen verzehrt mich bald; ich kann gar nichts mehr denken. Nur Dich denke ich immer, wenn ich nicht gefallen sollte, Deine Verzweiflung – ich überlebte es nicht! – Ich vertraue auf meinen Genius. Bitte für mich, das wird helfen."

Aber an demselben Tage, an dem sie Schumanns ersten heiteren Brief erhielt, am 21. März, konnte auch sie ihm mit befreiter Seele berichten, dass sie ihr „erstes Debüt glorreich bestanden" habe.

»Ich spielte in der Matinee von Schlesinger und Abends bei Zimmermann und machte besonders Abends, wo viel Kenner waren, Furore. Sie nannten mich den 2. Liszt etc. In der Matinee spielte ich Variationen von Henselt (Lob der Tränen), meinen Hexentanz, Poème d'amour, Ständchen von Schubert und Vöglein von Henselt. Abends spielte ich repos d'amour, meinen Sabbat, der sehr gefällt, das Vöglein und die Caprice von Thalberg. Da muss ich Dir noch einen Spaß erzählen, der Dir beweisen wird, wie wenig musikalisch Schlesinger ist. Ich wollte nämlich die Variationen von Henselt spielen, doch Sch. meinte, den Namen Variationen nicht auf das Programm setzen zu dürfen und so sollte ich die Caprice von Thalberg spielen, und die ward dann angekündigt. Ich fand die Var. besser zum Anfang, und spielte sie, ohne jemand etwas vorher zu sagen. Sch., dachte ich, würde außer sich sein, doch machte er gute Miene zum bösen Spiel, was mich außerordentlich wunderte; endlich nachdem ich ganz fertig bin, fragt er mich: „es wäre doch recht schön, wenn Sie dem Publikum noch die Var. zu Gehör brächten, wollen Sie?" Nun sagte ich ihm, „ich hab sie ja schon gespielt!" „Ach Sie Tausend!" und ein Erröten war seine Antwort. Ach wie hab ich den ausgelacht.

... Die Kinderszenen haben mich in ein wahrhaftes Entzücken versetzt ... ach wie schön sind die, morgen muss ich sie noch wieder in aller Ruhe genießen! Bis jetzt konnte ich sie nur einmal durchspielen und zwar in Gegenwart von Halle²⁰⁸ der auch entzückt war.

208   Karl Halle aus Hagen, seit 1836 Pianist in Paris, wo er sich Charles Hallé nannte, später in Manchester und London mit großen Erfolg tätig als Konzertdirigent.

Noch kenn ich diese Komposition nicht genau genug, um sie ganz beurteilen zu können, doch hat mich ganz besonders ausgesprochen, das bittende Kind, Von fremden Ländern und Menschen, Glückes genug, Fürchten machen, Kind im Einschlummern und des Dichters Worte. Den Dichter kenne ich, tief in das Innere sind mir seine Worte gedrungen – ...

Ach Robert, wie glücklich und wie unglücklich bin ich doch! Die Sehnsucht nach Dir greift in mein Leben, und kann ich es dann manchmal gar nicht mehr aushalten, so weine ich mich an Henriettens Herzen recht aus. ... ...

Ich kann nicht nach London gehen ohne männlichen Schutz. Eine große Hauptsache ist auch die, dass man nach London nur nach Paris geht, und ich noch zu wenig bekannt in Paris bin, und die Zeit dazu schon zu spät ist. Meine Absicht war also, ich wollte den Sommer hier bleiben, Stunden hier geben, vielleicht zwei Monate im Sommer nach Baden-Baden gehen, dann wieder hierher kommen, Anfang Winters hier einige Unterhaltungen geben, mir Empfehlungsbriefe verschaffen, im Januar nach Deutschland kommen, mich mit Dir, mein Lieber, zu verbinden, 2–3 Monat in Zwickau, Leipzig oder wo Du willst, leben, und dann nach London zusammen zu gehen und da 2–3 Monate zu leben etc. und das Übrige findet sich dann. Ist Dir der Plan recht? ... Ich würde mich auch wohl noch viel besser auf den Klavieren einspielen; ach, sie gehen so schwer, das ist schrecklich. Und doch hab ich gestern so ziemlich gut gespielt. Dies kleine Blümchen beiliegend ist ans dein Bouquet, was ich gestern am Kleide stecken hatte; ich bekam das Bouquet von Emilie und betrachtete es als von Dir kommend. Ich glaub ich hätte Dir gefallen gestern; ein schwarzes Kleid hatte ich an (das ist hier beliebt); ganz einfach, um das Haar eine weiße Kamelia umgeben von so weißen Blümchen, wie Inliegendes, und unter den Blumen die Brosche von der Kaiserin von Österreich. Lächelst Du jetzt nicht ob meiner kindischen Beschreibung? Ach, ich weiß es aber, ich hätte Dir doch gefallen, ganz nobel sah es aus. – Am 9. April ist einstweilen mein Konzert festgesetzt, doch gibt es hier so furchtbare Mühe dabei, dass ich nicht weiß, ob die Zeit bis dahin nicht zu kurz ist. ...

Soeben schlägt es Mitternacht, und ich seh den Mond an ... der Gedanke, dass wir ihn zu gleicher Zeit erblicken können, der macht mich immer so glücklich, der ist so tröstend.

Wie freue ich mich immer, je öfter ich Deine 2 letzten Briefe lese, so heiter wie Du bist, so vertrauensvoll, dass Du mir wirklich so manche Sorge

292

verscheuchst. Sehr recht hast Du, was kann uns denn am Ende zustoßen, wir haben ja beide unser Kapital in uns, kann es denn da fehlen? Darum lass uns nur mutvoll weiterschreiten, es wird sich noch alles finden, es m u s s s i c h f i n d e n . Recht lieb ist es mir übrigens, dass Du von Wien weggehst, denn die Wienerinnen könnten Dich mir am Ende doch streitig machen, und besser ist es, Du gehst erst wieder dahin, wenn ich bei Dir bin – es ist sicherer. ... ...

... Weißt Du, lieber Robert, dass auch ich mir ein Rechnungsbüchelchen halte, wo ich jeden Abend vor dem Schlafengehen meine Ausgaben hineinschreibe. Wie freut mich doch Deine Ordnung, ich weiß gar nicht, wie sehr ich Dich immer loben soll und besonders, dass Du mich Dir zur Braut genommen und nicht eine Andere, das war doch Deine beste Tat.

Wem hast Du denn Deine Kinderszenen gewidmet? Nicht wahr, die gehören nur uns Beiden, und sie gehen mir nicht aus dem Sinn, so einfach, so gemütlich, so ganz „Du" sind sie, schon kann ich morgen nicht erwarten, um sie gleich wieder zu spielen. Da fällt mir eben das Fürchtemachen ein, das verstehst Du so gut. Vor einigen Jahren hattest Du immer Deinen Spaß mit mir, wenn Du mir zum Beispiel von Doppelgängern erzähltest, oder weis machtest, Du habest ein Pistol bei Dir. Manchmal muss ich noch lachen ... ich war aber auch eine, dass ich Dir alles glaubte – Du Lügner! Das Fürchtemachen verbitte ich mir späterhin, besonders wenn wir des Abends allein beieinander sitzen. Gute Nacht, mein Robert! Du mein Hoffen, Lieben, mein Alles." –

„Ach", schreibt sie drei Tage später in gleicher Stimmung, „wie unbeschreiblich schön sind doch Deine Kinderszenen ... könnte ich Dich nur küssen! – Gestern dachte ich und denke es auch immer noch, ist es denn wahr, dass der Dichter, der da spricht, Mein sein soll, ist denn das Glück nicht zu groß? Ach, ich kann's nicht fassen! Mein Entzücken steigert sich mit jedem Male, dass ich sie spiele. Wie viel liegt doch in Deinen Tönen und so ganz versteh' ich jeden Deiner Gedanken, und möchte in Dir und Deinen Tönen untergehen. Dein ganzes Innere offenbart sich Einem in diesen Szenen, diese rührende Einfachheit, als z.B. „Das bittende Kind" man sieht es, wie es bittet mit zusammen gefalteten Händchen, und dem Kind im Einschlummern! Schöner kann man die Augen nicht schließen. In diesem Stück liegt so etwas Eigenes, so etwas Abenteuer-

liches, ich suche immer die Worte. Das Erste „von fremden Ländern und
Menschen" war schon von früher her ein Lieblingsstück von mir ... die
„kuriose Geschichte" lieb' ich auch sehr, jetzt aber „Haschemann", das
ist spaßhaft, ganz außerordentlich geschildert. „Glückes genug" brachte
in mir ein so ruhiges Gefühl hervor, und der Gang nach F Dur, der ist
so erhebend; ist es Dir dabei nicht, als wolltest Du aufgehen in Deinem
Glück? – Die „wichtige Begebenheit" spiel ich gern und sehr gewichtig;
der zweite Teil ist köstlich. „Träumerei" – bei diesem glaube ich Dich am
Klavier zu sehen – es ist ein schöner Traum. Der „Kamin" ist ein deut-
scher, diese Gemütlichkeit findet man an keinem französischen Kamin.
Doch eben fällt mir ein, dass ich ja heute tue, als sei ich ein Rezensent!
Nimm mir meine Auseinandersetzung nicht übel, ich möchte Dir so gern
schildern, welche Gefühle ich bei diesen Stücken hab, doch ich kann es
nicht. Schreib mir doch, wenn Du einmal Zeit hast, etwas über diese
Szenen, schreib mir, wie Du sie willst gespielt haben, schreib mir Deine
Gedanken dabei, ob es die meinen sind. Schreib mir – schreib mir doch
auch, ob Du mich noch immer so lieb hast? ... ...
Hast Du die italienische Oper einmal gehört? Gestern war ich in Lucia,
welches mir die liebste Oper von Donizetti ist, und zum Schluss der Oper
ist eine Arie vom Tenor, die müsste Dir doch gefallen, die müsste Dich
einen Augenblick hinreißen ... "

Schon aber zogen sich neue Wolken über ihren Häuptern zusammen.
Schumann, der in den letzten Märztagen, wie er an Clara schrieb, seine
„ganze Kraft aufgeboten" vor der Abreise nach Leipzig, noch zwei große
Kompositionen zu vollenden, wurde am 30. März durch die Nachricht
von der schweren Erkrankung seines Bruders Eduard in lebhafte Sorge
und Unruhe versetzt und entschloss sich, so schnell als irgend möglich,
Wien zu verlassen. Ein zwei Tage später, am Ostermontag, an Clara
gerichteter Brief spiegelt deutlich die widerstreitenden Empfindungen
wider, die in diesen Tagen und Stunden ihn bewegten:

Wie es wieder einmal gestern in meinem Herzen aussah, kann ich Dir
nicht sagen. Therese hat mir einen trostlosen Brief geschrieben; ich kenne
diese Briefe, denen dann gleich die Todesnachricht folgt ... Eduards Tod
könnte auch für uns ein Unglück sein – aber sorge Dich noch nicht, meine

Clara – verschweigen darf ich Dir nichts und Du erfährst alles von mir. Wenn ich nun ein ganz armer Mann würde und Dir selbst sagte, Du möchtest von mir lassen, weil ich Dir ja nichts als Sorgen mitbrächte – würdest Du dann nicht von mir lassen? –

… Dein Brief bist wieder einmal Du selbst in Deiner Unwiderstehlichkeit … … fahre nur so fort, meine Liebe – Du wirst einmal aus mir machen können, was Du willst bis auf Bellini …

… Wegen Deiner Reise nach London hast Du ganz Recht; ich wollte Dir ohngefähr dasselbe schreiben … Bist Du denn immer ordentlich mit Geld versehen? … Verzeih mir nur die schweren Kosten, die ich Dir so oft durch Mitschicken anderer Briefe verursache; aber ich muss Deine Liebe zu mir durch solche Briefe manchmal begießen (wie einen Blumenflor), damit sie immer hübsch frisch bleibe und dufte – Ein höchst eitler Mensch dieser Mr. R. Schumann, nicht wahr? – Ich kann Dir ja jetzt so wenig Freuden machen, als durch solche Mitteilung; und freuen muss es Dich gewiss, wenn ich auch ein wenig geschätzt werde.

… Und nun nimm meinen schönsten Glückwunsch zu Deinem ersten Auftreten und versprich mir, es immer so herrlich zu machen als nur in Deinen Kräften steht – dann wirst Du mich immer mehr und mehr beglücken, obgleich das kaum möglich ist. –

… Wenn Du mich frägst, ob ich Dich noch liebe – Ja! Ja! Ja!"

Tiefste Erregung atmen auch die während der Reise, in der Morgenfrühe d. 7. April von Prag aus an Clara gerichteten Zeilen:

… „Wie innig und immerwährend hab' ich Deiner auf der Reise gedacht, das kann ich Dir gar nicht beschreiben. Oft hatte ich auch das schöne Bild, Du schwebtest wie ein Schutzengel neben dem Wagen einher – ich sah Dich ordentlich in schönen Gewändern, mit Flügeln und liebenden Augen – gewiss hast Du gestern und vorgestern recht mit Liebe an mich gedacht.

… Sobald ich meine Gedanken zusammen habe in Leipzig, schreib ich gleich. Ich will gleich mit aller Kraft an die Zeitung. Was werde ich für Nachrichten von Theresen vorfinden. Hoffst Du noch nach solchem Brief? Ich nicht viel und doch kann ich es nicht glauben, dass Eduard tot sein könne. Von einer Ahnung schrieb ich Dir; ich hatte sie in den Tagen

vom 24. bis zum 27. März bei meiner neuen Komposition; es kommt darin eine Stelle vor, auf die ich immer zurückkam; die ist als seufzte jemand recht aus schwerem Herzen: „ach Gott". – Ich sah bei der Komposition immer Leichenzüge, Särge, unglückliche, verzweifelte Menschen, und als ich fertig war und lange nach einem Titel suchte, kam ich immer auf den: „L e i c h e n f a n t a s i e " – Ist das nicht merkwürdig – Beim Komponieren war ich auch oft so angegriffen, dass mir die Tränen herankamen und wusste doch nicht warum und hatte keinen Grund dazu – da kam Theresens Brief und nun stand es klar vor mir. ...

... Bleib nur ruhig und verliere den Mut nicht, wenn uns ein Unglück träfe. Das Geschick hat uns zusammengefesselt, Du wirst Dich nicht losreißen, auch wenn die Ketten drücken sollten: nicht wahr ... nicht?

... Dienstag bin ich jedenfalls in Leipzig. Gleich schreib ich Dir, meine Clara ... Grüße mir Deine Freundinnen, vergiss es nicht. Viel Schönes flüstere ich Dir noch ins Ohr: hörst Du? Adieu."

Noch ohne Ahnung von diesen Vorgängen, hatte Clara am 3. April von ihren Pariser Erlebnissen berichtet:

„... Mein Konzert wird den 16. April stattfinden, denke um halb neun Uhr an mich, da beginnt es. Ach, meine Angst! Sie steigt mit jedem Male, dass ich spielen muss, ich weiß nicht, was das ist! Hauptsächlich ist mir so Angst um Deinetwillen, denn ich weiß, gefiele ich nicht, Du wärest außer Dir.

... Neulich war ich bei Meyerbeer zu Tisch und traf da Heine und Jules Janin. Ersterer ist sehr geistreich, letzterer aber roh ... macht fortwährend Witz, der nicht geistlos ist, doch schrecklich ist es mir, dass er selbst am meisten über seine Witze lacht. Heine spricht mit Bitterkeit von Deutschland – er will mich nächstens besuchen, sowie Auber, Onslow, Halevy etc.

Donnerstag früh, den 4./4.

„Das ahntest Du wohl nicht, dass ich heute um 2 Uhr noch am Klavier saß und Deinen Carnaval spielte? – Ich war bei einer Gräfin Perthuis und die Kenner waren noch alle geblieben, und ich spielte denn da *das Meiste aus dem Carneval, dann von Chopin, von mir, Scarlatti etc. Gestern machte ich wirkliches Furore. Sonderbar ist es mir, dass mein Scherzo hier so sehr gefällt, immer muss ich es wiederholen ... ...* "

... Höre Robert, willst Du nicht auch einmal etwas Brillantes leicht Verständliches komponieren, und etwas das keine Überschriften hat, sondern ein ganzes zusammenhängendes Stück ist, nicht zu lang und nicht zu kurz? Ich möchte so gern etwas von Dir haben öffentlich zu spielen, was für das Publikum ist. Für ein Genie ist das freilich erniedrigend, doch die Politik verlangt es einmal. ...

... Im Conservatoire zu spielen hält ungeheuer schwer, und dringt man endlich durch, so kann man doch nur einmal spielen und das am besten Solo, um von Niemand abzuhängen ... die Kabalen sind hier furchtbar. Mit England hast Du sehr recht, einen Triumph muss man erst hier in Paris erfochten haben, und da es dies Jahr zu spät dazu ist, so bleibe ich diesen Sommer hier und gebe im nächsten Winter noch Konzert hier, dann denke ich für England genug bekannt zu sein. Fugen von Bach will hier kein Mensch hören, auch nicht Kenner ... ...

... Henriette bleibt den ganzen Sommer hier und bald wohnen wir nun alle zusammen. Die liebe Emilie liebe ich doch jetzt noch viel mehr als früher, auch, weil sie Dich liebt. Sie hat doch viel mehr Herz als man glaubt, kennt man sie nicht genau."

„Mein guter Robert", hatte sie geschlossen, „sei nicht unruhig, wenn ich Dir jetzt lange nicht schreibe, denn jetzt muss ich alle meine Sinne auf mein Konzert wenden, habe eine Menge Besorgungen und darf mir durchaus keine steifen Finger mit schreiben machen."

Die inzwischen erhaltenen Nachrichten von Roberts schweren Sorgen aber lassen sie, selbst von Sorgen bedrängt, doch sofort wieder zur Feder greifen. „Du fragst", schreibt sie am 9. April, „ob ich nicht von Dir lassen würde, wenn Du ein ganz armer Mann würdest! Ein Mann wie Du, mit einem solchen Geist, mit einem solchen Herzen kann nie arm sein. Du kannst hingehen, wo Du willst, Dir steht die ganze Welt offen, und mein Herz ist ja Dein – konntest Du im Ernst mir diese Frage stellen? Freud und Leid will ich mit Dir teilen, mein Herz gehört nur Dir und ließest Du von mir, mein Herz bliebe dasselbe, mein letzter Seufzer solltest Du sein."

„Deine Trauer wegen Eduard teile ich, doch gib noch nicht alle Hoffnung auf," heißt es weiter. Aber man fühlt ihren Worten an, dass es an erster Stelle die Sorge, wie dieser Schlag auf Roberts Gemüt wirken werde, ist, die sie bekümmert Sie wusste ja von früheren Erfahrungen zu gut, wie wenig er solchen Erschütterungen gewachsen war, und sie bangte sich doppelt um ihn, als gleichzeitig ein Schreiben ihres Vaters gekommen war, der ihnen beiden einen Kampf auf Tod und Leben ankündigte.

„Vor einigen Tagen," berichtet sie selbst darüber, sei ein Brief Wiecks gekommen „an Emilie (heimlich), wo er ihr schreibt, wenn ich nun nicht von Dir ließe, so würde er mich nicht mehr als sein Kind betrachten, mir mein Erbteil nehmen, auch mein kleines Kapital und einen Prozess gegen u n s B e i d e beginnen, der 3–5 Jahre lang währen könnte. Das sind schöne Hoffnungen, doch ich verliere den Mut nicht. Bis zu der Zeit unserer Verbindung lass uns noch alles versuchen, ihm Beweise zu geben von unserem guten Auskommen (das ist wohl der Hauptgrund seines Zornes) und ihn auf alle Weise zu besänftigen suchen; will er dann doch nicht und verstößt er mich, nun, so kann ich meine Handlung doch vor Gott rechtfertigen. Wenn ich mir es so eigentlich überlege, so ist es mir doch schon jetzt, als hätte ich keine Eltern mehr, denn von Hause höre ich gar wenig Liebes." –

„Die Krankheit Deines Bruders", schreibt sie drei Tage später, „scheint mir von der Art, dass Du doch wohl auf seinen Tod gefasst sein musst. Du bist ein Mann und wirst Dich fassen, nicht wahr, mein Robert? Ach wie geht mir doch alles im Kopfe herum, und nun noch dazu die Konzertsorgen! Zum Unglück ist mein zweiter Finger so reizbar geworden, dass ich kaum eine Stunde spielen kann, ohne die schrecklichsten Schmerzen zu haben. Ich muss ganz auf meine augenblickliche Begeisterung vor dem Publikum bauen, sonst weiß ich nicht, wie meine Stücke gehen sollen. ... ... Sehr ungeduldig bin ich nach Nachricht von Dir. ... ... Deine Gesundheit liegt mir so am Herzen und meine Sorge um Dich ist groß."

Schumanns nächste Briefe waren nur zum Teil geeignet, sie in dieser Hinsicht zu beruhigen. Sie meldeten den schon am 6. April erfolgten Tod des Bruders, und wenn auch bald sich herausstellte, dass Schumanns Befürchtungen betreffs der Vermögenslage grundlos gewesen, so zeigte sich doch, grade je mehr er sich bemühte, Clara gegenüber sich ruhig zu zeigen, wie schwer sein seelisches Gleichgewicht durch diesen unvermuteten Verlust erschüttert worden war. Am 10. April meldete er ans Leipzig:

„Meine geliebte Braut! Unser guter Eduard ist tot – früh halb drei Uhr vorigen Sonnabend hörte ich auf der Reise genau einen Choral von Posaunen – da ist er gerade gestorben – ich weiß gar nicht, was ich dazu sagen soll und bin noch von so vielen Anstrengungen wie stumpfsinnig. – Freute mich so sehr auf das Wiedersehen meiner Brüder, Theresens und meiner Freunde hier – da ist mir nun alles getrübt worden, und was das Schicksal noch mit mir vorhat, ich mag gar nicht daran denken. Vielleicht will es mich durch so viel Prüfungen hindurch zum Glück führen und mich ganz selbständig und zum Manne machen. Eduard war noch der einzige, auf den ich mich wie auf einen Schützer verließ – er hielt immer so treu sein Wort – wir haben nie ein böses Wort miteinander gewechselt; seine letzten Worte waren, als ich von ihm Abschied nahm, „es wird Dir schon gut gehen, Du bist ein gar zu guter Mensch" – ich sah ihm aber etwas in den Augen an, was ich den Todeszug nennen möchte; er hatte mir noch bei keinem Abschied so liebe Worte gesagt. Auch dass er ohne allen Grund noch einmal nach Leipzig kam, fiel mir auf. Der Himmel wollte gewiss nur, dass er Dich an meiner Hand einmal sah – weißt Du noch auf der Promenade? Und wie ich zu ihm sagte: „Nun Eduard, wie gefallen wir Dir?" Ich weiß, wie er stolz darauf war, dass Du mich liebtest und den Namen unserer Familie einmal führen wolltest. – So viel Schmerzliches fällt mir noch ein – aber das schöne Bewusstsein habe ich für mein ganzes Leben, dass ich immer treu brüderlich an ihm gehandelt habe, wie er immer an mir – Es geht nichts über zwei Brüder – und nun hab ich auch diesen verloren – doch warte nur, ich will deshalb nicht ermatten ... ...
... Dein Angedenken erhielt ich gestern durch Reuter ... Ich danke Dir, mein gutes Kind – Du kannst nicht sein, ohne zu erfreuen – Du bist ja immer meine Freude – ohne Dich wär ich schon längst da, wo Eduard nun ist – Ist es denn möglich, dass ich ihn nicht wiedersehen soll? ... Wie so sonderbar, dass ich mich bei unseren Zukunftsträumen noch einmal mit aller Wärme so innig an Zwickau hing, das nun ganz tot für mich ist und nur Gräber für mich hat, und wie viele! Oder komme

ich vielleicht auch noch zu ihnen? – Es ist aber heute ein Frühlingstag draußen, der hebt mich ganz in das Leben hinaus und ich denke an kein Sterben, wenn Du noch lebst! – glaubst Du nicht, dass auch etwas vom W i l l e n abhängt, von der inneren Energie, von der Hingebung für ein Wesen, was uns länger am Leben erhält? Und so lass uns nur g e t r e u - l i c h   a u s h a r r e n … … "

Diese trüben Nachrichten erreichten Clara grade am Tage ihres Konzerts, und man begreift danach, dass sie am Abend, wie sie Robert schrieb, „ganz verweint war". Erst am folgenden Tage erhielt sie einen zweiten Brief Roberts, der sie über die Vermögenslage, von der ja ihrer beider Zukunft abhing, beruhigte.

– *"Mein Konzert"*[209], berichtet sie nun freieren Herzens, „hab ich gestern ganz glücklich überstanden, ich wollte, Du wärest da gewesen, wahrhaftes Furore hab ich gemacht, wie man sich lange bei keinem Künstler erinnern kann … Es war ungeheuer voll, doch sind die Kosten so groß in Paris, dass nichts übrig bleiben kann, was ich auch gar nicht anders erwartet habe – mein renommé ist gemacht und das ist mir genug …
Ich hoffe, Du bist ruhig, mein Lieber. Eduards Tod kommt mir immer noch wie unmöglich vor, und schmerzlich ist es mir, dass er uns nicht vereint sehen konnte; doch, mein Robert, lass den Mut nicht sinken! Denke nur immer, Eine bleibt Dir bis in das Grab – wenn Du alles verlierst …
Die Eine, die mit der grenzenlosesten Liebe an Dir hängt!
Ja, die bin ich!*

Deine Clara."

Größere Erregungen und schwerere Stürme aber sollten ihnen beiden die nächsten Wochen bringen; Erregungen, bei denen Clara nicht ganz frei von einer gewissen Schuld zu sprechen ist.

Jener Brief Wiecks an Emilie List, von dem sie Robert berichtet, hatte doch auf sie und vor allem auch auf Emilie einen tieferen Eindruck gemacht, als sie sich selbst zunächst eingestehen wollten. Wieck

---

209 Auch dieses „*Concert donné par Mlle. Clara Wieck*" fand in den Salons des *Mr. Érard, Rue de Mail 13* statt. Mitwirkender war u.a. de Bériot.

hatte diesmal den Zeitpunkt wie den Weg offenbar sehr günstig getroffen und ausgewählt, um seine Tochter, abgehetzt und verstimmt, wie sie war durch die Pariser Kabalenwirtschaft, unbeschadet ihrer über jeden Zweifel erhabenen Treue gegen Schumann, doch seinen väterlichen Wünschen und Anschauungen zugänglicher zu machen. „Mein Vater", schrieb sie am 22. April an Schumann, als Erwiderung auf des letztern Vorwurf, sie sei dem Vater gegenüber immer noch zu schwach, „mein Vater mag sich doch recht unglücklich fühlen manchmal, er ist zu bedauern und im Stillen gräme ich mich sehr oft darum; doch ich kann es durchaus nicht ändern. Es wird wohl auch noch einmal heißen, meinen Vater habe ich in das Grab gebracht – der da oben wird mir verzeihen, habe ich nicht alle Pflichten gegen ihn erfüllt? ... Ach Robert, verzeihe mir nur auch später einmal, wenn zuweilen eine plötzliche Melancholie mich überfällt, wo ich meines Vaters gedenke – es ist doch schmerzlich."

In dieser Stimmung überraschte sie am 1. Mai ein zweiter an Emilie gerichteter Brief ihres Vaters, in dem dieser im Gegensatz zu seiner bisherigen Haltung, Vorwürfen und Drohungen, plötzlich den Ton ändernd an ihr Herz appellierte. Ohne sich zu besinnen, antwortete sie sofort:

Paris, den 1./5. 39.[210]

„Mein geliebter Vater,

Deine Briefe aus Dresden haben wir erhalten, und ich danke Dir für Deine lieben Zeilen; große Sehnsucht hätte ich, Dich, mein lieber Vater, wieder zu sehen und mit Dir so recht in aller Liebe und Eintracht einmal zu reden; so lass es mich jetzt wenigstens schriftlich tun. Ich las Deinen Brief an Emilie und gestehe Dir aufrichtig, dass Du Manches berührt, was schon längst in mir sprach, und worüber ich schon viel im Stillen nachgedacht. Meine Liebe zu Schumann ist allerdings eine leidenschaftliche, doch nicht b l o ß aus Leidenschaft und Schwärmerei lieb ich ihn, sondern weil ich ihn für den besten Menschen halte, weil ich glaube, dass kein Mann mich so rein, so edel lieben und mich so verstehen würde als

---

210   Verstümmelt und mit vielen Fehlern abgedruckt bei Kohnt Fr. Wieck S. 112 ff. Hier ist nur der lediglich „Kunstnachrichten" enthaltende Schluss weggelassen.

*Er, und so glaub ich auf der anderen Seite auch ihn mit meinem Besitz
ganz beglücken zu können, und gewiss keine andere Frau würde ihn so
verstehen wie ich. Du wirst mir verzeihen, lieber Vater, wenn ich Dir sage,
Ihr Alle kennt ihn doch gar nicht, und könnte ich Euch doch nur überzeugen von seiner Herzensgüte! Jeder Mensch hat ja seine Eigenheiten, muss
man ihn nicht darnach nehmen? Ich weiß, was Schumann fehlt, das ist
ein Freund, ein erfahreuer Mann, der ihm beisteht und hülfreiche Hand
leistet; bedenke, dass Schumann nie in die Welt gekommen war – kann es
denn nun auf einmal gehen? ach Vater, wärest Du ihm ein Freund – Du
solltest ihn g e w i s s nicht undankbar finden und Du würdest ihn gewiss
achten; glaubst Du denn, dass ich Schumann so liebte, wenn ich ihn nicht
achtete? glaubst Du nicht, dass ich wohl seine Fehler weiß? Aber auch seine
Tugenden kenne ich. Uns würde zu unserem Glücke nichts fehlen als ein,
wenn auch kleines, doch sicheres Auskommen, und Deine Einwilligung;
ohne letzteres wäre ich ganz unglücklich, ich könnte nie Ruhe haben und
Schumann, der ja so viel Gemüt hat, würde das auch unglücklich machen;
ich sollte verstoßen von Dir leben und Dich unglücklich wissen! Das hielt
ich nicht aus. Lieber Vater, versprichst Du mir Deine Einwilligung, wenn
Dir Schumann ein Einkommen von 1000 Taler ausweisen kann? 2000
Taler wäre doch etwas zu viel verlangt, das kann sich nur nach und nach
finden. Gib uns die Hoffnung und wir werden glücklich sein, und Schumann wird noch mit ganz anderem Mut darauf hinarbeiten mich zu
besitzen: ich verspreche Dir hingegen, Schumann nicht eher zu heiraten,
als bis uns keine sorgenvollen Tage mehr erwarten. Gewinnt Schumann
ein sicheres Auskommen, was ich sicher glaube, und wir haben alsdann
Deine Einwilligung, so machst Du uns zu den glücklichsten Menschen –
außerdem zu den Unglücklichsten. Nie kann ich von ihm lassen, und er
nicht von mir – nie könnte ich einen anderen Mann lieben – ich bitte Dich
versprich es mir, sage mir aufrichtig was Du verlangst, was Du in Deinem Innern denkst, mache mir keine Hoffnung, wenn es Dir nicht Ernst
damit ist. Ach wie glücklich kannst Du uns machen! mein Herz ist so voll
Liebe – willst Du es brechen? Das hätte ich nicht verdient! Du hältst mich
nicht für gut, Du sagst mein Charakter sei verdorben, ich wisse nicht, wie
Du mich liebst, ich sei undankbar – ach Vater, da tust Du mir doch gar
zu unrecht. Emilie und Henriette sind Zeuge, mit welcher Liebe ich von
Dir spreche, immer, selbst nach Deinen vorwurfsvollen Briefen! oft weinte*

ich schon im Stillen von Dir getrennt zu sein, Dich auf Deinen Spazier-
gängen nicht begleiten zu können, mich von Dir undankbar genannt zu
wissen und so Vieles noch! Hing ich je an Dir, so ist es jetzt. Du zanktest
mich in Leipzig, dass ich nie heiter war; bedenke doch einmal in welchem
Zustande ich in Leipzig war und wie man überhaupt ist, wenn man liebt,
dass man da liebevoller teilnehmender Umgebung bedarf, – hatte ich die?
Durfte ich Dir je von meiner Liebe sprechen? mit wem möchte man wohl
lieber darüber sprechen als mit den Eltern? und vollends ich mit Dir! wie
oft versuchte ich es, Dich durch mein Vertrauen zu Dir teilnehmender zu
machen, hingegen machte ich Dich immer zorniger; nichts durfte ich! im
Gegenteil ich musste meine Liebe in mich verschließen, und musste, ach so
oft! mich und den Gegenstand meiner Liebe verspottet sehen – das kann
ein liebend Herz wie das meine nicht ertragen; Ihr kanntet meine Gefühle
nicht; und dachtet nicht dass jedes Eurer Worte, ja nur eine Miene mir
schon das Herz hätte zerreißen können! war es so nicht natürlich, dass
ich mich unglücklich fühlte? ach, mein lieber Vater, wie glücklich würden
wir sein, wenn Du mich schonender behandeltest und einen Funken Liebe
nur wieder in Dir erwachen ließest für Schumann, Du würdest ihn nicht
undankbar finden – wir alle wären glücklich! könnte ich Dir nur alles
sagen, was noch in mir spricht, hätte ich Dich nur da, Du ließest Dich
rühren! – oder hältst Du mich für eine Lügnerin? für falsch heuchlerisch?
glaub ich, es doch fast! Du kennst mich wirklich nicht ganz! haben mich
doch andere Menschen lieb, weil sie meinen ich sei gut, und Du hältst mich
nicht dafur? oh ja, doch! und darum gib mir einen Kuss – so! Ich bitte
Dich, schreib mir gleich wieder, ich kann nicht lange in der Unruhe bleiben; Du solltest sehen, wie ich meiner Kunst leben würde; Du meinst, ich
liebe meine Kunst nicht? ach Gott, gibt es Augenblicke wo ich ganz allen
Kummer vergesse, so ist es am Klavier. Du schaltest mich, dass ich Dir
nicht dankte für Deine Briefe; denke Dich doch an meine Stelle, die ich so
ganz allein in dieser Weltstadt stehe! bedarf ich da nicht des Mutzuspre-
chens? und Du hättest nur ihn eher benehmen können – Du kannst Dir
doch denken, wie unglücklich mich das alles machte.

Du meintest also, ich solle nach Baden kommen? ich sprach gestern mit
Meyerbeer, und der riet mir nicht sehr dazu, indem die Kosten dort groß
seien und ein Konzert doch nichts einbrächte; ich fände es also am besten,
ich bliebe den Sommer hier, Du kommst hierher, ich gebe noch ein Kon-

zert im Dezember, mache so nach und nach noch einige Bekanntschaften, suche mir Empfehlungen nach Belgien und Holland zu verschaffen und wir gehen dann Anfang Januar nach Belgien und Holland (das ist die beste Zeit, jetzt ist nirgends etwas zu machen) und dann zum Mai nach England; Emilie würde mich auf der ganzen Reise begleiten, das wäre Dir doch eine große Erleichterung, schon wegen der Sprache! Schreib mir, ob Dir dieser Plan gefällt? oder wünschst Du die Reise nach Baden sehr, so tue ich auch das! d. h. zurück nach Paris müsste ich jedenfalls. Gingen wir nicht nach Baden, so kämest Du vielleicht recht bald hierher? antworte mir doch das alles und auch das Vorhergehende, was ich Dir schrieb; ich bitte Dich aber dringend, gib mir keine Hoffnungen um mich zu vertrösten – Du würdest mich um desto trauriger dadurch machen ... ... "

Gewiss war es begreiflich und natürlich, dass sie trotz allem, was vorgefallen und was sie vom Vater trennte, so ihrem kindlichen Herzen folgte. Schon weniger, dass sie in bewusstem Gegensatz zu Schumanns ihr bekannten Absichten und Wünschen durch die Einladung nach Paris sich bereit erklärte, sich wieder unter den Einfluss ihres Vaters zu begeben. Ganz unfassbar aber, und nur zu entschuldigen damit, dass offenbar Clara wie Emilie einen Augenblick völlig den Kopf verloren hatten, erscheint es, dass Clara, die noch am 27. April an Schumann geschrieben: „Du bist mein einziger Schutz, ... nur Dich hab ich noch auf dieser Erde und Du bleibst mir teuer. – Alles tu ich, was Du willst, und Ostern bin ich Dein". Fünf Tage später, am 2. Mai, an Robert den nachstehenden Brief schreiben konnte, der durch den Begleitbrief Emiliens, eine gut gemeinte, aber in diesem Fall übel angebrachte Einmischung, zu einer peinlich verletzenden Kundgebung des Misstrauens wurde, die er von dieser Seite am wenigsten erwarten durfte:

Paris den 2./5. 39.

„Mein innigst geliebter Robert,

mit schwerem Herzen gehe ich heute daran, Dir zu schreiben, ich muss Dir mitteilen, was schon lange in mir gekämpft, und heute zum Entschluss gekommen ist – es betrifft doch unser Beider Glück. Unaussprechlich unglücklich macht mich der Gedanke, noch länger von Dir getrennt zu sein, doch lass den Mut nicht sinken, bleib' ich doch stark! wir können uns nächsten Ostern noch nicht verbinden, wir würden nicht glücklich sein. Lass mich ganz offen zu Dir reden, mein geliebter Robert. Zweierlei würde unser Glück trüben, erstens die unsicherste Zukunft und mein Vater; meinen Vater mache ich höchst unglücklich, wenn ich mich mit Dir verbinde, ohne eine sichere Zukunft vor Augen zu haben; meinen Vater würde der Kummer um meinetwillen in das Grab bringen und die Schuld müsste ich dann tragen, keinen Augenblick Ruhe hätte ich, immer stünde das Bild meines Vaters vor mir, und ich hätte Vaters, Deines und mein Unglück zu tragen; Du würdest Dich höchst unglücklich fühlen, so wie ich Dich kenne, solltest Du nur ein einziges Mal um unser Leben besorgt sein müssen, wir würden Beide als Künstler in Sorgen untergehen. Das stand mir Alles so lebhaft vor der Stelle, dass ich es endlich nicht mehr aushalten konnte, ich muss es Dir mitteilen, und sprach auch mit Emilie darüber, die mir Recht gab, und Du, mein Robert, siehst es gewiss auch ein. Sieh, wenn wir nur ein kleines sicheres Auskommen haben, so sind wir schon geschützt, wir können uns einschränken, und dabei höchst glücklich leben, der Vater gibt dann mich seine Einwilligung; er schreibt gestern, er gäbe sogleich seine Einwilligung, sobald er sähe, dass Du mir eine sorgenlose Zukunft versprechen könntest – doch ich sehe gewiss auf mich nicht so als auf Dich – Du fühltest Dich gar zu unglücklich, solltest Du durch Sorgen Dein schönes Künstlerleben trüben müssen – ich halte es für meine Pflicht, Dich davor zu bewahren.

Sieh, Robert, wenn der Vater seinen Prozess beginnt, so kann er sich sehr gut ein Jahr hinausschieben, wir werden immer unglücklicher dabei, Du musst vor dem Gericht ein Gewisses, ich glaube 2000 Taler vorweisen können, und nicht einmal das bedarf es, um vom Vater gutwillig das Jawort zu erhalten. Vater fühlt sich gar zu unglücklich, ich kann ihn nicht so betrüben. Er schreibt, wenn er sähe, dass Du ein sicheres Einkommen erlangtest, so würde er gewiss jedes Opfer bringen, uns zu unserer Verbindung zu verhelfen, er wolle nichts als eine sorgenlose Zukunft für mich, und das willst Du ja auch. Warten wir noch ein halbes oder ganzes Jahr, so können wir Beide noch Vieles tun und sind alsdann doppelt glücklich. Meinst Du nicht auch? ich kann mir wohl denken, wie schrecklich Dir es sein muss, dass ich Dir dies schreibe, doch glaubst Du nicht, wie schwer mir dieser Gedanke, dieser Entschluss wurde. Du kannst Dich gar nicht unglücklicher fühlen als ich, doch lass uns standhaft sein, und es wird zu unserm Glück führen. Ich hab an Vater geschrieben, er möge mir das Versprechen seiner Einwilligung geben, wenn Du ihm ein Einkommen von 1000 Taler aufweisen könntest, ich verspräche ihm meinerseits, dass ich in keine Verbindung mit Dir eingehen würde, erwarteten uns nicht sorgenlose Tage. Ich musste es! ich schrieb es ihm aber auch, ich ließe nie von Dir, ich könne nie wieder lieben, und beteure es Dir nochmals. N i e lass' ich von Dir, nie werde ich aufhören, Deine treue Clara zu sein. Ach, welchen Kampf hab ich gefochten, ehe ich mich diesmal entschloss Dir zu schreiben, Dich aus Deinen schönsten Hoffnungen zu reißen, ich vermochte jedoch nicht länger diese Gedanken allein zu tragen. Nicht wahr, Robert, Du bist ein Mann und gibst Dich keinem zu großen Kummer hin? Du kannst Dir wohl denken, wie mir jetzt zu Mute ist, welch unendliche Sorge ich um Dich hege, ach, wäre ich doch bei Dir! meine Sehnsucht ist unnennbar groß. Der Gedanke, Du könntest mir einen Augenblick zürnen, macht mich ganz trostlos, doch nein, Du weißt ja, wie ich Dich liebe, Du weißt ja, dass Du nie mehr so geliebt werden kannst, dass kein Mann so geliebt wird wie Du. Bist Du das überzeugt? ich bitte Dich inständigst, schreib mir gleich und alles was Du fühlst, sei es auch Zorn, und das schreib mir, ob Du mich auch noch liebst? ich liebe Dich mit jeder Stunde mehr – glaubst Du mir Das? Vater will diesen Sommer hierher kommen und alsdann mit mir nach Belgien, Holland, England etc. gehen; ich sehe ein, dass ich viel mehr ausrichten kann mit dem Vater als allein; nicht etwa, dass mir der Mut fehlte, oh nein, ich war ja entschlossen, alle diese Reisen allein zu machen, doch man ist schon überall mehr angesehen in männlicher Begleitung.

Der Vater schrieb mir gestern einen freundlichen Brief, jedoch einen umso verzweiflungvolleren an Emilie, der mir mein Inneres hätte zerreißen können, und er veranlasste mich zu so schnellem Entschluss eines Gedankens, mit dem ich schon lange umgegangen war. Ich schrieb dem Vater einen Brief, wenn der ihn nicht erweicht, dann weiß ich nicht mehr, was ich sagen soll, ich werde Dir seine Antwort sogleich mitteilen, aber ich bitte Dich auch, mein guter Robert, lass mich nicht lange in dieser furchtbaren Unruhe leben ... ...

– – – –

... Ich kann Dir heute nichts weiter schreiben, mein Herz ist zu voll und gewiss auch das Deine. Ist ein Wort in diesem Briefe, das Dich ver-

letzt, so verzeihe es mir; kalt komme ich Dir vielleicht vor, doch schlug je mein Herz warm für Dich, so ist es jetzt. Ich kann Dir nicht mehr sagen – schreib mir **gleich** wieder, und beruhige mich.

S c h o n e   j a   D e i n e   G e s u n d h e i t, so oft sagte ich Dir es schon – Dein Leben ist das Meine. Ich küsse Dich in innigster, unwandelbarster Liebe. Deine treue Clara.

Bleib mir so treu wie ich Dir bis in den Tod. Nur noch Deine Hand lass mich drücken! – Ach könnt ich Dich sehen, Dir Mut zusprechen – Deine Gefühle teilen. Der Himmel schütze Dich – möge er meine Gebete erhören! – "

Emilie List an Robert Schumann.

Lieber Herr Schumann.

Mit schwerem Herzen und von mannigfachen Empfindungen gedrückt, fange ich heute an, mit Ihnen zu sprechen. Ach könnte ich nur mit Ihnen sprechen! wie glücklich würde mich dies machen! Denn dann befürchtete ich keinen Augenblick, von Ihnen missverstanden zu werden; wird es mir schriftlich gelingen? Ich bitte Sie im Voraus, finden Sie einen Gedanken, ein Wort, einen Ausdruck in meinem Brief, der Sie unangenehm berühren könnte, so verzeihen Sie mir. Nur meine Liebe zu Clara und dazu der lebhafte Wunsch, Sie bald glücklich vereint zu sehen, haben mich bewegen können, Ihnen zu schreiben. Ich halte es für meine Pflicht, Ihnen zu sagen, dass Claras Gesundheit seit einigen Monaten sehr geschwächt ist. Sie ist in einer fortwährenden Gemütsbewegung, deren Ursache Sie Sich wohl leicht denken können. Sie kennen ja Clara, Sie wissen ja, dass es auf der Erde kein reineres, gefühlvolleres Wesen gibt; muss nicht Clara darunter leiden, ihren Vater so unglücklich zu wissen? Sie haben sich viel über Herrn Wieck zu beklagen; ich weiß, er hat Ihnen großes Unrecht getan, er hat Sie in seiner Leidenschaft häufig beleidigt, und Ihr Ehrgefühl aufs empfindlichste gekränkt. Ich will ihn nicht entschuldigen, aber darum ist nicht minder wahr, dass Herr Wieck sein ganzes Glück auf Clara gesetzt, dass er nur für sie gelebt, dass er mit Vernachlässigung seiner andern Kinder und deren Zukunft nur ihr Interesse beförderte, nur ihr Wohl im Auge hatte. Sie haben so viele Beweise von Claras Liebe zu Ihnen, dass Sie keinen Augenblick an ihrer Festigkeit und Treue zweifeln können; aber Sie können sich wohl vorstellen, dass der Gedanke, ihren Vater unglücklich gemacht zu haben, Clara jetzt schon viele trübe Stunden macht, und in der Zukunft ihr jeden Genuss verbittern würde. Ich bemerkte schon lange diesen Kampf in ihr, hätte mich aber nicht entschlossen, mich an Sie zu wenden, hätte ich nicht heute früh einen herzzerreißenden Brief von ihrem Vater bekommen, der mir recht zeigt, wie unglücklich er sich fühlt. Dieser Brief machte einen tiefen Eindruck auf Clara und sie gestand mir zum ersten Mal, dass sie sich nie ganz glücklich fühlen könnte, so lange sie ihren Vater unglücklich weiß. Sie, verehrter Freund, werden ihr deshalb nicht zürnen; im Gegenteil, Sie werden Ihre Gefühle ehren, und sie zu trösten und zu beruhigen suchen. In seinem Brief an mich sagt H. Wieck, dass er Claras Liebe zu Ihnen durchaus nicht unterdrücken wolle, dass er im Gegenteil wünsche, Clara mit Ihnen vereint zu sehen, sobald er für sie eine sichere, sorgenlose Zukunft vor Augen habe. Können Sie ihm dieses Verlangen verargen? Sie können sich nicht vorstellen, wie schwer es mir wird, diesen Punkt zu berühren, aber ich muss Ihnen noch einmal alles mitteilen was ich auf dem Herzen habe; ich habe so viel Vertrauen zu Ihnen; Sie werden mich gewiss recht verstehen.

Schon ehe Herr Wieck mir schrieb, hielt ich es für unzweckmäßig, Ihre Verbindung mit Clara zu feiern, ehe Sie einer sichern Zukunft entgegensehen. Halten Sie mich nicht für herzlos, dass ich diesen Gedanken ausspreche, nein, glauben Sie mir: ich fühle es tief, wie schmerzlich es Sie berühren muss; ich weiß ja, mit welcher Sehnsucht Sie dein Zeitpunkt entgegensehen, der Sie auf ewig mit Clara vereinigen soll, und wie wenig empfänglich Sie sein werden für alles, was Ihre schönen Hoffnungen verschiebt. Doch dies alles kann mich nicht abhalten, Ihnen meine Meinung mitzuteilen, die auf reifliche Überlegung gegründet, Ihr Glück zu verschieben beabsichtigt, um es desto dauerhafter zu machen. Claras Gesundheit leidet zusehends nach Anstrengung; will sie ihre ganze Kraft als Virtuosin bewahren, kann sie höchstens eine Stunde täglich geben, was aber doch lange nicht hinreichen würde zur Bestreitung der Kosten eines Haushaltes. Clara würde sich gewiss so viel als möglich einschränken, doch muss sie entweder ihre Kunst vernachlässigen und die vielfachen Sorgen einer Hausfrau auf sich nehmen, oder muss sie die Mittel haben,

sich über diese kleinlichen Sorgen und Unannehmlichkeiten hinwegsetzen
zu können, und ein freies, unabhängiges Leben zu führen. Deshalb halt
ich es für viel besser, wenn Clara sich noch ein kleines Kapital sammelt,
währenddem Sie Ihrerseits einen festen Standpunkt zu erringen suchen;
dies würde auch zugleich H. Wieck versöhnen und Clara würde dann,
frei von allen Vorwürfen und Sorgen, an Ihrer Seite doppelt glücklich sein.

Es ist viel Anmaßung von mir, dass ich es wage, Ihnen Ratschläge zu
geben; aber nach ruhiger Überlegung geben Sie mir gewiss Recht, so
schmerzlich es Ihnen auch sein muss, und das Bewusstsein, für Clara
eine ruhige, freudenvolle Zukunft zu schaffen, wird Ihren Mut erhöhen
und Ihre Kraft stärken. Ihrem großen Geist muss es ja leicht werden,
sich überall Bahn zu brechen; nur einen bestimmten Zweck mit Mut
und Energie verfolgt, und es muss gelingen. Auch Clara wird alle ihre
Kraft zusammennehmen müssen, um der Betrübnis nicht zu unterliegen.
Könnte ich Ihnen nur sagen, wie Clara Sie liebt; so ist noch kein Mann
geliebt worden wie Sie, und doch wird Clara Kraft genug haben, noch
länger von Ihnen getrennt zu leben. Ach Clara! ich kann Ihnen gar nicht
sagen, wie groß, wie erhaben sie ist – wie rührend es ist, wenn sie von
Ihnen spricht – wenn sie, sich selbst vergessend, nur an Sie denkt, und nur
um Sie Sorge trägt. O, ich begreife es wohl, wenn Sie sich sehnen, diesen
Engel um sich zu haben, Denken Sie aber auch an sie, erschweren Sie ihr
den Entschluss nicht durch Vorwürfe oder durch übermäßigen Schmerz.
Sie sind ein Mann, – geben Sie einem Mädchen nichts an Mut nach. Trös-
ten Sie Clara, beruhigen Sie sie, Sie vermögen ja alles über sie. –

Herr Wieck hat mir geschrieben, er würde das förmliche Versprechen
ablegen, Sie mit seiner Tochter zu vereinigen, sobald er sähe, dass Clara
nicht durch Sorgen ihre mit so viel Anstrengung erworbene Kunst ver-
nachlässigen müsse; ferne davon, Hindernisse in den Weg zu legen,
würde er alsdann alles tun, was Ihnen zur Erleichterung dienen könnte.
Glauben Sie daran, vergessen Sie nur noch dies eine Mal, was er Ihnen
getan hat; ziehen Sie sich nicht zurück, wenn er Ihnen freundlich ent-
gegenkommt; denken Sie an frühere Zeiten, wo Sie ihn als Vater geliebt,
er Sie als Sohn, fassen Sie wieder Vertrauen. Man kann die Handlungen
Anderer auf so verschiedene Weise beurteilen, je nachdem man selbst
gestimmt ist; nehmen Sie die gute Seite von Allem heraus. Sie tun es ja für
Clara; es ist ja Claras Vater, müssen Sie ihn denn nicht lieben? Und sollte

er dann sein Versprechen brechen, dann hat Clara sich keine Vorwürfe zu machen, wenn sie auch ohne seine Einwilligung sich mit Ihnen verbindet. Ich bin überzeugt, dass Sie gewiss auch schon ähnliche Gedanken gehabt, und dass Sie durch Ihre Fassung Clara den Entschluss erleichtern werden. Bedenken Sie nur, dass es Clara eben so viel Überwindung kostet wie Ihnen, und dass Sie sie nur trösten können, indem Sie sich ihr ruhig und gefasst zeigen. Diesen Entschluss, zu dem sie erst nach so schwerem Kampf gekommen, ihr für Kälte oder Mangel an Mut und Vertrauen auszulegen, ist Ihnen, der Sie schon so viele Beweise ihrer Liebe und ihrer Seelenstärke haben, unmöglich.

Jetzt kommt es nur darauf an, das Mittel zu finden, durch welches Sie so bald als möglich zu dem Ziel gelangen können, das alle Wünsche befriedigt; es wäre Anmaßung von mir, wollte ich Ihnen hierüber einen Rat geben. Ihrem Genie und Ihren vielseitigen, ausgebreiteten Kenntnissen steht jeder Weg offen; hingegen begreife ich wohl, dass gerade deshalb es Ihnen schwer wird, eine bestimmte Wahl zu treffen. Was es auch sein mag, Ihre Kunst darf nicht darunter leiden, das würde Clara unglücklich machen. Die Übernahme der Buchhandlung[211] im Verein mit einem Buchhändler von Profession, scheint das sicherste Mittel, in kurzer Zeit das Verlangen des Herrn Wieck zu befriedigen. Natürlich kann hierüber Niemand so gut urteilen als Sie selbst; auch muss ein solcher Schritt von allen Seiten her überlegt werden, denn, wenn man einmal etwas ergriffen, muss man es durchführen, so groß auch die Schwierigkeiten sein mögen, die man zu überwinden hat; durch unermüdliche Ausdauer gelangt man doch zum Ziel, hingegen man durch öfteres Wechseln nur immer wieder die Unannehmlichkeiten des Anfangs zu bekämpfen hat und nie die Früchte des Erfolges genießen kann.

Claras Vater will künftigen Winter mit ihr nach Belgien, Holland und England reisen, wo sie dann auch ihrerseits ein kleines Kapital zu sammeln hofft – ohne männliche Begleitung hätte sie nicht diese Reise mit Erfolg machen können, auch wird ihr nicht die Achtung zu Teil, d i e s i e s o s e h r verdient.

Wenn Sie, verehrter Freund, mit Ruhe und Fassung dies alles überdenken, werden Sie uns Recht geben; schreiben Sie mir, dass Sie mir nicht

---

211 Der Buchhandlung seines jüngst verstorbenen Bruders! Allerdings hatte Robert selbst daran gedacht.

böse sind, dass ich Ihnen hierüber geschrieben; es geschah in der besten Absicht, besonders bitte ich, Rücksicht auf Clara zu nehmen, und ihr in der ersten Aufregung keine Vorwürfe zu machen; sie könnte sie nicht ertragen.
Mit aufrichtiger Liebe und Hochachtung
Ihre   *Emilie List.*

Diese unglückselige, in jeder Beziehung im höchsten Grade unüberlegte Briefsendung kreuzte sich nun zu allem Überfluss mit dem nachfolgenden Briefe Schumanns:

Leipzig, den 4ten Mai 1839. Sonnabend früh.

„Mein herzgeliebtes baldigstes Eheweib! Gestern früh hab ich mit R e u t e r gesessen und gerechnet und überlegt und herausgebracht, dass wir uns eigentlich doch viel unnötige Sorgen machen und uns (wenn Du, Du Hartnäckige nur wolltest) schon morgen nehmen könnten ... ...
„Ich erschrecke über unsere Reichtümer, wenn ich sie mit denen Anderer vergleiche; wie gütig ist der Himmel gegen uns, dass wir nicht für das tägliche Brot zu arbeiten brauchen; es reicht gerade so gut aus für zwei so schlichte Künstler wie wir; es macht mich glücklich, dieser Gedanke.

Dein Vermögen	*4000 Taler*
Mein Vermögen	
1) In Staatspapieren	*1000"*
2) Bei Karl	*4000"*
3) Bei Eduard	*3540"*
4) Aus Eduards Nachlass	*500"*
Gesamt	*14040 Taler*
Dies gibt Zinsen	*560 Taler*
Sonstige Einnahmen jährlich	
Von F r i e s e	*624"*
Verkauf von Musikalien	*100"*
Verdienst durch Komposition	*100"*
Also Einnahmen im Jahr	*1384 Taler.*

Bin ich nicht ein Haupt-Rechenmeister ... Und könntest Du nicht gleich zu mir kommen, wenn ich etwa durchaus wollte?

Und können wir nicht dann auch einmal Champagner trinken, oder auch Theresen etwas schicken, wenn sie es brauchen sollte, oder Deiner Mutter? Kurz, sorge Dich nicht, mein Clärchen! Bin ich doch so wenig leichtsinnig, wie Du! Und wie hab ich das Geld schätzen gelernt! Glaubst Du, ich muss mich manchmal ordentlich gegen Anfälle von Geiz waffnen."

Man kann sich danach die geradezu niederschmetternde Wirkung von Claras und Emiliens Briefen auf Schumann vorstellen, und es begreifen, wie er, so aus allen Himmeln gerissen, im Augenblick die Fassung völlig verlor. Ein zweiter Brief Claras, der, wie es scheint, dasselbe Thema in noch (unbeabsichtigt) schrofferer Form behandelte, wurde von ihm sogleich vernichtet; ebenso in späteren Jahren seine Antwort auf diese beiden Briefe. Nur die erhaltene Erwiderung Emiliens lässt in der Resonanz die herben Dissonanzen ahnen, die durch dies Missverständnis, denn mehr war es ja schließlich nicht, in Roberts Seele geweckt wurden. Dass Clara nicht einen Augenblick ernstlich daran gedacht, ihr Los von dem Schumanns zu trennen, war ebenso selbstverständlich, wie dass Schumann, der noch immer unter den Nachwirkungen der durch den Tod des Bruders verursachten Erschütterungen stand, Claras Vorgehen von seinem Standpunkt als unbegreiflich und als persönliche Kränkung empfinden musste. Gerade sein Brief aber, der sich mit den beiden verhängnisvollen von ihr gekreuzt hatte, und der alle Befürchtungen schlagend widerlegte, bot die Brücke für eine schnelle Verständigung, die Clara ohne Zögern betrat, indem sie am 13. Mai an Robert schrieb:

„ ... Sag mir, mein guter geliebter Robert, was soll ich tun, Deine sanfteren Gefühle für mich wieder herzustellen? Bitte, sag es mir, ich bin nicht ruhig, wenn ich Dich in Groll gegen mich weiß. Du hast mich missverstanden, das war das ganze Übel, und hast an mir verzweifelt – das hättest Du nicht gesollt! ... Nichts kann mich mehr kränken, als wenn Du meinen Charakter und meine Liebe zu Dir verdächtigst, das verdiene ich nicht und auch ich könnte bitterböse sein – wenn ich es könnte! – Küsse

mich in Deiner alten Liebe, wie ich Dich mit immer erneuter; ich liebe Dich gar zu sehr und bald will ich es Dir beweisen; durch nichts lasse ich mich abhalten, Ostern bei Dir zu sein, v e r t r a u e   d a r a u f. Was hast Du mir wieder bittere Tränen gekostet! Ich bin so unglücklich, Dich nur einen Augenblick betrübt zu haben, und habe gar keine Ruhe jetzt, bis ich nur erst wieder eine beruhigende Nachricht von Dir hab, und die Versicherung Deiner wiederhergestellten Gefühle für mich – schreib mir ja gleich, bitte ... ...

... Gestern waren wir auf dem Punkt auszugehen, als wir durch den Ruf „Revolution" zurückgeschreckt wurden; in der ganzen Stadt wurde die Nationalgarde zusammengetrommelt, von Nachmittag 3 Uhr an bis Nachts 12 Uhr wurde in einemfort geschossen, über 50 Menschen wurden getötet. Die Tuilerien gleichen einem Lager; die ganze Nacht war das Schloss von Militär umlagert, das um brennende Feuer im Schlosshof herumlag ... Heute soll man wieder auf der Straße ohne Gefahr gehen können, was mir sehr lieb ist, indem ich doch auf die Post gehen muss.

Heute ist ein recht trüber Tag – so trübe Wolken stimmen mich so ganz sonderbar, und heute Dein Brief an Emilie und Henriette dazu! ich wäre trostlos, hättest Du nicht noch Erbarmen mit mir gehabt und mich am Schluss noch Dein Clärchen genannt ... ...

... Soeben reiten die Herzoge von Orleans und Nemours in den Straßen herum, um das Volk zu beruhigen. Der König ist bestürzt, die Königin zittert – ich bin am schlimmsten daran, denn mit meinem Spiel bei Hof ist es s e h r wahrscheinlich aus, und war so ziemlich gewiss.

Nun, mein lieber Robert, will ich Dich noch ein wenig ärgern, ich will mir die Revolution ein wenig ansehen, das interessiert mich doch gar zu sehr – hoffentlich geschieht mir nichts. Ich küsse Dich in heißester Liebe und von ganzer Seele. Dein treues Mädchen, bald Dein glückliches Weib."

Mit Roberts Antwort am 18. Mai war die völlige Harmonie wieder hergestellt:

„Draußen regnets und braust es. Innen aber hab ich schönsten Sonnenschein und es ist mir, als müsste ich die ganze Welt umarmen. Lieb Clärchen, ich wünschte Dich zu mir, wünschte, dass Du in mein Herz sähest. – Zwar wollte ich mich noch vor wenigen Tagen aus der Welt

schaffen auf die schnellste Weise, wartete aber doch erst noch die Briefe
ab. Sie erinnerten mich sehr an ein Mädchen, das ich einmal geliebt zu
haben glaube. Auch schien mir, als liebe sie mich noch, ja als habe sie
mich nie inniger und treuer geliebt, obwohl sie ein sehr hastiger und jäher
Charakter, dabei aber seelengut – kurz, ich fing an mich auch wieder zu
befreunden mit Mancherlei, erstens mit dem Mädchen selbst, indem ich
ihr Stirn und Wangen streichelte, wo sie so hold sieht, dann auch mit mir,
der ich so bös auf mich war, so bös sein zu müssen. Auch Nebengedanken
fasste ich ... dachte an Pfingsten über's Jahr; sah mich als Hausvater
und vorher im Bräutigamstaat, dachte an Mancherlei ... so ist der heutige Tag herangekommen, der Tag vor Pfingsten, an dem mir immer die
Taube mit dem Ölzweig in Sinn kommt, das schöne Frühlings- und Friedensfest; so lass Dich denn küssen meine älteste Geliebte – Dass ich Dich
habe! Dass ich Dich wieder fest und entschlossen weiß! Und dass ich
Dich so hart anreden musste, wie in meinen letzten Briefen! Konntest Du
eine andere Antwort erwarten? Frage Dich, setze Dich an meine Stelle. –
An meisten hatte mich Dein zweiter Brief verletzt – ließest Du ihn einmal später, Du wirst nicht glauben, dass Du ihn geschrieben. Sodann,
alles kam zusammen. Dein Vater hatte auf die empörendste Weise sich
von Neuem gegen mich erklärt ... Von meinen Freunden, von Theresen,
die hier war einige Tage, von allen ohne Ausnahme musste ich so viel
hören, was mein Ehrgefühl auf das Fürchterlichste aufreizte; sie sagten
alle, dass ich doch immer gar zu unwürdig behandelt worden wäre in
dieser ganzen Sache und dass Du unmöglich eine große Liebe zu mir
haben könntest, wenn Du das länger alles dulden wollest – dazu nun
Dein zweiter Brief, so t o t e n k a l t, so unzufrieden, so widerspenstig. –
Mein Brief an Emilie war die Folge. Ich konnte nicht anders, ich musste
mich so zeigen, mit so zerstörtem Herzen ich es auch tat. Die Tage waren
fürchterlich. Solche Gemütsaufregungen dringen mir gleich durch den
ganzen Körper, bis in die kleinste Faser ... Wo Du nur im Spiel bist, sind
alle meine Lebensgeister doppelt tätig – es greift mir gleich ins innerste
Mark. – Ist es [da nicht] natürlich, dass ich so schreiben und handeln
musste, wie es Dich freilich schmerzen musste? Eine Warnung sei Dir das,
meine liebe Clara, dass Du immer in der Zukunft recht schonend mit
mir umgehen mögest – es kömmt so viel auf die F o r m an, in der man
etwas ausspricht – Du hättest mir dasselbe sagen können, wenn Du die

Worte ruhiger und besonnener gewählt hättest – so aber tatest Du es in der höchsten Aufregung, ganz plötzlich, ohne dass ich etwas ahnte, in so kurzer und entschiedener Weise, dass ich an Deinem Innern zweifelte, ob es sich nicht umgewandelt habe. Deinen Brief erbrach ich mit Zittern, las weiter und weiter, es war mir, als öffnete sich mir wieder eine Himmelstür nach der andern; ich hatte Dich wieder ... Ach, meine liebe Clara, ist es denn möglich, dass Du im nächsten Frühling zu mir kommen willst, und mein geliebtes Weib werden? ... ...

... Aber nun wird Dich gewiss keine Furcht mehr anwandeln um unsere Zukunft ... nicht wahr ... versprichst Du mir das, Dir keine unnützen Sorgen mehr zu machen, und mir zu vertrauen und mir folgsam zu sein, da nun einmal die Männer über den Frauen stehen. –

Und Ihr zwei andern lieben Mädchen – ich hab Euch etwas angefahren – darf ich auf Verzeihung hoffen? Könnte ich jetzt unter Euch treten ... wollten wir ein Freuden- und Friedensfest feiern und es müsste da Küsse regnen – aber seid mir nur nicht bös, dass ich zeigte, dass ich Herr im Haus, und mir nichts gefallen ließ – man kann mich wie ein Kind an einen Wagen spannen, aber schlagen lasse ich mich durchaus nicht.

Übrigens hab ich Henrietten vorzüglich lieb; sie schrieb mir ein paar Worte, die waren besser, als Eure ganzen Briefe, nämlich ‚D a s S c h i c k s a l ist tückisch, das Leben ist kurz; rasch z u m   Z i e l ‘, – das ist alles in allem gesagt. Bravo, Henriette! Sie gefallen mir.

–Du frägst mich, liebe Clara, ob Emiliens Brief gleiches Schicksal mit dem Deinigen teilte? Nein; ich war wie Eltern, wenn Kinder untereinander dumme Streiche gemacht; die eigenen bestrafen sie, die andern kommen mit einem blauen Auge davon. – Übrigens stehe ich Sonntag über acht Tage bei Mad. Voigt Gevatter, wo ich mich recht lächerlich ausnehmen werde.

Für heute genug; ich wollte nur noch sagen, Mädchen sind ein Gemisch von Engel und Mensch, wie man so es unter den Männern nur selten antrifft. Etwas Schöneres fällt mir nicht ein zum Schluss. Lebt wohl. – Dir, mein Clärchen, mein gutes Herzens-Clärchen, hab ich noch vieles zu sagen – bald mehr und ausführlich.

Dein Alter.“

315

Schon am folgenden Tage, den ersten Pfingstfeiertag, ließ er die schwerwiegende Fortsetzung folgen:

„Höre, mein Clärchen, mit unserm Plan, zu Weihnachten erst an Deinen Vater zu schreiben, ist es gar nichts. Es muss eher geschehen … Ich schicke Dir also hier zwei Schreiben, das eine an Deinen Vater, das ich ihm einige Tage vor Deinem Geburtstage … schicke, dann das andere an das Appellationsgericht, das wir, wenn er das Ja verweigert, s o g l e i c h noch während seines Aufenthaltes hier dem Gerichte übergeben. … …
Anders ist es nicht möglich, dass wir zu einer Entscheidung kommen; ich kann es Dir, meine liebe Clara, nicht stark genug einprägen … …
…Noch Eines, meine Clara, dass Du über meinen Charakter ganz aufgeklärt wirst. Du schreibst manchmal, ob ich wohl Nahrungssorgen ertragen könne? Wir haben keine zu erwarten; aber wäre es auch, und hätten wir die Hälfte weniger als wir haben, – dies könnte mich nie betrüben: betrüben würde es mich erst, wenn ich den Leuten schuldig wäre und könnte es ihnen nicht wiedergeben – dann erst – sonst aber nicht – ich bin wirklich dazu zu poetisch – deshalb wirst Du mich aber gewiss nicht leichtsinnig finden, und ich hab Dir Beweise gegeben, wie ich genau in Allem bin – Deinetwegen.
Die Revolution ist Gott sei Dank vorbei; doch Paris gärt immer irgendwo; also sei i m m e r auf Deiner Hut und wage Dich nicht zu weit in die Barrikaden hinein – übrigens vertraue ich Deiner Furchtsamkeit über alles und bin so ziemlich ruhig.
Nun schreib ich Dir noch ein paar Briefe auf: Überlege sie gut, sie sind die wichtigsten unseres Lebens. Mut und Vertrauen, meine teuerste Clara. In aller unendlichen Liebe Dein

wieder ganz glücklicher Robert."

Schreiben Schumanns an Friedrich Wieck.

„Noch einmal trete ich im Verein mit Clara vor Sie mit der Bitte um Ihre Einwilligung zu unserer Verbindung nächste Ostern. Zwei Jahre sind seit meiner ersten Anfrage vorüber. Sie zweifelten, ob wir uns treu bleiben würden; wir sind es uns geblieben, nichts kann uns in unserm Glauben

an unser zukünftiges Glück wankend machen.

Was ich Ihnen früher über mein Vermögen schrieb, war der Wahrheit getreu, es hat sich jetzt alles noch günstiger und gesicherter gestellt; wir können der Zukunft getrost entgegensehen. Hören Sie die Stimme der Natur; zwingen Sie uns nicht zum Äußersten! In wenigen Tagen ist Claras zwanzigster Geburtstag, geben Sie Frieden an diesem Tage; sprechen Sie das Ja aus. Wir bedürfen der Ruhe nach so fürchterlichen Kämpfen, Sie sind es sich, Clara und mir schuldig. Mit Verlangen sehe ich Ihrer bestimmtesten Antwort entgegen.

Ihr

Von Alters her noch immer anhänglicher und vertrauender

R. Schumann."

„Liebe Clara! Der Brief ist kalt; es ist, als wenn man einem Eisklumpen gute Worte gäbe; ich kann nicht anders; schreib mir Deine Ansicht über den Brief. Der folgende ist größtenteils von Hermann[212].

„Wir Endesunterzeichnete hegen seit langen Jahren bereits den gemeinsamen und innigen Wunsch, uns ehelich mit einander zu verbinden. Doch steht der Ausführung dieses Entschlusses noch zur Zeit ein Hindernis entgegen, dessen Beseitigung ebenso notwendig zu Erreichung unseres Zweckes, als es uns mit tiefstem Schmerze erfüllt, dieselbe aus diesem Wege suchen zu müssen. Der Mitunterzeichneten Clara Wieck Vater verweigert uns nämlich, wiederholt an ihn gerichteter freundlicher Bitten ungeachtet, seine Zustimmung. Die Gründe seiner Weigerung wissen wir uns nicht zu erklären; wir sind uns keiner Fehler bewusst; unsere Vermögenszustände sind der Art, dass wir einer sorgenlosen Zukunft entgegensehen dürfen. Was daher Herrn Wieck abhält, diesem Bunde seine Zustimmung zu geben, kann lediglich eine persönlich feindselige Gesinnung gegen den Mitunterzeichneten sein, der doch seinerseits allen Pflichten, die man dem Vater seiner erwählten zukünftigen Lebensgefährtin schuldig ist, nachgekommen zu sein glaubt. Wie dem sei, wir sind nicht willens, deshalb von unserem wohlerwogenen Entschlusse abzustehen, und nahen uns daher dem H. Gerichte mit der ergebensten Bitte:

---

212   Einem Schumann befreundeten Aktuar Hermann.

*Hochdasselbe wolle Herrn Wieck zur Erteilung seiner väterlichen
Zustimmung zu unserem ehelichen Bündnis veranlassen, oder dieselbe
nach Befinden anstatt seiner uns zu erteilen hochgeneigtest geruhen.
Bloß die Überzeugung von der unabweisbaren Notwendigkeit dieses
Schrittes vermag uns mit demselben zu versöhnen, und wir sind zugleich
von der zuversichtlichen Hoffnung beseelt, dass die Zeit auch hier, wie
schon manchmal, diesen schmerzlichen Zwiespalt ausgleichen wird.*

Leipzig D. – September 1839.

Robert Schumann,
Clara Wieck,
z. Z. in Paris."

„*Zum ersten Mal, mein Mädchen, musst Du Deinen Namen mit meinem vereinigen; es ist gar zu schmerzlich schön. Prüfe nun das Schreiben
in jedem Wort … Dein Taufzeugnis brauchst Du erst zur Trauung. Lieb
Clärchen, es ist doch recht hübsch, dass Du auf der Welt bist … Grüße
mir Emilien und Henrietten; sie sollen mich so lieb haben wie ich sie.
Henriette möge es Dir manchmal zuflüstern, ihr schönes starkes Wort
„rasch zum Ziel". – Nun, bald ist es entschieden. Ich vertraue Dir ganz
wieder. Schreib bald, meine Liebe.*"

Inzwischen hatte Clara ihrerseits dem Vater mitgeteilt, dass nach den
Berechnungen, die sie von Robert erhalten, dessen gegenwärtige Vermögenslage durchaus den von ihm selbst gestellten Bedingungen
entspräche, und ihn gebeten, nunmehr seinen Widerspruch fallen zu
lassen. Daraufhin hatte Wieck in einem langen Schreiben geantwortet,
das Clara, immer nur zu gern bereit, das, was sie wünschte, herauszule-
sen, wieder einmal für eine Einwilligung hielt, die ihnen die Anrufung
des Gerichts erspare, das aber Schumann, als er es am 2. Mai im Wortlaut kennen lernte, offenbar richtiger beurteilte, indem er schrieb:
„Für eine Einwilligung kannst Du diesen Brief nicht ansehen, wir stehen eigentlich ganz auf dein alten Fleck[213] … Verlass Dich darauf, dass

---

213 Die „Einwilligung" war an die folgenden 6 Bedingungen geknüpft: 1) dass Robert und
Clara, solange Wieck am Leben sei, nicht in Sachsen ihren Wohnsitz nehmen sollten, dass

er mir auf meine Anfrage im September entweder gar nicht antwortet oder in so beleidigender Weise, dass uns doch weiter Nichts übrig bleibt, als die Behörde um Schutz anzusprechen. Der Bruch ist unheilbar. Ich habe es niemals klarer gesehen als nach seinem Brief. Doch verlasse Dich darauf, dass später ein freundlicheres Verhältnis wieder eintreten wird. Er ist ja der Vater meiner guten herzlichen Clara! Hier hast Du die Hand darauf, dass ich, wenn wir nur einmal vereint sind, ihn versöhnen werde, wie und wo ich nur kann. … Aber noch einmal im Ernst: lass Dich durch diese scheinbare schlaue Einwilligung nicht etwa einlullen zur Untätigkeit und gar zu großer Nachgiebigkeit, sei behutsam in Deinen Worten, prüfe lange, ehe Du etwas mit Deinem Namen unterschreibst." In eben diesem Briefe, in dem er mit so großer Ruhe und Besonnenheit über Gegenwart und Zukunft urteilt, und trotzdem Wiecks Brief an seine Tochter, wie aus Claras Worten hervorgeht, wieder von Kränkungen und Beleidigungen gegen ihn angefüllt war, sich jedes harten Wortes gegen den Vater seiner Braut enthält, und in dem zugleich ein so unbedingtes Vertrauen zu Clara zum Ausdruck kommt, fällt aber noch einmal ein Streiflicht auf die jüngste Vergangenheit Der ganze gewaltige Schmerz und die tödliche Angst, die ihm Claras unüberlegte Handlungsweise, ihre ihm so unbegreifliche plötzliche Schwäche und Halbheit verursacht, kommt noch einmal erschütternd zur Aussprache: „Hättest Du mir Deines Vaters Brief und Deine Antwort gleich früher mitgeschickt, wieviel Herzleid hättest Du mir ersparen können. Denke, ich habe in so großer Entfernung nichts als D e i n e   W o r t e , die Du mir schreibst, an die ich mich halten kann … und so war denn in der letzten Zeit von Tag zu Tag mein Mut immer mehr gesunken … … Könnte ich Dir sagen, wie ich

---

Schumann aber trotzdem auswärts ebenso viel verdienen müsse, als ihm seine Zeitschrift in Leipzig einbringe,

2) dass Wieck Claras Vermögen erst nach 5 Jahren auszahle, bis dahin 5% verzinse,

3) dass Schumann die Berechnung seines Einkommens, wie er sie Wieck im September 1847 vorgelegt, gerichtlich beglaubigen und einem von Wieck bestimmten Advokaten übergeben solle,

4) dass Schumann weder mündlich noch schriftlich sich an ihn wende, bevor Wieck selbst den Wunsch äußere,

5) dass Clara auf jeden Erbanspruch verzichte,

6) dass die Heirat schon Michaelis 1839 stattfinde.

um Dich gelitten Ich schrieb Dir lange nicht und war fest entschlossen, mich auf eine Zeit lang von Dir zu scheiden. – Warum? Lass es mich vergessen. Es ist vorbei … … Nun aber, da Du mir so innig vertraust wieder, da ich sehe, wie Du Dich fest ausgesprochen und Dich meiner angenommen, da ich nun überhaupt das ganze Netz, in dem uns Dein Vater fangen möchte, durchspähen kann … hab ich kein Bangen, dass Du nochmals schwanken wirst in Deinem gegebenen Worte und mir Schwäche zeigen. Darauf drücke ich Dir die Hand, meine Clara – und nie wieder etwas h a l b schreiben und sagen? Nicht wahr?" –

Mittlerweile war Roberts Geburtstag herangekommen, der letzte, wie sie damals wähnten, den sie als Brautleute verlebten Er ward von beiden in dem lebendigen Bewusstsein des aufs neue erkämpften Glücks, mit gesteigerten Kundgebungen der Liebe und des unerschütterlichen Vertrauens aus die gemeinsame Zukunft festlich begangen. Clara überraschte Robert durch ihr Bild, das sie in Paris hatte malen lassen, und eine von ihr gearbeitete Zigarrentasche, und sie selbst empfing zu diesem Tage von ihm einen Brief, der den edelsten Kern dieser reinen und vornehmen und zarten Natur in ergreifender Schönheit widerspiegelt.

Leipzig, den 3ten Juni 1839.

„Meine gute geliebte Braut!

Diesen Brief erhältst Du an meinem 29sten Geburtstag. Möchte er Dich blühend an Leib und Seele antreffen und Dir mein Bild inniger als je vorspiegeln … … Wir können vorwurfsfrei auf das vergangene Jahr zurückblicken; wir haben treu aneinander gehalten, sind vorwärts und unserm Ziel viel näher gekommen. Das Schlimmste, denk ich, ist überstanden; aber auch nahe dem Hafen lass uns noch vorsichtig sein; das Schicksal hat es nun einmal gewollt, dass wir Spanne für Spanne mit Kampf erreichen sollen. Dann aber, wenn wir einmal am Altar stehen, dann glaub ich, ist ein Ja noch nie mit solcher Überzeugung, mit solchem festen Glauben an eine glückliche Zukunft ausgesprochen worden. Was ich noch möchte bis zu diesem Zeitpunkt? Deiner immer würdiger werden. Halte dies für keine Redensart. Dein Hochmut gegenüber, der sich auf nichts stützt, fühle ich mich stolz; der Bescheidenheit aber, wie

Du sie hast, gestehe ich meine Schwäche so gern ein und suche mich zu
bessern. Du wirst Dich in spätern Jahren manchmal um mich grämen,
mir fehlt noch manches zum ganzen Mann; ich bin noch zu ruhelos, zu
kindisch oft, zu weich; auch hänge ich viel dem nach, was gerade mir
Vergnügen gewährt ohne Rücksicht auf andere; kurz, ich habe meine
bösen Tage, an denen nichts mit mir anzufangen – Nachsicht und Liebe,
wie Du sie gegen mich so oft gezeigt, werden mich schon bilden immer
mehr; schon Dich immer um sich zu haben, muss veredeln; doch das
sind Worte. Das Sicherste bleibt, dass wir uns immer von Herzen lieb
haben, und ich denke mir, in Deinem Herzen wohnt eine große reiche
Liebe und Du wirst Deinen Mann lange beglücken können. Du bist ein
wunderbares Mädchen, Clara! Es ruhen eine Menge so gar schöner und
verschiedener Eigenschaften in Deinem Wesen, wo ich gar nicht weiß, wo
Du sie alle in Deinem kurzen Leben hergenommen hast. Und nun gar
in der Umgebung, in der Du Dich entfaltet hast. Eines weiß ich, dass
ich mit meinem sanften Äußern schon früh einen Eindruck auf Dich
gemacht, und denke mir, Du wärest ein anderes Mädchen worden, hät-
test Du mich nicht gesehen und gekannt. Lass mir diesen beglückenden
Glauben. Ich habe Dich die Liebe gelehrt, Dein Vater Dir den Hass (im
schönen Sinn mein' ich, denn man muss auch hassen können) und hab
Dich mir nun herangezogen zur Braut, wie ich sie mir im Ideal dachte,
meine talentvollste Schülerin warst Du, und zum Lohne dafür hast Du
gesagt zu mir: „nun nimm mich auch!" –

Der ganze Sonnenschein vollsten Liebesglücks strahlt aber aus dem
schalthaften Bericht, den er über die Feier des Tages selbst, am folgenden Morgen der Braut schickte:

„ … Den gestrigen Tag werde ich zeitlebens nicht vergessen können.
Könnte ich ihn Dir doch beschreiben und alle Festlichkeiten, die damit ver-
bunden waren. Willst Du mir zuhören, Deinem alten Märchenerzähler?
Früh wachte ich auf unter vielem innerlichen Glockengeläute. Mein ers-
ter Gedanke flog zu Dir … … Die erste feierliche Rede goss die Morgen-
sonne in mein Parkstübchen; es war ein Morgen, dass man sich gleich
in die Luft schwingen mochte. Der Morgen verging unter vielen Audien-
zen, die ich meinen Gedanken, guten Vorsätzen gab. Erst gegen 10 Uhr

wurden weltliche zugelassen. Die Künstler schickten mir vor Allem einen
ihrer würdigsten Jünger, gleichsam als Abgeordneten ... ..., der einen
Frack anhatte und eine Rede halten wollte. Aber, dachte ich bei mir, die
Hauptfeierlichkeiten müssen draußen im Freien, Grünen, gehalten wer-
den. Zu diesem Ende ging ich stolz wie ein König mit dem kleinen sanften
Schmidt[214]nach C o n n e w i t z *. Schmetterlinge waren meine Trabanten*
und Lerchen flogen links und rechts auf, den Geburtstägler zu begrüßen;
ganze Felder von Kornähren nickten mir Glückwünsche zu, der Him-
mel hatte auch nicht ein Wölkchen vorgelassen, um keine Gedanken
aufkommen zu lassen, dass er getrübt werden könne. Ich war fröhlich
im Herzen und dachte viel an meine Königin in fernen Landen. In mei-
ner Sommerresidenz Connewitz wurde dann gespeist, und nach Weise
der alten Herrscher höchst mäßig und einfach, unter allerhand freund-
lichen Worten, an meinen Pagen gerichtet. Nach Tisch schlug der Page
einen Ausflug in die nächsten Umgebungen vor; unter immerwährender
Nachtigallenbegleitung sahen wir uns links und rechts um; es strotzte
alles von Jugend in der Natur; ich fühlte mich stolz in meinem König-
reich. Unter einem grünen Baum wurde der Mittagsschlaf eingenommen
und allerhand fliegenden und sumsenden Erdenbewohnern es gestattet,
den Gefeierten während des Schlummers näher in Augenschein zu neh-
men, ja ihn zu berühren mit den Flügeln. Kaum erwacht, flog über die
Felder daher in Eilbotenschritt ein neuer Festabgeordneter; denn auch
das Ausland wollte nicht zurückbleiben und hatte sich den Verhulst aus-
erlesen, der plötzlich vor mir stand und in geziemenden Worten sprach
und vorzüglich das hervorhob, dass er mich bald mit meiner Königin
vereint wünschte, die ein eiserner Vater noch in Gewahrsam hielt. Der
König ward seinerseits immer stiller und seliger. Es war vier Uhr heran-
gekommen, wo er eine Liebesbotschaft seiner Auserwählten fast sicher
erwartete. Aber in seinem Parkpalast angekommen, fand er nichts vor.
Einige leichte Wolken von Trübheit mochten hier über seine Stirn fliegen,
leichte nur; denn dass an einem solchen Tag eine Botschaft nicht aus-
blieb, vermutete der nun 29 jährige Bräutigam mit gutem Grund. Unter-
dessen wurde die Zeit am getreuen Flügel hingebracht und nach wenigen
Minuten trat ein: erstens ein gelber Abgeordneter des Staates mit einem

---

214 Gustav Martin Schmidt, Musiklehrer in Leipzig, ein Schützling Schumanns. Vgl. Jansen,
Davidsbündler S. 42.

Brief meiner königlichen Verlobten, und kurz darauf der liebende Freund
und Leibarzt[215] mit einem Myrtenkranz und den klug verhüllten Liebes-
geschenken. Und als ich nun die Schale zurücklegte und mir Dein Bild
entgegenleuchtete wie das einer Braut, da vergaß ich alle Rücksicht auf
meinen hohen Stand und die Umgebungen, und küsse und sah an und
küsste wieder, und las dann – und das Andere kann man sich denken.
Dies Bild ist das beste, was es von Dir gibt. Wie glücklich hast Du mich
damit gemacht[216]! – –"

Wie richtig Schumann die Situation aufgefasst, sollte Clara nur zu
bald durch ihren eigenen Vater belehrt werden und zugleich bekam
sie Gelegenheit, den Beweis zu liefern, dass die Erfahrungen der letzten Wochen nicht spurlos an ihr vorübergegangen. In den letzten
Mai- oder ersten Junitagen erhielt sie einen langen Brief ihres Vaters
mit einer Extrabeilage – seine Bedingungen enthaltend – und der
kategorischen Aufforderung, letztere sofort zu unterschreiben und
zurückzuschicken. „Das Ganze", wie sie an Robert schrieb, „auf eine
so höchst beleidigende Weise abgefasst, dass ich mich entsetzte, ob es
möglich wäre, dass mein Vater das geschrieben hätte." „ … Der Vater
glaubte sicher, mich so zu fangen, er dachte, ich würde so bestürzt sein,
dass ich den Augenblick meinen Namen hinschreiben würde, doch
jetzt habe ich auch die Geduld verloren und tue durchaus nichts, was
meine Ehre beflecken könnte." So fiel denn ihre Antwort, die sie am 9.
Juni absandte, wie sie an Robert einige Tage später mitteilte, „bei aller
Liebe doch kalt" aus; sie habe, berichtet sie, ungefähr so geschrieben:
„Deinen letzten Brief erhielt ich, kann Dir jedoch nicht viel darauf antworten, da es ja unnütz wäre, Dich noch eines anderen überzeugen
zu wollen; unsere Meinungen stehen zu schroff einander gegenüber;
Du bist zu fest überzeugt von der Schlechtigkeit Schumanns, ich vom
Gegenteil und dass nur Er es ist, der mich beglücken kann.
Doch Eines lass mich beantworten! Deine Bedingungen habe ich
nicht unterschrieben, und ich sage Dir, ich unter-schreibe sie nie, dazu
hab ich zu viel Ehrgefühl: überhaupt, wie konntest Du denken, dass
ich eine Schrift unterschreiben würde, in der lauter Schlechtigkeiten

---

215   Dr. Reuter
216   Leider ist dies Bild, ein Pastellbild, unwiederbringlich verloren!

des Mannes stehen, den ich liebe? Das war nicht Dein Ernst, und wäre es doch wirklich Dein Ernst, so muss ich Dir sagen, zu so etwas bringst Du mich nie." Diesmal konnte Schumann mit seinem „tapferen Clärchen" zufrieden sein, und Wieck erreichte so wieder einmal durch die Überspannung des Bogens gerade das Gegenteil von dem, was er beabsichtigt hatte.

An seinem Geburtstage hatte Schumann die Eingabe an das Gericht Clara mit der Bitte gesandt, das Schriftstück ihm so bald als möglich, mit ihrer beglaubigten Unterschrift versehen, zurückzuschicken, um für den Fall, dass Wieck auf Schumanns erneute Aufrage abschläglich antworten sollte, sofort die entscheidenden Schritte tun zu können. Diese Aufrage selbst aber wollte er beschleunigen, um Wieck nicht Zeit zu lassen zu neuen Überraschungen und Querzügen. Jetzt entschied Wiecks eigenes Vorgehen. Ohne Zögern unterschrieb Clara am 15. Juni die Eingabe, im vollen Bewusstsein der Bedeutung. „Der Augenblick des Unterschreibens war der wichtigste meines Lebens. Doch ich unterschrieb fest und entschlossen und war unendlich glücklich." Damit war der Würfel gefallen. Sie hatte sich öffentlich als Schumanns Braut erklärt.

Den jubelnden Dank dafür brachte ihr Roberts Antwort vom 22. Juni:

„Kommt nun zur jetzigen Rosen- und Akazienblüte noch dazu, dass man eine Braut hat, die auch in voller Liebespracht steht, so entsteht daraus ein Mensch wie ich, fast gar zu glücklich über all das Glück, den fast die Blüten alle zu Boden drücken. Liebes Mädchen, nun glaub ich bald, Du liebst mich ernstlich. Hätte ich Dich sehen können, wie Du unterschriebst! Wie die Devrient im Fidelio, glaube ich. Du zittertest am ganzen Körper, nur die Hand, mit der Du schriebst, war fest und zitterte nicht. Nicht wahr? Lass Dich denn inniglich an mein Herz drücken, Du meine Geliebte, Du mein Alles, die Du alles für mich getan, was ich Dir nicht vergelten kann. Ich küsse Dir Stirn und Auge, mein Kind – und es möge Dir immer recht wohl gehen auf Erden.

Nun geht auch mir der Mut höher und im Augenblick hab' ich alle Leiden und Qualen vergessen, die wir überstehen mussten. Die Schule, die wir durchgemacht, haben wohl Wenige kennen lernen, und wie haben

wir uns selbst kennen lernen auf so vielen Proben. Bist Du so zufrieden
mit mir, wie ich mit Dir?

... Könnte ich es doch der Welt noch einmal sagen, was Du bist, damit
sie Dich kennen lerne; ja, Clara, ich glaube manchmal, Künstlerinnen
wie Du könnte man vielleicht noch finden, aber Mädchen von so innigem
und starkem Gemüt wie Du ... wohl wenige ...

... Du hast Dich ja nun öffentlich für meine Braut erklärt, hast meine
Ehre gerettet – ich danke es Dir tausendmal – eine Krone möchte ich
Dir aufs Haupt setzen und kann nichts als zu Deinen Füßen sinken und
mit dankenden Augen zu Dir aufsehen – in Dir verehre ich auch das
Höchste, was die Welt hat – und stünde ich Dir nicht so nah, noch man-
ches möchte ich Dir über Dich sagen. – So lass es Dir noch durch einen
innigen Händedruck sagen und Dir danken für Dein treues Anuharren,
Dein inniges Vertrauen, das schönste Geschenk, das die Liebe geben
kann. –
In ewiger, unendlich inniger Liebe Dein Dir ergebener

Robert."

Am 24. Juni richtete Schumann an Claras Vater den nachfolgenden
Brief:

„Verehrtester Herr,
Clara schreibt mir, Sie wünschten selbst, dass wir zu einem Ende gelang-
ten; ich biete gern die Hand zum Frieden. Teilen Sie mir Ihre Wünsche
mit; was davon zu erfüllen in meinen Kräften steht, bin ich mit Freuden
zu tun bereit. Schweigen Sie bis heute über acht Tage auf meine Anfrage,
so nehme ich es als Ihr bestimmtes Nein der Weigerung.
Ihr ergebenster

R. S."

Die Antwort bestand in einem von Frau Wieck im Auftrage ihres Mannes geschriebenen, nach Schumanns Meinung „impertinenten" Briefe
des Inhalts: „Wieck wolle mit Schumann in keiner Beziehung stehen."

Da nun am 29. Claras beglaubigte Vollmacht aus Paris eingetroffen war, wandte sich Schumann am 30. Juni in einem Schreiben[217] an den Rechtsanwalt Einert in Leipzig und ersuchte ihn um rechtlichen Beistand in der Verfolgung der Sache: „Wir wünschten", schrieb er, „die Sache möglichst schnell beendigt, erst noch auf gütlichem Wege, wenn Sie raten und durch eine Besprechung mit Herrn Wieck noch etwas zu erreichen hoffen, dann aber durch eine Eingabe an das Appellationsgericht, das uns den Konsens nicht verweigern kann, da unser Einkommen hinlänglich gesichert ist." Trotz der zuversichtlichen und gehobenen Stimmung, die in Schumanns letztem Brief an Clara zum Ausdruck kommt, begannen jetzt, wo brutale Tatsachen und schroffe Gegensätze zu einem offenen letzten Entscheidungskampfe drängten, die unvermeidlich damit verbundenen psychischen Erregungen auf Schumanns Gemütsleben lähmend und verstörend einzuwirken. Sein weiches Herz litt schwer unter den harten Zusammenstößen. „Dein Vater schüttelt sehr an unsren Blütenbäumen", schreibt er am 3. Juli an Clara, „sieh, welch ein Mann!" „„ Und wenn 30 dabei z Grunde gingen"" , hat er [gestern] zu Einert[218] gesagt ... Nun ist aber jede Hoffnung verschwunden, meine Clara, und wir müssen uns nun fest aneinander halten ... ... Dies hat mich nun alles sehr angegriffen und wärst Du gestern bei mir gewesen, Clara, ich wäre im Stande gewesen, Dir und mir den Tod zu geben."

„Es war ein sehr böser Geist über mich gekommen, von dem ich fürchtete, er würde nicht so bald wieder von mir ablassen. Was mich niederbeugte, war diese unendliche Roheit, die wir bekämpfen müssen", schreibt er acht Tage später. Dazu kamen wieder krankhafte Zweifel, ob er auch früher Claras immer „würdig" gelebt habe und eine plötzliche Angst: „wie wenn das Gericht Clara Dir nicht als Weib zuspräche – welche Schmach, welcher Triumph für Deinen Vater,

---

217 Nicht „Einort", wie Wasielewski – Deutsche Revue 1897. „Robert Schumanns Herzenserlebnisse. Ein wichtiger Nachtrag zur Schumannbiographie" S.233 ff. – beharrlich schreibt. Die von W. aus Einerts Akten gegebenen Auszüge und Mitteilungen sind, wie G. Wustmann „Die Grenzboten" a.a.O. S.507 ff. „Aus Clara Schumanns Brautzeit" nachgewiesen hat, unvollständig und ungenau. Die betr. Schreiben, sowie sonstige wertvolle Mitteilungen über den Gang des Prozesses findet man jetzt bei Wustmann a. a. O.

218 Da Einert, ehe sie weiter vorgingen, noch den Versuch einer persönlichen Verständigung jedenfalls ratsam gefunden hatte, hatte am 2. Mai eine von Einert nachgesuchte Unterredung zwischen ihm, als Bevollmächtigten der beiden Verlobten, und Wieck stattgefunden. Das Ergebnis war, wie vorauszusehen, negativ.

welches Unglück für Clara!" „Der fürchterliche Gedanke trieb mich wie ein Jäger sein Wild." Diese Stimmung verrät deutlich ein zweites Schreiben, welches er – am 3. Juli an seinen Anwalt richtete, in dem er ihn beschwor: „sollte nur der l e i s e s t e Z w e i f e l in Ihnen vorwalten, dass wir am Ende nicht durchdrängen, so verschweigen Sie mir ihn nicht! Des Weiteren werden die Punkte in seinem früheren Leben, die vielleicht Wieck gegen ihn gehässig ausbeuten könnte und wahrscheinlich vorbringen werde, das Verlöbnis mit Ernestine v. Fricken, und „einige lustige durchschwärmte Nächte, bevor ich Clara kannte", als längst abgetan die einen, als verleumderisch übertrieben die anderen, abgewiesen, und die Vermutung ausgesprochen, Wieck werde auch „auf eine Entschädigungssumme klagen für die Klavierstunden, die er seiner Tochter gegeben[219]." Sie können nicht glauben", heißt es am Schluss „wie mich dies alles angreift und werden mir meine öfteren Störungen gütigst verzeihen."

Über einen für sie beide g ü n s t i g e n Ausgang glaubte allerdings der Anwalt ihn vollkommen beruhigen zu können, verhehlte ihm dagegen nicht, dass so schnell, wie die Liebenden sich es vorgestellt, die Entscheidung nicht fallen und dass ihre Geduld vor allem noch eine harte Probe zu bestehen haben werde. Immerhin meinte auch er, zu Ostern 1840 die Erledigung aussprechen zu können.

Angesichts der schon über mehrere Jahre sich erstreckenden seelischen Tortur, hervorgerufen durch die Ungewissheit über ihre Zukunft, war diese neue Mahnung, sich weiter in Geduld zu fassen, ja nicht grade sehr tröstlich. Aber einstweilen drängten sich andere Gedanken und Sorgen in den Vordergrund. Für Clara zunächst die Sorge um Roberts Gesundheit, die Angst, er könne den jetzt mehr denn je auf ihn einstürmenden Gemütserregungen nicht gewachsen sein, dann unbestimmte Befürchtungen über ihren persönlichen Anteil an dem nun anhebenden Prozess, die Möglichkeit, dass sie in mündlicher Verhandlung ihrem Vater gegenübertreten müsse. Eine Mög-

---

219 In der Deutschen Revue 1897 S. 236 bemerkt v. Wasielewski zu dieser Stelle, „die hier von Schumann ausgesprochene Vermutung entbehrte jedes „Grundes". Das trifft wohl in der Form, nicht aber in der Sache zu. Aus den zwischen Robert und Clara gewechselten Briefen geht vielmehr hervor, dass Wieck Clara gegenüber die Zurückhaltung ihres durch Konzerteinnahmen erworbenen Vermögens damit motivierte, das beanspruche er als Entschädigung für die ihr erteilten 1000 Unterrichtsstunden!

lichkeit, die ihr undenkbar erschien: „Dieser Schritt wäre zu meinem Unglück. Stelle das dem Advokaten vor und sage ihm, die Vollmacht wäre doch wohl genug", schreibt sie an Robert. Wie überhaupt ihre Vorstellungen von dem Gang der Verhandlungen und von dem, was die „Advokaten" dabei zu tun haben, oft belustigend naiv sind. „Sprich doch recht ernstlich mit dem Advokaten, dass er schnell macht", heißt es ein andermal, und daran die Frage gereiht: „Sag mir doch, wie das ist, wenn zwei Advokaten gegeneinander sprechen, sind sie dann auch Feinde außerdem? Das hat mich schon so oft beschäftigt."

„Advokaten können ja alles", schreibt auch Emilie List am 11. Juli an Schumann in einem langen Briefe, in dem sie ihm mit denselben Gründen, die auch schon Clara angeführt, die Unmöglichkeit für jene, jetzt Paris zu verlassen und dadurch alle Vorteile der Pariser Reise aufzugeben, vor allem aber die Unmöglichkeit, dass Clara, ehe alles entschieden sei, ihrem Vater gegenüberzutreten gezwungen werde, auseinandersetzt und ihn beschwört, alles aufzubieten, um das zu verhindern. Aber sie mussten sich bald davon überzeugen, dass die Allmacht der Advokaten doch auch ihre Grenzen habe, und dass mit dem Augenblick, wo der Prozess eingeleitet war, es kein Mittel mehr gab, den rollenden Rädern in die Speichen zu greifen. Das Verfahren ging seinen Gang und die Prozessordnung kannte keine Rücksichten auf persönliche Wünsche und Gefühle der Parteien. Am 16. Juli reichte Schumann die Klage beim Appellgericht ein und schrieb zugleich an Clara: „In sechs bis zehn Wochen wirst Du hier sein müssen. Einert wollte zwar Alles tun, dass es nicht dahin käme. Es hängt aber nicht von ihm ab. Und verlangt Dich das Gericht in Person, so musst Du erscheinen."

Am 27. Juli musste er ihr dann den Entscheid des Gerichts mitteilen, dass zunächst der Versuch eines gütlichen Vergleiches vor dem Superintendenten zu machen sei[220] und dass zu diesem Termine die persönliche Anwesenheit aller Beteiligten unbedingt erforderlich sei.

220 Schon am 19. Juli hatte das Gericht in diesem Sinne entschieden, und zwar, wie Wustmann a.a. O. S. 512f. aufgeführt hat, seltsamerweise von der irrtümlichen Voraussetzung ausgehend, dass es sich um eine „gewöhnliche Eheirrung" handle, bei der das Gesetz verlangte, dass ein solcher Einigungsversuch vor dem Pfarrer vorhergehen müsse, ehe das Gericht der Klage stattgab. Schon am 23. hatte Robert diesen Entscheid Clara mitgeteilt, immer aber noch in der Hoffnung, es werde Einert gelingen, sie vom persönlichen Erscheinen zu diesem Termin dispensieren zu lassen.

Gegen diese Entscheidung half kein Einwand, und Clara musste sich schweren Herzens zu der gefürchteten Reise nach Leipzig entschließen, ohne einstweilen zu ahnen, ob und wann sie wieder nach Paris zurückkehren werde.

Am 13. August nahm sie von der Höhe des Pantheon mit dem Blick über das weite Häusermeer zum zweiten Mal Abschied von Paris, am Tage darauf reiste sie mit Henriette in der Schnellpost nach Frankfurt ab. Schon Ende April hatte sie Robert geschrieben, „Du glaubst nicht, wie ich mich unglücklich unter den Franzosen fühle und welche Sehnsucht nach Deutschland ich habe." Allzu schwer wurde ihr also der Abschied nicht, auch abgesehen davon, dass die Aussicht auf das nahe Wiedersehen mit Robert alles in verklärtem Licht erscheinen ließ.

Zweifellos kann dieser zweite Pariser Aufenthalt an künstlerischer Bedeutung nicht entfernt mit jener ersten in Begleitung des Vaters unternommenen Reise verglichen werden. Wohl hatte sie auch diesmal in all den Kreisen, mit denen sie ihre gesellschaftlichen Verbindungen und ihre Kunst in Berührung brachten, den Eindruck einer menschlich wie künstlerisch gleich hochstehenden, eigenartigen Persönlichkeit hinterlassen, wohl hatte es ihr bei ihrem öffentlichen Auftreten an Beifall und Anerkennung nicht gefehlt. Aber von einem Erfolg, wie sie ihn von einem Pariser Aufenthalt erhofft, der ihren jungen europäischen Ruhm verstärkt und erweitert, und ihr vor allen Dingen den Weg nach England und Russland gebahnt hätte, konnte doch nicht die Rede sein. Insofern hatte Wiecks Berechnung sich als nur zu richtig erwiesen, dass Clara es spüren werde, wie wenig sie, als alleinstehendes, noch nicht 20 jähriges Mädchen, lediglich auf das fragwürdige Wohlwollen rivalisierender Kollegen angewiesen, ohne jeden männlichen Schutz, den Verhältnissen in Paris gewachsen war.

Der rücksichtslose Ellenbogen, mit dem Vater Wieck bisher ihr Platz zu machen verstanden, der keine Mühe und keinen Verdruss scheuende Impresario, der schon durch sein Dasein Kabalenanstifter zu bändigen und einzuschüchtern verstand, der hatte ihr diesmal von Anfang an gefehlt. Schmerzlich hatte sie das eigene Unvermögen empfunden, mit den Waffen, die hier notwendig waren, den Kampf gegen Neid und Intrige aufzunehmen. Es kam dazu, dass sie ihrer ganzen Lebensauffassung nach und vor allem grade in den Herzenskonflik-

ten, in denen sie damals rang, mit den Anschauungen und Gewohn-
heiten der eigentlichen Pariser Gesellschaft, mit dem ganzen Pariser
Leben überhaupt, sich nicht zu befreunden vermochte, und dass sie
selbst in den meisten Häusern, die sich ihr diesmal, wie vor Jahren,
gastfreundlich öffneten wie bei Erards, nicht so recht warm werden
konnte. Unschätzbare Dienste hatten ihr in diesen Monaten allerdings
der Schutz und die Freundschaft des List'schen Hauses geleistet;
und Henriette Reichmanns aufopfernde und hingebende Liebe war
ihr in trüben Tagen Halt und Trost gewesen, wie sie ihn bisher selten
im Leben gefunden, aber für ihr Auftreten in der großen Welt, in der
Öffentlichkeit hatten grade diese guten Schutzgeister ihr den Rückhalt
und die Folie nicht geben können, die sie mit ihren 20 Jahren unbedingt brauchte. Andere Freunde, wie Pauline Garcia, die sie anfangs
häufig, täglich, gesehen[221], hatten offenbar auch mit ihren eigenen
Angelegenheiten mehr als genug zu tun; die Entfernungen der Groß-
stadt und, je mehr die Saison sich ihrem Ende zuneigte, Reisen, trennten und vereinsamten.

Und wenn sie schon Ende Mai an Robert geschrieben: „Von Kunstnachrichten kann ich Dir leider nichts mitteilen; erstlich gibt es nicht
viel Neues, und das, was es gibt, von dem weiß ich Nichts, da ich ganz
wie eine Einsiedlerin lebe, tagelang keine fremde Seele bei mir sehe", so
hörten im Sommer, seit (22. Juni) Clara mit Henriette nach Bongival
aufs Land gezogen war, auch die letzten geselligen Beziehungen so gut
wie ganz auf. Einzig mit der Gräfin Dobreskoff, die Clara ganz besonders in ihr Herz geschlossen hatte und sie wiederholt einlud, sie auch in
Petersburg zu besuchen, scheint auch in der Folge bis zu Claras Abreise
ein lebhafter Verkehr bestanden zu haben, der aber infolge von allerlei Heiratsprojekten, mit denen die russische Dame ihren Schützling in
völliger Verständnislosigkeit zu beglücken sich bemühte, eines wirklich
herzlichen Charakters entbehrte. Den Schluss der Saison aber hatten
die politischen Verhältnisse außerdem noch früher als sonst herbeige-
führt. Wiederholte Straßenunruhen die Gemüter in Aufregung gehalten, und das grade bei Hofe für Claras Künstlerschaft geweckte Interesse im Keime erstickt. So hatte sie eigentlich schon seit dem April in

---

221 Am 20. Februar heißt's im Tagebuch: „Pauline Garcia besucht mich seit 8 Tagen alle Tage
mehrmals." Am 12. März: „Pauline besuchte mich nach langer Pause wieder."

Paris gelebt, wie sie in jeder anderen beliebigen größeren Stadt auch hätte leben können, ohne doch bei dieser Untätigkeit die Ruhe, nach der sie sich sehnte, zu genießen. „Du fragst mich", schreibt sie Anfang Juni an Schumann, „ob ich nichts von Goethe lese – was denkst Du? ich hab keine Zeit. Früh gehen wir auf den Montmartre, um 9 Uhr beginne ich zu spielen bis 12, dann wird gefrühstückt bis 1 Uhr, dann hab ich Gänge in die Stadt zu machen, die nehmen mir immer 3 Stunden weg, da ja alles so weit ist, dann komme ich ganz ermüdet nach Haus, ruhe mich aus, lese mit Emilie Französisch bis halb 6 Uhr, da wird zu Mittag gegessen, das dauert bis 7 Uhr, dann geb ich Henriette Stunde, das dauert bis 9 Uhr, oder ich schreibe an Dich oder andere Briefe, ich komme mit einem Worte nicht dazu, Deutsch zu lesen." Der Unterricht, den sie Henriette erteilte, machte ihr wirklich Freude. Dagegen litt sie förmlich unter Stunden, die sie zweimal wöchentlich zwei grenzenlos oberflächlichen und unmusikalischen Engländerinnen zu geben hatte, und die sie auch, nachdem sie nach Bongival übersiedelt waren, fortsetzte, so viel Zeit und Verdruss sie ihr kosteten.

Noch empfindlicher würde ihr vermutlich das Missverhältnis in dem die für diese Reise in jeder Hinsicht gebrachten Opfer zu den erzielten Ergebnissen standen, zum Bewusstsein gekommen sein, wenn nicht die Sorgen um den Ausgang ihrer Herzensangelegenheit mehr und mehr alle ihre Gedanken in Anspruch genommen hätten. Gleichwohl fühlte sie zu Zeiten deutlich, dass diese Isolierung in der fremden Stadt ihrer Kunst nicht nur nicht förderlich, sondern grader schädlich sei.

„Weißt Du, nach was ich mich sehne ?" schreibt sie am 27. Juni an Robert, „das ist nach einer Stunde von meinem Vater; ich fürchte zurückzukommen, weil ich Niemand mehr um mich habe, der mir meine Fehler sagt, und deren haben sich doch gewiss eingeschlichen, da ich beim Studium zu sehr mit der Musik beschäftigt bin, und mich oft hinreißen lasse und dann die kranken Noten nicht höre. Darin hab ich doch dem Vater viel zu danken, und tat es doch fast nie, war im Gegenteil gewöhnlich unwillig – ach, gern wollte ich jetzt den Tadel hören!"

Musikalisch hatte ihr – on der Oper abgesehen – Paris überhaupt wenig Anregung geboten; die gefeierten Tagesgrößen imponierten ihr in keiner Weise, wie sie denn auch das deutliche Bewusstsein hatte, dass man i h r Bestes dort nicht zu schätzen wisse[222]. Und zwar nicht nur die Leute, die diesmal ihr mit Kälte und Gehässigkeit begegneten, wie Berlioz, sondern auch das Gros des unbefangenen Publikums.

Eben diese Pariser Erfahrungen hatten sie auch vor dem noch größeren Wagnis, ohne männlichen Begleiter in London ihr Heil zu versuchen, zurückschrecken lassen. Und ebenso schien ihr der Plan Roberts, eventuell gleich nach der Hochzeit nach Petersburg zu gehen, auch in seiner Begleitung als verfrüht, solange sie nicht in Paris einen großen entscheidenden Erfolg errungen habe, auf den sie ja allerdings trotz alledem noch glaubte rechnen zu dürfen, wenn sie im Anfang der nächsten Wintersaison noch ein Konzert hätte in Paris geben können.

Trotz alledem war es wohl doch schließlich eine günstige Fügung, die sie vor dieser Entscheidung aus Paris führte, das in diesem Augenblick verhältnismäßig so wenig für ihre künstlerische Entwickelung fruchtbare Elemente enthielt und im besten Falle nur widerstrebend den Nährboden dafür hergegeben hätte. Eigentümlich berührt, dass sie vielleicht die freundlichste Begrüßung vom alten Cramer erfuhr, der sie in einem Konzert des Künstlervereins St. Cécile ihre Variationen hatte spielen hören und daraufhin aufsuchte: „Er ist ein sehr liebenswürdiger alter Mann", schrieb sie an Robert, „doch sehr wenig mit der neueren Zeit fortgeschritten; über Liszt räsonierte er schrecklich, nur Beethoven hat ihn entzückt, alles andere ist nichts in seinen Augen." „Glaubst Du wohl", fügt sie hinzu, „dass ich noch jeden Morgen die beiden ersten Etüden von Cramer spiele? einzeln erst und dann die erste in Oktaven, das ist ein gutes Studium. Eine Sonate von Scarlatti spiele ich auch immer; die hab ich so gern."

Sonst erfahren wir über ihre musikalischen Studien in dieser letzten Zeit verhältnismäßig wenig. Thalbergs Mosesfantasie, die sie im Mai studierte, entzückte sie durch ihre Themata, bereitete ihr aber viel

---

222 Als charakteristisch nicht nur für die Pariser Verhältnisse, sondern in noch höherem Maße für ihren persönlichen Standpunkt, mag hier noch des Eindrucks gedacht werden, den in dieser Umgebung die zum ersten Mal gehörte 9. Symphonie auf sie machte. Am 10. Februar hörte sie sie im Conservatoire. „Die Symphonie", schreibt sie im Tagebuch, „ist ein großartiges Werk, doch soll ich offen sein, so muss ich sagen, dass ich den letzten Satz nicht verstanden habe. Das vermochte mein Kopf nicht zu fassen, auch das Adagio teilweise nicht. Das Ganze hat keinen schönen Eindruck auf mich gemacht. Mir scheint doch, dass die Auffassung hier eine oberflächliche ist, die Mittel aber sind großartig."

Schwierigkeiten. Und von einigen Liszt'schen Etüden, an denen sie sich ebenfalls in jenen Monaten versuchte, meinte sie geradezu, dass sie über ihre Kräfte gingen. Die neueren Erscheinungen verfolgte sie selbstverständlich mit Interesse und ward nicht müde, immer wieder um neue Zusendungen zu bitten. Im Mittelpunkt aber stand natürlich, wie immer, Schumanns Produktion. In dieser Zeit lernte sie zuerst seine Fantasie[223] kennen. „Gestern", schreibt sie darüber, am 23. Mai an Robert, „hab ich Deine wunderherrliche Fantasie erhalten – ich bin noch heute halb krank vor Entzücken; als ich sie durchgespielt, trieb es mich unwillkürlich an das Fenster, und da war mir es doch, als müsste ich mich hinausstürzen auf die schönen Frühlingsblumen und sie umarmen. Ich hab während Deiner Fantasie einen schönen Traum geträumt. Der Marsch ist entzückend, und ganz außer mir bringen mich die Takte von 8–16, Seite 15, sag mir nur, was Du dabei gedacht? noch nie hatte ich so einen Eindruck, ein ganzes Orchester hörte ich, ich kann nicht sagen, wie mir dabei ward."

Und vier Tage später:

„Den Marsch aus Deiner Fantasie habe ich bereits gelernt und schwärme darin! Könnte ich ihn doch von einem großen Orchester hören! Es wird mir immer ganz warm und wieder kalt dabei. Sag mir nur, was für einen Geist Du hast; bin ich erst einmal bei Dir, dann denke ich nicht mehr an das Komponieren – ich wäre ein Thor!" –

Und am 16. Juni:

–„ Viel Bilder steigert wohl auch in mir auf, wenn ich Deine Fantasie spiele, sie werden sehr übereinstimmen mit den Deinigen. Der Marsch kommt mir vor wie ein Siegesmarsch von Kriegern, die aus der Schlacht kommen, und bei dem As-Dur denke ich mir die jungen Mädchen aus dem Dorf, und alle weiß gekleidet, jede mit einem Kranz in der Hand, die vor ihnen knieenden Krieger bekränzend, und noch Vieles, was Du schon

---

223   „Die Fantasie kannst Du nur verstehen", hatte Schumann dazu geschrieben, „wenn Du Dich in den unglücklichen Sommer 1836 zurückversetzt, wo ich Dir entsagte; jetzt habe ich keine Ursache so unglücklich und melancholisch zu komponieren." Vgl. Jugendbriefe I, S. 302. Auch die oben folgenden Briefstellen sind z.T. schon in den Jugendbriefen abgedruckt.

weißt; auch das denke ich wohl oft dabei, dass ich den Komponisten recht lieb habe, und beim As-Dur denke ich mich auch unter den Mädchen stehend und Dich, meinen lieben Krieger und Eroberer bekränzend und noch mehr wohl.[224]"

Die „Novelletten" aber, die ihr Schumann am 30. Juni mit den Worten ankündigte: „Braut, in den Novelletten kommst Du in allen möglichen Lagen und Stellungen und anderen unwiderstehlichen Dingen an Dir vor! Ja, sieh mich nur an! Ich behaupte, Novelletten konnte nur einer schreiben, der solche Augen kennt wie Deine, solche Lippen berührt hat wie Deine – kurz, Besseres kann man wohl machen, aber Ähnliches schwerlich", sollte sie in Paris nicht mehr erhalten[225].

Ihre eigene Komposition hatte in diesen Monaten ziemlich geruht. „Ich könnte hier wohl fleißig sein", schreibt sie einmal, „doch fühle ich mich immer so matt, ich weiß nicht, was mit mir ist!" Zum Teil war es aber auch wohl das Bewusstsein der Überlegenheit Roberts in dieser Hinsicht, das sie unwillkürlich lähmte, wie es ja in ihren Äußerungen über die Fantasie bereits zum Ausdruck kam.

Immerhin hatte doch dieser Aufenthalt noch einige Früchte gezeigt, wenngleich sie sich zunächst nur schwer entschloss, sie Robert mitzuteilen. „Du fragst mich", heißt es in einem Briefe vom 23. April, „ob ich nichts komponiere; ich hab ein ganz kleines Stückchen geschrieben, weiß aber nicht, wie ich es nennen soll. Ich hab eine sonderbare Furcht, Dir etwas von meiner Komposition zu zeigen, ich schäme mich immer."

Schon einige Tage vorher, am 18. April, hatte sie einer kleinen Komposition gedacht: „Gestern war ich sehr glücklich Abends; ich hatte eine hübsche Idee zu einer kleinen Romanze, doch heute bin ich schon wieder nicht damit zufrieden." Auf dieselbe bezieht sich offenbar auch die Tagebucheintragung: „20. April komponierte ich ein kleines dramatisches Andante."

Es war aber nicht dies Stück, das sie Robert auf seinen Wunsch für die musikalische Beilage der Zeitung sandte, sondern eine andere,

---

224 Vgl. dazu Jugendbriefe I, S. 303
225 „Ganz unbekannt waren sie ihr ja allerdings nicht; sie hatte sie schon im Sommer 38 im Manuskript gespielt. Vgl. oben S. 255 Claras Brief an Robert vom 15./V III 38.

wohl ebenfalls in dieser Zeit entstandene Komposition in As-Dur, die sie zunächst als „Idylle" bezeichnete. In seinem Danke dafür am 19. Mai fand denn auch Schumann allerlei daran auszusetzen: „Idylle", meinte er, sei nicht das richtige Wort „es ist mehr elegisch; ich hab Dich so ganz darin erkannt, mein altes Mädchen, mit dem Schwärmerblick." Er riet stattdessen zu „Notturno", fand aber damit ebenso wenig Claras Billigung, wie mit dem später vorgeschlagenen „Heimweh" oder „Mädchens Heimweh." „Es ist doch mehr Walzer als Notturno", erwiderte sie entschieden, setzte allerdings hinzu: „verzeih mir, ich meine nur so!" Ungleich entschiedener noch aber war ihr Widerstand gegen Änderungen, die Schumann an der Komposition selbst vorgenommen hatte. Und wenn er am 9. Juni ziemlich zuversichtlich geschrieben: »Schreibe mir, ob Dir Deine Idylle gefällt, wie ich sie geändert. Jedenfalls hat sie mehr Abrundung, sogar schöneres Verhältnis bekommen", so strich sie keineswegs die Segel, sondern beharrte auch da auf ihrer Meinung:

Die Idylle hab ich bekommen und danke Dir, mein Liebster, dafür; doch verzeihst Du mir gewiss, wenn ich Dir sage, dass mir einiges daran nicht gefällt. Den Schluss, mir stets das Liebste, hast Du ganz und gar geändert, und der machte auf jeden Effekt, dem ich sie vorspielte; das Thema scheint mir gleich im Anfang zu gelehrt, etwas zu wenig einfach und klar, freilich kunstreicher gesetzt. Viel Schönes hast Du wohl hineingebracht, doch meine ich für den Franzosen zu gelehrt, und ich wollte Dich fragen, ob Du nicht meinst, ich lasse es hier im Verein mit noch einigen andern kleinen Sachen so drucken, wie ich es erst hatte, und Du nimmst es in die Zeitung ganz so, wie Du es geändert hast, und nennst es Notturno, obgleich mir der Name etwas fremd vorkömmt; ich kann mir nicht nehmen, dass es mir idyllenmäßig vorkömmt. Du bist mir doch nicht bös?"

Inzwischen hatte Schumann am 22. Mai nachgiebig und beharrlich zugleich erwidert: „Deine Idylle habe ich wahrscheinlich vergriffen, doch wünschte ich, Du hörtest's von mir; ich nahm das Stück sehr langsam und änderte in diesem Sinne. Aber die leeren Quinten zu Anfang lass mir nicht stehen, es war das zu oft schon da, und kann so etwas nur bedeutend werden, wenn es die Folge rechtfertigt, wie in der

Beethoven'schen Neunten Symphonie." Am 3. Juli ward dann endlich die kleine Polemik versöhnlich überlegen von ihm geschlossen: „Wie kannst Du denn sagen, Deine Idylle habe mir nicht gefallen? Wie oft spiele ich mir sie. Du hast so gar zarte Motive oft. Du kannst wohl auch schwärmen, he? Aber mit der Durchführung haperts bei Euch verliebten Mädchen; da habt Ihr allerhand Gedanken und Hoffnungen – schicke mir die Romanze gleich, hörst Du, Clara Wieck?"

Wohl nicht unbeeinflusst durch diese bei der Idylle gemachten, nicht vereinzelten Erfahrungen über die Stärke des Beharrungsvermögens, über das Clara in künstlerischen Fragen auch ihm gegenüber verfügte, entschlüpft ihm in dieser Zeit einmal die Äußerung, die leise Besorgnis verrät: „Und doch glaub ich, sind wir in unserm Urteile oft weit auseinander. Dass wir uns später darüber ja keine bitteren Stunden machen." Aber gerade die erwähnte „Romanze", die „kleine melancholische Romanze", bei der ich immer fortwährend an Dich gedacht hatte", wie Clara am 21. Juni schrieb, und die sie ihm am 2. Juli schickte mit der Bitte: „Du musst sie sehr willkürlich, zuweilen leidenschaftlich, dann wieder melancholisch spielen – ich lieb sie sehr, schicke sie mir gleich wieder, bitte und geniere Dich nicht mir daran zu tadeln, das kann mir nur von Nutzen sein", sollte ihm, wenn es dessen im Ernste bedurfte, die innige Verwandtschaft ihrer musikalischen Naturen wieder aufs Neue und Beglückendste zum Bewusstsein bringen. „An Deiner Romanze", heißt es in einem Briefe vom 10. Juli, „hab ich nun abermals von neuem gehört, dass wir Mann und Frau werden müssen Du vervollständigst mich als Komponisten wie ich Dich. Jeder Deiner Gedanken kommt aus meiner Seele, wie ich ja meine ganze Musik Dir zu verdanken habe. An der Romanze ist Nichts zu ändern, sie muss bleiben, wie sie ist." Und zwei Tage später: „Wunderbar, wann hast Du das Stück in *G-Moll* geschrieben? Im März hatt' ich einen ganz ähnlichen Gedanken, Du wirst ihn in der Humoreske finden. Unsere Sympathien sind zu merkwürdig." Auch Claras Zweifeln gegenüber, dass sie ihm wirklich „in Allem" genüge, betont er am 18. Juli noch einmal: „Deine Romanze gefällt mir immer mehr und mehr, namentlich der Gedanke im Allegro vom 2. Takt an, der ist wie von Beethoven und höchst innig und voll Leidenschaft."

Diese Romanze war es auch, die ihn auf einen „hübschen Gedanken", wie er selbst sagte, brachte: „Du komponierst so schnell wie möglich noch ein der Idylle und Romanze verwandtes (vielleicht) Notturno, vielleicht in Es-Dur, dass dies letztere die Mitte zwischen As-Dur und G-Moll und alle drei ein Ganzes bilden. Das Heft überschreibst Du „Fantasiestücke", was mir das Passendste scheint – wir schreiben an Mechetti[226] der Dich so oft um Kompositionen angegangen – und dann könntest Du's auch allenfalls dem dedizieren, der Dich am liebsten hat auf der ganzen Welt, und den ich Dir nicht näher bezeichnen will."

„Es ist doch eine Sünde", hatte sie noch am 15. Juli an Robert geschrieben, „wie lange ich nichts komponiert habe. Der Vater ist ganz außer sich darüber, ich bin aber auch oft unglücklich darüber, überhaupt so unzufrieden mit mir selbst, dass ich es gar nicht sagen kann."

Dieser Gedanke Roberts, von ihr sofort aufgegriffen und mit einigen kleinen Änderungen durchgeführt, ermöglichte es ihr nun noch, wenigstens nicht mit ganz leeren Händen von Paris in die Heimat zurückzukehren; freilich schwerlich zur Freude Friedrich Wiecks. Denn die neue Komposition, die als Op. 11 im November 1839 bei Mechetti erschien, führte den Titel:

Trois Romances pour le Piano

Dédiées à Monsieur Robert Schumann

Par Clara Wieck

Es enthielt als Nr. 1 die neue Romanze in Es-Moll, als Nr. 2 die Romanze in G-Moll[227] und als Nr. 3 die Idylle in As-Dur.

Keine Schätze brachte sie diesmal heim und auch keine neuen Ruhmeskränze, nur die bescheidene Garbe einer anspruchslosen Ährenleserin. Aber diese ward bedeutungsvoll durch die beiden auf dem Titel vereinigten Namen. Ebenso beredt wie aus dem Munde jener biblischen Ährenleserin klang hieraus für alle Welt das feste Treugelöbnis: "Wo Du hingehst, da will ich auch hingehen, wo Du bleibst, da bleibe ich auch."

---

226 Musikverlag in Wien.
227 Die Romanze in G-Moll erschien bereits vorher unter dem Titel „Andante und Allegro für Pianoforte von Clara Wieck" im September 1839 im 7. Hefte der Beilagen zur Neuen Zeitschrift für Musik.

Siebentes Kapitel

„Meine Jugend hab ich doch eigentlich gar nicht genossen", schreibt
Clara einmal an Robert, „Du wirst mir erst die Jugendjahre ersetzen;
ich stand immer fremd in der Welt, der Vater liebte mich sehr, ich ihn
auch, doch was ja das Mädchen so sehr bedarf, Mutterliebe, die genoss
ich nie, und so war ich nie ganz glücklich."

Die Klage um die ihr versagte Mutterliebe kehrt in diesen Kon-
fliktjahren häufig in ihren Briefen wieder. Sie hatte das deutliche
Gefühl, dass eine Mutter die Mittel und Wege gefunden haben
würde, den Gegensatz zwischen ihr und dem Vater, wenn nicht zu
beseitigen, so doch möglichst auszugleichen. Dass dies nicht geschah,
dass im Gegenteil ihre Stiefmutter Wieck in seinem schroffen Verhalten gegen die Tochter noch-bestärkte, während sie selbst nicht den
leisesten Versuch machte, dem jungen unerfahrenen Kinde in seinen
Seelennöten zu helfen, hatte Clara namentlich während ihres Pariser
Aufenthalts schmerzlich empfunden. „Schreib mir doch", bittet sie
Ende Juni Robert, „immer etwas vom Vater, ich bin doch manchmal sehr unruhig, wenn ich so gar nichts höre; von meiner Mutter
schmerzt mich die Kälte, dass sie auch nie daran denkt, mir einmal
zu schreiben, ich höre so gar nichts mehr von den kleinen lieben
Mädchen, es ist, als hätte ich gar Niemand mehr von meiner Familie.
Sechs Monate sind nun vergangen, und noch keinen Brief von Haus,
der mich wahrhaft erfreut hätte, das ist hart! Ich hab doch immer so
große Anhänglichkeit an Alle." Das Gefühl des Fremdseins im Elternhause hatte sie ja von jeher gehabt. „Alles hab ich von meinem eigenen Gelde gekauft", heißt es in einem Brief an Schumann, „nicht eine
Stecknadel hab ich von den Eltern; sie schenkten mir nie etwas, nicht

einmal eine Kirsche noch Pflaume gab mir die Mutter – Du hast ja Geld", hieß es immer."

Trotzdem versteht man die tiefe Verzagtheit, die sich Claras bei dem Gedanken bemächtigt hatte, in die Heimat zurückkehren zu müssen und das Elternhaus sich verschlossen zu finden; versteht, wie trotz der Freude des Wiedersehens mit dem Geliebten, und trotzdem treue Freundeshände sich ihr von allen Seiten entgegenstreckten, um ihr über das Gefühl des Verlassenseins, der Elternlosigkeit hinwegzuhelfen, sie zitterte und bangte vor der Heimkehr.

Eben deshalb musste es sie mit um o innigerer Dankbarkeit und mit umso größerer Freude erfüllen, dass der Heimatlosen sich grade in diesem Augenblick mütterliche Arme öffneten, dass ihre rechte Mutter ihr Kind nicht verließ, sondern treu zu ihm stand. Das war nicht nur in den Augen der Welt eine Genugtuung, sondern auch für ihre durch den bittern Kampf mit dem Vater ermüdete und verängstete Seele eine Erquickung. Schon Anfang Juli hatten Beide Marianne Bargiel um ihre Einwilligung zu ihrer Verbindung gebeten. Am 18. Juli hatte diese Robert erwidert:

Berlin, den 18ten Juli 1839.

„Ew. Wohlgeboren!

Wohl gibt es keinen schönern Namen, als Mutter! Er hat mich stets beglückt, und wie sollte er es vollends nicht bei einer Veranlassung, wie die jetzige? – Manches habe ich wohl von Clara über Ihre beiderseitige Zuneigung erfahren, aber lange nicht g e n u g ! – Auch bin ich gar nicht abgeneigt, jedoch erfordert es noch mehrere Erklärungen und Auseinandersetzungen, die ich zu unserer allerseitigen Beruhigung für nötig halte!

Ich werde heute noch an Clara schreiben, um sie zu trösten, indem ich aus ihrem Briefe ersehe, dass sie in einem höchst aufgeregten Zustand ist, worüber ich mich sehr ängstige! – Und mir wird es sehr erwünscht und erfreulich sein, den Mann p e r s ö n l i c h kennen zu lernen, der meiner geliebten Clara Herz so ganz erfüllt und eingenommen hat. –

Es erwartet Sie also baldigst eine sehr besorgte Mutter.

Marianne Bargiel.

Dieser, bei aller vorsichtigen Zurückhaltung die ja nur berechtigt war, doch entschieden entgegenkommende Brief hatte Robert in Zwickau erreicht und ihn höchst wohltätig aus seiner tief melancholischen Stimmung, die ihn dort überfallen, herausgerissen. Wenige Tage später war er – zum ersten Mal in seinem Leben – selber nach Berlin gereist, bewaffnet mit Claras Bild, seinem eigenen, der ganzen Zeitschrift und einigen neuen Kompositionen, „damit sie mich doch kennen lernt." „Ich will sie", schrieb er an Clara, „so umstricken mit schmeichelnden und bittenden Worten, bis ich ihr Ja habe."

Mit welchem Erfolge, zeigen am besten die nachstehenden Briefe Roberts und der Mutter an Clara:

Berlin, den 30sten Juli 1839. Dienstag.

„*Meine geliebteste Clara,*

Von hieraus, wo ich so lebhaft an Dich erinnert worden, muss ich Dir doch ein paar Herzensgrüße in Dein einsames Dörfchen schicken. Durch Deine Mutter nämlich wurde ich so sehr an Dich erinnert; ich liebe sie ordentlich mit ihren Deinen Augen und kann mich immer gar nicht von ihr trennen. Gestern war ich fast den ganzen Tag bei ihr und geküsst hab ich sie zur guten Nacht auch. Das hat mich ganz beglückt. Von nichts haben wir denn gesprochen als von. Dir; … … Sie nahm mich so gut und herzlich auf und scheint Gefallen an mir zu finden. Wärest Du doch bei uns; wie wir gestern Abend im Tiergarten spazieren gingen, dachte ich so schmerzlich an mein einsames, fernes Mädchen, das nicht wusste, dass ihre Mutter und ihr Geliebter zusammen von ihr sprachen. … … … …

Deine Mutter schreibt Dir heute selbst noch … Du fürchtest Dich, Dein Vater nimmt Dich gleich in Beschlag; aber Clärchen, Mädchen, hast Du denn keine Arme, mit denen Du Dich wehren kannst. Erstens glaub ich nicht, dass er es tut; zweitens aber – verlangt er Dich in sein Haus, so sagst Du ganz einfach, „i c h w i l l n i c h t, i c h w i l l z u r M u t t e r", dagegen kann er gar nichts einwenden. – Dein Bild hab ich mitgenommen, wie ich Dir schon schrieb. Als ich es Deiner Mutter zeigte, da hättest Du sehen sollen. Die Tränen traten ihr im Augenblick aus den Augen und sie war ganz außer sich. Als es die B a r g i e l ' s c h e n Kinder sahen, sagten sie alle … „das ist Clara" – das war eine innige Freude für mich. … …

... Die Stadt hier hatte ich mir nicht so gar schön vorgestellt und im Museum bin ich mit Entzücken herumgewandelt. Kennst Du die Rotunde am Eingang? Singt man da noch so leise einen Akkord, so quillt es wie aus hundert Kehlen aus der Decke herunter, dass ich ganz bezaubert war. Vielleicht wandle ich bald mit meiner Geliebten in diesen schönen Hallen. ... ..."

Marianne Bargiel an Clara.

Berlin, am 30./7. 39.

„Meine geliebte Clara! Dein Robert ist seit gestern hier, und ich kann Dir zu meiner wahren Freude sagen, dass ich Deine Wahl billige und ich ihn stündlich immer mehr lieb gewinne. ...
... Das erste und notwendigste, mein liebes Kind! ist, dass Du herkommen musst. – Ohne Deine persönliche Anwesenheit ist keine Beendigung dieser Angelegenheit möglich, und da es doch das wünschenswerteste für uns alle ist, dass Ihr bald vereinigt werdet, so wirst Du auch nicht anstehen, es auszuführen ... Es ist ja so viel zu besprechen, auch selbst unter Euch beiden, was ja gar nicht möglich ist, mit Briefen abzumachen. Du kannst ja dann wieder nach Paris gehen, es kostet freilich viel Geld, allein die Sachen stehen einmal so, es ist nicht anders möglich!"
An Deinen Vater habe ich geschrieben, er hat mir aber nicht geantwortet; das kann nun alles nicht helfen, die Sache muss beendet werden. – Hätte ich Dich jetzt hier, wie glücklich würde es mich machen, Euch beide bei mir zu sehen. – Robert hat uns heute mehrere seiner Kompositionen vorgespielt, was für uns ein sehr erhebender Genuss war! Welch' schönes Talent! – Wie glücklich werde ich mich in Eurer Vereinigung fühlen!" –

Damit war viel erreicht, und wenn Clara auch einstweilen beider Wünschen, sie möge bei der Mutter Wohnung nehmen, aus Rücksicht auf Wieck, um den Vater nicht von vornherein noch mehr zu erbittern, glaubte nicht folgen zu sollen, die Entscheidung darüber vielmehr bis nach dem ersten Termine hinausgeschoben wissen wollte, so war doch grade noch rechtzeitig durch die Gewissheit, dass es nur eines Wortes bedürfe, um im entscheidenden Augenblicke die Mutter an der Seite zu haben, ihr der Entschluss zur Rückkehr wesentlich erleichtert worden.

„Es war Zeit, dass diesem schrecklichen Zustande ein Ende gemacht wurde", schrieb Schumann am 9. August, „ich wäre dabei zu Grunde gegangen; Geist und Körper versagten mir, ich konnte nicht denken und arbeiten – und nun meine Kunst, wie bin ich da zurückgekommen. Aber nun ich Dich bald sehen soll, wird alles wieder gut."

Er ließ es an nichts fehlen, Clara die ersten Schritte auf heimischem Boden so leicht wie möglich zu machen. Ein beredtes Zeugnis dafür ist ein Brief, den *Dr.* Reuter, der treueste Freund und Vertraute der beiden Liebenden, in Roberts Auftrage an Clara nach Frankfurt richtete, und der zugleich ein schönes Denkmal des Briefschreibers selbst ist[228]:

Leipzig, den 11. August 1839.

Liebes und verehrtes Fräulein Clara!

Bald also im lieben Vaterlande, wo Ihrer sehnsüchtig geharrt wird, wie freue ich mich, Sie bald wieder zu sehen. Eben wollte ich am folgenden Tage noch einmal nach Paris schreiben, als mir Schumann sagte, „denken Sie, schon nächsten Montag reist Clara von Paris ab". Sie können denken, mit welchem heiteren Lächeln er mir das sagte. Ihr Wiedersehen wird ein selten glücklicher Moment und Sie haben sich ihn beide verdient, nicht wahr? Damit also alles genau bestimmt ist, und für den Fall, dass ja e i n Brief nicht an Sie gelangte, schreibe ich Ihnen nach Frankfurt dasselbe, was Schumanns gestern dahin abgegangener Brief schon enthält.

Sie treffen, wenn Sie Montag, den 12., von Paris abgereist sind, Mittwoch Abends oder Nachts in Frankfurt ein, ruhen Donnerstag aus, lassen sich für Donnerstagabend auf der Schnellpost bis Naumburg ein-

---

228 Angesichts dieses und zahlreicher anderer Briefe Reuters an Clara Schumann aus diesem und den folgenden Jahren, die in der unzweideutigsten Weise Zeugnis davon ablegen, wie von Anfang bis zu Ende Reuter das Verhalten Friedrich Wiecks aufs schärfste verurteilt hat, erscheint es undenkbar, dass Reuter bei gesunden Sinnen den Brief an Friedrich Wieck vom „Juli 1853" sollte geschrieben haben, den man bei Kohut Friedr. Wieck S. 281 f. abgedruckt findet.

schreiben. In Naumburg kommen Sie Sonnabend früh 8–9 Uhr an (d. i. den 17ten). Hier nehmen Sie, wenn es keine günstigere Fahrgelegenheit gibt, einen Lohnwagen (Bedingen Sie ja fest mit dem Kutscher, dass er für Alles, Futter, Chauffeegeld etc. stehen muss, sonst werden Sie schreck- lich überteuert.) nach Altenburg, wo Sie Abends bei guter Zeit eintreffen können. Sie wohnen in Altenburg im Gasthof: Stadt Gotha, (sollte wider Erwarten da kein Zimmer frei sein, im Hirsch), wo Sie einen Brief von Robert unter der Adresse, Fräul. Wieck aus Weimar, vorfinden. Robert kehrt in einem Gasthofe sich glaube: die Schnecke) in der Leipziger Vor- stadt ein, und ist dort schon Nachmittags um 3 Uhr, um Sie zu erwarten.

Übrigens soll alles so geheim geschehen, dass kein Mensch hier oder irgendwo etwas erfährt. Auch Schumanns Reise nach Altenburg, sowie überhaupt Ihre Ankunft. Ihr Vater ist seit gestern erst von Dresden zurück, und hat geglaubt, Schumann sei nach Paris. Außerdem ist alles ruhig Emilie Rietz²²⁹ habe ich einige Mal in Gerhards Garten, wo sie Struve'sches Mineralwasser trinkt, gesprochen, und nichts Erhebliches von ihr erfahren. Sie sprach sich freundschaftlich gesinnt für Sie aus. Alwin ist Ihr treuester Anhänger im Hause.

Der Himmel schütze Ihre Reise. Verwahren Sie sich für die kühlen Nächte, trinken Sie Wasser mit Wein vermischt, nicht Bier, nicht Milch, und nicht bloßes Wasser auf der Reise. Gut ist auch ein Kaffeelöffel Brau- sepulver in Wasser mit Wein gegen die Erhitzung durch anhaltendes Fahren.

Mit ganzer Ergebenheit begrüßt Sie
Ihr

Dr. M. E. Reuter.

Dies ist der letzte Brief, den Sie vor Ihrer Ankunft in Sachsen erhalten. Sollten Sie daher etwa einen andern Plan entworfen und an Schumann geschrieben haben, so ließe er Sie – damit Sie nicht in Ungewissheit kommen – hierdurch wissen:

Dass er f e s t bei den in u n s e r e n beiden Briefen von gestern und heute angegebenen Bestimmungen bleibt.

---

229 Nichte der Stiefmutter Claras.

Sollten Sie in Frankfurt erst Freitags abreisen können, so ändert das nichts, Sie finden dann Robert Sonntags in Altenburg, wo er von Sonnabend 3 Uhr auf Sie wartet.

[In Roberts Handschrift.]
Genehmigt und gut befunden von Bräutigams wegen. Ich bitte Dich, liebe Clara, komme gesund und pünktlich zu
Deinem

R.

Über die Reife selbst, das erste Wiedersehen und was dann folgte, berichtet Claras Tagebuch:

„Den 14ten August reisten wir, Henriette und ich, mit der Mallepost nach Frankfurt. – Die Familie Hahn, der wir von Madam List empfohlen waren, empfing uns und nahm uns sehr freundlich auf.
Den 18ten fuhr Henriette nach Stuttgart zurück und ich nach Altenburg, wo ich endlich nach beinah einjähriger Trennung meinen geliebten Robert wiedersah. Ich war unbeschreiblich glücklich! von Altenburg reisten Robert und ich nach Schneeberg, wo ich bei Uhlmanns[230] abstieg. Das ist eine liebenswürdige Familie, bei der ich mich ganz wohl befinde.
Den 24ten ging Robert, nachdem wir drei glückliche Tage miteinander verlebt hatten, nach Leipzig, ich begleitete ihn bis Zwickau, wo ich auch Therese wieder sah. Es war mir so eigen zu Mute, als ich in Zwickau einfuhr. – Ich saß neben Robert, ich fühlte tief, was in seinem Herzen vorgehen musste, wenn er an die Kinderjahre dachte, und jetzt kein liebendes Wesen mehr fand. Nun, ich will ihm zu ersetzen suchen, was er verloren, und ihn getreu durchs Leben geleiten, das ist mein Trachten, und dieser Gedanke beglückt mich. Möge mir der Himmel nur Kraft genug verleihen, den nächsten Kampf mit dem Vater noch zu überwinden. Es wird mir schwer werden, es möchte mir das Herz zerreißen, wenn ich an alles denke, was er an mir getan, und dass ich ihm jetzt öffentlich gegenüber stehen muss – Der Himmel wird es mir verzeihen! Ein gutes Bewusstsein

---

230   Emilie Uhlmann war in erster Ehe die Frau von Schumanns Bruder Julius, welcher früh starb.

erhält meinen Mut und tröstet mich. Roberts Liebe beglückt mich unend-
lich. – Ein Gedanke beunruhigt mich zuweilen, der, ob ich es vermögen
werde, Robert zu fesseln! Sein Geist ist so groß, und in diesem Punkt
kann ich ihm doch so gar wenig genügen, wenn ich ihn auch ganz ver-
stehe! Das muss ihn nun wohl auch einigermaßen entschädigen.

Jetzt trachte ich auch darnach, so viel als möglich mit der Künstlerin die
Hausfrau zu vereinigen. Das ist eine schwere Aufgabe! Meine Kunst lasse
ich nicht liegen, ich müsste mir ewige Vorwürfe machen. Sehr schwer
denke ich mir die Führung einer Wirtschaft, immer das rechte Maß und
Ziel zu treffen, nicht zu viel auszugeben, aber auch nicht in Geiz zu ver-
fallen. Ich denke mit der Zeit alles das zu lernen.

Wenn ich mit Robert vereint sein werde, werde ich erst recht heiteren
Sinn bekommen – meine letzten 3 Jahre habe ich verkümmert; so lang
ich zu Haus war, keinen Tag verlebt, ohne die verwundendsten Krän-
kungen ertragen zu müssen. Hätte der Vater manchmal in mein Inneres
sehen können, er hätte Mitleid gehabt; er ist sehr gut, und hat an mir
getan, was kein Vater so leicht tut, aber eine edle schöne Liebe kennt er
nicht und versteht sie auch nicht. Dies tut übrigens meiner kindlichen
Liebe zu ihm keinen Abbruch. Ich fühle manchmal das tiefste Mitleid
für ihn, ich möchte ihm gerne lohnen, doch was kann ich für mein Herz!

… Jetzt will er mir nun auch das entziehen, was ich mir durch vier
Jahre langes Reisen verdient habe, – es war wenig, wäre aber doch ein
kleiner Zuschuss gewesen, und nicht einmal eine Ausstattung soll ich nun
von meinem Gelde haben – das macht mir Kummer! Es schmerzt mich
zu sehr, Robert auch gar nichts mitzubringen, so ganz von ihm abzu-
hängen – das drückt mich schrecklich, und stimmt mich wohl oft düster.
Umsonst will ich aber nicht meine Kunst gelernt haben, ich will noch
Robert vergelten, schenkt mir nur der Himmel Gesundheit. Mein größter
Wunsch ist der, es noch dahin zu bringen, dass Robert ganz der Musik
leben kann zu seinem Vergnügen, dass keine Sorge mehr fein schönes
Künstlerleben trübt.

… Ich hab einen Brief von ihm bekommen, wo er mir schreibt, dass
er ganz beglückt durch mich ist, mehr kann er es nicht sein, als ich es
[durch ihn] bin – meine größte Sorge ist seine Gesundheit! Sollte ich den
Schmerz erfahren müssen, Ihn zu verlieren – ich wüsste nicht, ob ich den
Mut hätte, noch zu leben.

Den 30sten reiste ich nach Leipzig ab und blieb bei Frieses.

Den 31sten kam meine Mutter an – meine Freude war groß!

Wir sind bei dem Pastor Fischer[231]*gewesen, doch der Vater ist auf die Vorladung nicht gekommen. Einen Brief hat er mir geschickt, der mich tief erschüttert hat, aber verletzt hat er mich auch durch Äußerungen wie nie. Möchte er es nur ja nicht einmal bereuen! Hätte er nur einmal ein mildes Wort für mich! Meine kindliche Liebe und Dankbarkeit kann nie aufhören, aber zurückschauen möchte ich, wenn ich an die Mittel denke, die er gebraucht, um zu seinem Ziele zu kommen.*

Ich bin zu Carls[232] *gezogen, um bei der Mutter zu sein.*

Einige schöne glückliche Tage haben wir miteinander verlebt – nie werden sie aus meinem Gedächtnis schwinden. Robert war immer so lieb gegen mich, dass ich ganz glücklich war. Vierhändig haben wir gespielt, Fugen von Bach, und 3 schöne Kompositionen von Benett. Mit Robert zu spielen, das ward mir lange nicht zu Teil – der Himmel ist doch gar gütig! wenn ich nur an Robert denke, vergess ich alle Schmerzen.

Den 3ten September reisten wir nach Berlin ab und kamen am 4ten daselbst an.“

So war sie also doch unter einem elterlichen Dach geborgen und durfte Mutterliebe fühlen. Wenn sie deren jetzt und in der Folge nicht so von Herzen froh werden konnte, wie ihr und der Mutter nach all den schweren Kämpfen zu gönnen gewesen wäre, so lag der Grund natürlich nicht in der Fran, die zum ersten Mal ihr natürliches Schutzrecht ohne Zaudern und Besinnen ausübte, ohne Einschränkungen und Bedingungen, sondern in der gedrückten sorgenvollen Lage, in der sich Claras Mutter mit einem schwer kranken Mann und einer Reihe heranwachsender Kinder befand. Der tägliche Kampf um die Existenz, dessen Zeuge Clara hier eigentlich zum ersten Mal in ihrem Leben ward, und der Anblick der in diesem Kampfe sich aufreibenden geliebten Mutter warf auf ihren ohnehin mit überflüssigen Sonnenschein nicht gesegneten Brautstand noch einen tiefen Schatten mehr. Zugleich aber schlang doch dieses Zusammendurchleben schwerster

---

231   Wie aus diesen und den folgenden Tagebuchnotizen und Briefen hervorgeht, bedürfen danach die Angaben Wustmanns (a.a.O. S. 313) in einigen Punkten der Berichtigung.

232   Frau Carl war eine Schwester von Claras Mutter

Kämpfe um Mutter und Tochter ein inniges Band, dessen sie als einer unverhofften Bereicherung ihres Lebens schon damals, und mehr noch später, sich immer wieder dankbar bewusst wurden.

Tiefe Schatten aber fielen vor allem um diese Zeit auf ihren Weg durch Roberts Gesundheitszustand, der ihr die ernstesten Besorgnisse machte. Schon im Laufe des Sommers hatten Äußerungen neuer verdüsterster Gemütsstimmung, die fast regelmäßig auf Augenblicke tatfreudiger Zuversicht zu folgert pflegten, sie wiederholt erschreckt.

„Nun bitte ich Dich", hatte er zwei Tage nach der Einreichung der Klage, in einem sonst fast heiteren Briefe geschrieben, „meinen Namen manchmal leise dem Höchsten auszusprechen, dass er mich beschützen möge; denn ich kann Dir sagen, ich kann kaum noch beten, so bin ich von Schmerz niedergebeugt und verstockt. Ich habe doch eine große Schuld auf mir, dass ich Dich von Deinem Vater getrennt habe – und dies foltert mich oft ... ... Es war ein sonderbarer Tag der vorgestrige, einer, wo alle Lebenslinien wie in ein Knäuel zusammenzulaufen schienen. Der Tag war so gespenstisch still, der Himmel ganz weiß umflort, ich sah oft Särge tragen, kam z u f ä l l i g an der Thomaskirche vorbei, hörte Orgel darin, ging hinein, es war eben ein Paar getraut worden. Der Altar war mit Blumen überschüttet. Ich stürzte fort. Frühe, nachdem ich das Schreiben an das Gericht eingereicht hatte, begegne ich z u f ä l l i g Voigt, er bittet mich, seine Frau zu besuchen, die morgen in ein Bad abreiste. Abends geh ich z u f ä l l i g an Voigts Haus vorbei, denke an die Frau, gehe hinauf; sie wird wohl nicht wieder zurückkommen; sie gibt mir noch einen gedruckten Brief, darin steht die Todesanzeige von Ernestinens [von Fricken] Mann ... ich nahm Abschied von der Voigt, wie man von einer Sterbenden nimmt; als ich Abends zu Hause ging, rasselt noch einmal ein Leichenwagen unheimlich an mir vorbei. Welcher Tag – aber die Nacht schlief ich ruhig. Dass ich es gegen Dich aussprechen kann, erleichtert mich auch; denn sonst bin ich jetzt so scheu, so schrecksam, dass ich allen Freunden ausweiche."

Diese Stimmung hatte dann, wie erwähnt, auf der wenige Tage später unternommenen Reise nach Zwickau noch eine Steigerung erfahren, und namentlich hatte ein am 23. Juli von dort geschriebener Brief Clara aufs höchste beunruhigt. Auch hier war plötzlich nach einer ruhig sachlichen Erörterung der Zukunftspläne fortgefahren: „Das alles sag ich Dir mit recht schwacher Stimme; denn mir ist es hier, als müsst ich mich auch gleich hinauslegen, wo so viele liegen, die mich geliebt. Ich glaubte, mich auf der Reise zu erholen, bin aber nur schwermütiger worden und will auch so bald als möglich aus dieser Gegend fort, wo es keine Freude mehr für mich gibt." Selbst die freundlichen und erhebenden Eindrücke in Berlin im Zusammensein mit Claras Mutter hatten ihn nicht ganz herauszureißen vermocht. Todesgedanken tauchen auch hier auf, um freilich sofort verscheucht zu werden mit einem: „Aber ich habe ja schöne Hoffnungen." Dem indessen gleich einschränkend und erklärend auf dem Fuße folgt: „nur bin ich manchmal sehr krank jetzt, so eigen schwach im ganzen Körper und namentlich auch im Kopf; das ist vom vielen Sinnen. Du musst es auch an meinen Briefen merken. Es greift mich alles so fürchterlich an." Das Wiedersehen mit Clara hatte allerdings zunächst all diese dunkeln Wolken verscheucht, und beide hatten, wie wir aus Claras Tagebuch hörten, die Vereinigung in jenen Augustwochen ganz rein und ungetrübt genossen. Aber grade die Fülle von Erregungen, die schließlich doch das Zusammensein unter diesen Verhältnissen an sich immer mit sich brachte, sowie die durch den Gang des Prozesses, die verschiedenen Termine bedingten neu herandrängenden Sorgen, sollten nur zu bald das kaum gewonnene seelische Gleichgewicht Schumanns wieder erschüttern und dadurch für Clara zu einer Quelle beständiger Beunruhigungen werden. Und es ist kein Wunder, dass schließlich auch sie, so tapfer und gefasst sie ihren Kampf durchkämpfte, stets darauf bedacht, den Geliebten die eigenen Nöte so wenig wie möglich fühlen zu lassen, gelegentlich unter den auf sie einstürmenden Gemütserschütterungen meinte, erliegen zu müssen. Ich bin in einer bedauernswürdigen Stimmung", vertraut sie am 19. September ihrem Tagebuch an, „ich fühle mich doch sehr unglücklich und meine Besorgnis wegen Robert steigert sich immer mehr. Besonders bangt mir wegen seiner Augen, die, wie er mir heute selbst gesagt, immer schlechter werden."

Allerdings drängten sich in diesen Tagen besonders viel verwirrende und beunruhigende Ereignisse zusammen.

Zu ihrem Geburtstag, am 13. September, war Robert ganz überraschend nach Berlin gekommen und dann einige Tage dort geblieben, die sie bei schönem Herbstwetter auf Ausflügen in die Umgegend in ruhiger Aussprache sehr genossen. Einer solchen bedurfte es aber umso mehr, als am Vorabend von Claras Geburtstag ein Brief Wiecks eingetroffen war, in dem dieser den Wunsch aussprach, den Prozess abzubrechen, sich mit Clara in Güte zu verständigen, und sie einlud, sich mit ihm in Dresden zu treffen, „damit er sich auch über Nebendinge mit ihr besprechen könne". Beide waren trotz der bisherigen Erfahrungen wirklich zunächst geneigt, an eine Sinnesänderung zu glauben. Als sie aber in Leipzig, wohin sie am 17. zusammen gereist waren – und wo Clara wieder im Carl'schen Hause freundlichste Aufnahme fand – den Advokaten deswegen befragte, glaubte dieser, sie aufs entschiedenste warnen zu müssen, in „diese Falle" zu gehen, riet dagegen Clara, ihren Vater um eine Unterredung in Leipzig zu bitten, was auch in einem Briefe vom 19. geschah. Von dem, was dann folgte und überhaupt von den Stimmungen dieser Tage geben die Tagebuchaufzeichnungen Claras wieder in herzerschütternder Sprache kunde:

Den 20sten.

„Ich brachte den Nachmittag bei Robert zu; wir spielten vierhändig, dann zweihändig ... er fantasiert himmlisch – man möchte vergehen in seinen Tönen, seine Akkorde versetzen Einen ganz in eine andere Welt. Ich möchte die Musik mit der Liebe vergleichen! ist sie gar zu schön und innig, so macht sie Schmerzen, mir geht es so, das Herz mochte mir springen manchmal dabei.

Heute hat mich wieder eine große Wehmut ergriffen bei dem Gedanken an den Vater. Er dauert mich so sehr, und doch, war er nicht grausam? ich fühle aber demohngeachtet eine so unauslöschbare Liebe für ihn – ein freundlich Wort von ihm und ich wollte nicht mehr der Schmerzen gedenken, die er mir verursacht hat.

Den 21sten September.

Soeben erhalt ich einen Brief vom Vater – ach, er ist so kalt, mein ganzes Herz erfüllt sich wieder mit Wehmut! Ich soll nach Dresden kommen, was werde ich tun? Ist es nicht fürchterlich, seinem eigenen Vater

nicht mehr trauen zu können! Ach Himmel, das ist hart! Hätte ich keine
Eltern mehr, in stiller Ergebenheit wollte ich es ertragen; doch ein von
den Eltern verstoßenes Kind bin ich, und bloß, weil ich ein liebend Herz
habe, ist das Recht? Wahrhaftig, das verdiene ich nicht.
Mir ist heute, als sollt« ich mich ins Grab legen – doch nein, mein Muth
soll nicht sinken, weint auch das Herz weint.
Ich fühle mich jetzt so verlassen, keinem Menschen gehöre ich an, wenn
ich Robert sehe, möchte ich mich festklammern an ihn, ihn nicht wie-
der loslassen – ist ja mein einziger Schutz, um ihn leide ich viel – jeder
Schmerz aber wirft einen Liebesfunken mehr in mein Herz.
Carls sind sehr lieb gegen mich ... Ich will es ihnen gedenken. In der
Lage, in der ich bin, ist einem jedes freundliche Wort eine Wohltat. Advo-
kat Einert lässt mich nicht fort – ich habe müssen an den Vater schreiben
und zwar ausführlich.

Den 26sten.

Ich habe gestern und heute mit meinem Vater gesprochen. Gestern hat
mich Vaters Anblick sehr erschüttert, doch stimmte mich ein wehmütiger
Blick von ihm weich, so waren es seine rauen Worte oft, die mich wie-
der verletzten und erkältete. Ich begreife seine Härte nicht, und seinen
entsetzlichen Hass auf Robert, den er früher so sehr liebte, auch nicht.
Er machte Robert sehr schlecht und zerriss mir bald das Herz damit;
er kann sich keinen Begriff von meiner Liebe machen, sonst handelte er
anders. Er gab mir vier Bedingungen an, nach deren Erfüllung er das
Gericht autorisieren wollte, uns das Jawort an seiner Statt zu geben; sie
waren: 1) ich sollte verzichten auf die 2000 Taler, die ich nach 7jährigem
Spiel erübrigt, und sie meinen Brüdern geben ... 2) soll ich meine Sachen
und Instrumente zurück erhalten, wenn ich später 1000 Taler nachbe-
zahle und auch diese meinen Brüdern gebe, (diese Bedingung hat er mir
später nachgelassen), 3) soll mir Robert 8000 Taler von seinem Kapital
verschreiben, die Interessen davon sollen in meine Hände fallen und n u r
ich soll im Falle einer Trennung, (welch schrecklicher Gedanke!), über
das Kapital zu disponieren haben (Welch ein Mann wird so etwas ein-
gehen? 12000 Taler hat er und zwei Drittel soll er der Frau geben! Ist das
nicht eines Mannes unwürdig? Es ist des Mannes Sache, über das Geld

der Frau zu walten, aber nicht umgekehrt). 4) soll mich Robert zur Universalerbin einsetzen … …

Diese Bedingungen können wir natürlich nicht erfüllen, und so muss die Sache gerichtlich abgemacht werden.

Als ich dem Vater sagte, ich müsse doch Geld zu einer Einrichtung haben, sagte er, ‚wenn Dein Bräutigam Dich liebt, so wird er Dir 1000 Taler auf so feine Weise in die Hände spielen, dass Du es kaum merkst.' Das empörte mich bis in das Innerste hinein! Das ist also der Lohn für mein jahrelanges Herumreisen, dass ich nun nicht einmal so viel haben soll, mich ausstatten zu können? Ich soll mich lassen von meinem Bräutigam ausstatten? Nein, dazu bin ich zu stolz. … … Was soll ich nun aber anfangen, kein Geld in den Händen, ach Himmel, das ist doch hart. Ich will noch herumreisen und Konzerte geben, um mir meine Ausstattung zu verdienen. … Robert hat mir 400 Taler in Staatsschuldscheinen gegeben, doch davon will ich keinen Gebrauch machen … … Mich drücken doch jetzt gar viele Sorgen! Auch für die Zukunft bangt mir! V e r - t r a u e n , das ist mein Trost!"

„Bewahre Dir nur Deinen Glauben an das Schicksal", schrieb Robert ihr am 28. nach Freiberg, wohin sie am 26. nach kurzer Rast bei den Dresdener Freunden, zum Besuche des treuen Freundes Becker, aufgebrochen war. Aus demselben Briefe aber geht auch hervor, dass nicht allein die Unterredungen mit dem Vater ihr in diesen letzten Tagen trübe Stunden bereitet hatten. „Verzeih mir", schreibt er, „nur meine Härte und Narrheit in den letzten Tagen; ich kann mich gar nicht zufrieden geben, dass ich Dich einige Male gekränkt. Donnerstag warst Du doch zu mild, zu hold und rührend."

Auf den letzten Tagebuchblättern drängten sich, durch die von Wieck gestellten Bedingungen, die materiellen Sorgen nur die Zukunft mehr und mehr in den Vordergrund. Dass aber auch Zukunftssorgen ganz anderer Art ihr Herz in dieser Zeit beunruhigten, das tritt uns ebenfalls rührend und erschütternd aus Gedanken entgegen, die sie während des Besuches in Freiberg ihrem Tagebuche anvertraute. Sie hatte in jenen Kreisen viel von Schumanns Kompositionen gespielt, sich an Beckers feinem Verständnis gefreut, zugleich aber wieder die Erfahrung machen müssen, wie schwer sie dem Durchschnittspublikum zugänglich seien. „Ich werde sie ja gerne spielen", klagt sie, „doch das Publikum versteht sie nicht. Wie bangt mir, wenn Robert einmal später Zeuge sein muss, wie seine Kompositionen wenig gegen andere, fade, ansprechen. Er ist ein viel zu tiefer Geist für die Welt und muss deswegen verkannt sein!? Ich glaube, das Beste ist, er komponiert für Orchester, seine Fantasie kann sich auf dem Klavier nicht genug ausbreiten. ... ... Seine Kompositionen sind alle orchestermäßig, und ich glaube, daher dem Publikum so unverständlich, indem sich die Melodien und Figuren so durchkreuzen, dass viel dazu gehört, um die Schönheiten herauszufinden. Ich selbst finde bei jedem Mal Mehrspielen seiner Sachen (so z.B. geht es mir mit den Novelletten jetzt so) immer neue Schönheiten. Die Novelletten sind ein gar schönes Werk. Geist, Gemüt, Humor, größte Zartheit, alles vereint sich darin, der feinsten Züge sind unendliche drin. Man muss ihn kennen, wie ich, und man wird sein ganzes Ich in seinen Kompositionen allen finden ... Die Zeit wird noch kommen, wo die Welt ... [ihn] erkennen wird, aber spät wird sie kommen ... ... Mein höchster Wunsch ist, dass er für Orchester komponiert – da ist sein Feld! – Möchte es mir doch gelingen, ihn dazu zu bringen."

Am 30. kehrte sie wieder nach Leipzig zurück, um am 2. Oktober mit Robert zusammen zu dem lang gefürchteten Termine vor dem Appellationsgericht anwesend zu sein.

Wieck aber zog es vor, nicht zu erscheinen und gegen diesen Termin schriftlich Protest einzulegen, da die gehörigen Termine von dem Geistlichen nicht eingehalten seien. Durch diese Verzögerung erreichte er seinen Zweck, Clara für den Winter die Rückkehr nach Paris unmöglich zu machen. Gleichzeitig trat er aber mit einem neuen Vorschlag hervor: Clara möge warten, bis sie mündig sei, und einstweilen mit ihm gegen ein Fixum von 6000 Talern noch drei Monate reisen. Darauf konnte sie natürlich jetzt nicht mehr eingehen. „Ich sah aus dem Vorschlage", heißt es im Tagebuch, „dass der Vater gern noch mit mir reisen möchte und das war mir schmerzlich um seinetwillen." Wie sehr ihn aber diese Ablehnung erbittert hatte, sollte Clara noch am Tage ihrer Abreise erfahren. Sie hatte durch das Mädchen ihren Vater um ihren Wintermantel bitten lassen. Die Antwort durch das Dienstmädchen lautete: Wer ist denn die Mamsell Wieck? ich kenne zwei Fräulein Wieck nur, das sind meine beiden kleinen Töchter hier, eine andere kenne ich nicht." Mit so schriller Dissonanz endete dieser Leipziger Aufenthalt.

Am 3. Oktober kehrte sie nach Berlin zurück.

Und damit begann für die Liebenden eine Periode der moralischen Foltern und Drangsalierungen, die alles, was sie bisher in dieser Beziehung durchlitten und durchkämpft hatten, weit hinter sich ließ. Wenn schon in Wiecks bisherigem Verhalten vieles, ja das meiste, seltsam, unerklärlich und unbegreiflich erscheint, bei einem Manne, der sein Kind wirklich so liebte, wie es zweifellos bei ihm der Fall war, so nahm jetzt seine Kampfweise gegen die beiden Verlobten vollends Formen an, die zuweilen ernstlichen Zweifel an seiner geistigen Gesundheit erregen müssen und die nur in der Absicht, um jeden Preis die ihm in den Tod verhasste Verbindung zu hintertreiben, wohl ihre Erklärung, aber nicht ihre Entschuldigung finden können. Er sah nicht, was er dabei zerstörte, sah nicht, dass gerade die Waffen, mit denen er jetzt kämpfte, weit entfernt den beiden Liebenden in den Augen des Publikums zu schaden, ihre Spitzen gegen ihn selbst kehrten und bei allen Unbefangenen seinen Namen und sein persönliches Ansehen aufs schwerste schädigen mussten. An das Los jener Tantaliden gemahnt es, von denen es heißt:

„Es schmiedete der Gott um ihre Stirn
Ein ehern Band ; Rat, Weisheit und Vernunft
Verborg er ihrem scheuen düstern Blick."

Lear und Cordelia glaubt man zuweilen zu hören und zu sehen.

Und doch, wenn auch bei dem Mitdurchleben und der Darstellung der folgenden Ereignisse, die Empörung den Biographen immer wieder zwingt, dies sinnlose Wüten als unnatürlich und frevelhaft im höchsten Grade zu brandmarken, wir können es gleichwohl nachfühlen, wie auch die unter seinen offenen und versteckten Angriffen gehetzte und fast zusammenbrechende Tochter immer wieder begreiflichen Zorn in tiefstes Mitleid auflöst: „wie unglücklich muss er sein!"

In den ersten Septembertagen hatten sie noch über den grotesken Einwand Wiecks gegen Schumann „dass Niemand Schumanns Hand lesen könne" und „dass er so leise spräche" lachen, und Clara scherzend erwidern können: „Vaters Gründe sind recht spaßhaft, übrigens aber gar nicht unrecht. Die Mutter will auch vor Gericht gehen und gegen Dich klagen, denn sie kann Deine Hand nicht lesen, und ich will klagen, dass ich Dich erst immer 3 mal fragen muss „was?", ehe ich ein Wort verstehe." Aber dies Lachen erstarb, und der Scherz verstummte, als nun Wieck in den folgenden Monaten keine Gelegenheit vorübergehen ließ, um direkt oder indirekt beide, oder einen von ihnen öffentlich zu kränken und alle Welt gegen sein Kind aufzuhetzen. So hatte z.b. Clara in Berlin im Hause des Stadtrat Behrens herzliche Aufnahme gefunden und die Zusage erhalten, auf dessen ausgezeichnetem Instrument im Konzert zu spielen. Kaum dass Wieck davon erfuhr, so schrieb er, wie Reuter Clara mitteilte, einem seiner Berliner Freunde und bat ihn, sich sofort zu Behrens zu begeben und diesen zu warnen, er möge Clara sein Instrument nicht anvertrauen; sie sei jetzt an die harte englische Mechanik gewöhnt und zerschlüge alle anderen Instrumente. In demselben Briefe hatte er auch ausgesprochen, er hoffe von dem „edeln Sinn" des Königs von Preußen, er werde Clara nicht in Konzerten öffentlich in Berlin auftreten lassen, da sie es wage, dies gegen den Willen ihres Vaters und ohne ihn zu tun. Zwar hatte das weiter keine Folgen, als dass Clara am 21. Oktober mit dem Konzertmeister Müller ans Braunschweig zum ersten Mal im Opernhause auftrat, auf dem Behrens'schen Flügel spielte und sowohl beim ersten Auftreten, wie nach dem Konzert stürmisch applaudiert wurde. Ja Wieck musste den Kummer erleben, dass in dem zweiten Konzert, das am 31. Oktober im kgl. Schauspielhause stattfand, der „edle König" selbst sich einfand und mit dem übrigen Publikum der ungehorsamen Tochter Beifall klatschte.

Der Berliner Berichterstatter der Neuen Zeitschrift für Musik versäumte denn auch nicht, besonders „als eine sehr seltene Erscheinung" hervorzuheben, „dass Se. Majestät dem Spiele der Virtuosin lebhaft und laut applaudierte." Freilich enthielt grade dieser Bericht auch eine kleine Genugtuung für Wieck, indem er nicht verschwieg, dass beim Vortrag der Thalbergschen Mosesfantasie, der Künstlerin „das Unglück passierte, dass eine Saite sprang", aber, setzt er hinzu, „nur am Schluss und wie ein Siegesschrei." Clara aber in ihrem Briefe an Robert bemerkte übermütig, als sie auch der gesprengten Basssaite gedachte: „da hab ich doch lachen müssen – zum Schluss hab ich das sehr gern, es gehört zum Totaleffekt."

Mit welchen Empfindungen aber musste sie kurze Zeit darauf ein Brief ihres Vaters an Behrens berühren, den dieser ihr zu lesen gab und in dem es hieß: „Aus Rücksicht auf mich und mein Geschäft hätten Sie mein Instrument schon nicht noch einmal dem Rellstabischen Raisonnement aussetzen sollen, wozu Ihnen ein von einem Elenden demoralisiertes Mädchen ohne Scham die Hand bietet."

Dieser Streich traf sie, als sie eben von einer kurzen, Anfang November mit dem Konzertmeister Müller nach Stettin und Stargardt unternommenen Konzertreise, auf der ihre Mutter sie begleitet hatte, heimgekehrt war. Grade die Eindrücke, die sie dort empfangen hatte, die mancherlei Widerwärtigkeiten, die das Konzertieren in der Provinz mit sich brachte, hatten sie tief verstimmt. Und wenn sie auch noch mit Humor im Tagebuch von so einem Abendessen nach einem Konzert berichtet hatte: „Mich betrachteten die Anwesenden wie ein fremdes Tier, drei pommersche Fräuleins waren vom Hausherrn begünstigt und schnappten nach jedem meiner Worte mit größter Begier. Um mein Elend vollständig zu machen, musste ich von einem der Fräuleins Etwas auf dem Klavier hören – es sollte eine Komposition von Chopin sein: „in ihrer gegenwärtigen körperlichen und gemütlichen Verfassung empfand sie aber doch das reisende Virtuosentum nur als „Elend".

„Ich lebe nur für Einen", schreibt sie am Tage der Rückkehr in ihr Tagebuch, „und möge ihm nur die Welt Gerechtigkeit widerfahren lassen – das sollte meine höchste Freude sein. Dass ich in der Welt nie ein großes Glück machen kann, ist mir klar geworden. Ich besitze nicht die Persönlichkeit, die dazu gehört, will sie aber auch nicht besitzen … Ich habe recht lange für mich geweint heute, ich sehne mich gar sehr nach Robert und nach Ruhe."

Die Müdigkeit und die gewisse Bitterkeit, die aus diesen Worten spricht, hatten aber noch ihren besonderen Grund.

In diesen Wochen feierte in Leipzig die bildschöne und kokette Klaviervirtuosin Kamilla Pleyel große Triumphe. Selbst Schumann, so sehr er immer wieder betonte, dass sie mit Clara nicht verglichen werden könne, hatte sich, wie seine naiven Erzählungen in den Briefen[233] beweisen, dem Zauber ihrer Persönlichkeit nicht ganz entziehen können.

---

233   Auch die beiden Aufsätze „Camilla Pleyel" in der N. Z. f. M. v. 28./X. und 8./XI. 39 beweisen es. Vgl. Ges. Schriften 4. Aufl. II, S. 206 ff. Am treffendsten charakterisiert er sie wohl

Clara selbst war aber über die Bedeutung der Pleyel als Künstlerin andrer Meinung. „Alles, was ich über sie lese", heißt es im Tagebuch 14 Tage später, „ist mir immer deutlicherer Beweis, dass sie über mich zu stellen; und dann kann nun freilich von meiner Seite eine totale Niedergeschlagenheit nicht fehlen. Ich denke, mich mit der Zeit darein zu ergeben, wie ja überhaupt jeder Künstler der Vergessenheit anheimfällt, der nicht schaffender Künstler ist. Ich glaubte einmal das Talent des Schaffens zu besitzen, doch von dieser Idee bin ich zurückgekommen, ein Frauenzimmer muss nicht komponieren wollen – es konnte es noch keine, sollte ich dazu bestimmt sein? das wäre eine Arroganz, zu der mich bloß der Vater einmal in früherer Zeit verleitete."

Und eben dieser Vater sollte grade in diesen Tagen, die in jenen Äußerungen bald mehr bald minder laut anklingenden Dissonanzen einmal wieder dadurch bis zur Unerträglichkeit steigern, dass er in diesem Augenblick ostensibel als Gönner, Beschützer und schwärmerischer Bewunderer ihrer Rivalin aufzutreten für gut fand, in der offenkundigen Absicht, Clara dadurch zu kränken und zu schaden. In den Konzerten erschien er an ihrer Seite, machte ihr „förmlich zärtlich" vor den Augen des Publikums den Hof, wandte ihr die Noten und begleitete ihre Leistungen mit einem komisch wirkenden, verzückten Lächeln. Genug, er trug ein Benehmen zur Schau, das, wie Reuter entrüstet an Clara schrieb, „ebenso lächerlich, als für das Gefühl derer, die es mit ansahen, verletzend erschien."

So gesellten sich zu den Keulenschlägen die Nadelstiche. Auch Roberts Verhalten erfüllte sie in diesen Wochen wieder mit Sorge. Er schrieb unregelmäßig, beantwortete oft tagelang ihre Briefe nicht und ließ sich dann wieder, während des Schreibens, in sprunghaften Stimmungen gehen, die sie durch einen gewissen, frostigen Humor bald verletzten, bald beunruhigten „Zu Deinem Konzerte selbst komme ich nicht", schrieb er damals auf Claras Fragen, ob er zu einem ihrer Konzerte wohl kommen werde, „vielleicht aber den Tag darauf, doch auch dieses will ich Dir nicht versprechen, und überhaupt meine Pläne in ein gewisses Dunkel Dir verbergen, damit Du gar nicht weißt, wie Du daran

---

in einem Brief an Clara: „sie spielte das Quartett *H*-Moll von Mendelssohn, wie sie alles spielt, ganz nahe an der Vollendung, und wie sie selbst ist, ein wenig liederlich." (Brief vom 27. Okt. 39).

bist mit mir. Das sind so meine Bräutigamslaunen. Zum Lustigsein hab ich jetzt übrigens keine Ursache, und ich schweige oft Tage lang – ohne Gedanken – und murre nur vor mich hin. Gestern Abend ist auch die Voigt gestorben und das hat mich auch beschäftigt." Zweifellos bereitete ihm dieser Todesfall, der eine ganze Vergangenheit aufrührte, eine tiefe Erschütterung, obgleich er unmittelbar nach der Beerdigung meinte: „ist die erste Aufregung vorüber, so überkommt mich dann immer ein so starker Lebensmut, eine Lust-zum Wirken, dass ich auch gleich Hand anlege an irgendeine Arbeit. So hab ich denn die Tage über auch manches vor mir gebracht, was ich Dir bald zu zeigen gedenke." Aber sehr bald kehrten die Klagen über den „völligen Mangel an Gedanken, besonders am Klavier", über die „grimmige Kopfschwäche", die es ihm unmöglich mache, seine Sinne zu einem ordentlichen Kunsturteil zusammenzufassen, wieder. Und wenn diese hypochondrischen Stimmungen wohl zum Teil auf Einbildung beruhten und Clara mit ihrer naiven Bemerkung: „Ich kann mir gar nicht denken, wie Du bist, wenn Du an Kopfschwäche leidest? Hast Du da keine Gedanken? Deine Briefe widersprechen dem doch gar zu sehr" wohl nicht so unrecht hatte, Sorge bereiteten sie doch auch ihr; und namentlich in der zweiten Hälfte des November steigerte sich diese Sorge, wie ihr Tagebuch verrät, zu wirklicher Angst. Seine Briefe wurden immer kürzer, mich in den Zärtlichkeitsbezeugungen lakonischer, und blieben schließlich ganz aus. Und als nach einer bangen Woche des Wartens endlich die Aufklärung kam, dass er sich krank gefühlt habe, erfolgte diese in einem Humor, der deutlich verriet, dass die Krankheit noch lange nicht überwunden sei. Erst Mitte Dezember trat eine merkliche Besserung ein. In dieselbe Zeit fiel auch der zweite Termin. Am 14. reiste Clara nach Leipzig und feierte am Tage darauf das Wiedersehen mit Robert. Zwei Überraschungen harrten dort ihrer. Die Nachricht, dass ihre Eltern ihren Briefkasten erbrochen und den Inhalt gelesen, und ein anonymes Schreiben aus Dresden, das sie sofort als von ihrem Vater diktiert erkannte, das aber seinen Zweck, sie zu erschrecken, verfehlte. Dagegen sah sie dem Termin selbst mit banger Furcht entgegen: „heute ist der zweite Termin", schreibt sie am 18., „wenn der Vater kommt, so schenke mir Gott Kraft." Sie hatte sie allerdings nötig. „Er war da!" heißt es am Abend des Tages, „ich kann es nie vergessen, ich konnte ihn nicht erblicken, ohne das tiefste Mitleid zu hegen; alle seine Mühe, seine vielen schlaflosen Nächte, die Erklärung, an der er seit Monaten gearbeitet – Alles das nutzt ihm nichts- Er war im höchsten Grade leidenschaftlich, sodass ihm der Präsident das Wort verbieten musste, das mir jedes Mal durch die Seele schnitt – ich konnte es kaum ertragen, dass ihm diese Demütigung widerfahren musste. Mich blickte er in furchtbarem Zorn an, aber gegen mich gesagt hat er nur einmal etwas. Ich hätte ihn so gern noch gebeten vor dem Gericht, doch ich befürchtete, er möchte mich von sich stoßen, und war auch wie festgenagelt auf meinem Stuhl. Dieser Tag hat uns getrennt auf ewig, wenigstens das zarte Band zwischen Vater und Kind zerrissen – mein Herz ist auch, als wär es zerrissen! –

Robert benahm sich sehr gut, ganz mit der ihm eigenen Ruhe, die auch das Beste war, was er einer solchen Leidenschaft gegenübersetzen konnte. Ich liebe Robert nur noch umso mehr jetzt, für mich hat er sich müssen öffentlich beschimpfen lassen. Möchte doch eine Macht Vaters Herz noch regieren, wie könnte er ruhig und zufrieden leben, so reibt er sich auf – ach mein Gott, ich kann meine Tränen gar nicht stillen heute – meine ganze kindliche Liebe zu ihm ist wieder erwacht und wird doch ewig in mir leben. Die Verhältnisse haben sich bis jetzt ganz günstig für uns gestaltet. Wir werden wohl keinen persönlichen Termin mehr haben."

Am 20. machte ihr der Präsident einen Gegenbesuch, der sie sehr hoffnungsvoll stimmte: „Aus seinen Reden konnte ich entnehmen, dass alles günstig für uns steht. Am 4. Januar wird das Urteil gesprochen, wogegen aber der Vater jedenfalls appelliert. Ich hoffe, bis Ostern ist alles beendet."

Am 21. reiste sie mit Robert zusammen nach Berlin zurück und konnte so zum ersten Mal seit Jahren das Fest wieder mit ihm zusammen feiern:

Sie schreibt im Tagebuch:

Den 24sten. Der heutige Weihnachtsabend war der schönste meines Lebens, er entschädigte mich für vieles Schmerzhafte, das ich erlitten. Ich konnte ihn mit meinem innigstgeliebten Robert und der Mutter feiern – das Glück machte mich fast traurig. Minuten lang. Der ganze Abend hatte mir etwas heiliges, ich dachte viel an Weihnachten über's Jahr.

Robert hat mich überreich beschenkt, ich konnte ihm nicht danken, wie ich wohl gemocht hätte.

Den 27sten. Heute war ein trauriger Tag für mich. Robert reiste wieder ab und nun ist es wieder so öde um mich. Mit Sehnsucht sehe ich immer nach seinem Zimmer, ich denke immer noch, er muss heraustreten. – Die Erinnerung an diese Tage wird mir ewig bleiben; die Mutter war sehr glücklich, uns zusammen so selig zu sehen, und ließ sich keine Mühe verdrießen, deren sie doch so manche hatte, da Robert bei uns wohnte. Robert hat auch die letzten Tage sehr viel gespielt, was mir großen Genuss gewährte. Es wurde ihm auch schwer, fort zu reisen, auch er weinte einige Tränen, das mir durch die Seele schnitt. Ich kann ihn nicht weinen sehen, das zerreißt mir das Herz.

Wir haben ihn auf die Post gebracht, ich hätte mich mögen an dem Wagen anklammern."

Diese harmonische, hoffnungsvolle, beglückte Feststimmung klingt nach in den Briefen, die zwischen beiden um die Jahreswende gewechselt wurden.

Robert an Clara.

Sonnabend, den 28sten Dez. 39.

Herzliebstes baldigstes Weib.

Matt und müde bin ich angekommen, aber vergnügt im Herzen.

Die Nacht war so lind, als sollt es Frühling werden; da hab' ich denn hin und her gedacht und geträumt und geschlafen und immer gedacht an Dich, an die Zukunft und an die letzten schönen Tage. Worte hab ich nicht mehr für Dich ... also bleib es dabei, was Du schon seit vielen Jahren weißt und behalte mich nur recht lieb und bleib so hold und gut, Du mein Herzens-Clärchen.

Mein Stübchen fand ich im alten Stand, nur viel geputzter, als erwarte es einen Bräutigam. Ausgepackt hab ich auch schon. Alles ist unversehrt angelangt, auch der Paganini ... ... hat noch immer die Geige am Hals. Der Zigarrenhalter steht auch schon auf dem Tisch; kurz, der Hausrat wächst zusehends ... ...

Nun hab ich sehr viel zu arbeiten die nächsten Tage über; sei also nicht traurig, wenn ich Dir nicht gleich wieder schreibe. Zum Silvester jedenfalls. ... ...

Grüße Mama, die gute freundliche vor Allen und die Kinder.

Bleib munter und frisch auf; ich bin es auch. – V

on ganzer Seele Dein Robert.

Robert an Clara.

Leipzig, den 30. Dez. 1839.

Guten, guten Abend, mein Mägdlein. Wie geht es im Herzen und Kopf, und mit den Fingern? Deinem Bräutigam geht es für sein Teil tröstlich; immer möchte ich nur Musik machen, wie in Berlin, wo ich mich Dir so oft produziert und dabei tapfer in die Lippen gebissen. Das Schreiben für die Zeitung wird mir schwer; in den Neujahrswunsch hatte ich immer Lust, unsere Trennungsgeschichte mit hinein zu schreiben ... ...

Heute Abend, Ihr Lieben, denkt an mich in Liebe, und auch in Nachsicht, weil ich es mir doch oft gar zu bequem machte, als wär ich Sohn vom Haus schon. Du aber, meine Clara, wenn es zwölf geschlagen, denke ganz besonders in Deinem Kämmerchen an mich und lass uns zusammen Dem danken, der uns bis jetzt beigestanden Es war unser Prüfungsjahr, unser leiden-, aber auch freudenvollstes. Hab Dank, Du treues Mädchen, für Deine Stärke, Dein Hingebung; von ganzem Herzen bin ich Dein und küsse Dich in zärtlichster Liebe Dein ewiger Robert.

Am Silvester 1839.

... Es ist der letzte Brief dieses Jahr, vielleicht auch der erste, den Du im neuen erhältst. Worte hab ich nie mehr zu meinen Wünschen. Meinen sehnlichsten kennst Du, und dass Dich meine Liebe immer beglücken möge, wie mich Deine! Mitternacht will ich still bei mir abwarten. Dann umarmen sich unsere Geister.

Lebe wohl, Du Liebliche, Holde. Grüße die Mutter und Alle.

Clara an Robert.

Den Neujahrskuss lass Dir geben, mein geliebter Robert! mit welchen Gefühlen ich das neue Jahr betrete, kann ich Dir nicht sagen, es sind freudige, aber auch ernste. Ich soll Dir nun bald ganz angehören, das erregt mich freudig, mein ganzes Lebensglück liegt dann aber auch in Deiner Hand. Ein unbegrenztes Vertrauen hab ich zu Dir, Du wirst mich ganz beglücken, aber auch ich will Dir immer von ganzer Seele ergeben sein, mein ganzes Sinnen und Trachten ist ja Dein Glück. Gib mir Deine Hand, mein Robert, treu will ich mit Dir durchs Leben gehn, alles mit Dir teilen, und kann ich es, Dir auch eine gute Hausfrau sein ... Ach! ich liebe Dich ja so innig, so ganz unendlich!
Bald

Dein glückliches Weib
Deine Clara.

Clara an Robert.

Berlin, den 1./1. 1840.

Wie eigen sieht mich doch die 40 un, nun ist es ja endlich da, das lang ersehnte Jahr, das uns verbinden soll auf ewig! ich hab doch heute den ganzen Tag nichts gedacht als Dich. – Also in vier Monaten soll ich Dein sein? im Mai willst Du, das ist ja der schönste Monat, und ist es Dir der liebste, so doch auch mir ...
... Auf die Romanzen mache ich aber Anspruch; als Deine Braut musst Du mir durchaus noch etwas dedizieren, und da weiß ich denn doch nichts Zarteres als diese 3 Romanzen, besonders die Mittelste, die ja das schönste Liebesduett. Ach Robert, Du kommst nicht los, die Romanzen geb ich nicht her, Du hast sie mir geschenkt – Du kannst ja auch das Halbe nicht leiden, gar nicht oder ganz. Nun gib mir aber einen Kuss, damit ich auch weiß, dass Du mir nicht bös bist – ich scheine Dir vielleicht unbescheiden!? –

Nun meinen Dankeskuss, mein geliebter Robert, für Deinen gestrigen
letzten lieben Brief im alten Jahr – lass den ersten im neuen ebenso lieb
beginnen Ob ich ihn wohl heute erhalte?
... Schlaf wohl und träume von Deinem getreuen Mägdelein.

Robert an Clara.

Leipzig, den 2ten Januar 1840.

Du beglückst mich ganz mit Deinen Briefen, Du liebes trautes Mädchen
Schreib mir nur immer so viel; darauf bin ich ganz besessen – für Deinen
Brief gestern mit den Spitzenkragen, für die herzlichen Zeilen der Mut-
ter und Bargiels bleib ich Euch noch Dank und Antwort schuldig. Dein
letzter war so gar gut und lieb, wie ich es am liebsten mag. Wüsst ich nur,
weshalb man Dich am meisten lieben müsste. Du könntest eine Menge
Männer auf einmal beglücken, jeden mit etwas besonderem (nimm den
Gedanken nicht übel) – ich aber wähle mir an Dir die Herzlichkeit und
Häuslichkeit zur Braut – Du mein liebes Hausweib Clara.
Noch etwas! Geht es, so lassen wir uns noch vor Mai trauen.
Hauptgrund: Je eher, je besser – und Dein V. ist so lange zu fürchten, so
lange Du mir nicht angetraut bist ... ...
... Über anderes schreibe ich Dir übermorgen, mein Clärchen, viel-
leicht mit der Siegesnachricht.
Verzeih das Wenige und Flüchtige, es hat schon 6 geschlagen. Die
Romanzen sind wahrhaftig nicht gut genug für so ein Mädchen; es freut
mich aber dennoch innig, wenn Du willst, dass ich sie Dir dediziere. Wie
schreiben wir wohl auf den Titel? Wart, ich weiß schon.
Adieu, Herzensschatz. Die Mutter soll mir noch zwei Tage Nachsicht
schenken. Ein Redakteur, Komponist und Bräutigam hat viel zu tun.
Adieu, gedenkt meiner mit Liebe.

Dein Robert.

Aber nur zu bald sollte ein jäher Rückschlag folgen, und eine Epoche
der seelischen Qualen für beide beginnen, die alles bisher Ausgestan-
dene in den Schatten stellte.

Am Abend des 4. Januar meldete Robert, dass die Einwände Wiecks alle abgewiesen seien, bis auf einen, für den er binnen sechs Wochen und drei Tagen den Beweis zu erbringen habe. Das bedeutete entgegen ihren Hoffnungen einen neuen Aufschub. Trotzdem glaubte der Rechtsanwalt, bis Ende Mai den endgültigen Urteilsspruch immer noch in Aussicht stellen zu können.

Schumann schrieb sehr ruhig und gefasst. „Betrübe Dich nicht darüber, meine Clara. Wer weiß, was Gutes der Himmel mit uns vorhat, dass er unser Glück noch verzögert. Ich, für mein Teil, verspreche Dir treu auszuharren bis an das Ende meines Lebens. Solche Leiden und Beleidigungen, wie wir sie geduldet, bleiben gewiss nicht unvergolten. Also gib mir Deine Hand, mein treues Mädchen, bleib fromm und vertrauungsvoll."

Aber diese Ruhe war nur vorübergehend und scheinbar, erzwungen, um Clara über die harte Enttäuschung hinwegzuhelfen. Tatsächlich hatte ihn dieser Streich Wiecks bis ins Mark getroffen; nicht die Verzögerung, die ihre Verbindung dadurch um einige Wochen oder Monate erfuhr, sondern der G r u n d für diese Verzögerung war der härteste Schlag. Denn der schikanöse Einwand Wiecks, den er zu beweisen aufgefordert wurde, war kein anderer, als dass Schumann ein Trinker sei. Das Gericht hatte nach Lage der Dinge, da der Einwand einmal erhoben war, nicht anders entscheiden können, wenngleich die Mitglieder es unverhohlen aussprachen dass dieser Zug Wiecks wohl eine Verzögerung, aber nicht eine Entscheidung zu seinen Gunsten herbeiführen könne. Gleichwohl lastete, so lange diese Frage noch unter Beweis stand, die Schmach einer solchen Behauptung auf Schumann, und dieser litt darunter Höllenqualen. „Dein Brief", schrieb er einige Tage später an Clara, „sieht mich so wehmütig an. Aber ich bedarf jetzt des Trostes und der Ermutigung vielleicht mehr als Du; vergiss das nicht, mein Mädchen, und verzeihe mir, wenn ich Dir manchmal traurig schreibe. Arbeite recht, tritt bald Deine Reise an. Fremde Luft und fremde Gesichter zerstreuen wenigstens. Hätte ich doch auch Energie, in die Welt hinaus zu schweifen. Sehen möchte ich Dich nicht eher, als bis das letzte Urteil die Schmach von mir genommen, die Dein Vater … über mich gebracht hat … …

Käme nur die Kraft zur Arbeit wieder, wie glücklich wollte ich sein; ich sinne und sinne und sinne den ganzen Tag – ach bitte manchmal für mich. –

Zu komponieren fing ich an – eine kleine Sonatine in B-Dur – recht hübsch. Aber die Kraft hat mich schon wieder verlassen. Himmel, soll denn das gar nicht besser werden."

Lässt schon dieser Brief, den er als „dein Bruder" unterschrieb, mit erschütternder Deutlichkeit erkennen, wie das Brandmal der Schande diesen ohnehin so zarten Organismus peinigte, so sorgte Wieck dafür, dass auch Clara ihren besonderen Anteil an diesen Peinigungen erhielt. „Ich schreib Dir jetzt viel", heißt es in einem Briefe Roberts an Clara vom 12. Januar, „wie Kinder, die sich die Gespensterstunde durch Sprechen vertreiben Das Gespenst ist Dein Vater. Alwin war heute bei mir und sagte mir, Dir zu schreiben, dass der anonyme Brief, den Du in diesen Tagen bekommen wirst oder schon bekommen hast, von Deinem Vater diktiert ist. Du weißt also, was Du davon zu halten. Er will Dich verwirren."

Dieser Brief, Lehmann unterzeichnet, Beleidigungen gegen Schumann und Warnungen vor ihm enthaltend, war inzwischen in Claras Hand gelangt und sofort als von ihrem Vater kommend, von ihr erkannt worden. Die besondere, man kann nicht anders sagen als t e u f l i s c h e Absicht, sie durch diesen Schuss aus dem Hinterhalt am Tage ihres ersten großen selbständigen Konzertes in Berlin kampfunfähig zu machen, und ihr eine schwere künstlerische Niederlage zu bereiten, ward glücklicherweise nicht erreicht, da das Konzert im letzten Augenblick, wegen einer Verletzung Claras an der Hand, verschoben worden war.

Ein Trost in diesen grenzenlos schweren Prüfungstagen war für die beiden Liebenden die Treue, mit der die Freunde Roberts wie ein Mann für ihn aufstanden: „Die Schamlosigkeit seines Vorwurfs", schreibt Robert am 12. Januar, „wird mir viel gemildert durch die Teilnahme so Vieler. Graf Reuß und David haben sich mir freiwillig erboten, vor Gericht zu zeugen. Mendelssohn tut dasselbe. Auf die Anderen, wie Verhulst, Friese etc. kann ich ja auch wie auf Felsen bauen." Und ähnliche Erfahrungen machte Clara in Berlin. So ließ ihr Geheimrat John, der Berliner Zensor, die Versicherung geben, es solle nicht eine Zeile von Wieck aufgenommen werden.

Aber was nutzten diese Linderungen und Schutzwehren gegen das Gefühl tiefster Empörung und namenlosen Ekels, das diese Kampfesweise in Robert und Clara immer wieder und wieder zum Sturm entfachte. Auch in den größten Demütigungen und Erniedrigungen, die ihnen der harte Mann im Laufe der Jahre bis auf die Neige zu kosten gegeben, hatten sie beide nie die Hoffnung und die Zuversicht verloren, dass, wenn sie erst ihren Sieg erfochten, eine Aussöhnung mit dem Vater kommen werde, kommen müsse. Jetzt aber war auch diese Hoffnung unter ihnen zusammengebrochen. „Nur das Eine noch", schreibt Robert an Clara, „glaubst Du vielleicht, später einmal mich mit Deinem Vater versöhnen zu können, so gib daran alle Hoffnung auf. Der leiseste Wunsch von Dir solcher Art würde mich beleidigen … Wirst Du Dich unglücklich fühlen, wenn ich Dir für diese Bitte für mein Leben, für meine Ewigkeit taub bleibe? Prüfe Dich. Es gibt Gesetze der Ehre, die denen der Liebe gleichkommen. Versprich mir das, dass Du die ersten anerkennst. Schließe mit Dir ab über diesen einen Punkt, der sonst einmal unserm Glücke gefährlich werden könnte. Ich schrieb Dir streng, meine Clara … Ich bin in einen bösen Ton gekommen, den Du an mir nicht kennst; mir sind böse Worte, böse Menschen ein Gräuel." Und Clara erwidert: „Wegen des Einen, worüber Du so streng zu mir sprachst, lass Dir nur sagen, dass ich längst schon jede Hoffnung einer Versöhnung zwischen Euch aufgegeben. Hier hast Du meine Hand, nie soll ein Wort über meine Lippen kommen. Ich ehre Deine Gefühle, dies sei Dir genug, um ruhig zu sein …" „Ich sage Dir jetzt gute Nacht – mir wird wohl keine werden! ach Himmel, prüfst Du uns schwer", fügt sie hinzu.

Inzwischen aber war das „Gespenst" nicht einen Augenblick müßig in seiner Minierarbeit, ein geschäftiger Maulwurf trotz Hamlets Geist. Jetzt begann er den Freunden seine gerichtliche Erklärung gegen Clara und Robert ins Haus zu senden. „Ist sich denn vor dieser Gemeinheit gar nicht zu retten!" schreit Schumann auf. Auch im Carl'schen Hause, in dem Clara stets in dieser Zeit Gastfreundschaft genossen, wird dies Verfahren besprochen. Unbedachtsam äußert die Frau „wenn er nur die Clara nicht wieder herumkriegt." „Der Gedanke fuhr mir doch durch Mark und Bein", erzählt Robert, und aus dieser verquälten und gehetzten Stimmung sprudelt es heraus: „Ich halte Dich gewiss nicht ab, wenn Du wieder zu Deinem Vater gehen willst. Freilich der Ver-

stand könnte darüber zu Grunde gehen – aber abhalten – gewiss nicht."
Ein unbedachtes Wort, das dann wieder Clara, obwohl nicht in dem
Sinne gemeint, wie sie es auffasste, wie ein Peitschenhieb traf; dieser
Zweifel an ihr, in dieser Stunde!

„Ach Clara", heißt es in demselben Brief „wann werd ich Dich denn
einmal wieder freundlich begrüßen können, in meiner Sprache, in meiner Weise. Mir ists manchmal gar nicht, als wüsst' ich von Musik. Es ist
ja wie unter Schacherjuden ein Leben."

Wenn es darauf abgesehen war, in beiden den letzten Rest von Freu-
digkeit zu ersticken, so konnte, wie man sieht, Wieck mit der Wirkung
seiner Geschosse aus dem Hinterhalt einstweilen zufrieden sein.

Clara litt nicht weniger unter diesen Wirrungen in denen krankhafte
Verfolgungssucht des Vaters und kaum minder krankhafte Reizbarkeit
des Geliebten sie hin und herzerrten. Und dabei hatte sie auch, ganz auf
sich allein angewiesen, ihre eigene Last zu tragen. Galt es doch, in eben
diesen Wochen die Vorbereitungen für ihre beiden Konzerte zu treffen.

Aber grade hier spürt man einmal wieder, wie sie von beiden doch
die tatkräftigere und widerstandsfähigere Natur ist, trotz den vielen
heimlichen Tränen, von denen das Tagebuch berichtet, und zu denen
sie wahrlich Grund genug hatte. Missgeschick häufte sich auf Missgeschick, zuerst die Verletzung an der Hand, die ihr nicht nur Tage lang
die heftigsten Schmerzen bereitete, sondern auch unmittelbar vor dem
entscheidenden Auftreten ihr jedes Üben unmöglich machte; körper-
liches Unbehagen, Schwindelanfälle, nervöse Störungen anderer Art
kamen hinzu. Dann Absage auf Absage der von ihr für den Abend
gewonnenen Solisten. Dazwischen die Erregungen durch Wiecks
Machinationen, die beständige Angst vor neuen Überfällen. Im Hause
der Mutter Sorgen über Sorgen, ohne die Möglichkeit, helfen zu können, die Sorge um Robert und dazu, ihr völlig überraschend, und ihr
nicht einmal zuerst von Robert, sondern durch Reuter mitgeteilt, die
Nachricht, dass vor Michaelis schwerlich an die Beendigung des Prozesses zu denken sei. Und sie wird aller dieser Sorgen doch Herr und
triumphiert über Kabalen, wie über die Tücke des Objekts und findet
dabei immer noch Zeit und Frische des Geistes, tapfer die eigenen Tränen hinunterkämpfend, dem Geliebten die Sorgenfalten von der Stirn
zu streichen und Mut zuzusprechen.

Am 25. Januar fand endlich die erste Soiree statt, in der sie das B-Dur-Trio von Beethoven, Henselts Es-Moll-Etüde, Schubert-Liszts Ave Maria, Mendelssohns Präludium (E-Moll), ein Stück von Scarlatti und ihre eigenen Variationen über ein Thema von Bellini spielte. Mitwirkende waren die Kammermusiker Zimmermann und Lotze und als Sänger Mantius. Bis auf das Podium verfolgte sie, ein, wie es schien, mit Wieck im Bunde stehendes Missgeschick. Am Tage des Konzertes brach sie infolge der Aufregungen der letzten Wochen zusammen.

„Mein innigstgeliebter Robert", schreibt sie drei Tage später. „Es geht mir zwar noch sehr schlecht und kaum kann ich den Kopf aufrecht hatten, ich muss Dir aber doch einen Gruß wieder sagen und muss Dir noch einiges über das Konzert schreiben. Es war ein Tag, den ich im Leben nicht vergessen werde; denke Dir, dass ich bis eine Viertelstunde vor Anfang des Konzertes zu Hause im schrecklichsten Zustand lag und mich endlich aufraffte, wie ich sah, es half nichts mehr. Mit Mühe konnte ich mich in meine Konzertkleider werfen, nicht stehen, die Glieder so matt, dass ich keine Hand aufheben konnte, der Doktor war auf der Straße noch um halb 6 Uhr aufgefangen worden, konnte mir aber auch nichts weiter helfen, so also wurde ich in den Wagen gepackt und in den Konzertsaal gebracht. Inmitten des Konzertes stärkte ich mich mit Champagner, dem ohngeachtet ward mir einige Male während des Spielens ganz schwarz vor den Augen, und ich war überhaupt den ganzen Abend mehr einer Ohnmacht nahe, als einer musikalischen Begeisterung, und doch hat es Niemand bemerkt, es ging alles prächtig. Besonderes Glück machten das Präludium und das Scarlatti'sche Stück, in dem mir nicht ein Ton missglückte, mir selbst unbegreiflich, denn meine Hände zitterten fortwährend. Rellstab meinte zwar, ich habe das Letztere zu schnell gespielt und wünschte es in der Vossischen b e d e u t e n d langsamer – wie langweilig muss das sein!"

Sehr hübsch, stimmungsvoll und anschaulich, und dabei mit einer für die Eingeweihten – Freunde und Feinde – deutlich spürbaren scharfen Spitze gegen den eigentlichen Urheber der „Tücke", berichtete der Berliner Korrespondent der „Neuen Zeitschrift für Musik"[234], Truhn, über all diese Röte und ihre schließliche, siegreiche Überwindung: „Ein

---

234 Nr.18 vom 28. Februar 1840 S. 70f. Sie selbst war übrigens mit dieser Berührung ihrer persönlichen Verhältnisse vor der Öffentlichkeit keineswegs einverstanden

böser Dämon wollte die erste Soiree durchaus nicht zu Stande kommen lassen. Wären wir Callot-Hoffmann, wir würden eine fantastische Novelle daraus machen, wie zuerst der tückische Geist der Künstlerin die Hand verletzt, sodass sie das Konzert von einem Tage zum andern immer weiter hinaus verlegen muss; wie er unterdes sie mit anonymen Briefen und anderen feinen Höllenkünsten quält; wie er zuletzt, als er doch sein Spiel verloren sieht, und die junge Tonheldin sich bereits rüstet, um vors Publikum zu treten, sie mit wahrem Ingrimm in Krämpfen packt, sie ohnmächtig niederwirft, dann mit infernalischem Hohnlachen entflieht, und sie kampfunfähig glaubt. Alles umsonst! Die Künstlerin erhob sich wenig Augenblicke vor der Stunde des Anfanges, und trat noch sichtlich angegriffen vor das Auditorium, über das sich eine eigene Stille und Bangigkeit mit der Nachricht von ihrem Unwohlsein verbreitete. Aber in Beethovens B-Dur-Trio wohnen Geister, die auch den Schwächsten wieder beleben und auf den Wogen dieser Töne erhob sich die Künstlerin in neuer Kraft und Begeisterung."

Aber der Rückschlag konnte natürlich nicht ausbleiben. „Denke Dir", schreibt sie am 31. Januar, am Vorabend ihrer zweiten Soiree, „dass ich seit vergangenem Montag an einem Gesichtsschmerz leide, der mich wahnsinnig machen könnte; bis gestern konnte ich nichts unternehmen, nicht spielen, und mit dem Schreiben, da wars gleich aus. Der letzte Brief von mir an Dich (am 28.) hat mir gar viel Schmerzen gekostet, denn nach dem war ich fast besinnungslos. Gestern hab ich nun erst angefangen, meine Konzertstücke zu studieren, denke Dir, Deine Sonate erst gestern ernstlich angefangen und morgen schon spielen, so auch die Fantasie von Liszt etc. Nun, lieber Herzensmann, verzeihst Du mir? ... Ach, ich möchte so gern fröhlich sein, wäre nur der Schmerz nicht so grässlich. ... Ich kann doch eigentlich viel Schmerz überwinden, aber jetzt möchte ich mich doch manchmal hinlegen und sterben." ...

Wenn ich nur recht schön spiele, das macht mir Sorge. Nur zu begreiflich, denn sie wollte ja Schumanns Sonate zum ersten Mal den Berlinern vorspielen[235]. Sie hoffte im Stillen, er werde selber dazu her-

---

235 „Nun mein Clärchen", schreibt Schumann zwei Tage vorher, „waffne Dich zum Sonnabend, spiele, als wär' es ein Tag vor der Hochzeit, die Sonate nimm nicht zu wild; denke an den, der sie gemacht."

überkommen; hatte er sich doch so genau erkundigt, was sie anziehen werde, „ganz nach deinem Geschmack soll ich mich kleiden – bist Du etwa da? mein Herz zittert vor Freude bei dem Gedanken."

Er kam aber nicht, und noch mehr, statt eines besonders herzlichen Grußes, auf den sie sicher gerechnet, nur ein lakonisches Zettelchen, das aus der überreizten und versorgten Stimmung Schumanns, die das Ausbleiben ihres Briefes noch gesteigert hatte, zu erklären ist, das aber grade gegen sie bitteres Unrecht war:

Freitag, halb 7 Uhr.

„Guten Abend. Bis jetzt hab ich auf einen Brief geharrt. Warte, ich will mich auch nicht aufdrängen.
Gute Nacht und noch zwei Küsse
von Deinem

Robert."

Nichts ist bezeichnender für die unerschütterliche Herzensgüte und zugleich für die nie versagende Stahlfederkraft dieser prächtigen Natur, als dass sie darauf hin noch am selben Abend nach dem Konzerte sich hinsetzt und schreibt:

„Du hast mir heute wehgetan, dass Du mir nicht einmal zum Konzerte ein freundliches Wort schriebst. Ich hätte gar nicht gedacht, dass Du es könntest. Das „aufdrängen" hat mir den ganzen Abend noch nachgeklungen, als hätt' ich es Dich sagen hören. Und siehst Du, doch setze ich mich jetzt um 11 Uhr noch hin und schreibe Dir mit liebendem Herzen, obgleich ich sehr trübe gestimmt, wie ich es fast immer bin nach einem Konzert. Es ging alles gut, Deine Sonate auch – ich glaube, ich hätte sie noch schöner gespielt, wenn Du mir freundlich und mild vorher geschrieben gehabt hättest. Das Trio von Schubert hat das Publikum nicht verstanden – sie wussten nicht, ob sie ein Zeichen des Beifalls von sich geben sollten oder nicht, bis zum Schluss, da haben sie dann tüchtig applaudiert. Ich war im Ganzen genommen, sehr animiert; ich möchte sagen übermütig, dass es mir doch wieder erträglicher ging, und meine Kraft

hat nicht im Geringsten nachgelassen das ganze Konzert hindurch. Wie
zufrieden ist man doch gleich mit dem lieben Gott, wenn er nach einem
Regenschauer wieder ein bisschen Sonne durchblicken lässt. So geht mir's
wenigstens, denn ich danke Gott mit vergnügtem Herzen, dass ich doch
nicht mehr so ganz darniederliege, und mir ist, als hätte ich noch einmal
so viel Kräfte jetzt als vorher. Das Konzert ... war viel voller noch als das
erste Mal und die Musik klingt doch prächtig in dem Saal, selbst das Kla-
vier klang gut. Der Kronprinz mit seiner Gemahlin war wieder da, was
mich sehr freute. – Das vorige Konzert musste ihm sehr gefallen haben."

„Er kam gestern gerade", fährt sie am Tage darauf fort, „zu Deiner
Sonate – ob er sie verstanden?"

„Marx hat mich heute besucht ... Er sprach sehr entzückt über
Deine Sonate, sowie ich heute schon von Mehreren gehört, dass ihnen
die Sonate das Schönste vom ganzen Abend gewesen, Kenner natürlich. Das hat mich denn innerlich gar sehr gefreut, auch dass man allgemein gesagt, ich habe sie mit so vieler Liebe gespielt, die müsse von
Jemand sein, den ich nicht hasse."

Schon am folgenden Tage reiste sie in Begleitung ihrer Mutter nach
Hamburg, wo sie am 8. Februar im philharmonischen Konzert spielen sollte. Die Aufforderung dazu war, ebenso wie ein Engagement
in Bremen, ziemlich plötzlich gekommen und hatte andere Pläne
durchkreuzt.

Nicht ganz leichten Herzens hatte Clara sich dazu entschlossen. Sie
wusste, dass sie ihrer Mutter dadurch ein großes Opfer zumutete, und
bei der Ungewissheit der ganzen Lage war ihr auch die weitere Entfernung von Leipzig und Robert unbehaglich. Und schließlich hatte sie
Furcht vor allerlei Überraschungen, die ihr unterwegs Wieck bereiten
könnte. Und dafür hatte dieser allerdings gründlich gesorgt.

Die erste Nachricht, die sie in Hamburg empfing, war die Kunde,
dass ihr Vater seine im Prozess abgewiesene „Erklärung" auch an
Hamburger Bekannte geschickt habe, mit der Bitte, sie möglichst zu
verbreiten. Freilich hatte er hier ebenso wenig, wie in Leipzig und
Berlin, Glück damit; die Folge war eher eine seitens der leitenden
Persönlichkeiten noch gesteigerte Höflichkeit und Aufmerksamkeit
gegen die Braut Schumanns. Auch sonst ließen alte und neue Freunde

es nicht an Herzlichkeit fehlen, sodass die ersten unangenehmen Eindrücke sehr bald verwischt wurden, und einer, auch auf Schumann ansteckend wirkenden Stimmung Platz machten, wie sie die in dieser Zeit gewechselten Briefe lebendig widerspiegeln:

Clara an Robert.

Hamburg, den 6./2. 40.

Mein geliebter Robert,

Du musst wir verzeihen, dass ich Dir nicht gestern schon schrieb, doch war es mir u n m ö g l i c h , denn den ganzen Tag musst ich herumlaufen nach einem Instrument, deren es hier wenige gibt, und Gute gar Keines. Endlich nun fand ich das alte, worauf ich vor 3 Jahren gespielt, das nun aber ganz ausgespielt ist; ich bin sehr unglücklich darüber und möchte lieber gleich nach Berlin zurück, überhaupt gefällt mir das Reisen gar nicht mehr. Gestern und heute haben die Besuche kein Ende genommen, und glaubst Du mir es wohl, wenn ich Dir sage, dass ich bei diesen paar Zeilen schon 3 Mal unterbrochen ward, und wie bin ich müde heut – entsetzlich, und spielen kann ich gar nicht, ich finde überhaupt, mit meinem Spiel wird es immer schlechter … …

Das Reisewetter war sehr schön, und recht inniglich dachte ich am Dienstagabend an Dich, als ich den Himmel in seiner wahren Sternenpracht sah … gewiss, Du musst es gefühlt haben. Mein lieber guter Robert, könnte ich Dich nur sehen erst wieder und umarmen – ich liebe Dich, dass es mir Herzweh macht.

Sehr aufmerksam sind hier alle gegen mich, die Direktoren vom Philharmonischen Konzert haben mich schon besucht und beweisen mir in jeder Hinsicht alle nur möglichen Aufmerksamkeiten. Ach, wenn ich nur gut spiele, ich habe so entsetzliche Angst, besonders da man hier gar nichts von Musik versteht – denke Dir, dass man Dreischock Thalberg vorzieht. Nächste Woche spiele ich wahrscheinlich 2 Mal im Theater, und den 16ten gehen wir nach Bremen!

Robert an Clara.

Meine Herzens-Clara,

Je weiter Du mir wieder entrückt wirst, je schmerzlicher wird meine Sehnsucht nach Dir. Noch hab ich keine Nachricht von Dir. Morgen früh, denk ich. Ich schwärme jetzt viel Musik wie immer im Februar. Du wirfst Dich wundern, was ich alles gemacht in dieser Zeit – k e i n e Klaviersachen, Du erfährst es aber noch nicht ... ...

... Hier ist immer so mildes und warmes Wetter, doch benütz ich es wenig, bin den ganzen Tag zu Hause. Hast Du Dir nun schon einen Reiseplan ausgedacht? Nicht über Weimar? Wie Du denkst, dass es am besten ist, richt' es ein. Du magst nun sein, wo Du willst, ich suche Dich doch b a l d einmal auf. Eben erschrak ich – weißt Du, dass heute der 7te Februar ist – der Dienstag-Tag von Dresden 1836 – wie warst Du da doch so hold und schüchtern und selig bei mir. Aber jetzt bist Du mir doch noch etwas ganz anderes – ich denke mir doch, solch Verhältnis, wie unseres, gibt es nicht viele noch – bei mir ist's dann noch so ein Vertrauen, so eine Achtung, so ein ordentlich brüderliches Anhängen an Dir, – oh meine Herzens-Clara, Du beglückst mich doch gar zu sehr mit Deiner Liebe – lass Dir's einmal wieder gesagt sein.

Nun will ich aufhören. Lass Dich inniglichst umarmen noch einmal; küss die Mutter und behalte mich lieb

Deinen Robert.

Clara an Robert.

Hamburg, den 7./2. 40.

... Eine Bitte hab ich an Dich: sage doch Härtels, dass sie mir die Symphonien[236] von Liszt gleich nach Berlin schicken, ich will die C-Moll studieren und würde mir dieses Geschenk von ihnen große Freude machen –

---

236   Die Beethoven'sche im Arrangement Liszts.

ich verdiene es gewiss am ersten. Auch hätte ich so gern die Adelaide von Liszt. Die C-Moll-Symphonie hab ich gestern gespielt, sie ist doch einzig schön und meisterhaft gesetzt, aber ungeheuer schwer besonders der letzte Satz, bei dem ich zweifle, ob ich ihn je erlerne. Heute hörte ich endlich einmal wieder die Leonoren-Ouvertüre in der Probe vom Philharmonischen Konzert, und hätte mögen darin vergehen, – fände ich nur einen Ausdruck für diese einzige Musik! – Solche Musik macht mich oft ganz wehmütig und unglücklich – der Eindruck ist ein ganz eigener unbeschreiblicher. Recht sehnte ich mich dabei nach Dir und dachte dabei an die Konzerte im Gewandhaus.

Sonnabendabend.

Ich danke Dir, mein herzgeliebter Robert, für Deinen Brief heute, der mir wie vom Himmel herab kam, um mich ein wenig aufzurichten Cranz[237] und Avé[238] hatten mich so sehr verstimmt, sie waren am Abend zuvor 3 Stunden bei mir und erzählten mir, wie doch eigentlich alles nichts wäre, außer der Pleyel. Du weißt, lieber Robert, dass ich alle großen Künstler anerkenne, dass ich Thalberg und Liszt insbesondere sehr verehre, wie es nur irgendeiner kann, findest Du es aber nicht auch höchst undelikat, mir ein paar Stunden in solchem Tone zu sprechen, wie es Cranz und Avé taten? Ersterer sagte, nachdem er mich gehört gehabt, habe er geglaubt, nun könne ihm kein Klavierspieler mehr gefallen, da wäre die Pleyel gekommen und da hätte er erst das wundervollste Spiel von der Welt gehört. Dies und noch Vieles sagte er. Ich sollte wohl über solche Reden hinweg sein, doch ich kann mich einer Mutlosigkeit und schrecklichen Unzufriedenheit mit mir selbst dann gar nicht erwehren. Das sind 3 furchtbare Camilla-Enthusiasten, der dritte ist Gathy[239].

---

237 August Heinrich Cranz, Inhaber des großes Musikverlags August Cranz in Hamburg.
238 Theodor Avé Lallemant, aus Lübeck stammend, Musiklehrer in Hamburg und durch länger als ein Menschenalter Mittelpunkt der dortigen musikalischen Bestrebungen. Er ward schnell einer der begeistertsten Verehrer und treuesten Freunde Claras. In einem am 18. Februar nach Bremen gerichteten poetisch-ekstatischen Briefe redet er sie an: „Tief melancholische freundliche Musik!" und fügt hinzu, „da haben Sie außer der kaiserlichen noch eine andere Würde, in der ich Sie noch viel lieber und aus vollem Herzen grüße."
239 August Gathy aus Lüttich, damals Redakteur des „Musikalischen Konversationsblatts" in Hamburg tätig.

Mich betrübt nichts mehr, als dass ich die Pleyel nicht selbst gehört habe. Das Konzert ist glücklich vorüber gegangen und ich habe das Publikum denn doch wenigstens in einen norddeutschen Enthusiasmus gebracht. Ich wurde beim zweiten Auftreten sehr lebhaft empfangen, was bei diesen kalten Kaufleuten wohl etwas sagen will. Aber Eines hat mich furchtbar verdrossen, dass mir die Tränen in die Augen kamen – Cranz und Avé sagten mir n i c h t e i n e Silbe über's Spiel, und Cranz lobte am Schluss des Konzerts meine Ohrringel – ich hätte ihn mögen prügeln! Du wirst mich recht kleinlich heißen, ich kann mir aber nicht helfen. Verkenne mich nicht, ich habe ein Gefühl gehabt seit gestern, das sich nicht beschreiben lässt, aber gewiss ist es keins, das Dich erzürnen kann auf mich. Grund (der Kapellmeister) hat mich gefreut, der war so recht künstlerisch warm. Denke Dir, dass ich das Capriccio von Mendelssohn von Noten gespielt, aus lauter unbegreiflicher Angst … …

… Sag mir doch, inwiefern meinst Du, dass uns die Eingabe Vaters schaden könne? beim Gericht, im Fortgange unserer Sache, oder beim Publikum? Der Vater ist doch entsetzlich. Cranz hat heute einen Brief an ihn geschrieben mit allerlei herzergreifenden Worten – er will ihm das Gewissen rühren, will das väterliche Gefühl, das doch nur in ihm schlummere, erwachen machen, mit einem Worte, er will das Unmögliche möglich machen. Die Antwort weiß ich. Die Erklärung ist noch nicht hier, sie muss noch in Bremen sein – wüsste ich nur, an wen er sie geschickt. Ach Robert, Du glaubst gar nicht, wie schmerzlich mir's ist, mich so in einer Stadt angekündigt zu wissen, dies Gefühl, die Leute haben das Niedrigste, Gemeinste von einem gehört, es tut entsetzlich weh! Du hast Recht, auch mich betrübt es schon seit langer Zeit, der Gedanke, dass der Vater nie zum Bewusstsein kommen kann; es ist aber vielleicht gut für ihn, denn er müsste vor seinen Taten erschrecken.

Montag, den 10ten Februar.

Ich habe entsetzliche Angst wegen morgen, da besonders das Klavier (ein anderes als was ich im Philharmonischen Konzert hatte) so sehr zähe Spielart hat; wenn ich nur meine Sachen durchbringe. Dabei kann ich nun nicht eine halbe Stunde ruhig ohne Unterbrechung üben, da die Besuche nicht abreißen.

... Jetzt lass Dich aber einmal recht zärtlich streicheln, und sag mir, was das ist, was Du komponierst? ich wüsste es doch gar zu gern! o bitte, bitte. Ist es ein Quartett? eine Ouvertüre, oder wohl gar eine Symphonie? soll es vielleicht ein Hochzeitsgeschenk für mich sein? sag mir nur den ersten Buchstaben! Das Wetter ist hier auch mild – ginge es nur, ich möchte auch schwärmen. Du gehst doch nicht zu wenig an die Luft, mein Robert? Dir ist Bewegung durchaus nötig, denke ja daran und überarbeite Dich nicht.

Für heute denn Adieu, mein gar lieber Mann. Antwort auf diesen Brief erwarte ich in Bremen, oder hoffe, sie vielmehr vorzufinden. Übermorgen schreibe ich Dir wieder – bin ich aber durchgefallen, so schreib ich Dir gar nicht mehr.

Die Mutter grüßt und küsst Dich ebenfalls, ich aber umarme Dich in treuer Ergebung.

Robert an Clara.

Leipzig, den 9ten Februar 1840 Sonntag früh.

Mein teures Herzenskind,

Eben hab ich Deinen Brief bekommen. Hör ich einmal von Dir einige Tage nichts, so ist's mir, als lebte ich gar nicht mehr oder ich stünde ganz allein auf der Welt. Nun Du glücklich dort bist, lass Dich küssen, Schatz, aus dem Grund des Herzens. Ich hab die vorigen Tage in immerwährenden Arbeiten gesessen und kann doch gar nicht fertig werden. Es bekömmt mir aber wohl und ich fühle mich frisch an Körper und Geist. Du, ahme mir nur nach! Sei heiter und glücklich in Gedanken an die Zukunft.

... Wegen Deines Spieles sei doch nicht hypochondrisch, Cläre. Damit verstimmst Du mich allemal. Du bist nun bald 21 Jahr und musst wissen, was an Dir ist. Es fällt mir noch etwas ein, Dein V. sprach oft in Dich, dass Du ohne ihn – und verheiratet – bald v e r g e s s e n würdest. Das glaub doch gar nicht. Mittelgut wird bald vergessen. Aber Künstler, wie Du, nicht. Ist Paganini vergessen, die Sonntag, die Pasta? So ist's auch mit Dir. Und wenn Du auch ein paar Jahr feiertest als Hausfrau und

wolltest dann wieder in die Öffentlichkeit – vergessen bist Du nicht. Das
glaube mir nur, meine Clara.
... Was macht die Mutter? Wie freue ich mich, dass Ihr Euch habt. So
vergilt das Schicksal immer.
Adieu denn. Immer und ewig   *Dein Robert.*

Clara an Robert.

Hamburg, den 12./2. 40.

Als Du den letzten Brief schriebst, dachtest Du wohl nicht, dass er mich
eine Stunde vor dem Spiel auf dem Theater treffen würde. Ich kann Dir
nicht sagen, wie heiter mich dieser Brief gestimmt, ich verlor alle Angst und
spielte das Konzert von Chopin ... ganz schön zu meiner eigenen Zufrie-
denheit, das will doch viel sagen. Das Haus war voll, das Publikum emp-
fing mich gleich mit dem lebhaftesten anhaltendsten Beifall und wurde bis
zum Schluss immer wärmer und wärmer. Bei der Caprice von Thalberg
hatte ich ein fatales Malheur. Du weißt, man sitzt doch auf dem Souff-
leurkasten und dieser wackelte immer fort und krachte jedes Mal, weint
ich in den Diskant kam – meine Angst war furchtbar, das Ding würde
einstürzen und daher kam's, dass mir einiges in der Caprice verunglückte,
doch das Publikum hats nicht gemerkt. Das Ave Maria, das ich vor der
Caprice spielte, gefiel außerordentlich, ich hab's aber auch schön gespielt –
das machte Dein Brief, den ich nicht aus dem Sinn brachte. Na, nun hab
ich Dir wohl genug von meiner Spielerei erzählt – nimm's nicht übel, wenn
ich aber zufrieden gewesen, so erzähl ich Dir auch gern davon. Wenn Du
diesen Brief erhältst, hab ich schon das zweite Mal Spiel überstanden ...
Damit Du doch weißt, was ich spiele oder vielmehr gespielt habe 1) Sonate
von Scarlatti. Notturno von Chopin, Erlkönig 2) Moses-Fantasie Ich habe
keine Angst (nach langer Zeit einmal wieder) als vor dem Souffleurkas-
ten. Den will ich morgen ordentlich untersuchen ... ...
... Von Bargiel haben wir gestern endlich Nachricht, er erkundigt sich
sehr angelegentlich nach Dir, hat uns Beide überhaupt sehr lieb, das mich
immer freut und ist Einer von den Wenigen, die Dich ganz verstehen und
Dich hochhalten.

... Noch muss ich Dir danken, dass Du mich so liebevoll aufgerich-
tet hast wegen meiner Hypochondrie, die wirklich einen hohen Punkt
erreicht hatte. Ich bin doch seit gestern ruhiger und habe wieder etwas
mehr Selbstvertrauen. Schreib mir bald wieder so liebenswürdig.
Ich umarme Dich, mein geliebter lieber Robert, in alter und immer
neuer Liebe. –

Deine Clara.

Ein Blümchen ans dem Bouquet, das ich gestern getragen.

Clara an Robert.

Hamburg, den 14./2. 40.

„Guten Morgen, mein herzliebster Robert!

Hast Du so gut geschlafen, wie ich heute, so ist's gut. Ich hab gestern gut
gespielt und das Publikum (wenn auch nicht so zahlreich versammelt als
das erste Mal) zu noch viel größerem Enthusiasmus gebracht, und den Erl-
könig musst ich wiederholen, was mir auch sehr gut gelang. Der Souffleur-
kasten war zwar fest, aber Saiten sprangen, dass es lustig war anzuhören.
Avé Lallemant lässt nun durchaus nicht nach, ich soll, wenn ich von Bre-
men zurückkehre, noch eine Soiree geben, wo ich ein Trio von Beethoven
spiele ... ...

... Deine zweite Abfertigung Banks[240] *ist prächtig wieder und was hab ich*
gelacht über den „Liederknirps von Jena"! Du führst aber doch ein gefähr-
liches Messer; wenn nur nicht Deine Frau auch einmal darunter kömmt.

---

240 Carl Banck, den Wieck in dieser Zeit ostensibel mit seiner besondern Gunst beehrte, war
gleichzeitig in der N. Z. f. M. der Gegenstand wiederholter ironischer Aufmerksamkeiten,
die die eigentümlichen Reklame, die man oder er selbst für Carl Banck machte, höchst
ergötzlich persiflierten. Dazwischen fehlte es aber auch nicht an derben Abfertigungen des
Vielgeschäftigen; und dazu gehört jene, deren Clara hier gedenkt, in Nr. 10 der Zt. Vom
31. Jan. 1840, gelegentlich der Besprechung von Mendelssohns Serenade Op. 43: „Wozu
viel Worte über solche Musik? Die Grazie zu zerlegen, das Mondlicht wiegen zu wollen,
was nützt es? Wer Dichters Sprache versteht, wird auch diese verstehen, und wenn neulich irgendwo, von Jena aus berichtet wurde, es fehle dem Mendelssohn'schen Fantasie-
schwung zuweilen an der rechten Höhe, so häng dich auf, Liederknirps von Jena, wenn Dir
die schöne Erde zu niedrig vorkömmt." Vgl. Ges. Schriften II, S. 226, 519 ff.

... Sag mir doch, geliebter Herzens-Mann, was ist das, das Du kompo-
nierst? Wenn Du mir's nicht sagst, bring ich Dir keine Zigarren mit, und
das wäre Dir doch gewiss hart.

... Liszt hat im vorletzten Konzert [in Wien] mit einem Akkord drei
Hämmer aus den Kapseln geschlagen und außerdem 4 Saiten gesprengt –
er muss also wieder gesund sein.

... Ich werde hier allgemein als Deine Braut anerkannt und überall, wo
der Wein und Champagner fließt, wird Deiner gedacht ... "

Robert an Clara.

Leipzig, den 14ten Februar 1840.

Gestern bekam ich Deinen lieben guten treuen Brief. Wünscht ich doch,
Du hättest die Pleyel gehört, um auf ewig beruhigt zu sein. Cranz ist ein
roher Mann und der Andere Avé scheint es. Aber, Clara, eine Künstlerin
wie Du muss sich doch aufrecht halten und nicht gleich melancholisch
werden. Und doch möcht' ich Dich gleich küssen um Deinen bescheide-
nen Stolz, Du gutes Clärchen. – Aber sei nur nicht zu blöde und spröde.
Shakespeare sagt, dies ist keine Welt danach, um seine Tugenden hinter
den Scheffel zu stellen.

Bei Shakespeare fällst Du mir auch ein, oder umgekehrt fiel es mir ein.
Du möchtest nämlich wissen, was ich komponiert – auf solche Fragen
will ich Dir einen Dialog aus „Was Ihr wollt" abschreiben.

„Fabio: Wenn Du mich lieb hast, so lass mich den Brief sehen.
Narr: Lieber Herr Fabio, tut mir dafür einen andern Gefallen.
Fabio: Was du willst.
Narr: Verlangt nicht diesen Brief zu sehen." – –
Wie ich das las, dacht ich gleich, das ließe sich mit Wirkung einmal
bei Dir anbringen. Also Clärchen, verlange das nicht zu wissen. Du hast
zwar viel geraten in Deinem letzten Brief: es ist aber nichts davon. Das
Nächste Mal denn, obgleich ich es Dir auch schon heute sagen könnte.
Verzeih, Kind; ich spiel nun einmal gern mit Kindern.

Clara an Robert.

Vor einer Stunde sind wir hier mit dem Dampfschiffe[241] angekommen,
die Mutter schläft eben ein wenig, ich wollt' es auch, dachte aber so viel
und lebhaft an meinen Robert, dass es mir keine Ruhe ließ, ich musste
die Feder ergreifen. Lass Dich inniglichst küssen, mein guter Robert! ich
möchte Dir vor Liebe, ich weiß nicht was tun. Einen Genuss, wenn auch
kein geistiger, musst Du mir erlauben Dir zu verschaffen. Wir aßen heute,
ehe wir auf's Dampfboot gingen, Austern, die schönsten, frischesten, die
man sich denken kann; ach, dacht ich, wäre doch Robert da, dem mun-
deten sie gewiss auch, und in diesem meinem sehnsüchtigen Gedanken
fasst' ich den Entschluss, Dir ein Fässchen zu senden und beauftragte
Cranz damit, der sie morgen oder übermorgen abschicken wird, sobald
sie vom Schiff gekommen. Könnt ich Dir doch das ganze Hamburg mit
seiner schönen Elbe und Seeschiffen mitschicken! Warst Du noch nie da?
Ach Robert, wir müssen einmal zusammen hin! ich sage Dir, am Jung-
fernstieg zu wohnen und früh bei schönem Sonnenschein die Alster zu
sehen mit den vielen Schwänen darauf, das ist ein himmlischer Anblick.
Nie sah ich es, ohne den sehnlichsten Wunsch, Du möchtest bei mir sein.
… Heute, denk Dir, hab ich durch Zufall ein wundervolles Instrument
gefunden von Andreas Stein aus Wien, ganz neu, das mir während mei-
nes ganzen Aufenthaltes in Hamburg zu Gebote gestanden hatte. Ich
war trostlos, mich auf diesen elenden Instrumenten geplagt zu haben,
während ich das schönste haben konnte. Es gehört einem jungen Wiener,
der es kürzlich von seinem Vater als Geschenk erhielt, es aber gar nicht
benutzt. Es ist einer der schönsten Steins, die ich noch gespielt.
… Gestern waren eine Menge Schülerinnen von Avé bei mir und hab
ich ihnen 2 Stunden, meistens von Deinen Kompositionen gespielt, wor-
unter zwei Mal die Kinderszenen, die sie sowie Avé ganz entzückten. Am
Abend, wo wir das B- und D-Dur-Trio von Beethoven spielten, fielen alle

---

241 Das „Dampfschiff" (es war der im Sommer 1902 zu so trauriger Berühmtheit gelangte
„Primus"!) erweckte bei Robert die irrige, ihn sehr beunruhigende Vorstellung, dass sie die
Reise nach Bremen „zur See" gemacht habe. In Wirklichkeit fuhren sie nur über die Elbe
nach Harburg und von dort zu Lande nach Bremen weiter, wo sie am 17. Morgens ankamen.

die jungen Mädchen, ihr Lehrer an der Spitze, über mich her, ich musste die Kinderszenen noch einmal spielen, auch einige Novelletten. Ich freute mich inniglich, wie Du Dir denken kannst, und spielte sie mit wahrer Begeisterung. Sie werden sie mir nun nachspielen wollen – etwas hapern wird's da wohl."

Sehr viel unfreundlicher als Hamburg empfing sie Bremen. Auch hier war das Erste, was sie hörte, dass die „Erklärung" ihres Vaters „lithographiert" in verschiedenen Händen sich befinde. Und hier musste sie zum ersten Mal erfahren, dass das Gift gewirkt habe. Aber zugleich erlebte sie hier die stolze Genugtuung, dass vor dem Zauber ihrer reinen und tapferen Persönlichkeit alle Lügen und Verleumdungen in Nichts zerstoben. Ungemein anschaulich tritt dieser Wechsel der Stimmung aus ihren Briefen uns entgegen. Am Abend des ersten Konzertes[242] schreibt sie an Robert:

*„ ... Was ich hier in Bremen um Dich gelitten, kann ich Dir nicht sagen, es ist mir, als wäre mein Innerstes zerrissen. Dieser abscheuliche Racke-*mann[243] *hat diese Erklärung herumgegeben. Eggers und Möller haben sie gelesen; von Letzterem weiß ich es nicht bestimmt, muss es aber schließen, nach dem, wie er mich gestern aufgenommen – ich sage Dir, mit einer beispiellosen Kälte und Geringschätzung, und das hat mir bittere Tränen gekostet. Ich bin so sehr gewohnt, überall freundlich empfangen zu werden, dass mich solch ein Vorfall umso schmerzlicher berührt, und noch dazu, da ich den Beweggrund kenne. Unser Verhältnis war schon, bevor ich kam, in so unvorteilhaftem Lichte dargestellt, dass die Leute denn doch glauben, der Vater hat Recht, und das kann ich nicht ertragen, ich fühle mich schrecklich unglücklich hier und ist's doch, als wäre jeder frohe Gedanke von mir gewichen.*

... Heute war Möller ganz entzückt von meinem Spiel, und hat nicht losgelassen, ich muss morgen zu ihm zu Tisch – ich ärgere mich, dass ich

---

242 Sie wirkte am 13. Februar zuerst im „achten Privatkonzert" mit, und gab am 21. Eine eigene „musikalische Soiree".

243 Ein Bruder von Claras altem Verehrer. Letzterer, welcher damals in Amerika weilte, war von Wieck zusammen mit B a n c k als Hauptzeuge für Schumanns Unsolidität ausersehen!

mich bereden ließ, ich kann doch diese Beleidigung gar nicht vergessen. Du musst mir Manches heute nachsehen, ich bin aber so sehr gereizt und angegriffen, dass jedes Wort mich berührt und die Musik mich weinen macht. Dein Lied[244] hat mich ganz entzückt und löste die Dissonanzen in Deinem Brief in die schönsten Harmonien auf. Es ist das zarteste von einem Lied, das man sich denken kann, und doch bei aller Natürlichkeit so sinnig – ich hab es schon, ich weiß nicht wie oft heute gesungen und schwärme darin. Schönsten Dank dafür, mein Robert, und einen innigen Kuss. Säh ich Dich nur bald, meine Sehnsucht ist gar so groß! Ach Gott, was hat doch der Vater auf seinem Gewissen, dass er uns beide um unsere Ehre zu bringen sucht, ich muss Dich, mein Liebstes, von ihm verleumdet, geschändet sehen und kann nichts dagegen tun, man hält mich für verblendet – und sagt, ich sehe mit verliebten Augen – solch ein abscheuliches Wort ist schon das „verliebt", dass mir gleich die Röte ins Gesicht steigt, wenn es so ein Alltagsmensch, so eine Kaufmannsseele ... sagt. Die Menschen sind auch so unzart und ungebildet, dass sie nicht begreifen, wie mir solche Reden wehtun müssen und mir ihre Witze (die nicht selten vorkommen) Dolchstiche sind. Ich kann mich nur trösten mit der Zukunft. Du wirst gewiss bald gerechtfertigt dastehen ... ...

Das Konzert ist glücklich vorübergegangen, ich hatte ein schönes Instrument vom Vater und spielte gut, kam mir aber so unglücklich dabei vor, dass mir alles, was ich spielte, traurig schien. Das Publikum klatscht hier **nicht**, das nimmt auch alles Anima. (Es ist Gesetz in den Konzerten, weil darin oft Dilettanten mitwirken, aber es gehört norddeutsche Kälte dazu, solche ein Gesetz mit solcher Gewissenhaftigkeit zu befolgen.) Der Künstler bedarf nun einmal durchaus der äußeren Beifallsbezeugungen, er weiß ja sonst nicht, woran er ist. Übermorgen geb ich mein Konzert, reise Sonnabend ab, und laufe mit Gott Sonntag früh 9 Uhr glücklich im Hamburger Hafen ein.

---

244 Wohl der „Nussbaum". Sie hatte es zugleich mit einem sie durch mancherlei Äußerungen sehr verstimmenden Briefe Roberts erhalten. „Hier, meine Clara", hatte er dazu geschrieben, „leg Dir noch ein Liedchen bei; ich habs eben gemacht. Lies erst den Text gut und gedenke dann Deines Roberts. Es ist eigentlich das Scherzino in anderer Form. Ich will Dir nur sagen, ich habe 6 Hefte Lieder, Balladen, Großes und Kleines, Verstimmiges gemacht. Da wird Dir manches recht gefallen."

– Donnerstagmorgen.

Soeben schickt Möller, ob ich gut geschlafen, und dass er uns heute seinen Wagen schicken wolle.

... Rackemann ist in Amerika. Sein Bruder (der jüngste) lässt nicht von mir, ist das ganze Ebenbild seines Bruders, lächelt ebenso schmachtend und hält immer den Kopf schief – ist übrigens ein guter Junge! Ich will aber machen, dass ich fortkomme, die Rackemänner fühlen alle so eine eigene Sympathie für mich, dass mir vor diesem Kleinen auch bangt ... ...

– Werd ich denn die anderen Lieder und Balladen nicht bald zu sehen bekommen? Ich bin ganz überrascht, Dich in diesem Fach so entzückend wieder zu erblicken. – Das Lied geht mir nicht aus dem Sinn. Deine Kinderszenen und Sonate, auch Novelletten habe ich hier vorgespielt – die Leute waren entzückt davon, und Töpken ganz außer seiner Art enthusiastisch. –

In Hamburg hab ich auch eine Novellette von Dir aufs Programm setzen lassen, die erste, die auch neulich hier in einer Gesellschaft so sehr gefiel."

Clara an Robert.

Sonnabend, den 22./2. 40 (Bremen).

... Das Konzert gestern war gut und ich hab gut wie selten gespielt, was wohl auch am Pianoforte (eines vom Vater) lag, das wundervoll klang. Die Bremer haben geklatscht, das will etwas heißen. Vier Mal hab ich gespielt, die F-Moll-Sonate, Moses-Fantasie und noch sechs Piecen, ich war aber auch zum Umfallen, und musste durchaus noch zu Sengstaks (die Schwester von Grund in Hamburg) nach dem Konzert, daher konnte ich Dir gestern Abend nicht schreiben, was ich immer am liebsten tue ... ...

... Ich bin wieder ein wenig mit den Bremern ausgesöhnt; sie haben vielleicht gemerkt, wie weh mir ihre Reden tun mussten, und sind nun ruhig. Die Erklärung können wir durchaus nicht zu lesen bekommen, es heißt, sie sei schon zu Cran ... ..."

Robert an Clara.

Meine liebe Clara!

– Der Anfang Deines Briefes heute hat mich wieder einmal affiziert, dass ich nicht wusste, was angeben. Etwas tat ich also. Ich schrieb an Rackemann, w a r n t e ihn vor Verbreitung des Pasquills, sagte ihm, dass er sich dadurch zum Handlanger der Gemeinheit und Lüge mache, und dass ich ihn verklagen würde. Den Brief hab ich an Töpken[245] geschickt und gebeten, mir im Notfall einen Sachwalter zu suchen.

Sieh, liebe Clara, anders kommen wir nicht durch, das Recht und unsere Ehre gebietet es uns, dass wir überall schnell und auf das Strengste in ähnlichen Fällen verfahren.

… Weißt Du, was Goethe sagt:
Was bringt zu Ehren?
Sich wehren.

Gathy schrieb mir auch von den ungeheuren Gerüchten, die über mich gehen. Du schreibst mir dasselbe. Ich weiß ja gar nicht mehr, wie ich mir vorkomme. Das Blut möchte mir manchmal in den Adern springen. So lang dies aber nicht ist, so lange will ich mich auch verteidigen.

So schreib ich Dir nun wieder, was ich nicht sollte, nicht wollte, und kann doch nicht anders. Du schreibst mir, ich hätte einen Missmut auf die ganze Menschheit. Oh nein, wie irrst Du da. Was für Liebe, für Musik, für Träume in meinem Herzen sind, ach, wie viele, viele. Da habe Du keine Angst. Aber dass ich Dir manchmal in einer einzelnen Zeile, in einer einzelnen Minute klage – nach solchen Vorgängen – das wolltest Du mir wehren? Es kommt mir oft fast wie übermenschliche Geduld vor, was ich gelitten. Ein Anderer, der übrigens wäre, was ich bin, würde es kürzer gemacht haben. Aber, weißt Du, wer mein Vorbild ist, Du selbst, meine Clara. Und ich weiß gar wohl, dass Dein Schmerz meinem nichts nachgibt … … …

… Hier schicke ich Dir ein kleines Liedchen zum Trost; sing' Dir's leise, einfach, wie Du bist. Bald schicke ich Dir mehr. Die vorigen Tage hab ich einen großen Zyklus (zusammenhängend) Heine'sche Lieder ganz fer-

---

245 Rechtsanwalt, Freund Schumanns aus der Universitätszeit. Der betr. Brief an Töpken abgedruckt bei Jansen, Davidsbündler S. 173

tig gemacht. Außerdem noch eine Ballade „Belsazar", ein Heft aus dem West-Östlichen Divan von Goethe; ein Heft von R. Burns (einem Engländer, noch wenig komponiert) dann auch zwei Hefte von Mosen, Heine, Byron und Goethe; das gibt mit dem Zyklus sieben Hefte. Sieh', ist das nicht gut von mir? Und dann auch ein Heft vierstimmiger, darunter eines für vier Frauenstimmen, was wohl eigen klingen muss; sie sind meistens recht schwärmerisch, die Texte. Wie mir dies alles leicht geworden, kann ich Dir nicht sagen, und wie ich glücklich dabei war. Meistens mach' ich sie stehend oder gehend, nicht am Klavier. Es ist doch eine ganz andere Musik, die nicht erst durch die Finger getragen wird – viel unmittelbarer und melodiöser. Hillern, Verhulst und Andern hab ich davon gespielt und gesungen, und da will ich schreiben wie Du, wenn Du schön gespielt, „und sie waren ganz entzückt davon … …""

Dieser Brief kam sehr zur rechten Zeit in die Hände Claras, deren sich, doch wohl als Nachwirkung der in Bremen ihr widerfahrenen Kränkungen eine Melancholie und Verzagtheit bemächtigt hatte, deren Grad aus dem Tagebuch nur erraten werden kann, da sie, ganz entgegen ihrer Gewohnheit, nachmals fast eine ganze Seite durch Durchstreichen des Geschriebenen unleserlich gemacht hat. Unmittelbar darunter steht: „Am 25. bekam ich wieder einen lieben Brief von Robert, der mich ganz unaussprechlich erfreute. Ein Lied, zart und innig hat er mir geschickt, das mich ganz und gar den Komponisten erkennen ließ."

Am 26. Februar ward ein Konzertausflug nach Lübeck unternommen, der ebenfalls nur angenehmste Eindrücke hinterließ. Im Avé'schen Hause war sie freundlicher Aufnahme von vornherein gewiss, aber auch ganz Fremde kamen ihr in der liebenswürdigsten und herzlichsten Weise entgegen. Die alte Stadt erregte ihr lebhaftes Interesse, aber die Totenstille in den großen Straßen beängstigte sie sehr. Auch das Konzert war in jeder Beziehung erfolgreich. Das Hauptereignis dieser kurzen Reise war aber doch der erste Anblick der See, den sie in Travemünde empfing:

„Einen Tag hab ich verlebt", schreibt sie am 2. März nach der Rückkehr an Robert, „den vergesse ich nie, Wir waren in Travemünde, … fuhren in einem kleinen Boote mit 3 Segeln in die See hinaus, bis wir kein Ufer

mehr sahen und Niemand von uns mehr wusste, wo wir waren, … und obgleich mir's etwas ängstlich war, so habe ich doch gejauchzt vor Entzücken. Der Tag war neblig, aber umso schöner nahm es sich aus, wenn ein matter Sonnenstrahl durch die Wolken brach und die Wellen versilberte … Wie tausend Mal hab ich leise Deinen Namen ausgesprochen – ach, hättest Du mit uns sein können! … … … …
Über Dein Liedchen lässt sich gar nichts sagen, das lässt sich nur singen. Das andere folgt, wenn auch ungern, bitte schicke es mir so bald als möglich wieder … … … … Wie schön ist es doch, dass Du so fleißig komponierst! mit den Liedern wird mir's aber bedenklich, ist es doch nicht etwa eine junge Nachtigall, die Dich inflamiert? … Ist es denn bei Dir auch schon solch schönes Frühlingswetter, scheint wohl die Sonne in Dein Stübchen? Ich möchte so Vieles wissen, am liebsten bei Dir sein."

Eine neue unerwartete Freude bereitete ihr noch am selben Tage (3./3.) ein Brief Roberts, der mit den Worten begann: „Lieb Clärchen, wüsstest Du, wer heute lächelnd hinter der Tür steht und anklopft, so würdest Du sagen: nur herein, Du lieber Mann und D o k t o r !" Es war das Doktordiplom von Jena, das er ihr übersandte; eine öffentliche Ehrung, die grade in diesem Augenblick, wo Wiecks „Erklärung" in aller Händen war, ihr, wie allen seinen Freunden eine ganz besondere Genugtuung sein musste. Überhaupt gestaltete sich schließlich ihr Abschied von Hamburg so freundlich, herzlich und durch das Bewusstsein schwer erkämpften Sieges so freudig, wie sie selbst es vor wenigen Wochen nicht für möglich gehalten hätte. Das letzte Konzert, am 4. März, in dem sie die F-Moll-Sonate von Beethoven, die Schumann'schen Novelletten, Chopins Notturno, Schubert-Liszts Erlkönig, das B-Dur-Trio und die Thalberg'sche Mosesfantasie spielte, war eine Strapaze, aber zugleich auch ein großer Triumph, und der warme Beifall, der ihr gezollt ward, galt nicht nur der Künstlerin, sondern auch dem Charakter, der sich in schwerer Prüfung mutig bewährt hatte. Unzerreißbare Bande knüpften sie seit dieser Zeit an Hamburg, indem ihr damals vor allen Dingen der Musikdirektor Otten, Avé-Lallemant, Gathy und die Familie Parish mit Rat und Tat in einer Weise zur Seite gestanden hatten, wie es ihr bisher kaum anderwärts zu teil geworden war. Und während Wieck sich in Briefen an seine Hamburger Freunde über das

„abgefallene, verworfene, boshafte Mädchen" entrüstete, „das bereits den Lohn fände für ihre schändliche Tat", wetteiferten die Adressaten, um dem „verworfenen Mädchen" immer aufs neue Beweise ihrer Verehrung und Bewunderung zu geben, und die beste Hamburger Gesellschaft folgte ihrem Beispiel. Es war zwar keineswegs ein unbedingtes Vergnügen, an einem Tage ein opulentes Diner bei Salomon Heine und danach eine steife Abendgesellschaft bei Senator Jenisch mitzumachen aber jedenfalls war das nicht die Art von verdienter Strafe, wie sie ihr nach Wiecks Meinung und Absicht hier zu teil werden sollte.

Am 11. langten die beiden Reisenden sehr befriedigt von den Ergebnissen, auch den materiellen, ihrer Fahrt wieder in Berlin an. Weitere Reisepläne nach Kiel und Kopenhagen, sowie nach Mecklenburg waren schließlich aufgegeben worden: Clara bedurfte der Ruhe, und die Sehnsucht, Robert wieder in erreichbarer Nähe zu haben, trug auch das Ihrige zur Beschleunigung der Rückkehr bei.

Einen hervorragenden und sie aufs höchste beglückenden Kunstgenuss bescherte ihr hier an einem der ersten Abende eine Aufführung von Goethes Faust mit der Radziwillschen und Lindpaintner'schen Musik und Seydelmann als Mephisto. Noch tagelang zehrte sie davon, und die Erinnerung an jene Weimarer Tage im Goethehause ward aufs neue lebendig: „immer", schreibt sie, „steht er vor mir in seiner hohen Gestalt, ein Buch in der Hand, etwas lächelnd, wie er war, als ich ihn das erste Mal sah. Ich war freilich noch ein ganzes Kind, doch ist sein Bild so lebhaft wieder vor meine Seele getreten, als wäre es gar nicht lange, dass ich ihn gesehen." Neben fleißigem Theaterbesuch füllten diese Erholungspause vor allen Dingen nicht minder fleißige Studien zur Vervollkommung im Englischen und Französischen aus. Mit gespanntem Ohr aber lauschte sie in diesen Tagen nach Leipzig, wo Liszt angekommen und täglich mit Schumann zusammen war. Damit begann für beide, trotz aller Wolken, die am Himmel standen, eine von jenen glücklichen Epochen, wo die Seele Flügel hat. Schon am 13. hatte Schumann geschrieben:

„Hier als schüchterne Belohnung für Deine zwei letzten Briefe etwas.
Die Lieder[246] sind meine ersten gedruckten, also kritisiere sie mir nicht

---

246 Der Liederkreis von Heine Op. 24

zu stark. Wie ich sie komponierte, war ich ganz in Dir. Du romantisches Mädchen verfolgst mich doch mit Deinen Augen überall hin, und ich denke mir oft, ohne solche Braut kann man auch keine solche Musik machen, womit ich aber Dich besonders loben will. Denn ich habe Dich gar zu lieb und will Dir nur sagen, dass ich alle Abende fort möchte und in einer ewigen Angst bin, nicht zeitig genug zu Dir zu kommen ...

Weißt Du auch, dass heute Dein k l e i n e r G e b u r t s t a g ist; schon heute früh dachte ich daran, und an der Braut zählt man alles nach. Also 20 und ½ Clärchen, ich hätte nie vermutet, dass wir zusammen so alt würden als Braut und Bräutigam. Es hat sein Hübsches, dieser lange Brautzustand, man lernt sich da recht lieben und kennen. Höre, erlaubst Du mir eine Bemerkung zu machen, nämlich dass Du, wenn Du mich ein wenig beleidigt hast, und ich es Dir dann sage, dann so tust, als seist Du die Schwerbeleidigte und mir auch außerdem noch ordentlich verzeihen willst. Sieh, Mädchen, zwei Mal seit Kurzem hab ich Dich nach Deiner Meinung schwer beleidigt ... und doch, Clärchen, warst Du die Sünderin. Weißt Du denn nicht von mir, dass ich gewiss ein gerechter Mann bin und Niemandem so leicht zu nahe trete ... Also, Frau, gestehe, und lass Dir nur sagen, mit Deinen zwei letzten Briefen hast Du's längst wieder gut gemacht, und ich schreib Dir's nur der Zukunft wegen; wir müssen uns durchaus manchmal über einander unterhalten und unsere gegenseitigen Befürchtungen vor einander aussprechen, damit später der Hausfriede umso fester ist, und gar nicht wanken zu machen, wenn es mir nachgeht.

... Clärchen, hast Du nichts für meine Beilagen? Mir fehlt Manuskript, und ich kann nicht eher nach Berlin, als bis die dritte (mit Klavierstücken) fertig ist. Denkst Du denn etwa, weil ich so viel komponiere, kannst Du müßig sein. Mach' doch ein Lied einmal! Hast Du angefangen, so kannst Du nicht wieder los. Es ist gar zu verführerisch.

In meine Opernpläne will ich Dich ein wenig hineingucken lassen. Schicke in eine Leihbibliothek und lass Dir holen den zweiten Teil der S e r a - p i o n s - B r ü d e r von H o f f m a n n , darin steht eine Erzählung „Doge und Dogaressa." Lies sie Dir recht fleißig durch; denke Dir das alles auf den Brettern; sag mir Deine Ansicht, Deine Bedenklichkeiten. An der Novelle gefällt mir das durchweg Noble und Natürliche. Den Text soll mir dann Julius Becker in Verse bringen. Entworfen hab' ich schon.

Den 14ten März.

*... Wie war Dir's denn nach dem ersten Kuss, Clärlein Du? ich will
Dir sagen wie:*

> *Grün ist der Jasminstrauch*
>
> *Abends eingeschlafen.*
>
> *Als ihn mit des Morgens Hauch*
>
> *Sonnenlichter trafen,*
>
> *Ist er schneeweiß aufgewacht:*
>
> *„Wie geschah mir in der Nacht?"*
>
> *Seht, so geht es Bäumen,*
>
> *Die im Frühling träumen.*

*Fällt mir immer unser erster Kuss bei dem Lied ein. Ich schicke Dir
ehestens die Musik dazu. Adieu, mein Kind. Bleib gut*

> *Deinem R.*

Clara an Robert.

Berlin, den 14./3. 40 Abends.

Mein herzliebster Robert,

*„Hab schönen Dank für die Lieder, sie haben mich überrascht und sind
doch ganz eigentümlich, verlangen aber alle gute Sänger, die Geist genug
besitzen, sie aufzufassen ... ... Die Beurteilung der Schubert'schen Symphonie finde ich sehr schön[247] – lebte er doch noch! Es erfüllt Einen so mit
Wehmut, dass er es nicht erlebte, so anerkannt zu werden, wie jetzt. Ich
kann sagen, mich hat doch ein ganz eigenes Gefühl übermannt, als ich an
seinem und Beethovens Grab stand. Wie innige Freunde müsstet ihr sein!
könnte ich doch einmal diese Symphonie hören!*

*... Komponieren aber kann ich nicht, es macht mich selbst zuweilen
ganz unglücklich, aber es geht wahrhaftig nicht, ich habe kein Talent
dazu. Denke ja nicht, dass es Faulheit ist. Und nun vollends ein Lied, das*

---

247 „Die 7te Symphonie von Franz Schubert" in der Neuen Z. f. M. vom 10. März 1840 S. 81 ff.

kann ich g a r   n i c h t; ein Lied zu komponieren, einen Text ganz zu
erfassen, dazu gehört Geist … …
… Du möchtest wohl gern auch wissen, was ich erübrigt, nicht wahr?
ich will Dir's sagen, obgleich ich nicht gern davon spreche. Ich hatte Ein-
nahmen 970 Taler, davon gingen so viel für Reisekosten, Einkäufe für
mich und Mutter und das ganze Haus ab, dass mir 490 Tlr. blieben. –
Bist Du zufrieden oder nicht? ich bin es sehr und meine, man kann in 5
Wochen kaum mehr verlangen."

R o b e r t   a n   C l a r a.

Mittwoch, den 18ten März 1840.

„Es wird wenig ans meinem Brief heute werden. Ich bin müde, abge-
spannt und wieder erregt und unruhig von so Vielem in den vorigen
Tagen … so lange Liszt hier ist, kann ich auch nicht viel arbeiten, und
so weiß ich gar nicht, wie ich fertig werde bis Gründonnerstag. Mit Liszt
bin ich fast den ganzen Tag zusammen. Er sagte mir gestern „mit ist's, als
kennte ich Sie schon 20 Jahre" – mir geht es auch so. Wir sind schon recht
grob gegen einander und ich hab's oft Ursach, da er gar zu launenhaft
und verzogen ist durch Wien. Das geht aber nicht in diesen Brief, was
ich Dir alles zu erzählen habe, von Dresden, unserm ersten Zusammen-
treffen, vom Konzert dort, von der Eisenbahnfahrt hierher gestern, vom
Konzert gestern Abend, von der Probe heute früh zum zweiten. Und wie
er doch außerordentlich spielt und kühn und toll, und wieder zart und
duftig – das hab ich nun alles gehört. Aber, Clärchen, diese Welt ist meine
nicht mehr, ich meine s e i n e. Die Kunst, wie Du sie übst, wie ich auch oft
am Klavier beim Komponieren, diese schöne Gemütlichkeit geb' ich doch
nicht hin für all seine Pracht – und auch etwas Flitterwesen ist dabei, zu
viel. Lass mich darüber heut schweigen, Du weißt schon, wie ich's meine."

Clara an Robert.

Du musst es Dir nun schon gefallen lassen, dass ich Dich heute wieder heimsuche – mir ist's, als sollt ich nichts tun, als an Dich nur immer schreiben – besser wär's, Du wärest da, dann hätten wir Beide keine Qual. Als ich jetzt so lange keine Nachricht von Dir hatte, da dachte ich, Liszt wäre daran Schuld und muss es Dir gestehen, ich war eifersüchtig auf ihn! da kam aber Dein lieber Brief und ich sah, dass Du doch meiner gedacht.

... Glücklich ist doch der Liszt, dass er alles das vom Blatt spielt, wo sich unsereins plagt und es doch zu Nichts bringt. Mit Deinem Urteil über ihn stimme ich ganz überein! hast Du schon von seinen Etüden von ihm gehört? ich studiere jetzt an der neunten und finde sie schön, großartig, aber doch zu furchtbar schwer ...

... Eine Frage: was meinst Du wohl, wäre es nicht gut, wenn ich bei Rungenhagen ein wenig die Fuge studierte? ich hätte große Lust, nur weiß ich nicht, ob mein Verstand, ans den ich nicht viel gebe, reif zu solch einem Studium ist! Französische Stunde hab ich vor einigen Tagen angefangen; wenn ich's doch nur einmal zu etwas bringen könnte! Ich bin doch manchmal ganz erzürnt auf mich.

... Recht sehr hab ich gelacht, dass Du grob gegen Liszt bist; Du meinst, er sei verzogen, bist Du es aber nicht auch ein wenig? ich verziehe Dich, ich weiß es wohl. Na ich denke, das soll schon besser werden, wenn Du mein Mann erst bist."

Robert an Clara.

„ ... Heute früh hätte ich Dich zu Liszt gewünscht. Er ist doch gar zu außerordentlich. Er spielte von den Novelletten, aus der Fantasie, der Sonate, dass es mich ganz ergriff. Vieles anders als ich's mir gedacht, immer aber genial, und mit einer Zartheit und Kühnheit im Gefühl, wie er sie wohl auch nicht alle Tage hat. Nur Becker war dabei, dem standen

die Tränen in den Augen, glaub ich. Eine große Freude hatte ich nament-
lich an der 2ten Novellette in D-Dur; Du kannst kaum glauben, was für
eine Wirkung die macht; er will sie auch in seinem dritten Konzert hier
spielen. Das ginge nicht in Bücher, was ich Dir alles über den Wirrwarr
hier zu erzählen hätte. Das 2te Konzert gab er noch nicht und legte sich
lieber ins Bette und ließ 2 Stunden zuvor bekannt machen, er wäre krank.
Dass er angegriffen ist und war, glaub ich gern; im Übrigen war's eine
politische Krankheit; ich kann Dir das nicht alles auseinandersetzen. Lieb
war es mir, weil ich ihn nun den ganzen Tag im Bett habe und außer mir
nur Mendelssohn, Hiller und Reuß zu ihm können. Wärst Du nur heute
früh dabei gewesen, Mädel; ich wette, Dir wär's gegangen wie Beckern.
… Glaubst Du wohl, dass er in s e i n e m Konzert ein Härtel'sches Ins-
trument gespielt hat, das er vorher n o c h   n i e m a l s gesehen. So etwas
gefällt mir nun ungemein, dies Vertrauen auf seine guten zehn Finger.
Nimm es Dir aber nicht zum Muster, meine Clara Wieck; bleibe Du nur
wie Du bist; Dich erreicht doch auch Niemand und von Deinem guten
Herzen merk ich doch auch oft in Deinem Spiel. Hörst Du, Alte!
… Heute über 4 Wochen, will's Gott, bin ich bei Dir, gutes Kind –
da wirst Du recht glücklich und zufrieden an meinem Herzen ruhen,
nicht wahr. Cläre, willst Du mir denn nicht ein kleines Konzert bereiten,
ganz im Geheimen für Deinen Bräutigam? Ich möchte gern hören, die
B-Dur-Sonate (die große), aber ganz, dann ein Lied von mir, das Du mir
spielst und singst, (auf deutlichen Text seh' ich am meisten), dann ein
neues Scherzo von Dir, und zum Schluss die Cis-Moll-Fuge von Bach aus
dem 2ten Heft. Das Konzert will ich übrigens nicht umsonst, und werde
dann auch auftischen gehörig und zuletzt belohnen wir uns gegenseitig,
Du weißt schon wie? Sehr freue ich mich auf dieses Braut- und Bräuti-
gamskonzert. – Ach, Du Liebste und Beste von allen Menschen; wenn ich
Dich zum ersten Mal wiederseh, werde ich Dich erdrücken vor Seligkeit.
Nun aber muss geschieden sein. Liszt will ein paar Zeilen zu dem Brief
schreiben … …

Nachschrift von Franz Liszt.

„Permettez-moi aussi, mon grand artiste, de me rappeler affectueuse-
ment à votre gracieux souvenir. Combien ne regrettai-je point de ne pas
vous trouver à Leipzig! si encore le temps me permettait d'aller vous ser-

rer amicalement la main à Berlin! mais malheureusement cela ne me sera guère possible. Veuillez donc bien recevoir ainsi à distance mes vœux les plus empressés pour votre bonheur et votre gloire – et disposez entièrement de moi si par un heureux hazard je pourrai le moins du monde vous être bon à quelque chose. – Vous savez que je vous suis entièrement devoué

F. Liszt.

Robert an Clara.

Sonntag, den 22sten März 1840.

Mein trautes Kind.

Wie wünschte ich Dich doch zu mir! Es ist jetzt hier ein tolles Leben, und ich glaub', Du würdest Dich manchmal fürchten. Liszt kam nämlich sehr aristokratisch verwöhnt hier an und klagte immer über die fehlenden Toiletten und Gräfinnen und Prinzessinnen, dass es mich verdross und ich ihm sagte, „wir hätten hier auch unsere Aristokratie, nämlich 150 Buchhandlungen, 50 Buchdruckereien und 30 Journale und er solle sich nur in Acht nehmen." Er lachte aber, bekümmerte sich nicht ordentlich um die hiesigen Gebräuche etc. und so ergeht es ihm denn jetzt erschrecklich in allen Journalen etc., da mag ihm denn mein Begriff von Aristokratie eingefallen sein, kurz, er war nie so liebenswürdig als seit zwei Tagen, wo man über ihn herzieht.

– Dir aber sag ich's, Liszt erscheint mir alle Tage gewaltiger. Heute früh hat er wieder bei R. Härtel gespielt, dass wir alle zitterten und jubelten, Etüden von Chopin, ans den Rossini'schen Soireen ein Stück und mehres noch. Um ihm eine Auszeichnung zu machen und dem Publikum merken zu lassen, mit was für einem Künstler es zu tun hat, hat Mendelssohn einen hübschen Einfall gehabt. Er gibt ihm nämlich morgen Abend (gerade Bachs und J. Pauls Geburtstag auch) ein ganzes Konzert mit Orchester im Gewandhaus, zu dem nur wenige eingeladen sind, und in dem mehrere Ouvertüren v. M., die Symphonie von Schubert, und das Tripelkonzert von Bach (M., L. und Hiller) daran kommen sollen. Ist das nicht fein von M.? Wärst Du nur dabei, Du mein Clärchen; aber ich will den ganzen Abend an Dich denken, als säßest Du an meiner

Seite. – So geht es denn jetzt etwas unruhig her. Abends aber, bin ich wieder allein auf meinem Stübchen, denk ich doch, das ist doch all das Glück nicht, das du suchst, das find ich nur bei meinem Mädchen."

Clara an Robert.

Berlin, den. 22./3. 40.

„ ... Liszts Zeilen haben mich sehr überrascht – ich schreibe noch heute. Er muss hierher ... es ist mir schrecklich, dass ich nicht hören sollte ... wie er die 2te Novellette gespielt, kann mir denken – das muss allgewaltig klingen ... ...

– Als ich Liszt das erste Mal in Wien hörte, da konnte ich's nicht mehr aushalten, da habe ich (bei Graff war es) laut geschluchzt, hatte es mich erschüttert. Kommt er Dir nicht auch vor, als wollte er am Klavier untergehen, und dann wieder, wenn er zart spielt, ist es himmlisch. Ach ja, sein Spiel steht doch ganz lebhaft vor meiner Seele. Mit dem Instrument, das ist großartig, so muss es aber eigentlich sein bei einem echten Genie. Gegen Liszt kommen doch alle Virtuosen so klein vor, selbst Thalberg, und mich – mich sehe ich gar nicht mehr. Nun, ich bin doch glücklich, ich v e r s t e h e doch alle Musik – das ist mir mehr wert als all mein Spiel und in Dir in Deiner Musik bin ich selig, das Gemütliche hat Keiner wie Du.

... Auf das Brautkonzert studiere ich schon los, freue mich aber nicht darauf, wohl aber auf das Bräutigamskonzert, das Du geben wirst. Was für ein Repertoire darf ich denn vorschreiben? Ich wüsste es doch wirklich nicht zu finden, denn was Du mir spielst, ist mir alles lieb, und wie glücklich will ich sein, wenn ich erst wieder am Klavier an Deiner Seite sitzen darf ... Dass ich Dir vorsingen soll, da bin ich vor Schreck schon rot geworden und nun d e u t l i c h e Aussprechen! Das ist's grade, wenn das nicht wäre! Ich kann wohl allenfalls einen Ton herausbringen, wenn ich nicht auszusprechen brauche ... Du glaubst nicht, wie verrostet meine Stimme ist; zwei Jahre sang ich fast gar nicht, das ist Schuld."

Clara an Robert.

Berlin, den 24./3. 40.

„Ach ich Unglückliche! sitze nun hier und habe nicht den kleinsten Teil von den Genüssen, deren Ihr einander so viele schafft! was hätt' ich gegeben, gestern in Leipzig zu sein, wie selig wäre ich gewesen, was hab ich geseufzt! ich war im Theater, aber mein Sinn nur bei Dir, ich sah Dich in musikalischem Entzücken, und wäre doch so gern zu Deiner Seite gewesen! eigentlich hatte ich längst die Absicht, mit der Mutter zu kommen, doch dachte ich, ich würde Dich in Deinem Zusammenleben mit Liszt stören, und Dir dann doch nicht so willkommen sein, als ich es wünschte. Ich glaube, es war besser getan, wir blieben. Aber wie künstlerisch ist das von Mendelssohn, und wie ehrenvoll doch auch für Liszt! sehnt sich Liszt immer noch nach dem aristokratischen Wien, nach den Gräfinnen etc.? ich sollte meinen, daran müsste er nicht mehr gedacht haben bei Euch! Das Konzert von Bach, ist das in D-Moll? ach Gott, ich möchte weinen! dass Liszt Dir immer gewaltiger vorkommen würde, dacht ich mir schon – manchmal meint man doch, es sei ein Geist, der da am Klavier sitzt.

... Dass der Vater gegen ihn geschrieben, kann ich noch nicht glauben – es wäre zu schrecklich! ein großes Unrecht ist es aber, dass man dem Vater kein Billet geschickt hat[248]. *Jahrelang hat er mit größter Bereitwilligkeit seine Flügel hergegeben, hat mehr Schaden als Nutzen gehabt, hat sich die Mühe, die er oft dabei gehabt, nicht verdrießen lassen, und nun, weil man ihn nicht braucht, beachtet man ihn nicht! weißt Du, das hat mir bittere Tränen gekostet und ist von Euch doch nicht Recht ... ...*

... Dass Du mir mehr schreibst, als ich Dir, kann Dich doch nicht wundern? hast Du nicht viel mehr Stoff, als Du nur zu Papier bringen kannst; ... und hast Du auch einmal wirklich gar keinen Stoff, weißt Du nicht aus Nichts etwas zu machen? weißt Du mit einem Worte nicht, dass ich nicht Du bin? o Du Mann, Du! – Schreib Du nur immer zu; es ist noch lange nicht so viel, als ich verdiene. Siehst Du das wohl ein?

... Ich zähle die Minuten bis zum grünen Donnerstag! ... Den Tag, wann Du kommst, musst Du später noch genau schreiben, damit wir das kleine Stübchen wieder einrichten ... Bargiel lässt Dir sagen, von

---

248   Liszt ignorierte Wieck natürlich aus Freundschaft für Schumann.

Herzen gern packe er zusammen, wenn Du kämest, es würde ihn kränken, wolltest Du nicht bei uns wohnen. Du hast wohl Recht, es ist auch eine Ersparnis; wenn Dir nur das Stübchen nicht gar zu klein und unsere ganze Lebensweise gar zu einfach ist, das wäre mein Bedenken. Doch Du hast Dir es ja das vorige Mal auch gefallen lassen. Hätt ich Dich nur erst! ... ...

... Eben ging der Briefträger vorbei, er schüttelte mit dem Kopf und ich auch ... Nun so muss ich mich noch mit Geduld stählen. Aber Morgen, nicht war, mein Robert.

... Sei mir umarmt in feuriger Liebe und behalte mich lieb.

Deine getreue, Dir von ganzer Seele ergebene Clara.

Mutter und Alles, das Dich liebt, grüßt."

Robert an Clara.

Leipzig, den 25sten März 1840, Mittwoch.

„Mein Herzensbrautmädchen,

Wenn Du diesen Brief gelesen haben wirst, wirst Du ganz anders sehen und mit viel freundlicheren und helleren Augen die Welt. Da wollte ich gleich schwören. Nämlich, Liszt und ich laden Dich hiermit zu Liszts nächstem Konzert ein, das nächsten Montag ist (für die Armen). Liszt spielt darin das Hexameron[249], Mendelssohns zweites Konzert (das er noch gar nicht angesehen), zwei Etüden von Hiller (die er gleichfalls noch nicht gesehen), und den Karnaval (zwei Drittel davon wenigstens). Du hast jetzt nichts eiligeres zu tun, als Dich zu Sonnabend einschreiben zu lassen, damit Du schon Sonntag hier bist (ja nicht später), dann Deinen Pass zu besorgen, dann Dich a u f 1 4 T a g e mit Allem, was Du brauchst, zu versorgen, weil ich Dich nicht eher von mir lasse und zum Palmsonntag mit Dir nach Berlin zurück will, und mir überhaupt gleich zu schreiben, „lieber Mann, wer kommt, ist Deine gehorsame Cläre und Frau" – wirst Du, willst Du? Du musst.

Nach Berlin kommt Liszt i n k e i n e m F a l l. Er sagt, die Stadt wäre zu bedeutend, käme er, so wolle er v i e l Konzerte dort geben, und

---

249   Hexameron – ein Variationenzyklus von Thalberg, Herz, Pixis und Liszt.

dazu habe er keine Zeit ... In den ganzen vorigen Tagen gab es nichts als Diners und Soupers, Musik und Champagner, Grafen und schöne Frauen; kurz, er hat unser ganzes Leben umgestürzt. Wir lieben ihn alle ganz unbändig und gestern hat er wieder in seinem Konzert gespielt wie ein Gott, und das Furore war nicht zu beschreiben. Die Klätscher und Kläffer sind zur Ruhe gebracht.

... Hiller gab ein Diner bei Aeckerlein, da ging es hoch her und bedeutende Leute waren dabei. Denke Dir, die Auszeichnung durch Liszt. Nachdem er auf Mendelssohn einen Toast ausgebracht, brachte er einen auf mich aus in so schönen französischen und liebenden Worten, dass ich ganz blutrot wurde, aber auch ganz heiter danach, denn es war ein gar zu schönes Anerkennen. Über Alles das, und über Mendelssohns Soiree, die auch unerhört und prächtig war, erzähle ich Dir noch Sonntag."

Und es war eine „gehorsame Cläre und Frau", die sich am 28. Abends, unmittelbar nach Schluss eines Konzertes der Brüder Ganz, „der Gänze", in dem sie mitgewirkt hatte, auf die Post setzte und nach Leipzig fuhr.

Es heißt im Tagebuch:

–„Die Reise war bis auf einige kleine Abenteuer glücklich und ich überraschte Robert einen Tag früher, als er erwartet hatte.

Den 30sten besuchte mich Liszt, der eben von Dresden zurückgekehrt war. Er ist so liebenswürdig, dass ihn Jeder lieb gewinnen muss.

Abends gab er sein Konzert. – In dem Hexameron fühlte er sich am wohlsten, das hörte und sah man. Die Sachen von Mendelssohn und Hiller spielte er doch nicht so frei, und war das schon störend, dass er immer auf die Noten sah. Den Karnaval spielte er mir nicht zu Danke, sowie er überhaupt nicht den Eindruck diesmal auf mich machte, als in Wien. Ich glaube, es lag an mir selbst, ich hatte meine Erwartungen gar zu hoch gespannt. Er ist übrigens ein ungeheurer Spieler, wie es keinen mehr gibt – hier in Leipzig wusste man nicht, wie hoch Liszt eigentlich steht, das Publikum war für diesen Künstler viel zu kalt. Er spielte seinen Galopp auf vieles Bitten, mit eminenter Bravour und größter Genialität.

Den 31. Heute Morgen war Liszt einige Stunden bei uns und machte sich uns nur noch werter durch sein feines, echt künstlerisches Wesen. Seine Unterhaltung ist voller Geist und Leben, auch ist er wohl kokett, das vergisst man aber ganz und gar ... Er spielte den Erlkönig, Ave Maria, Etüde von sich etc. Ich musste ihm auch Einiges spielen, ich tat's aber mit wahrer Seelenangst. Im Übrigen fühlte ich mich gar nicht befangen in seiner Nähe, wie ich es vorher gefürchtet hatte, er selbst bewegt sich so ungeniert, dass sich jeder in seiner Gesellschaft wohl fühlen muss. Lange aber könnt ich nicht um ihn sein; diese Unruhe, dies Unstete, diese große Lebhaftigkeit, dies alles spannt einen sehr ab.

Den 4ten [April] ging ich mit Robert nach Connewitz. Mir ist doch nie so wohl, so heimisch, als wenn ich mit ihm gehe! Er braucht gar nicht zu reden – ich mag ihn so gern nur sinnend, und möchte ihm jeden Gedanken ablauschen! Und wenn er mir leise einmal die Hand drückt, dann bin ich ganz beglückt im Innersten – ich fühle dann so ganz, dass ich sein Liebstes bin.

Er hat mir heute viele seiner Lieder gezeigt – so hatte ich sie nicht erwartet! Mit der Liebe wächst auch meine Verehrung für ihn. Es ist Keiner unter den jetzt Lebenden, der so begabt mit Musik wie er.

Den 5. Nach langer Zeit sah ich heute Madam Schröder-Devrient als Fidelio wieder, und hatte einen Hochgenuss. Die Musik ist doch gar so schön – ich kann gar nicht sagen, wie sie mir tut. Die Devrient spielte heute vieles anders als früher – schön natürlich! Die höchste Vollendung in der Kunst, wie sie sie besitzt, scheint Einem Natur, jede Bewegung ist bei ihr studiert und doch glaubt man, es sei alles augenblickliche Eingebung. Das ist ein gewaltiges Weib – in der Kunst mein Ideal! – Das Adagio singt ihr Niemand nach, weder die Grisi, noch Persiani, mit einer Wärme, einer Innigkeit, und so meisterhaft ruhig, nobel dabei, dass Jeder, der Musik fühlt, hingerissen sein muss.

Den 17ten reisten wir (Robert und ich) nach Berlin ab;

Den 21ten fuhren wir nach Charlottenburg und besuchten dort das Mausoleum der Königin Louise ... Das Denkmal ist wundervoll ... eine eigene Wehmut ergriff mich doch in der Gruft. Wie so alles vergeht, vergessen wird, wozu nur eigentlich der Mensch lebt! – Solche Gedanken kamen mir und stimmten mich traurig. Den 26sten war ich den ganzen Tag mit Robert in Potsdam. Wir waren sehr vergnügt mitsammen.

Den 27sten gingen wir nach Strahlau und Treptow. Es waren himmlische Tage! Ach, ich bin so glücklich gewesen mit Robert, dass ich's gar nicht sagen kann.

Den 28sten Abends war ich mit Robert bei Mendelssohns. Es wurde viel musiziert, Mendelssohn spielte die Cis-Moll-Fuge von Bach wundervoll, ich spielte einiges von ihm und Robert und dann wir zusammen den ersten Satz aus der Hummelschen As-Dur-Sonate.

Den 29sten war Mendelssohn zwei Stunden bei uns und ließ sich von Robert seine Lieder vorspielen. Mich freute seine Anerkennung.

Den 30 sten. Heute ist Robert wieder abgereist."

Ein Nachklang dieser glücklichen, leichtbeschwingten goldenen Frühlingstage an der Seite der Geliebten ist die Komposition von Eichendorffs „Mondnacht."

Es war, als hätt' der Himmel
Die Erde still geküsst,
dass sie im Blütenschimmer
Von ihm nun träumen müsst'.

Die Luft ging durch die Felder
Die Ähren wogten sacht,
Es rauschten leis die Wälder
So sternklar war die Nacht.

Und meine Seele spannte
Weit ihre Flügel aus,
Flog durch die stillen Lande,
Als flöge sie nach Haus.

Robert sandte es Claras Mutter zu ihrem Geburtstage, am 15. Mai.

„So glücklich mag die Mama wohl lange keinen Geburtstag verlebt haben, und darüber bin ich so recht innerlich froh", schreibt Clara.

Im Übrigen waren ihre Tage unter dem mütterlichen Dache gezählt. Im Mai genoss sie noch vor allem das wiederholte Zusammensein mit Mendelssohn, der längere Zeit zum Besuche bei seiner Familie in Berlin weilte. Lange hatte sie ihn nicht gehört und stand nun aufs neue ganz beglückt und doch zugleich bedrückt unter dem Banne seiner unvergleichlichen Meisterschaft: „dass ich die Bach'schen Fugen nicht eher gespielt", schreibt sie an Robert, „verzeihst Du mir, ich war immer zu schüchtern, ich weiß, dass Du sie von Mendelssohn in höchster Vollkommenheit gehört, und ich hätte sie Dir auch den letzten Tag nicht gespielt, hätte ich nicht im Eifer ganz meinen Vorsatz vergessen gehabt. Seit ich die *Cis*-Moll-Fuge neulich von Mendelssohn gehört, ist mir erst ein neues Licht aufgegangen, wie sie müssen gespielt werden, und ich spiele jetzt einige, glaub ich, gut"; und ein paar Tage später: „Ich habe gestern einen hohen Genuss gehabt. Mendelssohn spielte sein Trio und das *G*-Moll-Quartett von Mozart. Er spielte meisterhaft, und so feurig, dass ich mich wirklich in einigen Momenten nicht der Tränen enthalten konnte. Er ist mir doch der liebste Spieler unter allen ... Den Genuss abgerechnet, halte ich es für mich sehr lehrreich, ihn zu hören; und glaube, dass der gestrige Abend gewiss für mich von Nutzen war."

Ganz so wolkenlos, wie es nach Claras Briefen, die von Glück überströmen, scheinen könnte, sah es an ihrem Himmel freilich doch nicht aus. Der Prozess schien sich, trotzdem Clara noch von Hamburg aus, in einem besonderen an den Präsidenten des Oberappellationsgerichts in Dresden gerichteten Schreiben diesen inständigst gebeten hatte, sie und ihren Verlobten durch Beschleunigung des Spruches bald aus ihrer qualvollen Ungewissheit zu befreien, mehr und mehr in die Länge zu ziehen. Und beide begannen schon, sich ernstlich mit dem Gedanken vertraut zu machen, dass sie auch dieses Weihnachtsfest noch als Brautleute würden feiern müssen. Damit aber trat an Clara die Notwendigkeit heran, ernstlich auf Erwerb für den Winter durch eine neue Kunstreise bedacht zu sein.

Diese Nahrungssorgen lasteten umso schwerer auf ihr, als sie aus einer nur zu leicht begreiflichen Scheu Bedenken trug, Robert gerade hierin ins Vertrauen zu ziehen. Sie hatte wiederholt sowohl von dem von Robert ihr übergebenen kleinen Kapital, wie von ihren Konzerteinnahmen der Mutter erhebliche Zuwendungen gemacht. Und wenn es ihrem kindlichen Herzen auch eine Genugtuung war, auf diese Weise wenigstens sich äußerlich dankbar erweisen zu können für die Treue, die ihre Mutter ihr in diesen schweren Monaten gehalten, so quälte sie doch der Gedanke, dass schließlich auch ihre bescheidenen Mittel eines Tages erschöpft sein und sie sich am Ende ganz auf Roberts Unterstützung angewiesen sehen würde. Je länger sich der Prozess hinauszog, desto näher rückte diese Sorge: „Mit schwerem Herzen gehe ich nach Leipzig – wie soll ichs ihm sagen; ach mein

Gott, ich kanns ja nicht! Wie schrecklich aber, wenn es so weit käme, dass ich ihn noch f ü r m i c h bitten müsste. – Ach, wüsste ich nur, wo ich den Sommer hinginge, um mir nur wenigstens das zu verdienen, – was ich brauche –, meine Lage ist traurig und meine Sorgen ganz niederdrückend und demütigend."

Mit so schwermutsvollen Betrachtungen schließen im Tagebuch die Aufzeichnungen über die Erlebnisse des Mai 1840.

Ihre Briefe aus dieser Zeit verraten von diesen Stimmungen nichts. Auch der Juni, obwohl er ihr die Wiedervereinigung mit Robert brachte, – am 5. Juni reiste sie nach Leipzig zu mehrwöchentlichem Aufenthalt – änderte äußerlich an der Situation des Bangens und der Ungewissheit nichts. Dass sie zum ersten Mal, seit sie sich liebten, Roberts Geburtstag zusammen feierten, war natürlich eine Freude, die die beiden Schwergeprüften aus vollster Seele genossen. Auch sonst fehlte es nicht an interessanten und zerstreuenden und ablenkenden Erlebnissen, unter denen die Bekanntschaft mit Lwoff, dem Komponisten der russischen Nationalhymne, der sie durch sein vollendetes Quartettspiel entzückte und der zugleich Clara sehr zu einer Petersburger Reise ermunterte und ihr alle Unterstützung versprach, wohl das bedeutendste war. Aber gerade die Aussicht auf diese, eventuell im nächsten Winter zu unternehmende Reise quälte und ängstete sie im geheimen mehr, als sie eingestehen wollte.

Zu diesen Zweifeln am eigenen Können, der Furcht vor einem etwaigen Misserfolg, der Notwendigkeit auf der andern Seite, durch die Erschließung eigener Einnahmequellen Robert zu entlasten, kamen nun noch die gerade im täglichen Verkehr sich fühlbar machenden Dissonanzen, die sich aus Roberts erbitterter Stimmung gegen Wieck, den er wegen Ehrenbeleidigung verklagt hatte, ergaben. „Ich fühle, Robert musste so handeln, und hege doch wieder Mitleid für den Vater", schließt das Tagebuch im Juni.

Aber schon stand das Glück, das langersehnte, auf der Schwelle und klopfte mit leisem Finger an die Tür; und wie es sich bei dem Bunde dieser beiden ziemte, kündete es sich an in Tönen. Mitten in ihren bangsten Zukunftssorgen – „ich bin seit einigen Tagen in einem schrecklich gereizten Zustande ... Ich möchte gern Robert alles sagen, was mir so schwer auf dem Herzen liegt", heißt es im Tagebuche –

bereitete ihr Robert eine Überraschung eigener Art. „Als ich heute Abend", schreibt sie am 4. Juli, „aus dem Garten nach Haus kam, was fand ich da? einen schönen Flügel von Härtels, bekränzt mit Blumen, und im Nebenzimmer, da saß er, der liebe, innigstgeliebte Robert. ... Ein zartes Gedicht lag zwischen den Blumen."

Tags darauf ließ Schumann ihr seine Quartette für Männerstimmen vorsingen. „Ich spielte auf dem Flügel, der sich herrlich ausnimmt." Und am folgenden Tag: „Ich bin ganz voller Lust zum Spielen geworden, so schön klingt das Instrument."

Und dann am 7. Juli: „Heute überraschte mich Robert mit einer beglückenden Nachricht! Der Vater hat dem Beweise des Grundes seiner Widerspenstigkeit entsagt. ... Den Konsens erwarten wir binnen acht Tagen – ich weiß gar nicht, wie mir zu Mute war bei dieser Nachricht."

Schon tags darauf beginnt die Wohnungssuche. Am 16. ist es endlich gefunden, „ein kleines, aber traulich freundliches Logis auf der Inselstraße beim Maurermeister Scheitel." Ein Tropfen Wermut fällt allerdings in den Freudenbecher: „dass ich nicht einmal habe, was das einfachste Bürgermädchen hat, eine Ausstattung." Aber auch das wird verwunden. Und am 1. August ist endlich der gerichtliche Konsens da: „Noch 10 Tage hat der Vater zum appellieren, der Himmel gebe nur, dass er's lasse."

Und nun folgte noch – eine wohltätige Ablenkung in der „schrecklichen Unruhe" des letztens Wartens – eine kurze Konzertreise durch die thüringischen Städte, zum letzten Mal als Clara Wieck[250].

Eine wunderbare Fahrt.

In herzlicher, ganz besonderer Teilnahme ruhen aller Blicke auf der zarten brünetten Mädchengestalt, mit den dunkeln schwermütigen Augen, der Braut Robert Schumanns, deren hartes Schicksal in aller Munde ist, und die in der stillen Verklärung durch vergangenes Leid und die Ahnung kommenden Glücks emporgehoben erscheint über das, was alle bändigt, das Gemeine. Am 8. August spielte sie im akademischen Rosensaal zu Jena und die thüringische Musenstadt, so klein sie ist, doch keine Kleinstadt, bereitete ihr begeisterte Aufnahme, „wie ich es fast noch nie in einer kleinen Stadt gefunden", schreibt sie an Robert. „Ich wollte, Du wärest da gewesen, Du müsstest Dich ohnstrei-

---

250   Diesmal in Begleitung ihrer Tante Carl.

tig innig gefreut haben, den Enthusiasmus zu sehen, den Deine Clara hervorgebracht ... Das Publikum hat ganz gewaltig geschrien und geklatscht, und das hat mir viel Freude gemacht."

Andere Eindrücke warteten in Weimar. Zunächst am 11. August, Spiel am großherzoglichen Hofe in Belvedere in prunkvoller Versammlung, in Gegenwart der Kaiserin von Russland und anderer fremder Fürstlichkeiten, „bei lebhafter Konversation auch etwas Hundegebell", das Ganze stimmungslos und leer. Aber den Abend darauf war's umso schöner. Die fremden Gäste fort, nur die großherzogliche Familie mit Prinzessin von Preußen anwesend. „Ich war nicht mehr am Hof, sondern in einem Familienkreis, fortwährend sprach man mit mir, und alle waren so liebenswürdig, dass ich bezaubert war ..." „Die Prinzess von Preußen war sehr artig, nachdem ich ihr gesagt, dass mich mein Vater mit Strenge zum Klavier angehalten, dass ich es ihm aber danke, äußerte sie: Sie danken es ihm und andere auch ..." „Als ich endlich fortgehen wollte, fragte mich die Großherzogin wegen meiner zukünftigen Pläne, wo ich ihr denn auch erzählte, dass ich mich verheiraten werde, woran sie mir alle gleich gratulierten, und die Großherzogin fragte, ich würde doch meine Kunst nicht liegen lassen, was ich verneinte, darauf sagte sie: „Ich wünsche Ihnen, dass Sie geliebt werden, wie Sie es verdienen." Glückselig bin ich, so schön war's gestern Abend", schreibt sie an Robert.

Schöne Tage folgten. In Liebenstein feierte sie ein Wiedersehen mit der Familie List, und das in der Nähe auf Schloss Altenstein residierende Meiningen'sche Herzogspaar, das sie wiederholt zum Spielen einlud, bekundete ihr ein menschlich-herzliches Interesse, das sie das furchtbare Instrument, dem sie Töne zu entlocken gezwungen war, einigermaßen verschmerzen ließ. Der Zauber ihrer Persönlichkeit wirkte auch hier unwiderstehlich. Beim Abschied küsste die Herzogin sie mütterlich zärtlich und rührte dadurch Clara in ihrer weichen erregten Stimmung bis zu Tränen: „Diese Frau wird mir unvergesslich sein mit ihrer Sanftmut und dieser englischen Milde und doch dabei dieser echt königlichen Würde."

Inzwischen war am 12. August[251] die langersehnte und gefürchtete Entscheidung gefallen; da Wieck keine Berufung eingelegt hatte, das

---

251 „Am Tage Clara", Schumann schrieb dazu, „heute vor drei Jahren bat ich Dich um Deine Hand." Das war nicht genau, denn das bedeutungsvolle Konzert fand erst am 13. August

Urteil zu ihren Gunsten rechtskräftig geworden. „Ich kann das Glück nicht fassen", heißt es im Tagebuch.

Am 16. August wurden sie zum ersten Mal aufgeboten, und endgültig, aber einstweilen noch im tiefsten Geheimnis für alle, die Trauung auf den 12. September, den Vorabend von Claras Geburtstag, festgesetzt. So ging in glücklichen Sorgen der August zu Ende. „Ich wünschte jeder Braut", schrieb sie in diesen Tagen an Robert, „sie könnte mit so innig glücklichem Herzen an diese Zeit denken, als ich."

Im Tagebuch ist die Überschrift „September" unterstrichen:

September, wie sieht mich dieser Monat doch so eigen an! ein unbeschreibliches Gefühl von Glück und Wehmut kommt über mich – der Himmel schenke uns seinen Segen! Mein Robert! sehe ich ihn nur erst wieder – mein Herz möchte vor Sehnsucht vergehen, und dazu Konzertsorgen, welch ein Widerspruch!" –

Ja, diese Konzertsorgen verfolgten sie fast bis vor den Traualtar.

Am 2. September spielte sie in Gotha in einem Konzert[252] zum Besten der Armen bei unerträglicher Hitze; auch hier von dem regierenden Fürsten zwar mit ungewöhnlicher Aufmerksamkeit aufgenommen, aber doch von dem *Genius loci* im ganzen wenig angenehm berührt: „Ein Kammerherr, von dem ich das Klavier hatte, empfing mich im Schlafrock und der Pfeife im Munde, und blieb in dieser Situation, solange ich zugegen war." Auch Erfurt am folgenden Abend, wirkte nicht anregender. Tropische Hitze und ein mittelmäßiges Instrument taten das übrige. „Ich habe auch nur mit halber Kraft gespielt, und ziemlich unrein nebenbei."

Aber dann: „Den 4. kam ich nach Weimar, stieg bei Montags[253] ab, lief die Treppe hinaus, mache das Zimmer auf, und wer tritt mir entgegen? Robert! Meine Freude kann ich nicht schildern."

Sonnabend, den 5. September gab sie im Saal des Stadthauses zu Weimar noch eine Musikalische Soiree. Sie spielte das D-Dur-Trio

---

1837 statt, und Schumanns feierten immer auch den 14. August als Verlobungstag. Aber die drei Tage Clara 12., Aurora 13. und Eusebius den 14. waren durch die Namen und durch die an sich abspielenden Ereignisse für Schumann gewissermaßen eine Art Festeinheit. Vgl. auch Jansen Davidsbündler S. 220.

252   In diesem Konzert trat neben ihr als Sängerin auch Elise List auf, allerdings nicht unter ihrem Namen.

253   Musikdirektor in Weimar.

von Beethoven, Op. 70, Nr. 1, Henselts Etüde „Wenn ich ein Vöglein wär", Schubert-Liszts Ave Maria, Chopins Mazurka in B-Moll, Schubert-Liszts Erlkönig und zum Schluss Thalbergs Mosesfantasie. „Das war mein letztes Konzert als Clara Wieck, und wehmütig ward mir ums Herz."

Am folgenden Tage trennten sie sich von Emilie List, die auf dem letzten Teil dieser Reise ihre Begleiterin gewesen war.

Am 7. September kehrte das Brautpaar nach Leipzig zurück. Zwei Tage darauf traf Claras Mutter ein, und am 10. der getreue Becker aus Freiberg.

Und nun berichtet das Tagebuch weiter:

D. 11. Polterabend! mein Robert machte mir noch ein schönes Brautgeschenk „Myrthen"[254] – ich war ganz ergriffen! Cäcilie überreichte mir den Myrthenkranz, es war mir ordentlich heilig zu Mute, als ich ihn berührte.

Einige Freunde verbrachten mit uns einen heiteren Abend.

D. 12. Was soll ich über diesen Tag sagen!

– Um 10 Uhr ging die Trauung vor sich in Schönefeld [bei Leipzig], ein Choral begann, dann sprach der Prediger (ein Jugendfreund Roberts) Wildenhahn eine kurze, einfache, aber von Herzen zu Herzen gehende Rede. Mein ganzes Innere war von Dank erfüllt zu Dem, der uns doch endlich über so viele Felsen und Klippen einander zugeführt; mein inbrünstiges Gebet war, dass es Ihm gefallen möchte, mir meinen Robert recht lange, lange Jahre zu erhalten – ach! der Gedanke, ich möchte ihn einmal verlieren, wenn der über mich kömmt, dann verwirren sich gleich alle meine Sinne – der Himmel schütze mich vor solchem Unglück, ich trüge es nicht.

Nach der Trauung überraschten mich Emilie und Elise List. Den Mittag brachten Reuter, Wenzel[255], Herrmann[256], Becker, die Mutter, Lists, Carls

---

254 Eine Prachtausgabe mit Golddruck und der Widmung von Roberts Hand: Meiner geliebten Clara am Vorabend unserer Trauung von ihrem Robert.

255 Ernst Ferdinand Wenzel, Musiklehrer in Leipzig, Schumanns Freund. Vgl. Briefe, Neue Folge S. 118, 172 u.a.

256 Assessor Herrmann, Schumanns Freund, der ihm zusammen mit Reuter bei der Einleitung des Prozesses gegen Wieck durch juristischen Rat viel geholfen.

*mit uns im Hause der letzteren zu, so den Nachmittag in Zweinaundorf
und den Abend wieder bei Carls. Madame List kam Abends auch.*

*Es wurde ein wenig getanzt – es herrschte keine Ausgelassenheit, und
doch auf allen Gesichtern eine innere Zufriedenheit. Es war ein schöner
Tag, und selbst die Sonne, die sich seit vielen Tagen versteckt hatte, warf
am Morgen, als wir zur Trauung fuhren, ihre milden Strahlen auf uns,
als ob sie unsern Bund segnen wolle. Nichts störte uns an diesem Tag,
und so sei er denn auch in diesem Buche als der schönste und wichtigste
meines Lebens aufgezeichnet.*

*– Eine Periode meines Lebens ist nun beschlossen; erfuhr ich gleich
viel Trübes in meinen jungen Jahren schon, so doch auch manches Freudige, das ich nie vergessen will. Jetzt geht ein neues Leben an, ein schönes Leben, das Leben in dem, den man über alles und sich selbst liebt,
aber schwere Pflichten ruhen auch auf mir, und der Himmel verleihe mir
Kraft, sie getreulich wie ein gutes Weib zu erfüllen – er hat mir immer
beigestanden, und wird es auch ferner tun. Ich hatte immer einen großen
Glauben an Gott und werde ihn ewig in mir erhalten.*